⟨자기비움의 길⟩
3부 비움의 길
⟨영성 다시보기⟩

자기비움의 길
제3부 비움의 길

초판인쇄 | 2008년 2월 15일

펴낸곳 | 케노시스 영성원
경기도 군포시 둔대동 434
031-437-0592
Homepage www.kenosis.or.kr
Email kenosis@hanmail.net

등록번호 403-2004-3 (2004년 9월 22일)

ISBN 978-89-955785-4-4 93230
printed in korea

※이 책은 케노시스 영성원의 허락없이는 어떠한 형태나 수단으로 이용하지 못합니다.
※잘못된 책은 바꾸어드립니다.

정가 15,000원

자기비움의 길

3부
비움의 길

영성 다시보기

길 동 무

케노시스 영성원
Kenosis Spiritual House

<<< 저자 소개
감리교 신학대학교 신학과 졸업
감리교 신학대학교 대학원 졸업
감리교 목사
케노시스 영성원 길동무
(www.kenosis.or.kr)

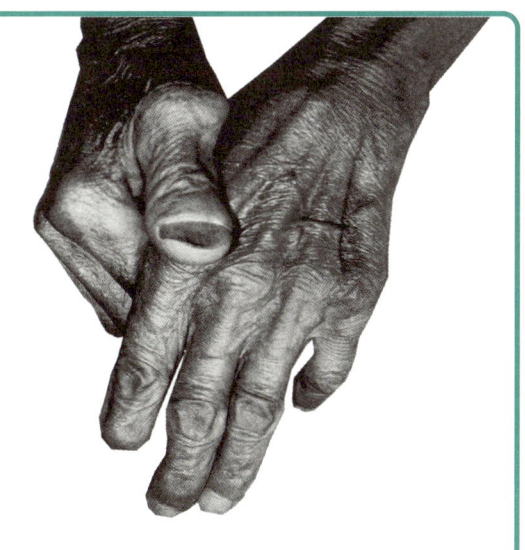

손이 이렇게 되도록
일만 하셨던
일 밖에 모르셨던
어머님께 이 책을 드립니다.

| 추천의 글 |

하비루의 길을 쓴 저자로부터 추천서를 써달라는 부탁을 받고 여러 번 거절을 하였습니다. 그 이유는 너무나 귀한 책의 서문을 쓸만한 자격이 없기 때문입니다. 그러나 결국 이렇게 쓸 수밖에 없는 것은 신학교에서 함께 공부를 했고, 저자의 삶 속에서 일어난 영성의 여정을 가장 가까이에서 지켜본 증인이요 친구이기 때문입니다.

저자는 오염되고 타락하여 하나님의 뜻과는 거리가 먼 방향으로 달려가고 있는 이 시대와 교회를 치유하고 살리기 위해서 하나님께서 관심을 가지시고 찾으시던 사람입니다. 그는 신학교를 졸업하고 목회 현장에서 중병을 앓고 있는 환자와 같은 한국교회 그리고 목표와 방향을 잃어버리고 제동장치도 없이 질주하는 기차와 같은 한국교회를 바라보면서 누구보다도 마음 아파하며 심한 몸살을 앓았습니다. 교회는 영적 감각을 잃어버리고 죽어 가는데 아무 대책이 없는 현실을 바라보면서 통곡하였습니다.

또한 이러한 현실을 학문적인 방법으로 해결해 보기 위해 노력하다가 절망을 경험하기도 하였습니다. 그러나 포기할 수 없어서 한없이 탄식하며 기도하다가 하나님 면전에 서는 사건을 경험하였습니다. 그리고 그 경험을 확장시키며 영성의 눈으로 성서와 그 역사를 재해석하였습니다. 그것이 제1부 「하비루의 길」이고, 제2부 「죄인의 길」입니다. 그리고 제3부는 「비움의 길」로서 하나님께 가는 길을 구체적으로 안내해 주고 있습니다.

저자는 한국교회를 살리기 위해 하나님께서 준비해 놓으신 사람입니다. 화전민의 아들로 태어나 어려서부터 하비루의 삶을 경험하였고, 남다른 고난을 체험하였습니다. 독학으로 고등학교와 대학 과정을 공부하였습니다.

신학교에 들어와서는 교회사를 전공하였고, 졸업할 때는 전국 신학대학 최우수 논문상을 받기도 하였습니다. 목회 현장에서도 학문적인 노력을 게을리 하지 않았습니다. 이러한 준비가 있었기에 성서를 정확하게 해석하고, 지나간 역사를 통하여 오늘의 오류를 정확하게 지적하면서 내일의 나아갈 길을 제시하는 이러한 방대한 작업을 해 낼 수가 있었습니다.

하나님에 관하여 말하는 사람들은 많지만 하나님을 말하는 사람은 적고, 영성에 관하여 말하는 사람은 많지만 영성을 말하는 사람을 찾기가 어려운 시대에, 저자는 하나님과 영성을 자기 체험과 성서적인 근거를 가지고 말하고 있습니다. 이 책은 연구실에서가 아니라 목회현장에서 영적 체험을 바탕으로 해서 만들어졌습니다. 이러한 것들이 이 책이 가지고 있는 가장 큰 강점이라고 생각합니다.

이 책을 읽으면 지도자들의 책임이 얼마나 큰지 두렵고 떨리는 마음이 생깁니다. 성직자의 책임은 그 시대에 대한 역사적인 책임이며, 하나님께서는 지도자들의 타락을 용납하시지 않기 때문입니다.

하나님을 향한 영적 순례의 길에서 진정한 안내자가 필요한 이 시대에 저자를 통하여 영성의 길을 안내 받도록 하신 하나님께 감사와 영광을 돌립니다. 그리고 이 책이 한국교회를 개혁하는 일에 하나님의 도구로 귀하게 쓰임받기를 소망합니다.

2004년 10월
저자의 벗

CONTENTS

머리글 | 6

제 3부: 〈 비움의 길 〉

〈물음 1〉 우리는 지금 어느 시대에 살고 있는가? · · · · · · · · · · · · 22
       1. 새로운 전환기의 길목
       2. 영성의 시대

〈물음 2〉 우리 시대의 지상 과제는 무엇인가? · · · · · · · · · · 41

〈물음 3〉 지금의 전환기 신학, 무엇이어야 하나? · · · · · · · · · · · · 43

〈물음 4〉 영성신학, 어떻게 만들어내야 하나? · · · · · · · · · · · · 46

〈물음 5〉 영성운동, 어떻게 흘러왔나? · · · · · · · · · · · · · · · · 50
       1. 유대인의 영성운동(하시딤)
       2. 기독교의 영성운동(수도사)

〈물음 6〉 두 영성운동의 실패 원인, 어디에 있나? · · · · · · · · · · · 56
       1. 하시딤을 집어삼킨 헬라문화
       2. 수도원 운동을 집어삼킨 헬라문화

〈물음 7〉 은둔수도, 무엇이 문제인가? · · · · · · · · · · · · · · · · 64
       1. 성경의 전통과 어긋난다.
       2. 정통교리와 어긋난다.
       3. 닫힌 길이다.
       4. 현실과 무관해진다.

〈물음 8〉 은둔수도의 열매, 무엇인가? · · · · · · · · · · · · · · · · 74

〈물음 9〉 중세교회의 선교와 구제, 어떻게 이해해야 하나? · · · · · · · · 77

〈물음 10〉 중세교회의 선교와 구제, 어떠해야 했나? · · · · · · · · · · 88

〈물음 11〉 수도원 운동의 영성신학, 무엇인가? · · · · · · · · · · · · · 93

〈물음 12〉 수도원 영성신학이 지닌 한계는 무엇인가? · · · · · · · · · · 94
    1. 고대 헬라의 유물이다.
    2. 은둔 영성이다.
    3. 현실과 맞지 않다.

〈물음 13〉 수도원영성, 어디에 뿌리를 내려야 했나? · · · · · · · · · · · 99

〈물음 14〉 영성, 어디로 어떻게 가야 하나? · · · · · · · · · · · · · · · · 102
    1. 새 술을 담가야 한다.
    2. 새 부대에 담아야 한다.

〈물음 15〉 오늘의 '새 술', 무엇인가? · · · · · · · · · · · · · · · 106
    1. 구약의 예언자들, 그들은 누구인가?
    2. 새 시대에 담가야 할 '새 술'은 무엇인가?

〈물음 16〉 오늘의 '새 부대'는 무엇인가? · · · · · · · · · · · · · · · 116
    1. 지금 여기서
    2. 성령님의 인도하심을 받는
    3. 경건한 삶과
    4. 세속의 삶이 그것이다.

〈물음 17〉 수도사 영성과 케노시스 영성, 무엇이 다른가? · · · · · · · · · 121
    1. 초탈(超脫)과 변혁(變革)
    2. 정(靜)과 동(動)
    3. 성속이원론(聖俗二元論)과 성속일원론(聖俗一元論)
    4. 자력(自力)과 타력(他力)
    5. 불가능한 가능성과 가능한 가능성

〈물음 18〉 이 시대의 가장 큰 일, 큰 말, 무엇인가? · · · · · · · · · · · · · 131
    1. 가장 큰 일
    2. 가장 큰 말

〈물음 19〉 케노시스 영성회복, 무엇을 해야 하나? · · · · · · · · · · · 137
    1. 예언자 사관의 정립
    2. 새로운 역사해석
    3. 케노시스 영성의 정립
    4. 케노시스 영성 수련법 제시

〈물음 20〉 케노시스 영성의 걸림돌은 무엇인가? · · · · · · · · · · · 147
    1. 고정관념
    2. 지도자들의 오류

〈물음 21〉 영성신학, 무엇을 풀어야 하나? · · · · · · · · · · · · · · · 150

〈물음 22〉 수도원 영성의 결산, 무엇인가? · · · · · · · · · · · · · · 152
    1. 자력종교(타종교) 영성
    2. 수도사 영성
    3. 수도원 영성의 문제점

〈물음 23〉 케노시스 영성, 어떻게 시작해야 하나? · · · · · · · · · · 157

〈물음 24〉 케노시스 영성의 주요원리들, 무엇인가? · · · · · · · · · · 157
    1. 정화와 조명의 관계
    2. 케노시스 영성의 수련방법
    3. 정화와 조명의 진행 유형
    4. 불규칙한 나선형
    5. 정화와 조명의 원리
    6. 영적 체험의 다양성의 원리

〈물음 25〉 정화와 조명, 어떻게 진행되나? · · · · · · · · · · · · · · · 169
    1. 올라감과 나아감
    2. 내려감과 물러감
    3. 반복

〈물음 26〉 능동적인 정화와 수동적인 정화, 무엇이 다른가? · · · · · · · 174
    1. 회심
    2. 조명
    3. 정화 : 회개와 사죄의 경험
    4. 능동적인 노력의 완성

〈물음 27〉 쉼과 훈련, 어떤 것인가? · · · · · · · · · · · · · · · · · · 184

〈물음 28〉 기도, 무엇인가? · 187

〈물음 29〉 **기도, 어떻게 해야 깊어지나?** · · · · · · · · · · · · · · · 187
    1. 자력종교의 기도와 타력종교의 기도
    2. 깊은 기도로 가는 길

〈물음 30〉 **영적 성장의 필수조건은 무엇인가?** · · · · · · · · · · · 192

〈물음 31〉 **사탄의 세력, 무엇인가?** · · · · · · · · · · · · · · · · · 194
    1. 악마와 현상으로 부딪히는 사람들
    2. 악마와 부딪히는 단계들
    3. 올라가는 원리와 내려가는 원리
    4. 악마의 무기
    5. 악마와 죄의 속성

〈물음 32〉 **비움의 길, 어떻게 진행되는가?** · · · · · · · · · · · · · 204
    1. 회심의 기도
    2. 죄인의 기도
    3. 세리의 기도
    4. 탕자의 기도
    5. 부정(否定)의 기도
    6. 잠김의 기도
    7. 비움의 기도

〈물음 33〉 **비움, 이후에는 어디로 가는가?** · · · · · · · · · · · · · 254
    1. 지움의 길
    2. 내려가는 길
    3. 회상의 길
    4. 비움의 길
    5. 돌아옴
    6. 여행 정리

〈물음 34〉 **돌아옴(귀환) 이후에는 무엇을 하나?** · · · · · · · · · · 259
    1. 변화
    2. '변화'란 무엇인가?
    3. 감춤
    4. 다시 시작
    5. 사라짐
    6. 마지막 남는 것

〈물음 35〉 영성의 길 전 과정은? · 265
      1. 가는 길과 오는 길
      2. 용어의 문제

〈물음 36〉 영성에 대한 총결산은? · 267
      1. 자력종교
      2. 중세 수도원
      3. 오늘의 현실
      4. 할 일

〈물음 37〉 왜 케노시스 영성인가? · 274
      1. 바른 이해
      2. 바른 방법
      3. 케노시스 영성의 특징

부 록

〈부록 1〉 하나님 체험 일지(日誌) · 284
    1. 갈등과 고민의 날들
    2. 성경을 읽다가 마음이 뜨거워지다
    3. 기도 시작
    4. 주님 면전에서
    5. 소명
    6. 세리의 기도
    7. 부정의 기도
    8. 직관의 기도
    9. 비움의 기도
    10. 내려오는 길-귀환
    11. 귀환
    12. 영원한 출발, 영원한 초보

〈부록 2〉 예언자, 어떻게 만들어지는가? · 370
    1. 관심을 가지고 있는 사람을 찾으신다.
    2. 그 일을 위해 기도하게 하신다.
    3. 기도에 응답하신다.
    4. 하나님의 사람으로 수련을 시키신다.
    5. 말씀을 주시어 사역하게 하신다.

〈 도표 및 그림 차례 〉

도표1	행위와 신앙의 흐름	36
그림1	믿음과 행함의 역사	39
그림2	자력종교 영성	152
그림3	정화·조명·합일	153
그림4	수도사영성	154
그림5	수도원영성의 평가	155
그림6	정화와 조명의 관계	159
그림7	케노시스 영성의 수련	161
그림8	직선형 진행	162
그림9	계단형 진행	163
그림10	지그재그형 진행	163
그림11	나선형 진행	164
그림12	정화와 조명의 원리	165
그림13	다양한 유형	167
그림14	두 유형	169

그림15	그리스도 사건	175
그림16	훈련과 쉼	185
그림17	회심의 기도	207
그림18	죄인의 기도	213
그림19	세리의 기도	221
그림20	탕자의 기도	231
그림21	부정의 기도	244
그림22	잠김의 기도	247
그림23	비움의 기도	249
그림24	돌아가는 길	256
그림25	귀환	258
그림26	케노시스 영성의 완성	263
그림27	영성의 전체과정	265
그림28	자력종교 영성	268
그림29	수도원 영성	271
그림30	케노시스 영성	277

| 머리글 |

      신앙생활을 하면서 기도에 관심을 가지지 않는 사람은 없을 것이다. 또한 이런 저런 이유 때문에 기도를 시도해 보지만 기도가 쉽지 않음을 경험하게 된다. 기도에 전념하려고 하면 맨 처음에 부딪히는 어려움은 '잡념'이다. 온갖 잡념이 몰려와서 앉아있는 것 자체가 힘들 때가 많다. 여기가 첫 단계. 잡념과 싸우면서 기도에 많은 시간을 보내다 보면 그 다음으로 넘어가는데, 간혹 환상(환청)과 예언, 황홀경을 비롯한 여러 '신비체험'들을 경험하게 된다. 물론 사람에 따라서는 이런 현상들이 일어나지 않을 수도 있다. 이와 같은 초자연적인 그 무엇들이 일어나면 기도가 대단히 깊어졌으며, 또 무슨 큰 능력이 주어져서 하나님의 일을 해야할 때인 줄 알지만 전혀 그렇지 않다. 이 단계는 영적인 긴 여정의 시작일 뿐이며 지나가야하는 한 과정에 불과하다. 이 단계가 지나가면 '바라봄'이 온다. 바라봄은 두 단계로 진행이 되는데, 바라봄의 첫 대상은 자기 자신이다. 여기에 이르면 기도의 집중은 곧 자신의 실상을 대면하는 것인데, 여기서 발견하는 자신의 모습은 온갖 모순과 죄의 속성들이다. 초기에는 행동으로 표현되는 죄성(罪性)들을 보게 되지만 점차 자기 속에 잠재되어있는 죄상(罪狀)들이 드러나게 된다. 이러한 드러남이 끝나면 전혀 다른 세계의 바라봄이 시작된다. 하나님, 절대자, 무한자, 완전자 등의 이름으로 불리는 그분을 바라보게 된다. 이 뵈옴은 어떤 형상이 아닌 시선(視線)으로 다가온다. 절대침묵 속에서 그분과 시선이 마주침을 느끼면서 그냥 바라보게 된다. 여기쯤 오면 잡념이 사라지고 인간의 언어는 기능을 잃게 된다. 눈빛으로 직접 마음의 생각과 상태들이 전달되기 때문이다. 진정한 신비체험은 이 바라봄에서 경험된다. 여기를 가리켜 기도의 이상적인 상태라는 '관상'(觀想)이라고 한다. 하지만 여기도 끝은 아니다. 그 다음은 바라봄이 사라지고 '잠김'이 찾아온다. 늘 그분 안에 잠겨진 상태가 된다. 이를 하나님과 하나가 된다(합일)고 하며 여기가 마지막이라고 생각한다. 그런데 여기도 마지막이 아니다. 더 가야 한다. 그 다음은 어디일까? 본래의 '제자리'로 돌아온다. 여기가 마지막이다. 여기까지 가면 일련의 영적인 순례가 마감이 된다.[1]

출발했던 제자리로 돌아오면 뭐가 달라진 것일까? 놀랍게도 처음모습 그대로다. 그런데 달라진 것이 하나 있다. '하나님의 심정'이 주어진다. 그리고 세상이 다르게 보인다. 왜 그럴까? 세상이 달라졌나? 아니다. 세상은 그대로 있는데 보는 내가 달라져 있다. 나의 무엇이 달라져 있는가? 보는 입장이다. 지금까지 익숙해져 있던 내 입장에서 떠나 이제는 그분의 입장에서 보게 된다.

이 책은 그분의 심정으로, 그분의 입장에서 몇 분야를 다시 본 것이다.

| 구약성경과 이스라엘 역사 다시보기 |

사람의 입장에서 성경을 보면 하나님은 창조주, 심판자 등으로 다가오며, 성경은 하나님을 섬기는 법이고 사람은 하나님의 영광을 위하여 존재하게 된다. 그동안 우리는 주로 이런 입장에서 하나님과 성경, 신앙을 이해했다. 그러나 보는 시각을 바꾸어 하나님의 입장에서 보면 전혀 다르게 보인다. 당신의 형상을 따라 그 모양대로 지음 받은 자식(사람)을 위하여 세상을 만드시고, 사람을 위하여 말씀을 주시며, 자식의 불행이 견딜 수 없어 통곡하시는 하나님을 만나게 된다. 율법과 십계명, 예언서의 말씀들은 전적으로 사람을 위한 말씀으로 해석되어지고 창조주, 심판자, 무한자, 전능자, 완전자 등의 개념으로 포장된 하나님 그분의 실상은 사랑으로 다가온다.

이러한 입장에서 보면 구약성경뿐만 아니라 그 배경인 이스라엘의 역사 또한 다르게 보인다. 하나님께서 선택하셔서 계약을 맺으셨던 이스라엘과 그 역사 2천 년은 세상을 구원하시려는 하나님의 몸부림이요 탄식이고 그 숨결이며, 살아있는 생명체처럼 느껴진다. 이스라엘 역사에서 만나는 하나님은 역사의 주인이시다.[2]

---

1) 이에 대해서는 이 책 후반부에서 자세히 다루게 된다.
2) 이에 대해서는 1부 「하비루의 길」에서 자세히 다루고 있다.

| 신약성경과 교회사 다시보기 |

이러한 입장을 계속 유지하면서 신약성경으로 넘어오면 인간을 향한 하나님 사랑의 완성을 보게 된다. 인간을 위하여 말씀과 법을 주시던 구약의 하나님은 이스라엘의 실패를 회복하기 위하여, 이제는 친히 인간이 되셔서 사람의 삶을 사시며 사람을 섬기시다가 사람을 위하여 당신의 살과 피를 생명의 양식으로 내어주시고 사람의 죽음을 죽으신다. 신약성경에서는 사람을 위하여 존재하실 뿐만 아니라 사람을 위해서 죽으시는 하나님을 만나게 된다.

구약의 이스라엘 역사의 무대는 오리엔트 세계에 불과하지만 신약과 교회사로 넘어오면서 그 무대가 유럽과 세계로 확산된다. 이제는 이스라엘 역사만을 주관하시는 하나님이 아니라 세계사의 주인이신 하나님을 만나게 된다. '창조주이시며 역사의 주인'이라는 신앙의 고백이 과연 세계사 현장과 만날 수 있을까? 세계사 특히 혁명적인 변화를 몰고 온 현대사를 하나님께서 주도하셨다고 역사적으로 해석할 수 있을까? 불가능하게 느껴지겠지만 하나님의 입장에서 보면 단순하면서도 명확하게 보여진다. 성경의 하나님 그분은 분명 세계사의 주인이시다.[3]

| 영성 다시보기 |

기독교를 비롯한 모든 종교의 영성을 들여다 보면 수도(修道)와 신비체험이 중심을 차지하고 있다. 이러한 시도는 일체의 세속적인 것들로부터 초월하여 특별한 경험과 특별한 삶을 살려는 인간적인 시도에서 비롯된다. 그런데 입장을 바꾸어 하나님의 시각에서 보면 이러한 시도가 어떻게 보일까? 수도와 신비체험으로 도달한 초월적인 상태가 인간이 도달할 수 있는 가장 고상한 정신세계일까? 이런 것을 통해서만 최고의 가치기준에 도달할 수 있을까?

전혀 아니다. 아닐 뿐만 아니라 오히려 잘못된 생각이며 잘못된 시도다.

진정한 진리는 특별한 방법으로 특별한 사람만이 도달할 수 있는 그러한 것이 아니다. 진리가 진리이기 위해서는 누구나 소유할 수 있는 것이어야 한다. 이는 진리에 관한 상식이다. 수도와 신비체험의 영성, 다시 해석되어야 한다.[4]

이 책은 하나님의 심정(영성)으로 성경의 말씀(text)을 그 말씀의 적용무대인 역사(context) 속에서 해석을 시도한다. 즉 **영성과 성경과 역사의 만남**인 셈이다. 새로운 밀레니엄인 2천 년대, 새 시대는 새로운 패러다임을 요구하듯이, 새 술은 새 부대에 담아야 한다. 이것이 가능해지려면 **새로운 관점에서 물려받은 신앙의 유산을 재해석해야** 한다. 분명 하나님의 심정이 **재해석**을 위한 새로운 관점을 제공해 주리라고 생각한다.

결코 쉽지 않은, 그리고 방대한 이 과제에 '**물음**' 이라는 방식을 사용했다. 지금은 별로 사용되지 않지만 예전에는 궁극적인 문제에 접근해갈 때에 흔히 쓰이던 방법이었다. 일방적인 설명이나 전달보다는 물음–답변의 방식이 방대하고 난해한 문제를 접근해가는 데에 도움이 되리라고 생각한다.

주님, 이 일은 전적으로 주님의 도우심과 인도하심으로 가능했습니다. 홀로 찬양과 영광을 받으시옵소서.

아멘.

길동무

---

3) 이에 대해서는 2부 「죄인의 길」에서 자세히 다루고 있다.
4) 이에 대해서는 3부 「비움의 길」에서 자세히 다루게 된다.

제 3부 〈 비움의 길 〉

물음
01 우리는 지금 어느 시대에 살고 있는가?

성경에 나타난 구속사는 4천 년이다. 이 4천 년은 다시 둘로 나누어지는데, 구약의 역사 2천 년과 신약의 역사 2천 년이 그것이다.

구약의 2천 년 역사에 들어있는 구속사는 아브라함에게서 시작되며, 이스라엘 역사와 일치한다. 이스라엘은 지정학적으로 메소포타미아와 이집트 문명 사이에 놓여있기 때문에 이스라엘의 역사는 곧 이 지역의 역사 즉 오리엔트의 역사 속에서 진행되었고 그 문화와 운명을 같이 했다. 따라서 오리엔트 역사를 살펴보지 않고 이스라엘 역사를 본다는 것은 불가능하다.

예수님으로부터 시작된 신약의 역사 즉 교회사는 2천 년 동안 지속되고 있다. 그런데 기독교는 오리엔트와 그리스-로마 문명이 포함되어있는 지중해 세계를 중심으로 시작되어 유럽대륙으로 전파되어 나갔기 때문에 기독교 역사는 동시에 서양의 역사이다. 근대 이후 세계 역사의 흐름은 서양이 주도해왔다. 따라서 구속사와 관련된 문명들이 세계를 지배해왔다고 말할 수 있다. 인도와 중국을 중심으로 하는 동양문화도 그 역사와 깊이에 있어서는 다른 고대 문화권과 비견할 만하지만 근대로 넘어오면서부터는 세계적인 주도권을 잡지 못하고 국지적인 한계에 머물고 말았다.

세계사를 전체적으로 본다면 결국 구속사 4천 년은 세계역사의 주류인 셈이다. 창조주이시며 역사의 주관자이신 하나님께서 세상을 구원하시는 역사가 세계사 흐름의 중심에 놓여있다. 따라서 세계사와 구속사는 뗄 수 없는 관계이며 지금도 세계사 흐름의 중심에는 세상 구원의 역사가 진행되고 있다고 할 수 있다.

우리가 지금 어느 시대에 살고 있는지를 알려면 세계사에서 진행되고 있는 구속사와 4천 년 전체의 흐름을 한 눈에 들여다보아야 한다. 세계사 전체의 흐름을 보지 않고서는 우리 시대를 알 수 없다. 매 시대의 역사는 서로 단절된 것이 아니라 계속 이어져가고 있기 때문에 반드시 역사 전체의 흐름을 보아야 한다. 이 책의 1부(하비루의 길)와 2부(죄인의 길)는 4천 년 역사 전체의 맥을 짚어보려는 시도였다.

우리는 지금 어느 시대에 살고 있는가?

1. 새로운 전환기의 길목

4천 년 역사에서 큰 사건들과 그 흐름을 살펴보면, 공교롭게도 대략 500년을 단위로 하나의 큰 전환기가 형성되었던 것을 알 수 있다. 1부와 2부에서 다룬 4천 년 구속사의 흐름과 전환기들을 다시 간략히 살펴보면 다음과 같다.

❶ 첫 번째 전환기 : 이스라엘 민족 형성기(B.C.2000년 ~ 1500년)

하나님의 구원 계획은 한 사람을 선택하여 그 후손으로 한 민족을 만든 후 그들로 이 땅 위에 하나님나라의 모형을 만들고, 그 나라를 세상에 보여줌으로써 모든 민족을 구원하시려는 '보여주는 선교'였다. 그 한 사람으로 선택된 이가 메소포타미아의 문명지역인 갈대아 우르에 살고 있던 아브라함이며, 그는 B.C. 2천 년경에 부르심을 받았고 구속사는 여기서부터 시작된다. 아브라함의 후손들인 이스라엘 백성들은 애굽의 고센 지역으로 이주하여 400여 년을 머무르는 동안 인구가 급증하여 한 민족, 한 국가를 형성할 만한 세력으로 커졌고, 노예살이라는 고된 시련을 통해서 하나님 나라의 모형이 될 역군들로 만들어졌다.

이스라엘 사람들은 애굽에서 '하비루'로 만들어졌다. 하비루란 그 당시에 만날 수 있는 가장 낮고 천한 자들을 가리킨다. 하나님께서 필요로 하는 사람들은 놀랍게도 이런 하비루들이었다. 400년 동안 하비루로 살면서 하비루 문화가 만들어지자 하나님께서는 모세를 통하여 그들을 시내산으로 인도하신 후 그들과 계약을 맺으셨는데, 이것을 '시내산 계약'이라고 한다. 시내산 계약법은 이 땅에 세울 하나님나라의 모형을 위한 법이었으며, 그 내용은 하비루들을 위한 법이었다. 하나님나라의 모형을 세울 하비루들에게 하비루를 위한 나라의 법이 주어진 것이다. 이 법을 받은 이스라엘 백성들은 광야에서 40년 동안 그 법을 실천하는 예행연습을 한 후 하나님 나라가 세워질 땅으로 선택된 가나안으로 들어갔다.

이와 같이 진행된 아브라함에서부터 가나안 입주까지의 약 500여 년이 구속사의 첫 전환기이다.

❷ **두 번째 전환기 : 이스라엘 국가 형성기(B.C.1500년 ~ 1000년)**

하나님께서 하나님나라의 모형을 지구상에 만드시기 위하여 선택하신 땅은 '가나안'이었는데 그곳은 메소포타미아와 이집트 두 문명의 통로이며, 블레셋 · 에돔 · 모압 · 암몬 · 베니게 등의 나라에 둘러싸인 채 일곱 부족이 얽혀 사는 복잡한 곳이었다. 하나님께서 세상 구원을 위하여 특별히 선택하신 땅의 특징은 지구상에서 찾을 수 있는 가장 큰 고난이 준비된 땅이었다.

시내산에서 하나님과 계약을 맺은 이스라엘 백성들은 이와 같은 가나안에 들어갔다. 가나안 입주는 흔히 생각하는 것처럼 '정복'이 아니라 고대의 우상종교(자연종교)체제에서 짐승처럼 살아가던 토착 하비루들을 비참한 상황에서 구원해내는 선교사역이었다. 이스라엘 백성들은 가나안에 들어가 토착 하비루들과 더불어 하나님나라의 모형을 만들어냈다. 그 나라의 특징은 하비루가 없이 모두가 함께 행복하게 사는 데에 있다. 당시의 고대사회는 신분 · 지위 · 빈부의 차이에서 비롯된 피라미드와 같은 계급사회를 이루고 있었다. 그러나 이스라엘의 가나안 신앙공동체는 그런 차별을 인정하지 않았고, 모두가 공평하게 살아가는 수평적인 나라였다. 성경에서 말하는 거룩한 사회는 하나님 나라의 윤리가 실천되며 하비루가 없는 나라이다. 전제 왕권이 없고, 세금이나 노역이 없는 나라, 고차원적인 윤리가 실천되는 이런 나라는 그 당시 어디에서도 찾아볼 수 없는 유일한 국가체제였다. 가나안에 입주한 이스라엘에게는 이 거룩한 나라를 그 주변 국가는 물론 메소포타미아와 이집트에까지 보여주어야 할 선교적인 사명이 있었다.

그러나 이스라엘은 그 거룩한 체제를 결국 포기하고 말았다. 이스라엘 국가체제의 특징 가운데 하나는 군사문화가 배제된 것이다. 이와 같이 왕과 국방(정규군)이 없다는 것은 이민족의 침입을 유도하는 것과 같은 것인데 여기에는 놀라운 선교정책이 들어있었다. 이는 월등히 뛰어난 이스라엘의 거룩한 정신문화로써 이민족의 우상종교 문화를 변화시키려는 하나님의 선교전략이었다. 그러나 그 시대 제사장들의 무능력으로 말미암아 이스라엘 사람들은 이민족의 침입이 무엇을 의미하며, 또 그 침입에 어떻게 대처해야 하는지를 몰랐던 것이 거룩한 체제를 포기한 원인이 되었다. 지도자 없이 혼란을 겪던 그들은 신정(神政)체제를 포기하고 이방국가와 같은 왕정체제를 도입하게 되었다. 신앙공동체인 지파연합 체제를 포기하고 왕정(王政)체제를 받아들이는 것은 하나님나라의 모형을 보여주는 선교를 포기하는 중대한 사건이었다. 이로써 이스라엘에는 비극이 시작되었다.

가나안 입주에서 시작하여 사울, 다윗 왕정이 등장하기까지의 이 기간이 두 번째 전환기라고 할 수 있다.

❸ 세 번째 전환기 : 왕정시대와 포로기(B.C.1000년 ~ 500년)

사울왕조로 시작한 왕정은 다윗-솔로몬 시대에 이르러 확고한 자리를 잡았다. 다윗 이후는 다른 나라의 왕정과 같이 세습왕조로 이어졌고, 신분·지위·빈부의 격차가 심화되었으며, 윤리가 땅에 떨어지는 등 다른 이방국가들과 비슷하게 되고 말았다. 솔로몬 이후 왕국은 남북으로 나뉘어 혼전을 거듭하다가 북왕조와 남왕조가 차례로 멸망했다.

남왕조가 바벨론에게 멸망한 시기는 B.C. 586년이다. 바벨론에 전쟁포로 잡혀간 이스라엘 백성들은 신명기 예언자들의 도움으로 포로지에서 각성하기 시작하여 옛 신앙을 회복하려는 신앙부흥운동이 일어났다. 신명기 예언자들은 하나님의 관점에서 이스라엘의 역사를 해석해주었다. 이스라엘에는 특별한 사명이 주어져 있으며, 가나안 입주 이후 그들은 하나님과의 계약을 위반했기 때문에 나라가 멸망당하고 포로로 잡혀왔다는 것이 그 요점이었다. 신명기 예언자들은 이런 관점에서 이스라엘의 역사를 해석했고 또 기록으로 남겼는데, 신명기 역사서(여호수아·사사기·사무엘상하·열왕기상하)가 그것이다.

이 운동은 이스라엘 역사에서 가장 중요한 한 전환기를 준비했고, 이로 말미암아 당시 세계를 지배하던 바벨론(바빌로니아)에 전쟁포로로 잡혀간 이스라엘 사람들은 새로운 각성운동을 통하여 다시 소생하는 기회를 얻게 되었다.

왕정으로부터 포로기까지 역시 약 500여년이 걸렸으며, 세 번째 전환기라고 할 수 있다.

❹ **네 번째 전환기 : 귀환과 재건, 신구약 중간기(B.C.500년 ~ A.D.1년)**

바벨론 포로의 경험은 이스라엘에 지대한 영향을 끼쳤다. 그 이전에는 철저하게 신앙생활을 하려는 의지 자체가 없었다. 형식만이 겨우 지탱되고 있었을 뿐이다. 그런데 바벨론의 전쟁포로라는 극단적인 경험을 하고 난 후 그들은 '오직 신앙'이라는 결단을 하게 되었다.

B.C. 538년 파사(페르시아)의 고레스 칙령에 의하여 이스라엘 백성들이 바벨론의 전쟁포로 상태에서 조국으로 귀환한 뒤 우여곡절을 겪으면서 문자 그대로 신앙제일주의 국가를 탄생시켰다. 왕정복귀를 포기하고 제사장들이 정치 지도자가 되었으며, 율법을 연구하고 가르치는 랍비(서기관)들이 등장했고, 배운 그대로 실천하려는 수도사(바리새인)들이 생겨났다. 이들의 이와 같은 신앙형태를 '유대교'라고 부른다.

바벨론에서 귀환하여 유대교가 뿌리를 내리고 예수님께서 오실 때까지 진행된 기간을 신구약 중간기라고 하는데, 이 시기 역시 대략 500여 년이 걸렸던 한 전환기였다.

❺ **다섯 번째 전환기 : 초대교회 시대(A.D.1년 ~ 500년)**

바벨론에서 돌아온 유대인들은 페르시아와 헬라, 로마의 식민통치를 받으면서 신앙을 잃지 않으려고 몸부림을 쳤다. 온갖 고초와 박해, 순교를 당하면서도 신앙을 포기하지 않았다. 결국 그들은 이겨냈고 자신들의 신앙을 지켜냈다. 그러나 이 승리는 반쪽 승리였다. 외부의 위험을 이겨내느라고 신앙의 형식을 지나치게 강화한 나머지 신앙의 내용이 상실되고 말았던 것이다.

예수님의 말씀과 사역들, 그리고 사도바울의 믿음으로 의롭게 된다는 이신칭의(以信稱義) 신학은 유대교의 독특한 배경에서만 그 의미가 정확하게 파악된다. 어쨌든 기독교의 복음은 유대교의 형식적인 율법주의에 대한 전면적인 재해석에서 출발하고 있다.

초대교회에 일어난 가장 중요한 사건은 A.D. 323년에 기독교가 로마제국의 국교가 된 것이다. 이는 세계사의 흐름을 바꾸어 놓은 대단히 큰 사건이었다. 이후 교회는 로마제국 내에서 실질적인 지배권을 행사하게 되었다. 구속사의 큰 흐름에서 보면 로마제국은 신약의 교회 공동체에 주어진 가나안이었다. 이스라엘의 구약공동체가 실패한 것을 교회가 이어받아서 지중해 세계에다 천국의 모형을 세우기 위하여 주어진 땅이 로마제국이었다. 그리고 로마제국의 국교로서 교회의 주요 제도와 교리가 확립되던 시기가 이때였다.

초대교회 말기의 주요 사건들은 서로마제국의 멸망(476년), 공동체 수도원운동(베네딕트, 529년)의 시작 등인데 유대교로부터 대전환이 일어난 이 시기 역시 약 500여 년 지속되었다.

❻ 여섯 번째 전환기 : 중세 전기(中世前期, A.D.500년 ~ 1000년)

그레고리 대제 이후 약 500여 년 동안은 중세의 전기라고 할 수 있다. 이 시기에 유럽의 대부분 지역이 기독교 국가가 되어 기독교 왕국을 형성했다. 기독교가 박해받던 소수의 종교에서 황제의 칙령으로 말미암아 로마제국의 국교로 된 후, 신앙이 급속히 세속화되는 것에 반발하여 일어난 수도원 운동은 이 시기에 교회의 주요 제도와 기관으로 정착되었다.

중세의 교회는 로마제국이라는 새로운 가나안에 하나님나라의 모형을 만드는 것을 망각한 채 교권강화에 치중하다가 수직체제인 봉건사회를 개선하는 데에 아무런 역할을 하지 못하고 말았다. 이는 시내산 계약과 복음의 정신에 어긋나는 것으로써 후일 암흑기라고 질타를 받았으며, 아무런 변명의 여지가 없는 비극적인 오류였다. 회교는 이런 틈새를 비집고 들어와서 기독교의 발상지에 자신들의 영역을 확보했다. 로마제국의 분열과 회교의 등장은 중세교회의 계약위반에 대한 경고의 성격을 지니고 있다.

이 시기 역시 한 전환기였고, 500여 년 동안 지속되었다.

❼ **일곱 번째 전환기 : 중세 후기(中世後期, A.D.1000년 ~ 1500년)**

이 시기의 주요 사건은 동-서 로마교회의 분열과 동로마제국 및 교회의 멸망, 십자군 전쟁과 악명 높은 마녀사냥과 종교재판을 비롯하여, 중세교회에 대한 개혁운동의 성격을 지니고 있는 탁발수도회(프란시스칸, 도미니칸)와, 스콜라 신학의 등장, 면죄부 판매 등이다.

이 시기에 교회의 개혁을 외치는 소수의 목소리가 있었으나 힘을 발휘하지 못했고, 교회는 암흑기의 절정을 향하여 치달았던 비극의 때였다.

중세 후기 역시 약 500여 년 동안 지속된 또 하나의 전환기였다.

❽ **여덟 번째 전환기 : 근세와 현대(A.D.1500년 ~ 2000년)**

천 년 이상 지속된 중세 암흑기는 결국 파국을 몰고 왔다. 파국을 알리는 나팔소리는 르네상스라는 문예부흥운동이었는데, 이는 인본주의의 선언이라고 할 수 있다. 이는 중세의 신본(神本)주의 남용에 대한 강력한 반발이었다. 르네상스 운동은 대 지각변동을 일으켰는데 종교개혁, 과학기술 혁명, 시민혁명, 세계대전, 공산주의 등장과 소멸 등 현재 우리에게 직접 영향을 준 사건들이 이 시기에 일어났다. 르네상스는 각 지역의 민족주의 의식을 일깨워 놓았고, 그 결과 기독교 왕국은 해체되어 소멸하고 말았다. 이 시기에 격동을 일으킨 사건들은 중세교회에 대한 하나님의 징계의 성격을 띠고 있다.

근대와 현대라고 일컬어지는 지난 500여 년 역시 대 전환기였다.

❾ 아홉 번째 전환기 : 새 전환기의 길목 (A.D. 2000년 ~)

이런 큰 흐름을 놓고 보면, 우리가 맞은 2천 년대는 새로운 한 전환기의 시작임을 알 수 있다. 앞에서도 본 바와 같이 전환기의 초기는 이전 시대의 오류를 청산하고 새로운 시대를 향한 초석을 놓아야 하는 중요한 시기이다. 기초를 잘못 놓으면 그 시대는 물론 그 다음 시대까지 홍역을 치른다. 4천 년 역사는 이것을 경험으로 말해주고 있다. 우리는 지금 정신을 똑바로 차리고, 새 시대의 기초를 바르게 놓아야 할 중요한 시점에 서있다.

우리는 지금 어디에 와 있는가?
2000년대를 맞은 우리는 500여 년 만에 찾아오는 새 전환기의 길목에 서있다.

2. 영성의 시대

우리가 맞은 2천 년대는 새로운 전환기의 시작이며 영성의 시대이다. 이 시대가 영성의 시대라는 것은 다음의 두 가지 관점에서 확인할 수 있다.

첫째, 역사의 흐름이 말하고 있다.

앞에서 살펴본 500여 년을 단위로 진행된 각 전환기들을 다시 다른 관점에서 살펴보면, 2천 년대가 영성의 시대라는 것이 명확하게 드러난다. 흔히 말하는 "믿음으로 구원받는가? 아니면 행위로 구원받는가?"라는 물음도 구속사 전체에서 들여다보면 전혀 다르게 느껴진다. 구원의 기준이 "믿음으로냐? 아니면 행위로냐?"라는 식으로 나눌 수 있는 것이 아니다. 믿음과 행위는 이분법적으로 나누어지는 것이 아니라 하나이기 때문이다. 단지 그 시대의 상황에 따라 강조점을 달리할 뿐이다.

4천 년 역사의 여덟 번 전환기를 이런 관점에서 살펴보면 다음과 같다.

❶ 첫 번째 전환기(B.C.2000년 ~ 1500년)

하나님나라의 모형을 만들기 위하여 부름을 받은 이스라엘 백성들이 이집트에서 하비루로 만들어진 후, 시내산에 이르러 하나님을 뵈옵고, 가나안에서 실현되어야 할 하나님의 율법을 부여받는 것이 이 시기의 중심을 이루고 있다. 이때의 가장 중요한 것은 하나님과 이스라엘의 계약체결이다. 계약의 당사자인 이스라엘에게는 계약의 대상인 하나님에 대한 전적인 신뢰와 믿음이 요구되었다. 출애굽 당시에 겪은 여러 기적들과 홍해바다 사건, 광야에서의 하나님 체험 등은 하나님께 대한 전적인 신뢰에 필수적인 일들이었다.

따라서 이 시대의 주요 주제는 하나님에 대한 믿음이었다.

❷ 두 번째 전환기(B.C.1500년 ~ 1000년)

이 시기는 가나안에 입주하여 시내산에서 받은 하나님의 말씀을 실천해야하는 시기였다. 가나안은 하나님나라의 모형을 만들어야 할 땅이며, 시내산 계약법은 하나님 나라를 세우기 위한 법이다. 가나안에 입주한 이스라엘 백성들은 그 땅에서 하나님나라의 법을 실천할 사명을 지닌 사람들이었다.

이 시기의 주요 주제는 시내산 계약법, 즉 하나님의 말씀에 대한 실천이었다.

❸ 세 번째 전환기(B.C. 1000년 ~ 500년)

그러나 이스라엘백성들은 사사기를 지나면서 계약법을 제대로 지키지 못하다가 지파 공동체인 신정(神政)을 포기하고, 세속의 정치체제를 받아들여 왕정으로 치달았다. 왕정을 받아들인 이스라엘은 다윗과 솔로몬의 시대에 잠시 흥하는 듯했으나, 곧 쇠락의 길로 빠지고 말았고, 왕국의 분열과 멸망으로 이어졌다. 이 시기에 등장한 예언자들은 이스라엘의 멸망원인을 시내산 계약법을 실천하지 않았기 때문이라고 진단했다.

이 시기는 계약법의 실천이 실종되고 세속적인 정치, 즉 왕정이 중심적인 역할을 했다.

❹ 네 번째 전환기(B.C. 500년 ~ A.D. 1년)

나라가 망한 후 전쟁포로로 끌려가 노예생활을 하면서 이스라엘은 정신을 차리기 시작했다. 자신들이 당한 재앙이 하나님을 저버리고 그 법대로 살지 않았기 때문이라는 것을 깨닫고, 포로지에서 뒤늦게나마 율법을 실천하기 시작했다. 회당을 짓고 안식일을 지켰으며, 서기관과 바리새인이 등장하기 시작했다. 이런 노력은 귀환 후에도 계속 이어져서 유대교가 탄생하기에 이르렀으며 바리새파, 사두개파, 엣세네파와 열심당원 등 4대 종파는 하시딤이라는 유대교 영성운동(실천운동)에 뿌리를 내리고 있다.

이 시기의 주요 관심은 율법의 실천이었다.[5] 사사시대와 왕정기에 실천으로 옮기지 못했던 것을 이 시기에 와서야 행위로 실천하기 시작했다.

---

5) 이 시기에 유대인들이 지키려고 했던 법은 '유대교 율법'이라고 해야 하며 시내산 계약법과는 그 정신이 다르므로 시내산 계약법과 구별해야 한다. 이에 대해서는 제 1부 「하비루의 길」 후반부에서 상세히 다루었다.

❺ 다섯 번째 전환기(A.D.1년 ~ 500년)

율법의 실천을 기치로 내걸었던 유대교는 강대국들로부터의 식민통치와 신앙적인 박해를 받으면서 서서히 자신들도 모르는 사이에 형식으로 굳어져 버렸다. 신구약 중간기의 유대교를 살펴보면 순수한 신앙적인 열정이 형식으로 강화되었을 때 시간이 지나면서 나타날 수 있는 병폐의 극치를 보게 된다. 그들은 율법(말씀)대로 살기 위하여 율법에 대한 구체적인 조항을 만들어 실제 생활에 적용하려고 했다. 이는 신앙적인 강한 열의가 있을 때에만 가능한 일이었다. 그러나 안타깝게도 수백 년이 지나면서 서서히 신앙의 내용과 정신은 상실되어져가고 형식만 남게 된 것을 알아차리지 못하고 말았다.

예수님 당시에 유대교의 이런 병폐는 극단을 달리게 되었다. 예수님의 말씀들과 행동들은 이와 같은 오류를 지적하는 것에 초점이 맞추어졌는데, 예수님의 이런 말씀들은 사도바울에 의해서 신학으로 정리되었다.

공관복음(마태, 마가, 누가)에 나타난 예수님의 말씀을 다시 해석한 바울은 믿음과 은혜로 구원(義)에 이른다고 강조했다. 왜 바울은 신앙의인(信仰義認)을 강조했을까? 이는 율법의 실천과 행위를 강조하는 유대교의 한계와 그 병폐를 극복하기 위함이었다. 예수님의 말씀과 바울의 신학은 유대교를 배경으로 할 때에만 정확한 이해가 가능하다. 이에 대한 자세한 내용은 제2부 「죄인의 길」에서 다루었다.

사도바울은 유대교가 시내산율법이 아닌 유대교율법의 문자적인 실천을 강조하다가 잘못된 길로 들어섰다고 보면서, 이를 바로잡기 위하여 하나님께서 예수님을 통하여 베푸시는 은혜와 믿음과 사죄 등을 강조했다.

이 시기의 주요 주제는 믿음과 은혜라고 할 수 있다.

❻ 여섯 번째 전환기(A.D.500년 ~ 1000년)

초대교회가 박해시대를 지나면서 간직했던 순수한 신앙과 삶은 로마제국의 국교가 되면서 큰 위기를 맞았다. 박해받던 소수의 종교가 다수의 종교가 되다보니 순수한 삶의 모습이 사라지기 시작한 것이다. 이 위기를 극복하기 위하여 일어난 수도원 운동은 예수님의 삶을 재현하려는 실천운동이었다.

따라서 이 시기의 주요 관심사와 주제는 신앙의 실천이었다.

❼ 일곱 번째 전환기(A.D.1000년 ~ 1500년)

순수한 신앙을 실천하는 삶을 표방한 초기의 수도원운동이 큰 영향을 주어서 전 유럽에 수도원운동의 물결이 넘쳐났다. 그러나 시간이 지나면서 수도원 역시 신구약 중간기의 유대교가 빠졌던 함정에 다시 빠져들고 말았다. 거룩한 삶이란 수도사가 되어 수도원 규칙들을 지키면 된다는 또 다른 형식에 얽매이게 되었으며, 이는 서기관-바리새인들이 율법의 조항에 치중했던 것과 같은 이치였다.

교황과 추기경, 주교 등 교회 지도자들은 세속정치의 탁류에 휩쓸려 버렸고, 신학은 공리공론을 일삼는 스콜라주의에 머물렀다. 탁발수도회로 알려진 프란시스칸과 도미니칸 운동이 일어나기는 했지만 대세를 바꾸기에는 역부족이었다. 이 시대에는 신앙의 실천을 강조했으나, 수도사가 되어 수도원 규칙을 지키는 것, 병들고 굶주린 사람들을 돌보는 자선사업 등에 치중했고 신앙의 내용과 정신이 사회전반에 파급되는 것은 상실되었다. 중세 암흑기는 형식적인 신앙의 실천과 교권싸움, 형이상학을 일삼는 스콜라주의가 어우러져서 만들어낸 작품이다.

실천을 강조하면서 일어난 수도원운동은 천 년을 지속하면서 진정한 실천의 삶을 잃어버리고 말았다. 실천을 강조하면서 실천이 없는 모순을 범한 것이다.

❽ 여덟 번째 전환기(A.D. 1500년 ~ 2000년)

　교권과 정치에 관심을 가진 중세 후기에는 교권을 강화하기 위하여 교황무오설(敎皇無誤說)을 비롯한 각종 장치들을 만들어내었고, 십자군 전쟁 이후 추락한 위신을 회복하기 위하여 초대형 성전을 짓는데 주력했다. 그 여파로 베드로 성전(신전) 건축자금을 마련하기 위하여 면죄부를 판매하다가 르네상스라는 철퇴를 맞고 말았다. 인간의 지성이 어두움의 잠에서 깨어나면서 계몽주의와 민족주의가 득세하였고, 전 유럽을 지배하던 기독교 왕국은 해체되고 말았다. 르네상스와 맥을 같이하여 교회 내에서도 루터의 종교개혁운동이 일어났다. 루터의 주제는 신앙의인(信仰義認)이었다.

　루터는 왜 1000여 년 전에 바울이 강조했던 신앙의인을 다시 강조했을까? 이는 그 배경이 같기 때문이다. 바울은 유대교를 배경으로 신앙의인을 강조했다. 유대교는 안식일 법을 중심으로 한 형식적인 조항들을 문자적으로 지키는 데에 관심이 있었고, 이 조항들을 지키면 의롭게 된다고 믿었기 때문이다. 이에 비해 바울은 그런 형식을 지킴으로써 의로워 지는 것이 아니라, 예수님께서 대신 죽으신 대속의 은혜에 대한 신앙으로 의롭다하심을 얻는다고 강조했다. 또한 중세 후기의 특징도 비슷하게 나타나서 당시에 의로워지려면(거룩해지려면) 수도원에 들어가야 했고, 속된 세상과 거룩한 수도원을 명확히 구분해 놓았다. 이를 성속(聖俗) 이원론이라고 한다. 수도원에 들어가면 수도원 규칙들이 있고, 이 규칙을 지키는 수도에 정진해야 거룩해진다고 했다. 루터는 이런 풍토에 반발하여 그런 규칙들을 지킴으로 거룩해지는 것이 아니라, 예수님의 속죄의 은총과 그에 대한 믿음으로 거룩해진다고 주장했다.[6] 루터의 종교개혁 이후 지난 500여 년 동안은 신앙의인의

---

6) 이에 대한 상세한 설명들은 「하비루의 길」과 「죄인의 길」에서 다루고 있다.

신학이 지배했다. 적어도 개신교 내에서는 그러했다.

　구속사 4000년은 500여 년에 한번 씩 찾아온 8번의 전환을 맞으면서 진행되어 왔다. 전체의 흐름을 한 눈에 보기 위하여 간단한 도표로 정리하면 다음과 같다.

시기 구분	특징(주요 관심사)	비고
B.C.2000~1500년(시내산 계약)	하나님과 율법에 대한 신앙강조	신앙을 강조
B.C.1500~1000년(가나안의 삶)	시내산 율법의 실천이 주요 과제	행위를 강조
B.C.1000~500년(왕정과 멸망)	왕정(정치)이 주요 관심사	실천의 실종(정치 득세)
B.C.500~1년(귀환과 재건)	율법의 실천이 주요 관심사	행위를 강조
A.D.1~500년(초대교회)	예수님에 대한 신앙이 주요 관심사	신앙을 강조
A.D.500~1000년(중세초기)	수도의 실천이 주요 관심사	실천을 강조
A.D.1000~1500년(중세후기)	교권과 정치가 주요 관심사	실천의 실종(정치 득세)
A.D.1500~2000년(근세와 현대)	신앙의인이 주요 관심사	신앙을 강조
A.D.2000~	?	?

〈도표1 : 행위와 신앙의 흐름〉

　위의 도표를 살펴보면, 500년을 단위로 진행되는 각 전환기의 강조점은 믿음(신앙)과 실천(행위)이 교차되고 있음을 알 수 있다. 신구약 중간기에 유대인들이 유대교 율법의 행위를 강조한 결과로 그 병폐가 드러났고, 이것을 시정하기 위하여 바울은 믿음을 강조했다. 유대교 율법의 형식을 지킨다고 구원(의)에 이르는 것이 아니라, 예수 그리스도를 통하여 베푸시는 은혜에 대한 믿음으로 구원에 이른다는 것이다. 그러나 초대교회 후반으로 접어들면서 신앙의 실천이 흐트러지자, 수도사들이 등장하여 신앙의 삶을 강조하게 되었다. 그러다가 수도사 시대가 수백여 년 지나면서 수도원 규칙을 지키면 된다는 식의 또 다른 형식주의가 등장하게 되었다. 이에 대한 반발로 루터는 바울의 갈라디아서와 로마서를 해석하면서 신앙의인을 다시 강조하게 되었다.

　이런 흐름은 '믿음'과 '행위'가 어떤 관계인가를 잘 보여준다. 믿음과 행위는 서로 보완관계이며 하나이다. 진정한 믿음은 행위를 동반하며, 진정한 행위는 믿음에서만 가능해진다. 둘을 서로 나누어 믿음으로 구원을 받는가, 아니면 행위로 구원을 받는가라는 식의 이분법적인 질문을 하는 것은 그 물음 자체가 모순이며 잘못된 것이다. 각 전환기마다 믿음 또는 행위가 핵심적인 주제였고, 그 시대를 이끌어왔다. 시간이 흘러서 믿음을 강조했을 때의 한계가 드러나면 행위로 기울어졌고, 행위를 강조했을 때의 한계가 드러나면 믿음으로 기울어지게 되었다. 구속사 4천 년은 이렇게 흘러왔다.

　그런데 여기에 두 예외가 있다. 구약의 B.C.1000년 ~ 500년의 시기와 신약의 A.D.1000년 ~ 1500년의 시기였다. 이 시기의 공통점은 전 시대의 한계를 극복하기 위하여 새로운 신앙의 흐름을 만들어 내야 했고, 그래야 그 이전 전환기의 한계를 극복하고 바른 길로 갈 수 있었다. 그러나 이 시대의 지도자들은 세속에 눈이 어두워져서 세속정치로 그 시대를 이끌어 가는 시대착오적인 실수를 범했다. 그 결과는 너무나도 참담했다. 이스라엘은 앗수르와 바벨론에게 망했고, 중세 유럽의 기독교 왕국은 무너져 버리고 바티칸 시티 하나를 차지하는 신세로 전락하고 말았다. 어느 시대이든 그 시대의 지도자들이 시대착오를 범하면 그 시대가 망한다는 것을 보여주고 있다. 이런 흐름에 대해 자세한 설명은 「하비루의 길」과 「죄인의 길」에서 다루었으므로 여기서는 생략하기로 한다..

　그러면 새로운 전환기를 맞은 우리는 방향설정을 어디에 맞추어야 하는가? 이 대답은 우리 이전 시대에 대한 분석에서 나와야 한다. 앞에서 본 바와 같이 우리 이전 시대의 전환기의 흐름은 신앙의인이었다. 세세한 실천운동들이 있었으나 주류는 신앙(은혜)을 강조했다. 신앙을 강조했을 때 나타나는 한계의 극복은 앞에서와 같이 행위에 초점을 맞추는 것이며, 따라서 우리는 행위를 강조해야 하는 시대에 접어들었다.

  지난 과거를 돌이켜보면 의롭고 거룩한 삶을 실천하려는 시도는 영성운동으로 전개되었음을 알 수 있다. 바벨론 포로에서 돌아온 유대인들이 율법의 실천을 강조하면서 전개한 영성운동이 하시딤이며, 유대교의 네 종파는 이 하시딤에 뿌리를 두고 있다. 초대에서 중세로 넘어가는 길목에서 예수님을 닮는 삶을 강조했던 수도사들의 운동 또한 영성운동이다. 따라서 실천운동은 곧 영성운동이었다. 따라서 신앙의 행위를 강조해야 하는 우리는 또 다시 영성운동을 전개해야 한다는 사실이 역사적으로 증명이 된다. 우리는 영성운동을 전개해야 할 시점에 서있다. 그래야 역사적인 흐름에 맞는다. 이를 거스르면 유대인의 패망이나 중세교회의 해체와 같은 값비싼 대가를 치르게 된다.

  그런데 과거의 전환기들은 신앙, 또는 실천의 양극을 향하여 치달음으로써 비극을 자초했다. 이를 막으려면 신앙과 실천이 균형을 이뤄야 한다. 바울이 했던 신앙의인의 신학을 천 년 뒤에 루터가 다시 전개하는 것은 이런 균형이 무너졌음을 말한다. 영성의 시대가 '실천'을 표방하는 것이기는 하지만 신앙에 기반을 둔 실천이어야 한다. 시대적인 흐름의 양극화를 막기 위해서는 신앙과 실천이 하나가 되게 해야 한다.

  양극으로 치달았던 과거의 시대적인 흐름과 우리가 가야 할 방향을 도형으로 그린다면 다음과 같다.

  전환기의 흐름에서 본다면 아홉 번째 전환기의 문턱에 서 있는 지금은 영성의 시대이다.

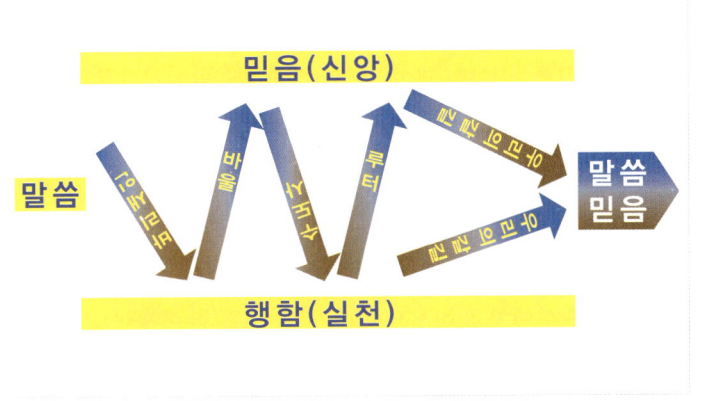

〈그림1 : 믿음과 행함의 역사〉

둘째, 우리의 시대사조가 말하고 있다.

우리 이전의 전환기인 A.D. 1500년부터 2000년까지는 인간과 인간의 이성을 강조하던 이성의 시대였다. 그 이전 시대에 하나님과 신앙을 강조하였기 때문에 나타난 반작용의 결과였다. 어쨌든 지난 500여 년은 인간의 이성이 지배하던 합리주의와 인본주의의 시대였다. 그런데 2천 년대를 접어들면서 '포스트모더니즘'(post-modernism)이라는 말이 들려오기 시작했다. 즉 이성이 지배하던 현대가 지나가고 새로운 시대가 온다는 뜻이다. 새로운 시대는 아직 무어라 이름을 붙이기 어려우므로 '현대후기' 또는 '탈현대주의' 등의 이름으로 불린다.

현대의 몰락은 과학문명과 더불어 기승을 부리던 이성주의가 한계에 다다른 결과다. 인간의 이성으로 하나님의 영역에 도전하여 인간의 제반문제를 해결하려 했으나 실패하고 말았다. 과학문명은 기아와 전염병을 해결하고 문화적으로 윤택하게 사는 실마리를 찾았으나, 그 대가로 인간성을 말살시켰고, 산업화를 통한 대량생산체제로 말미암아 물질문명에 의해 인간이 지배를 받게 되었다. 인간의 정서는 황폐하게 되었고, 과학문명의 발전은 날로 가속도를 더하여 사회를 급변의 소용돌이에 휩쓸리게 했으며, 예전의 가치기준을 몰락시키고 말았다. 대량살상무기를 비롯한 첨단무기의 등장과 산업화로 말미암은 환경의 오염 등이 지구 전체를 멸망시킬 지경에 이르게 되자 이성주의자들은 불안해지기 시작했다.

현대의 이성주의자들은 이런 난관에 부딪히자 어떤 대책을 찾기 시작했고, 그 결과 인간의 이성을 넘어서는 영역, 즉 영성의 문제에 다시 눈을 돌리기 시작했다. 이성의 시대를 주도한 사람들은 서양 사람들이었고 이들은 서양 우월주의에 젖어 있었다. 그런데 자신들의 한계가 드러나자 동양에 관심을 가지기 시작했는데, 동양의 사상은 종교적인 사고였으므로 영성에 관심을 가지게 된 것이다.

이런 과정을 거쳐 우리 시대의 사조는 '영성'에 이르게 되었다. 근래 갑자기 '영성'이라는 용어가 홍수를 이루고 있는 것은 이런 때문이다.

우리는 지금 어느 시대에 살고 있는가?

4천 년 역사의 흐름은 우리에게 한 전환기의 길목에 서 있음을 말하고 있다.

시대사조의 흐름은 우리에게 '영성의 시대'에 접어들었음을 말하고 있다.

우리 시대의 지상 과제는 무엇인가? 물음 02

앞의 물음에서 살펴본 바에 의하면 우리는 새로운 전환기를 열어가야 할 길목에 서있다.

이런 역사적인 전환기는 대략 500여 년 만에 찾아오는데, 「하비루의 길」과 「죄인의 길」에서 이미 본 바와 같이 새로운 시대를 여는 사람들의 역할이 대단히 중요하다. 나아갈 방향을 정확히 제시해야 하고 또 그 시대를 이끌어갈 정신문화(신학, 사상, 윤리)를 만들어내야 하는 과제가 그들에게 주어졌기 때문이다. 그들이 이 일을 성공적으로 해냈을 때 그 시대는 바른 방향으로 나아가서 시대적 사명을 다할 수 있겠지만, 그들에게 시대적인 방향감각과 역사의식, 문제의식이 없거나 희미해졌을 때에는 어김없이 그 시대의 파국이 찾아온다. 따라서 지금 우리에게는 한 시대의 운명을 책임져야할 중요한 역할이 맡겨져 있다. 참으로 두렵고 떨리는 일이다. 그러므로 현시대를 살아가는 교회 지도자들은 이 사실을 명심하여 전체적인 역사가 흘러가는 방향을 명확히 파악해야 하고, 또한 다음 시대가 나아갈 방향을 제시해야 한다. 이 사명을 다해내지 못한다면 후일 역사의 주관자이신 하나님의 심판대 앞에서 변명의 여지가 없게 될 것이다. 교회의 지도자인 성직자는 이 역사적 사명의 이행여부를 하나님 앞에서 평가받지 않을 수 없다. 성직자는 단순히 목회만을 위하여 부름 받은 사람들이 아니라, 그 시대를 구원하기 위하여 부름 받은 사람들이기 때문이다. 마태복음 23장은 당시의 신앙 지도자들인 서기관과 바리새인을 향한 책망의 말씀인데, 예수님께서는 이들을 향하여 '소경된 인도자들'이라고 반복하여 책망하시면서 "뱀들아 독사의 새끼들아, 너희가 어찌 지옥의 판결을 피하겠느냐!"(마태복음23:33)라고 하셨다. 그들의 어떤 윤리적인 문제나 불신앙을 문제 삼은 것이 아니라, 지도자로서 잘못 알고 잘못 가르치는 것은 결코 용서받을 수 없다는 것을 명확하게 지적하셨다.

다시 말하거니와 우리는 지금 너무나도 중요한 시점에 서 있다. 이 시대는 물론이고, 다음 시대의 죽고 사는 문제가 우리 손에 달려 있다. 이는 결코 과언이 아니다. 이 사명은 수백 년에 한 번씩 찾아오는데 오늘을 사는 우리 모두는 전환기의 사명자들이다.

전환기의 사명자들은 무엇을 해야 하나?

전환기가 아닌 시대에는 이전 세대로부터 물려받은 것을 상황에 맞추어 재해석하는 것으로 족하다. 그러나 새로운 전환기의 교차점에 선 사람들은 다음 전환기가 나아갈 방향을 제시하는 것과 더불어 그 전환기를 이끌어갈 새로운 사상체계(신학)를 창출해내야 한다. 이 사상은 그 시대의 요청에 부응하는 것이어야 한다. 따라서 시대인식이 선행되어야 한다. 이 시대인식은 이전 시대들의 흐름을 정확히 판단해야 오류를 범하지 않는다. 이런 의미에서 성직자에게 있어서 '역사의식'의 중요성은 아무리 강조해도 지나치지 않다.

전환기를 열어갈 역사의식은 세속학문에서 다루는 역사이론을 습득해서 얻어지는 것이 아니다. 세속의 학문과 지식들이 도움이 되기는 하지만 보조적인 역할을 할 뿐이고 역사의 창조자이시고 주관자이신 하나님에 대한 깊은 체험을 바탕으로 한 역사이해가 우선되어야 한다. 진정한 하나님체험은 자신과 하나님과 세상역사의 흐름에 대한 깊은 이해로 이어진다. 성경에 등장하는 하나님의 사람들은 이런 사람들이었기에 비록 세상 학문에는 깊은 조예가 없었을지라도 이런 중요한 일을 해낼 수 있었다. 예언자들과 사도들이 그 대표적인 사람들이다. 결국 새로운 전환기 신학의 탄생은 하나님인식의 문제라고 할 수 있다. 다음 시대를 이끌어갈 신학은 이런 신체험(神體驗)에 근거한 신인식(神認識)에서 비롯되어야 한다.

전환기의 문턱에 선 우리의 지상과제는 무엇인가?

다음 시대가 나아갈 방향을 제시하고, 또 그 시대를 이끌어갈 새로운 신학, 즉 '전환기의 신학'을 만들어 내는 일이다.

지금의 전환기 신학, 무엇이어야 하나?

우리는 지금 500여 년 만에 찾아온 새로운 전환기의 출발점에 서있다. 수백 년이 지속될 다음 시대의 운명은 오늘을 사는 우리가 다음 시대를 이끌어갈 바른 신학을 어떻게 만들어내는가의 여부에 달려 있다. 이는 결코 과장이 아니며, 지난 4천 년 역사의 교훈이다.

모세와 여호수아는 애굽에서 소망 없이 살던 이스라엘을 이끌고 나와 시내산 계약법을 주어 가나안으로 들어가게 했고, 이스라엘의 바벨론 포로기 전후를 살았던 예언자들과 포로기의 신명기 신학자들은 에스겔 골짜기의 마른 뼈와 같이 소망이 없던 이스라엘을 살려냈다. 사도들과 초대교회 교인들은 모진 박해 속에서도 교회가 로마제국과 유럽의 국교가 될 수 있는 길을 열어놓았다. 종교개혁자들은 중세 암흑기에서 교회를 다시 살아나게 했다. 이들은 그 시대가 나아갈 방향을 제시하며 그 시대를 이끌어갈 새로운 신학을 탄생시켰다.

그러나 사사시대의 제사장들은 자신들의 역할이 무엇인지 조차 모르고 있다가, 거룩한 하나님나라의 모형을 간직하지 못하고, 우상종교의 전제왕권으로 전락하게 만들었고, 왕정시대의 궁정예언자들과 제사장들은 지배계급에 편승하여 세상이 어떻게 돌아가는지도 모르고 안락에 빠져 있다가 나라를 망하게 했으며, 신구약 중간기 후기의 서기관과 바리새인들은 도그마(굳어진 교리체계)의 허구에 매여 시대감각을 잃고 있다가, 나라를 파멸의 구렁텅이로 몰아넣어서 로마에 비참하게 멸망당하게 했다. 중세기의 수도사들과 성직자들의 죄는 더 크다. 수도사들은 서기관과 바리새인들이 빠졌던 성속이원론의 함정을 분별해내지 못했고, 성직자들은 우상종교의 논리에 빠져버리고 말았다. 이들의 오류로 말미암아 그 시대는 암흑기가 되었고, 그 다음 시대에는 온갖 혁명과 피의 숙청과 세계대전 등 전 세계가 피로 얼룩지고 말았다. 극단적인 폭력을 거룩하게 여기는 회교신앙도 중세교회 지도자들의 작품이다. 성직자들의 죄는 하나님에 대한 불신앙이나 개인적인 윤리도덕이나 경건성의 부족 정도로 문책될 일이 아니다. 그 시대적인 사명을 부여받았으나 그것을 다해내지 못한 직무유기죄로 다스려져야 한다. 성직자의 직무유기는 결코 용서받을 수가 없을 뿐만 아니라 어떤 변명도 허락되지 않는다. 왜냐하면 이들의 직무유기로 말미암아 그 시대는 물론, 그 다음 시대까지 멸망하는 비참한 일이 벌어지기 때문이다. 한 시대가 망한 죄 값은 그 시대를 살았던 성직자에게 일차적으로 물어질 수밖에 없다. 성직자는 그 시대와 운명을 같이해야 하는 사람들이다.

성직자의 사명은 역사적인 것이며, 성직자에게 돌려질 죄목은 시대의 파국에 대한 책임이다. 성직자는 그 시대라는 거대한 배를 몰고 가는 사람들이다. 배의 항로를 잘못 잡아 배가 좌초되면 선장이 책임을 져야한다. 선장이 갖추어야 할 조건은 도덕성과 성실성의 여부만이 아니다. 그런 것들은 기본 중에서도 기본에 불과하다. 선장이 되려는 자는 자신이 맡은 배를, 암초와 빙산들이 널려있고 폭풍우가 휘몰아치는 바다를 안전하게 항해하여 목적지까지 무사히 인도하려는 책임감과 능력을 반드시 갖추어야 한다. 이는 선장이 갖추어야 할 필수조건이다. 절대로 선택의 문제가 될 수 없다.

하나님을 창조주와 역사의 주관자라고 고백하는 오늘의 기독교 신자들은 2천 년대라는 거대한 함선의 키를 잡은 자들이다. 정신을 바짝 차려야한다. 어디에 암초가 있는지, 빙산들이 어느 곳에 떠돌아다니고 있는지, 어떤 폭풍우가 어디서 몰려오고 있는지, 어느 방향으로 가야 하는지를 모르고 무턱대고 배를 몰고 간다면 반드시 그 배는 좌초되거나 침몰하게 될 것이다. 이런 비극을 어떻게 하든지 막아야 한다. 배를 운행하는 자는 늘 긴장하여 확인하고 또 확인해야 한다. 이 자리에 선 사람들은 자신이 맡은 일에 아무리 신중해도 결코 지나치지 않다. 자칫 사소한 실수와 방심이 엄청난 파국을 몰고 올 수 있기 때문이다. 예수님께서 이 중요한 일을 맡았던 서기관과 바리새인을 향하여 육두문자를 사용하실 정도로 질타하시며 저주를 선포하신 이유는 이런 까닭이다. 그들의 개인적인 도덕성과 불신앙을 지적하시는 것이 아니라, 일기는 볼 줄 아는데 때를 볼 줄 모르는 것을 지적하신 것이다. 성직자는 자신이 살고 있는 시대의 좌표를 제시하는 사람이다. 그가 갖추어야하는 필수조건은 역사에 눈을 뜨는 일이다. 세상 학문에서 터득할 수 있는 역사관이나 이론을 말하는 것이 아니다. 하나님의 입장에서 세상을 바라보는 눈을 말하는 것이다. 이 눈은 하나님에 대한 깊은 체험에서 얻어진다. 인간으로서 체험할 수 있는 가장 깊은 단계의 하나님체험은 이것을 가능하게 할 것이다. 예언자들과 사도들은 이런 사람들이다.

우리는 지금 새로운 전환기의 신학을 만들어내야 하는 중요한 시점에 와있다. 이 일은 결코 쉽지 않은 일이지만 반드시 해내야하는 사명이다. 그리고 우리는 이 일을 위해서 부름 받은 사람들이다. 사명을 주신 이는 그 사명을 해낼 수 있는 능력도 주신다. 하나님 앞에서 신실하기만 하면 능히 가능한 일이다.

우리가 만들어내야만 하는 전환기의 신학은 무엇인가? 어떤 신학을 어떻게 만들어야 하나? 그 대답은 앞에 이미 나와 있다. 우리 이전 시대에 대한 역사적인 흐름을 파악하는 것에서 그 대답이 찾아진다. 역사적인 요청은 곧 하나님의 요청이다. 왜냐하면 역사의 주관자이신 하나님께서는 역사를 통해서 일하시며 역사를 통해서 말씀하시기 때문이다.

앞에서 본 바와 같이 우리가 맞이한 2천 년대는 영성의 시대이므로, 우리의 시대가 요청하고 있는 신학은 '영성신학'이다. 영성신학이라는 용어 자체가 근래에 등장한 생소한 용어다. 그간에는 '영성'이라는 용어가 쓰이고 있었으나 새 천년에 접근해오면서 영성신학이라는 용어가 쓰이기 시작했다.

영성신학

이것이 이 시대를 살아가는 기독교인이 반드시 만들어내야 할 전환기의 필수품이다.

물음 04 영성신학, 어떻게 만들어내야 하나?

근자에 들어서 영성운동이 활발하게 진행되고 있는데, 이는 참으로 바람직한 현상이다. 그런데 이 영성운동은 바른 신학이 뒷받침되어야 한다. 이론이 없는 신앙운동은 어떤 것이든 살아남지도, 열매 맺지도 못한다. 잠시 피어나는 듯하지만 곧 아침 안개나 이슬처럼 사라져 버리고 만다. 사도바울을 중요시하는 이유는 그가 예수님의 복음을 해석하여 신학(이론)으로 정립해냈기 때문이다. 신앙(영성)은 내용이고, 이론(신학)은 그 내용을 담는 그릇과 같다. 그릇 없이는 내용물을 담을 수 없고, 또 잘못된 그릇에 담으면 그 내용물이 못쓰게 된다. 내용도 중요하지만 그릇도 그 못지않게 중요하다. 이스라엘 역사와 교회사에는 그릇이 잘못되어서 내용까지 망친 경우가 수없이 많이 들어있다.

새 시대의 영성을 담을 새로운 신학을 만들어 내려면 다음의 몇 가지를 고려해야 한다.

첫째, 우리 이전에 있었던 영성운동과 영성가들을 살펴보아야 한다.

여기에는 두 개의 큰 흔적이 남아 있다. 하나는 옛 계약공동체인 이스라엘 사람들이 남긴 자국이다. 바벨론 포로 이후에 등장한 것인데, '하시딤'이라고 불리는 유대인의 영성운동이다. 다른 하나는 새로운 계약 공동체인 교회의 역사에 들어있다. 초대교회에서 중세로 넘어가는 어간에 일어난 '수도원 영성운동'이 그것이다. 따라서 하시딤과 수도원 영성운동을 세밀하게 들여다보아야 한다.

성서 이외의 다른 종교들의 영성들도 관심사가 될 수 있다. 그러나 이런 것들은 이차적이다. 탈현대주의의 특징 중 하나가 '다원주의' 이므로 종교영역에서도 '종교다원주의' 성향이 강하게 나타나고 있다. 이런 흐름에 영향을 받아서 기독교 영성을 말하는 이들 가운데서도 흔히 영성혼합주의에 치우친 경우가 종종 있다. 그러나 '혼합주의'는 바람직하지 않다. 이것은 기독교신학의 역사에서 이미 정리된 사실이다. 이단적인 사고들은 항상 혼합주의적인 성격을 가진다. 초대교회에서 수세기 동안 지속되었던 교리논쟁은 이런 사실을 여실히 보여주고 있다. 전환기의 영성신학을 만들어내는데 반드시 피해야 할 일 중의 하나가 '영성혼합주의'이다. 타종교의 영성에 어설프게 접근하여 그럴싸한 것들을 얻어다가 써먹으려 하기보다는 주님의 길을 따르던 우리의 선배들이 걸어간 발자취들을 정확히 찾아 밟아보면서 혼합이 아닌 순수한 영성신학을 얻어내야 한다.

둘째, 고대의 영성가들이 도달했던 영성에 대하여 이론에 앞서 경험으로 접근해야 한다.

우리 이전의 영성가들에 대하여 정확하게 말하기 위해서는 그들이 도달했던 영적인 상태를 먼저 경험하는 일이 필요하다. 그러나 영성의 대가들이 도달했던 영성의 경지를 경험으로 접근한다는 것은 결코 쉬운 일이 아니다. 이런 특성 때문에 영성을 경험에 근거한 이론으로 말한다는 것은 대단히 어렵다. 영성의 시대에 정말로 필요한 것들은 경험 없이 영성에 대해 하는 빈 말이 아니라, 경험으로 접근한 후 이론으로 정리한 살아있는 말이다. '영성에 관하여'가 아니라 '영성'을 말해야 한다.

영성이란 하나님과의 살아있는 관계를 말한다. 하나님과의 관계를 말하려면 하나님께 대한 체험이 전제되어야 한다. 그런 체험 없이 하나님을 말하면 무미건조해 질 수 밖에 없다. 하나님께 대하여 단순한 이론으로도 많은 부분을 말할 수 있겠지만, 그 지식은 공허한 것이며 생명을 불어넣지 못한다. 직접 경험을 통해 직접 하나님을 인식해야 된다. 어느 분야보다도 하나님께 대한 직접적인 경험을 필요로 하기에 여타 신학 가운데 '영성신학'이 가장 어려운 분야라고 할 수 있다. 그래도 해내야 한다. 할 수 있느냐 없느냐의 문제가 아니라 반드시 해내야만 하는 문제이다. 최선을 다하기만 한다면 길은 언제나 있게 마련이다.

셋째, 예전의 영성가, 영성이론에 대한 답습이 아닌 재해석이어야 한다.

우리 이전의 영성가들은 수백 년, 또는 수천 년 전에 살았던 사람들이다. 그들이 살았던 시대와 우리가 사는 시대의 환경은 전혀 다르다. 그들이 경험했던 영성의 대상인 하나님이나 우리가 경험하는 하나님은 같은 분이지만, 주어진 여건이 다르기 때문에 우리는 우리 시대의 입장에서 다시 경험을 해야 한다. 바꾸어 말하면 우리는 우리의 옷을 입어야 한다. 오늘을 사는 우리가 고대인들이 입었던 옷을 그대로 입고 다닐 수는 없는 일이다.

고대의 영성가들이 도달했던 고귀한 영성을 우리의 것으로 만들기 위해서는 그들이 발굴한 영성과 그 접근방법들을 그대로 수용하거나 답습하는 것이 아니라, 우리의 입장에서 경험을 기초로 재해석해야 한다. 이 작업을 해내야 비로소 우리의 것이 된다. 어떻게 해야 재해석을 할 수 있을까? 다시 경험하여 정리하면 된다. 그들이 도달했던 상태에 우리도 가 봐야만 재해석이 가능하다. 재접근 없는 재해석은 있을 수 없다. 결국 하나님에 대한 체험이 가장 중요한 문제로 부각이 된다.

우리가 당면한 시대가 한 전환기이고 또 영성시대이기에 전환기의 신학인 영성신학을 만들어내야 한다. 이는 우리에게 주어진 최우선의 과제이다. 이 과제를 어떻게 해결하는가의 여부에 다음 시대의 운명이 걸려있다. 그런데 이 일을 해내기 위해서는 '하나님 체험'이 기본적으로 전제되어야 한다. 영성이란 이 체험에서 비롯되므로 인간이 도달할 수 있는 최고의 체험을 바탕으로 영성신학이 만들어져야 한다. 경험이 이론보다 선행된다. 경험이 있고서야 이론이 가능하기 때문이다.

이런 이유로 영성시대에 우리에게 주어진 과제를 풀기 위해서는 먼저 영성수련에 집중해야 한다. 어디에다 방향을 두고 어떻게 영성수련을 해야 하는가의 문제를 경험과 재해석을 통하여 다루려는 것이 이 책의 목적 중의 하나이다.

지금 우리에게 필요한 것은 재경험을 통한 재해석이다. 결코 답습이 아니다.

물음 05 영성운동, 어떻게 흘러왔나?

성경의 구속사와 관련된 영성의 흐름은 두 갈래를 가지고 있다. 하나는 옛 계약 공동체인 유대교의 영성이며, 다른 하나는 새 계약 공동체인 기독교의 영성이다.

1. 유대인의 영성운동(하시딤)

유대인의 영성운동은 바벨론포로 사건과 더불어 시작된다. 하나님과 맺었던 시내산 계약의 정신을 위반하고 세속적인 삶을 살다가 계약을 어긴 징벌로 이스라엘 사람들은 나라를 잃어버리고 말았다. 북왕국 이스라엘은 B.C. 721년에 앗수르에 망했고, 남왕국 유다는 B.C. 586년 바벨론에 멸망을 당했다. 나라를 잃기 이전 신앙생활을 등한시했던 이스라엘 사람들은 나라를 잃고 포로가 되고나서야 신앙적인 각성을 하기 시작했다. 전쟁포로라는 비참한 지경에서 율법서들과 예언자들의 글을 읽으면서 말씀대로 살기로 작정하고 새로운 삶을 살기 시작했다. 이 때 이 일을 주도했던 사람들을 '신명기 예언자'들이라고 한다.[7]

곳곳에 성전을 대신하는 회당을 짓고 안식일에 모여 율법을 공부했다. 이에 따라 성경을 가르치는 서기관들이 등장했고, 율법의 말씀을 지키는 것을 최우선으로 여기는 사람들이 생겨났다. 이들은 세속의 삶과 구별되는 삶을 살아가는 것을 실천하고 나섰기 때문에 '바리새인'(구별된 사람들이란 뜻)이라 불렸다. 이렇게 시작된 유대인의 영성운동을 '하시딤'이라고 한다.[8] 유대인의 대표적인 네 종파인 사두개인, 바리새인, 엣세네파, 열심당원 등은 본래 같은 하시딤이었는데 전쟁과

---

[7] 이 부분에 대하여서는 제1부 「하비루의 길」 후반부에서 상세히 다루고 있다.

식민통치의 과정을 겪으면서 서로 의견이 엇갈려 분리가 되었다.

고레스 칙령에 의해 조국으로 돌아온 이후에도 바벨론 포로생활을 경험했던 하시딤들의 가장 큰 관심은 또다시 그런 실패를 반복하지 않기 위하여 율법을 철저하게 지키는 데 있었다. 이들의 최고 관심은 "내가 거룩하니 너희도 거룩하라."는 말씀을 어떻게 해서든지 지켜야 한다는 것이었다. 그들은 페르시아와 헬라, 로마의 식민통치를 받으면서 유대인의 정체성을 유지하기 위하여 율법을 지켜내는 힘겨운 과정을 인내해야 했다. 결국 신앙을 지키고 살아남기는 했지만 그 과정에서 가장 중요한 신앙의 본질을 상실했다. 세속적인 헬라문화의 침투를 막아내기 위하여 율법의 형식을 지나치게 강조한 결과 내용이 죽어버리고 만 것이다.

형식에 치우친 율법주의는 사회의 구성원을 의인과 죄인으로 양분시켜 놓았다. 율법의 형식을 지키는 사람은 의인이고 형식을 지키지 못하는 사람은 죄인이 된 것이다. 의인과 죄인을 나누는 기준은 인과응보라는 교리였다. 인과응보 교리는 결과가 좋지 않은 사람들은 죄를 지었기 때문에 하나님으로부터 벌을 받은 것이라고 단죄하는 교리이다. 이 결과 온갖 병자들과 불구자들은 물론 가난한 자들, 고아, 과부 등을 비롯하여 안식일을 지키지 못하는 사람, 도덕적인 문제가 있는 사람 등 수많은 죄인들이 생겨났다. 반면에 율법의 형식을 지킬 수 있는 사람들은 건강한 사람, 가진 자, 지배자 등이었으므로 결국 유대교는 가진 자의 종교가 되어버리고 말았다.

유대교가 가진 자의 종교로 전락한 것은 심각한 문제였다. 시내산

---

8) 하시딤(Hasidim)이란 용어의 어원은 '헤세드'라는 히브리어에서 비롯되었으며 정확하게 번역하기 어려운 단어인데 경건, 충절, 신의, 인애, 우정, 모범, 관용 등의 의미를 가지고 있다. 세속문화의 침투에 맞서서 경건과 충절을 지켜나가려는 사람들을 일컬어 하시딤이라고 한다.

계약정신을 정면으로 위반하는 것이기 때문이다. 서기관과 바리새인의 신앙이 예수님에게 버림받은 이유는 여기에 있었다. 제1부 「하비루의 길」은 이스라엘 역사를 이런 관점에서 살펴본 것이다. 하시딤의 성격을 명확히 이해하려면 이스라엘 역사 전체의 흐름에 대한 올바른 이해가 있어야 한다.

유대인의 영성운동은 결국 실패로 끝나고 말았다. 신앙을 가진 자의 종교, 자신들의 이권을 수호하기 위한 이데올로기로 전락시켰기 때문이다. 이런 실패 때문에 예수님께서는 계약파기("돌 위에 돌 하나도 남기지 않고 헐리리라." 마태복음 24:2)라는 파국을 선언하셨고 A.D.70년에 그대로 성취되었다.

2. 기독교의 영성운동(수도사)

최초의 기독교는 로마제국을 배경으로 탄생했다. 60년 중반인 네로 황제 때부터 300년대 초반(313년)까지 기독교에 대한 가혹한 박해가 있었으나, 박해의 시기를 이겨낸 후 기독교는 로마제국의 국교가 되었다. 이런 환경의 급격한 변화는 교회 생활에도 나타났는데, 가장 두드러진 것이 신앙의 세속화였다. 소수의 종교에서 다수의 종교로, 박해받던 종교에서 지배하는 종교로 입장이 바뀌자 교회 안에서부터 신앙의 순수성이 사라지기 시작하였다. 그러자 이에 대하여 반발하는 움직임이 일어났는데 박해를 이겨내던 순교의 정신으로 신앙에 전념하며 예수님의 삶을 모방하려는 운동이 일어난 것이다. 초기에는 개인적인 운동이었지만 날이 갈수록 그 수가 급격히 늘어나면서 공동체 운동으로 발전했다. 이들을 '수도사'라고 하는데, 교회 내에서 일어났던 뚜렷한 영성운동이었다. 이후 교회사에서 이들이 차지하는 비중이 워낙 컸기 때문에, 영성가는 곧 수도사라고 생각하기에 이르렀다.

중세기 교회에서 수도원이 교육과 선교, 사회봉사 등을 독점했기 때문에 교회와 사회에 대한 수도원의 영향력은 절대적이었다고 할 수 있다. 중세 1000년은 사실상 수도원 시대였다. 그런데 이 수도원 운동 또한 심각한 문제를 만들어내고 말았다. 초창기부터 이런 문제에 봉착한 것은 아니었지만 시간이 지나면서 그 병폐가 드러난 것이다. 여기서는 두 가지만을 짚어 보고자 한다.

첫째, 은둔수도에 치우치게 되었다.

기독교의 수도원 운동이 처음 일어난 곳들은 애굽과 시리아의 사막지대였다. 이 지역들은 헬라문화의 영향을 받는 곳이었고, 여기에는 은둔자들이 많이 있었다. 은둔사상은 헬라의 영육 이원론에 뿌리를 두고 있다. 영과 정신은 선한 것이요, 육체와 물질은 악한 것이라는 생각이 헬라문화의 저변에 자리 잡고 있다. 선한 영과 정신을 가로막고 있는 육체와 물질은 영과 정신의 감옥과 같으므로 영을 육체로부터 해방을 시켜야 하는데 그 방법으로 육체에 고행을 가해야 한다고 생각했다. 그래서 세상의 일상적인 생활에서 떠나서 금욕과 고행을 통하여 영을 육체로부터 해방시키려는 것이 헬라의 은둔사상이다. 이런 사상은 결국 세상의 삶은 저급한 것이요 은둔의 삶은 고상한 것이라고 여기게 된다.

세속화되는 기독교를 바라보면서 순교적인 자세로 참 신앙을 추구하려던 수도사들은 자연스럽게 은둔의 삶을 모방하였다. 로마 제국 내에서도 헬라문화의 영향을 받고 있는 이집트와 시리아의 사막지역에서 수도사들이 대거 등장한 이유는 여기에 있다. 순교적인 자세로 은자의 삶을 살아내려고 했기 때문에 이 시기의 수도사들을 보면 전설적인 고행의 이야기들이 많이 전해지고 있다. 이런 수도원 운동이 헬라문화의 영역을 넘어서 로마제국 전체로 확산되었다. 초기에는 이런 수도사들의 순수한 노력과 열정이 기독교의 순수성을 지키는 데에 큰 공헌을 했다. 그러나 시간이 지나면서 그 병폐가 드러나기 시작했는데 은둔수도의 한계가 그것이다. 수도원 운동은 헬라의 이원론 사상에 뿌리를 내림으로써 결국 본래 기독교와는 상관이 없는 은둔의 길을 가게 되었다.

둘째, 세상과 수도원이 이원화 되었다.

은둔적인 수도가 확산되면서 자연스럽게 수도적인 삶은 고상한 삶이고 세속의 삶은 저급한 것으로 여기게 되었고, 이로 말미암아 수도원 윤리와 세상 윤리가 분리되었다. 당시 사회의 구성원들은 수도원 윤리를 실천하는 수도사들과 세상의 삶을 사는 속인으로 나뉘어졌는데, 이런 구분은 유대교의 바리새인들이 빠졌던 함정과 같은 것이다. 유대교인들은 의인과 죄인으로 사회를 양분했었다. 놀랍게도 수도원 영성은 유대교 영성의 재판(再版)이라고 할 만큼 유사한 과정을 밟았다.

성속(聖俗)이원론은 악마가 파놓은 함정이다. 영성의 길을 가려면 이 구렁텅이를 조심해야 한다. 이 함정에 유대교의 하시딤도 기독교의 수도사도 빠져버렸다. 직장생활, 사업, 가정의 잡다한 일들은 속된 것이고 교회의 예배, 봉사 활동 등은 거룩한 것이라고 생각하는 것은 기독교 그 자체를 파멸시키는 악마의 간교한 속임수이며 함정이다. 세상의 일들을 속된 것으로 생각하지 말아야 한다. 그것들은 속된 것이 아니라 오히려 하나님의 거룩한 사명의 대상으로 보아야 한다. 성직(聖職)만 소명이 아니라 세상의 직업(職業)역시 하나님의 일이며 소명이다. 성속이원론의 함정에 빠지면 교회도 망하고 세상도 망하게 된다. 이것은 4천 년 역사의 교훈이다.

셋째, 가진 자의 이데올로기로 전락했다.

신구약은 '계약'의 책이다. 이 계약법의 정신은 신분·지위·빈부의 격차가 없는 삶이다.[9] 옛 계약 공동체인 이스라엘의 가나안공동체와 새 계약 공동체인 교회공동체가 지향해야 할 방향은 이런 계약정신이 구현되는 정의사회의 실현이었다. 그런데 기독교는 로마의 국교가 되고 난 후에 오히려 반대방향으로 가고 말았다. 세상 윤리와 수도원 윤리를 양분시킨 결과 세상을 하나님나라의 모형으로 바꾸려는 시도가 관심사에서 멀어지고 말았다. 교회가 양극화되어가는 세상을 바꾸고 변화시키려고 노력하기보다는 오히려 이에 편승하여 가진 자의 편에 섰다. 기독교 왕국을 이루었던 중세기에 '봉건제도'가 정착되었다는 사실이 이를 반증한다. 이런 사회체제는 후일 공산주의 사상이 나올 수 있는 배경이 되었고, 마르크스로부터 기독교는 민중의 아편이라는 듣기 거북한 쓴 소리를 들어야 했다.

은둔사상에 기초한 중세의 수도원과 교회는 결국 유대교 하시딤의 오류를 답습했으며 이로 말미암아 하나님과 세상으로부터 비참하게 버림을 받았다.[10] 유대교는 인과응보의 논리에 근거하여 의인과 죄인을 양분시킴으로써 가진 자의 종교로 전락했으며, 중세 기독교는 은둔사상에 근거하여 수도원 윤리를 거룩한 것으로, 세상의 윤리를 속된 것으로 구별함으로써 가진 자의 편에 섰다가 망하고 말았다. 따라서 신구약 공동체의 영성운동은 실패작으로 끝난 것이라고 할 수 있다.

---

9) 제1부 「하비루의 길」에서 이 문제에 대하여 상세히 다루었다. 이런 시각은 이 책에서 이스라엘 역사를 해석하는 관점 중의 하나였다.
10) 이 부분에 대하여서는 제2부 「죄인의 길」에서 상세히 다루었다.

이들이 실패했다는 명확한 증거는 그 다음 시대(전환기)가 이 시대를 해체시켰다는데서 찾아볼 수 있다. 유대교의 체계는 기독교에 의해서 해체되었고, 중세기독교는 르네상스의 물결에 해체되고 말았다.[11]

이런 실패한 유산을 물려받은 오늘 우리는 그 오류를 시정하고, 다시 일으켜 세워야하는 전환기의 사명자들이다.

물음
06 두 영성운동의 실패 원인, 어디에 있나?

신구약 두 계약공동체의 영성운동인 하시딤과 수도원운동은 결국 실패하고 말았다. 이들이 실패한 근본적인 원인은 어디에 있을까? 영성시대인 2천 년대를 맞아 새로운 영성운동을 시작해야 하는 우리에게 있어서 이 문제는 대단히 중요하다. 다시는 그런 실패를 반복하지 않아야하기 때문에 하시딤과 수도원 영성운동의 실패원인에 대한 정확한 분석이 있어야 한다.

헬라문화에 잘못 대처하다가 하시딤과 수도원 운동은 실패했다.

근본원인은 여기에 있다. 결국 하시딤과 수도원 운동은 헬라문화에 의해 희생되었다고 할 수 있다.

1. 하시딤을 집어삼킨 헬라문화

파사(페르시아)의 태조 고레스의 칙령에 의하여 바벨론 포로에서 돌아온 이스라엘 백성들은 얼마 지나지 않아서 알렉산더가 세운 헬라제

---

11) 「하비루의 길」과 「죄인의 길」 후반부는 각기 이 문제를 집중적으로 다루고 있다.

국의 지배를 받게 되었다. 그리스가 배출한 최고의 철학자 중 하나인 아리스토텔레스의 충실한 제자인 알렉산더는 엘리트 의식에 젖어서 헬라문화의 전도사를 자처했고, 각 분야의 전문가들을 전투에 대동하고 다니면서 헬라문화를 각 지역에 이식시키기 위하여 심혈을 기울였다. 알렉산더의 이런 노력은 큰 결실을 거두었다. 그는 비록 30여세의 나이에 요절했고, 그의 사후에 제국은 세 동강이 났지만 헬라문화는 지중해 전역과 오리엔트세계를 지배했다. 로마제국으로 패권이 넘어간 이후에도 헬라문화의 영향은 그대로 이어져서 헬라어가 공용어로 쓰였으며 지금도 헬라문화는 유럽 전역에서 고대문화로 당당히 자리매김을 하고 있다. 헬라문화가 이런 위력을 발휘한 것은 전적으로 알렉산더의 공헌이다.

느헤미야와 에스라로 말미암아 시작된 유대교는 헬라문화의 강력한 침투에 맞서야 했다. 알렉산더는 헬라문화를 전파하기 위하여 대단히 현실적인 방법을 사용했다. 요충지에 신도시를 만들어 헬라문화의 거점으로 활용했을 뿐만 아니라 각 지역에 대형 경기장을 지어서 헬라의 각종 경기들을 열었다. 스포츠 문화의 영향은 지대해서 유대의 젊은이들 역시 열광을 했고 동시에 유대교 신앙은 일대 위기를 맞이했다. 스포츠 행사들은 주로 주말에 열렸기 때문에 안식일법이 가장 큰 어려움에 봉착하여 사장(死藏)될 지경에 이르렀다. 이 문제에 대처한 하시딤들의 방법은 안식일 준수를 신앙수호의 방패막이로 사용했다. "안식일을 제대로 잘 지키면 모든 율법을 다 지키는 것이다."라는 율법은 이런 상황의 산물이다. 이런 연유로 안식일법은 234가지로 세분화되었고, 본래 토요일 일출시부터 일몰시까지였던 안식일을 금요일 저녁부터 토요일 저녁까지로 확대시켰다. 유대인들은 안식일법을 비롯한 선민의식, 성결례, 할례, 절기, 성전제사 등을 특별히 강조함으로써 자신들의 신앙전통을 지켜낼 수 있었다. 그런데 시간이 지나면서 이런 법들은 그 정신을 상실하였고 그 형식만 남고 말았다. 헬라문화의 침투에 맞서서 헬라문화를 배척하고 율법을 지키기 위하여 그 형식을 강조한 것은 옳았으나, 시간이 지나면서 그 형식을 재해석하는 노력이 멈춤으로써 비참한 실패를 겪게 되었다. 하시딤은 세속적인 헬라문화를 철저하게 배척하고 율법을 국수주의적으로 지키려다가 그 한계에 빠지고 말았다.

역사적인 오류로부터 벗어나는 유일한 길은 "내가 지금 옳은 길을 가고 있는가?"라고 계속 묻는데 있다. 이 물음을 멈추면 이미 잘못된 길로 접어들게 된다. 유대교의 서기관, 바리새인들은 이 물음을 중지함으로써 헬라문화의 희생양이 되고 말았다.

2. 수도원 운동을 집어삼킨 헬라문화

기독교의 영성운동인 수도원 운동도 역시 헬라문화에 희생되었다. 참으로 안타까운 일이다. 기독교 2천 년 역사의 가장 큰 비극은 여기에 있다. 수도원 운동이 길을 잘못 든 과정을 간략히 살펴보면 다음과 같다.

기독교에 대한 박해가 사라지고 로마제국의 종교로 자리를 잡으면서 기독교의 순수한 신앙은 급속히 세속화되기 시작했다. 박해라는 어려운 시기를 이겨낸 사람들 중에는 세속화에 대한 저항의 방식으로 은둔수도의 길을 택하는 이들이 생겨났다. 순교적인 삶을 추구하다보니 평범한 삶에 충실한 것으로는 만족할 수가 없었고, 생명을 내어놓는 어떤 삶을 동경하게 되었다. 이들에게 은둔수도는 구미에 딱 맞았다. 세속의 삶을 포기하고 금욕과 고행을 동반하는 극단적인 삶을 살면서 가난한 자들과 병자들에게 관심을 가지는 것이야말로 이상적인 삶으로 여겨졌고, 그것은 많은 이들에게 큰 감화를 주었다. 초기에는 소수의 개인들이 이런 운동을 시작했지만 시간이 지나면서 큰 호응을 받아 수많은 젊은이들이 광야로 몰려나옴으로써 공동체 운동으로 발전했고, 수도원 운동으로 정착되었다.

그 당시 이 운동에 참여했던 사람들, 또 교회의 지도자들인 교부들을 비롯하여 그 시대를 살던 그리스도인들은 어느 누구도 이 운동에 대하여 옳고 그름을 가릴 생각을 하지 않았다. 수도사들의 삶은 너무나 큰 감동과 감화를 주어서 당연히 그냥 받아들였고, 그런 삶을 동경했고 또 그 길을 갔다. 그 시대에 영성과 관련하여 "우리가 지금 바른 길을 가고 있는가?"라고 물었던 사람은 거의 없었던 것 같다.

수도원 운동이 시작되던 4세기와 수도원 운동이 크게 확산되던 5~6세기에 살았던 교회의 지도자들인 교부들과 수도사들의 가장 큰 실책은 은둔수도를 영성운동의 방법으로 선택한 것이다. 충분한 검토 없이 은둔적인 삶을 수도의 방법으로 선택함으로써 중세기와 그 이후의 비극이 시작되었다. 한 전환기가 시작되기 전후의 지도자들이 어떤 선택을 하느냐가 이토록 큰 영향을 준다. 유대교의 비극과 중세교회의 비극이 이 사실을 명확히 말해주고 있다.

그렇다면 은둔수도는 무엇이 어떻게 잘못된 것이기에 그토록 엄청난 비극을 만들어 냈을까?

대답은 간단하다. 은둔사상은 기독교와는 조화를 이룰 수 없는 이교도 문화인 헬라의 것이기 때문이다. 이교도 문화의 산물을 아무런 여과과정을 거치지 않고 그대로 받아들인 것이 문제의 원인이었다. 이 문제는 제2부 「죄인의 길」에서 상세히 다룬 것이지만 여기서 간략히 다시 살펴보고자 한다.

가나안은 첫 번째 계약의 대상인 이스라엘 사람들에게 주어진 계약의 땅이며, 하나님나라의 모형을 세워야 할 땅이었는데, 그 땅은 빈 땅이 아니었다. 이미 가나안 일곱 부족이 살고 있었다. 하나님께서는 이스라엘을 가나안에 들여보내시면서 그 땅의 토속종교인 바알신앙을 절대 수용하지 말라고 당부하셨다. 사사기와 왕정기를 보내면서 이스라엘 사람들이 실패한 것은 이 바알신앙을 받아들였기 때문이다. 바알신앙은 풍요를 기원하는 자연종교이며, 가진 자의 통치 이데올로기였다. 시내산 계약신앙과 이 바알신앙은 절대로 양립할 수 없는 것이다. 가나안에 들어간 이스라엘이 가장 경계해야할 대상은 바로 바알신앙과 그 문화였다.

두 번째 계약, 즉 예수님으로 말미암아 맺어진 새 계약의 대상인 초대교회 공동체에 주어진 계약의 땅은 어디였나? 로마제국, 즉 지중해 세계였다. 기독교가 로마제국의 국교가 되었다는 것은 이것을 말한다. 당시의 기독교는 단지 신앙의 영역만을 지배한 것이 아니라, 실질적으로 물질, 정신세계를 지배했다. 교황이 정치실세였다는 것과 중세 유럽 땅의 태반이 교회와 수도원의 소유였다는 사실이 이를 증명한다.

로마제국은 초대교회에 주어진 가나안이었다. 첫 가나안의 경우와 마찬가지로 새 가나안인 로마제국 역시 빈 땅이 아니었다. 로마제국을 지배한 문화는 앞에서 본 바와 같이 헬라문화였다. **즉 초대교회에 있어서 헬라문화는 바알문화와 같은 존재였다.** 따라서 초대교회가 가장 경계해야 할 대상은 헬라문화였다.

헬라문화는 초대교회에 두 가지 측면으로 접근해왔다.

❶ 교리와 신학에의 침투였다.

헬라문화에는 고도로 발달한 철학이 있었다. 기독교가 헬라문화권에서 세력을 얻자 철학적인 사고를 가진 사람들은 기독교신앙에 대하여 수많은 의문과 질문을 쏟아냈고 이로 인하여 열띤 교리논쟁이 일어났다. 이단적인 의견들은 대부분 헬라문화권에서 제시되었다. 이런 현상은 정통교리와 신학이 만들어지는데 일조하는 긍정적인 면도 있었다. 어쨌든 헬라철학의 문화권에서 장시간의 교리논쟁을 통하여 신론(삼위일체), 기독론, 속죄론 등 주요 교리들이 만들어졌다.

교리논쟁에 불을 붙인 것은 그리스의 이원론 사고였다. 물질(육체, 인간)은 악한 것이요, 영(정신, 하나님)은 선한 것이라는 사고를 가짐으로써 인간의 육체를 입고 오신 예수님의 본질은 하나님의 본질과 같을 수 없다고 주장을 했고(종속설), 예수님은 인간과 동일한 육체를 가지신 것이 아니라 그렇게 보였을 뿐이라고 했다.(가현설) 수세기에 이르는 논의의 과정을 통하여 신론(神論)은 삼위일체(三位一體;성부와 성자의 동일본질, homo-ousios)로, 기독론(基督論)은 양성(兩性)기독론(완전하신 신성神性, 완전하신 인성人性)으로 결론이 났다. 이 결정은 교리에 침투하는 헬라의 이원론적인 사고를 제거했다는 뜻이다.

초대교회가 당면했던 가장 큰 위기는 박해가 아니라 헬라의 이원론에 근거를 두는 영지주의(靈知主義)의 침투였다. 이 사고가 온갖 이단적인 신앙의 온상이었다. 그러나 당시 교부들은 이에 대하여 예리한 문제의식을 가지고 적절히 대처하여 정통교리와 신학을 정립시키는 기회로 활용했다. 위기를 기회로 이용한 좋은 예라고 할 수 있다.

헬라의 철학적인 사고와 방법들은 기독교 신학을 탄생시키는데 크게 일조한 면이 없지 않다. 가나안 사람들이 일구어놓은 과수원과 건축물들, 철기문화를 이스라엘 사람들이 사용한 것과 같다.

❷ **영성운동에의 침투였다.**

초대교회의 교리논쟁 과정을 지켜보면 당시의 교회 지도자들이 헬라의 이단적인 사상을 막아내기 위하여 얼마나 노심초사했는지를 잘 알 수 있다. 그 당시에는 교회의 지도자들뿐만 아니라 기본적인 소양을 갖춘 이들은 모두 교리논쟁에 참여했다고 할 수 있다. 철학적인 사고는 헬라문화의 전통이기 때문이다.

그런데 안타깝게도 초대교회의 영성운동인 수도원 운동을 살펴보면 이런 모습을 전혀 찾아볼 수 없다. 교리형성 과정에서 헬라의 이단적인 사상들을 막아낼 수 있었던 것은 열띤 논쟁을 가능하게 하는 공론화(公論化)였다. 공개적으로 수백 년 동안 논쟁을 함으로써 이단적인 요소들을 걸러냈던 것이다. 그런데 종교의 핵심인 영성문제에 대하여서는 이런 과정이 거의 전무했다. 중세교회의 비극은 여기에서 시작되었다.

초대교회 영성가들이 받아들였던 은둔수도는 이원론의 산물이다. 영(정신)은 선한 것이요 물질(육체)은 악한 것이라는 헬라의 기본적인 사고는 자연히 은둔사상으로 이어졌다. 육체적인 삶, 육체적인 욕구를 악한 것으로 보기에 억압하고 극복하려는 시도가 생겨난 것이다. 이런 사고는 꼭 헬라에만 있는 것은 아니다. 타락한 죄성을 지닌 인간은 비슷한 생각을 하기에 어느 문화에나 이 비슷한 사상이 있어서 구도자들은 늘 세속의 삶을 떠나 은둔의 길을 갔다. 헬라에는 보다 정교하게 다듬어진 이원론 사상이 있었고 또 그 이론을 실천으로 옮긴 수많은 은둔자들이 배출되었다. 어쨌든 헬라의 은둔적인 사고와 인간에게 보편적으로 있는 세속에 대한 부정적인 생각들이 맞물려서 은둔수도가 기독교 영성운동에 들어와 자리잡았다.

초대와 중세기를 보면 은둔수도의 길을 선택한 사람들은 물론 이것을 지켜보는 어느 누구도 이에 대하여 의문을 제기하지 않았던 것 같다. 세속을 초월한 은둔자의 모습이 한없이 은혜롭게 느껴져서 감히 비판할 엄두를 내지 못했을 것이다. 그런 삶을 살지 못하는 것을 자책할 뿐 비판하고 평가할 분위기는 전혀 마련되지 않았다.

은둔(금욕, 고행)의 삶을 사는 것이 주님을 따르는 것인가?
진정한 기독교인의 삶이 은둔에 있는가?
은둔의 삶이 성경의 전통에서 찾아볼 수 있는가?

교리논쟁에서처럼 이런 물음을 묻고 공론화하여 토론한 흔적을 찾아볼 수가 없다. 은둔의 삶을 사는 사람들을 보면서 은혜와 감동을 받기에 급급했을 뿐이다. 세속을 떠나 광야나 사막에서 은둔수도를 하는 수도원은 아무런 여과 과정 없이 기독교에 받아들여졌고 전통으로 견고하게 뿌리를 내리고 말았다.

❸ 영성운동의 공론화가 차단된 이유

교리논쟁의 과정을 보면 수세기 동안 줄기차게 열띤 논쟁을 계속했다. 그런데 그 못지않은 비중을 가지고 있는 영성운동은 그 방법과 이론에 대하여 아무런 논쟁과정을 거치지 않음으로써 돌이킬 수 없는 비극을 빚었다. 왜 영성에 관해서는 공론화 과정이 일어나지 않았을까?

그 이유는 간단하다. 교리논쟁 과정은 합리적인 사고를 가진 사람이라면 누구나 참여할 수가 있었지만 영성의 분야는 영적인 깊은 체험을 전제로 하기 때문이다. 영성의 전 분야를 토론하려면 합일(일치), 또는 완전이라고 하는 최고의 경지를 경험해야만 하는데, 이런 경지를 체험하는 사람은 극소수였다. 따라서 공론화라는 분위기가 마련된다는 것은 현실적으로 불가능했다. 지금까지 누적된 영성신학을 들여다보면 이런 사실을 쉽게 확인할 수가 있다. 초기의 영성이론(정화→조명→합일)이 아직 아무런 진전을 보이지 못하고 있다는 사실은 기독교 2천년 역사에 영성의 최고 경지를 경험으로 접근한 사람은 소수에 불과했다는 반증이기도 하다.

또 그 영성 체험이 가지는 속성이 공론화를 어렵게 했다. 영성에 대한 체험이 깊어질수록 자신의 경험은 물론 자신조차도 감추려고 하기 때문에 그런 체험을 한 사람들은 쉽게 자신의 영적인 경험을 드러내어 말하지 않았다. 이런 이유로 그런 체험들은 그 당사자가 죽으면 동시에 사장되고 말았다. 깊은 단계의 영성에 이른 사람은 많이 있었겠지만 알려진 사람은 거의 없는 이유가 여기에 있다.

기독교 최초의 영성운동가들이 선택한 은둔수도자의 모습이 그 당시의 사람들에게는 큰 감화를 주었고 또 호응을 얻어서 공동체 수도원 운동으로 발전했고 또 기독교의 영성운동으로 정착했지만 이런 한계를 가지고 출발했기 때문에 중세의 기독교 왕국을 암흑기라는 파탄으로 몰아넣는 주범이 되고 말았다.

수도원운동은 결국 헬라의 이원론 문화에 희생당하고 말았다고 할 수 있다. 수도원영성이 성속(聖俗) 이원론(二元論)에 근거한 은둔수도의 길로 간 것은 헬라의 이원론 문화에 삼켜진 증거이다. 기독교 2천년 역사에서 가장 큰 오류와 실패를 찾으라고 하면 바로 이것이다. 이것 때문에 중세기를 비롯하여 현대사의 비극이 일어났다.

물음 07 은둔수도, 무엇이 문제인가?

헬라의 영육 이원론 사고에 기초한 은둔자들의 삶을 초대교회의 지도자들과 영성가들이 무비판적으로 수용함으로써 중세 기독교가 잘못된 길로 가는 오류를 범했다. 은둔수도가 어떤 문제점을 가지고 있었기에 그토록 큰 비극을 몰고 왔는가? 좀 더 구체적으로 살펴볼 필요가 있다.

1. 성경의 전통과 어긋난다.

헬라의 은둔사상은 이교도 문화의 산물이어서 성경의 전통과는 전혀 맞지 않다.

구약의 시내산 계약에 근거한 이스라엘 전통에는 은둔사상이 들어있지 않다. 하나님께서 이스라엘 사람들을 가나안에 들여보낼 때 그들에게 수도적인 삶을 요구하지 않으셨으며, 시내산 계약법인 율법과 예언자 전통 등 어디에서도 이런 흔적을 찾아볼 수 없다. 계약법에 근거하여 땅을 골고루 나누어주고 신분·지위·빈부의 격차 없이 모두 행복하게 사는 지극히 평범한 삶을 요구하고 있을 뿐이다. 이스라엘 사람들이 왕정을 겪으면서 이런 삶의 모습을 상실했을 때 예언자들은 그들로 하여금 시내산 계약에서 언급한 삶으로 돌아가라고 외쳤다. 예언자들이 고발하는 이스라엘의 죄목은 계약정신의 위반이지, 금욕이나 고행 등 수도의 삶과는 전혀 관계가 없다. 바벨론포로 이후 등장한 유대교의 랍비전통에서도 은둔의 모습은 찾아볼 수 없다. 세속문화를 멀리하고 광야의 삶을 추구했던 엣세네파가 있었지만 시내산 계약정신을 구현하는 공동체를 시도한 것이지 은둔수도를 추구한 것은 아니었다.

예수님과 사도들, 박해받던 초대교회의 전통에서도 역시 금욕과 고행을 동반하는 은둔사상을 찾아볼 수 없다. 예수님께서는 당신의 제자들에게 결혼금지는 물론 어떤 종류의 고행이나 수도에 대하여 언급조차 하지 않으셨다. 죄악이 지배하는 세상 속에서 하나님의 사랑을 실천하는 삶을 강조하셨고, 이런 가르침은 초대교회에서 성실하게 지켜졌다. 시내산 계약의 정신은 안식제도(안식일, 안식년, 희년)에 잘 나타나 있는데, 이런 정신이 이스라엘 역사에서는 제대로 시행되지 못했으나, 최초의 교회인 예루살렘교회에서는 실천되었다. 누가 시키지 않아도 자발적으로 자신의 소유물을 나누어 쓰도록 내어놓았으며 이런 삶은 로마제국으로부터 박해를 받던 시기에도 이어졌다. 혹독한 박해를 받으면서도 기독교인구가 급속히 늘어났을 뿐만 아니라 로마제국의 국교가 될 수 있었던 이유는 그들의 삶이 진정한 인간애를 보여주었기 때문이었다. 헬라의 은둔가들이 보여준 어떤 구도자적인 선례는 초대교회에서 전혀 찾아볼 수 없었다. 예수님의 말씀을 실천으로 옮기는 아가페의 삶이 있었을 뿐이다.

초대교회에 은둔수도가 들어온 것은 기독교가 공인되는 시기와 때를 같이 한다. 박해받던 소수의 종교에서 지배하는 다수의 종교로 바뀌면서 순수한 신앙이 급격히 세속화되자 이에 대한 반발로 은둔수도라는 극단적인 신앙의 형태가 주목을 받게 된 것이다. 순교적인 삶을 추구하는 열망이 금욕과 고행, 은둔이라는 형태로 표방되었다. 은둔수도는 이스라엘 전통과 초대교회 전통 어디에서도 찾아볼 수 없다. 이것은 이교도 문화인 헬라의 산물이다.

은둔수도는 성경의 전통에서 찾아볼 수 없는 이교문화의 산물이다.

2. 정통교리와 어긋난다.

기독교의 기본적인 교리는 세상을 창조하신 하나님께서 인간을 구원하시기 위하여 인간으로 세상에 오셔서 대신 죽으셨다는 것이다. 따라서 이 교리는 헬라적인 사고와는 맞지 않았다. 헬라신관에 의하면 물질은 악한 것인데, 악한 물질을 창조했기 때문에 창조신은 열등한 악한 신이다. 또한 육체는 물질이며 악하기 때문에 신이 인간이 된다는 것도 헬라사고에서는 허락이 되지 않는다. 이런 이유로 헬라적인 사고에 굳어진 사람들은 예수님께서는 인간처럼 보였을 뿐이지 진짜 인간이 된 것이 아니라고 강조했다. 성부의 본질과 성자의 본질이 같을 수 없다는 것이다. 기독론에 있어서도 예수님께서는 완전한 인간이 아니라고 했다. 완전한 인간이 된다는 것은 악한 물질이 된다는 것과 같은 것이기 때문이다. 헬라적인 사고에서는 지금 우리가 고백하고 있는 삼위일체, 기독론을 인정할 수가 없다.

당시의 교회지도자들은 헬라적인 이원론의 문제점을 예리하게 간파했다. 이 문제로 교리논쟁이 일어나서 수세기를 계속하는 동안 이원론적인 사고의 문제점들은 제거되었다. 성부와 성자는 동일본질이며, 성자는 완전한 신성, 완전한 인성을 가지고 있다는 것이 교리논쟁의 결론이었다. 삼위일체론과 기독론을 고백하는 사도신경이 만들어지는 데에는 험난한 길이 놓여있었다. 어쨌든 이원론의 한계를 극복하고 정통 신론과 기독론이 만들어졌다.

그런데 영성의 분야에서는 이런 문제에 둔감했음은 물론 아무런 문제의식이 없었다. 수도원 운동의 방법은 정통교리와 반대되는 방향으로 갔다. 정통교리에서는 "하나님께서 인간을 구원하시기 위하여 인간으로 세상 한복판에 오셨다."고 규정했으나, 정작 예수님을 닮으려는 순교적인 각오를 가진 사람들은 반대로 세상에서 떠나서 사람이 없는 광야나 산 속으로 들어갔다. 세속의 삶 속에서는 구원의 성취가 불가능하다고 본 것이다. 하나님께서는 세상을 구원하시기 위하여 세속의 한복판으로 들어오시고 하나님을 닮으려는 수도사들은 세상을 버리고 산속이나 광야나 사막의 수도원으로 들어가 버렸다. 하나님을 닮으려는 사람들은 하나님의 방식으로 해야 한다. 하나님과 반대되는 방식으로 시도해서 자신의 구원을 완성하겠다는 시도가 결코 성공할 수 없다.

하나님께서는 인간을 구원하시기 위하여 완전한 인간이 되셨다. 여인의 몸에서 탄생하신 이야기는 이를 말한다. 완전한 인간이 되신 하나님은 완전한 인간의 삶을 사셨다. 목수라는 직업을 가지셨고, 인간이 겪는 희로애락(喜怒哀樂)의 삶을 있는 그대로 경험하시며 받아들이셨고 또 그것을 귀하게 여기셨다. 인간의 평범한 삶을 부정하는 모습을 예수님에게서는 찾아볼 수 없다. 외아들을 잃고 절규하는 나인성 과부를 보시고 같이 슬퍼하셨고, 부모 없이 오라비를 의지하며 살다가 오라비를 잃고 통곡하는 자매의 집에서는 같이 우셨다. 온갖 병자, 불구자들을 보시고 그들의 불쌍한 처지를 외면하지 않으시고 치료하시고 어루만지셨다. 예수님을 따라서 광야까지 왔다가 며칠 동안 굶주려 있는 사람들에게는 먹을 대책을 세우셨고, 가나 혼인잔치에 참석하셨다가 포도주가 떨어지자 포도주도 만들어 주셨다. 그런데 은둔수도의 길을 간 사람들은 결혼을, 성생활을 수도에 가장 큰 방해물로 보았고, 먹고 잠자는 일상적인 일들을 포기했다. 금욕과 금식, 철야 등은 은둔수도의 기본이다. 은둔수도사들은 평범한 일상의 삶을 포기하고 극단적인 수도를 통하여 구원의 완성인 합일과 일치에 이르겠다고 도전했던 사람들이다. 평범한 인간이기를 거부한 사람들이 은둔 수도사들이다. 하나님께서는 인간을 구원하시기 위하여 평범한 인간성을 가지셨고 평범한 인간의 삶을 사시면서 그것들을 가장 귀하게 여기셨다. 그런데 수도사들은 정확하게 거꾸로 갔다. 평범한 인간의 삶을 거부한 사람들, 평범한 인간성을 포기하는 사람들, 그들이 은둔 수도사들이었다.

  4세기 전후로부터 시작되는 교리논쟁에서 얻어진 정통교리의 결론들과 수도사 운동은 서로 상반된 모습을 보이고 있다. 교리는 이론이고 영성운동은 실천의 핵심이다. 그런데 이론과 실천이 서로 반대방향으로 나아갔다. 이론과 실천이 어긋나면 그 결과는 뻔하다. 수도원 운동이 중세 암흑기로 결말이 난 것은 우연이 아니다. 이미 출발 지점부터 첫 단추부터 잘못된 탓이다.

  첫 단추를 잘못 맞추게 된 것은 헬라의 은둔사상 때문이다. 세속적인 삶이 영적인 삶에 방해가 된다는 사고방식 때문이다. 이런 경향은 헬라뿐만 아니라 모든 세상문화에 잠재되어 있다. 구도자들이 출가하여 산속으로 들어가는 것은 다른 문화와 종교에서도 흔히 찾아볼 수 있다. 이런 타계적(他界的)인 영성의 유산은 하나님에게서 비롯된 것이 아니라 교묘한 방법으로 인간을 속여 비참하게 만들려는 악마적인 속성에서 비롯된 것이다.

  은둔수도를 시도하는 사람들은 출가하여 득도(得道)한 후에 중생을 구제하기 위하여 다시 세상 속으로 들어오겠다고 말한다. 그들은 스스로 속고 있다. 득도의 길이 세속의 밖 그 어디에 있다고, 득도의 방법이 세속의 삶이 아닌 수도의 삶에 있다고 한다. 보물찾기를 하려거든 보물이 숨겨진 곳에 가서 찾아야 한다. 보물이 숨겨지지 않은 곳에 가서 아무리 땅을 파헤치고 큰 바위 돌들을 뒤집어보아도 거기에는 아무것도 없다. 죽도록 헛고생만 할 뿐이다. 그곳에는 보물이 숨겨져 있지 않기 때문이다. 죽을 때까지 도를 닦아도 도에 이르지 못할 터인데 어느 세월에 도를 깨우친 후에 세상으로 돌아오겠는가? 세상 밖에서 도를 터득한 후에 세상으로 돌아오려고 하지 말고 세상 속에서 세상의 삶으로 도를 터득해야 한다. 득도의 길은 세속의 한 복판에, 세속의 삶 속에 들어있다. 세상 속에서, 세상의 삶을 사는 그곳에 보물이 숨겨져 있다.

  은둔수도는 삼위일체론, 기독론과 정면으로 어긋난다.

3. 닫힌 길이다.

  진리의 우선적인 조건은 보편성이다. 누구나 가질 수 있고 도달할 수 있어야 한다. 세속을 벗어난 그 어디에서, 세속의 삶이 아닌 특별한 은둔의 삶으로 도달할 수 있는 것이 진리라면 평범한 사람들에게는 그림의 떡이다. 그림의 떡은 배고픈 사람에게는 아무짝에도 쓸모가 없다. 참 진리는 그런 곳에 숨겨져 있지 않다. 진리는 진리여야 하기 때문에 세상 한복판에, 세상의 삶 속에 숨겨져 있어야 한다. 여기에서 진리를 찾아야 한다. 진리는 제 3의 장소, 제 3의 무슨 특별한 삶에 있지 않다. 그런 곳에서 찾은 것은 이미 진리가 아니다.

  입산수도하여 은둔의 삶을 살면서 무슨 진리를 깨달았다는 것은 다 자기 착각일 뿐이다. 평범한 사람들이 해내지 못하는 특별한 삶, 특별한 깨달음, 특별한 도에 이르렀다는 오만이 그럴듯한 모습과 구름 잡는 소리들로 포장되어 있을 뿐이다. 진리 앞에서는 어떤 종류의 '특별', '구별' 이라는 것이 설 자리가 없다. 그냥 같이 묻어 지내는 그 속에 진리가 들어있다. 예수님께서 광야로 가지 않으시고 갈릴리의 버림받은 죄인들 속으로 들어가셔서 그들과 삶을 공유하시는 이유는 여기에 있다. 거룩함은 속됨을 떠난 곳에 있는 것이 아니라 속됨 그 속에 들어있다.

하나님께서는 무슨 깨달음, 득도, 해탈, 합일과 일치, 완전 등 이름을 듣기만 해도 질리는 그런 거창한 것들을 요구하시지 않는다. 지금 여기에서 하나님과 함께하는 평범한 삶, 삶의 경쟁에서 뒤쳐진 사람들을 업신여기지 않고 형제애로 돌보아주는 나눔의 삶을 말씀하고 있다.

하나님께로 가는 구원의 길은 누구나 갈 수 있는 길이어야 한다. 그런데 고행과 금욕 등을 동반하는 은둔수도는 특별한 사람만이 해낼 수 있다. 특별한 사람만이 가는 길은 결코 진리일 수 없다.

은둔수도는 자가당착의 산물이며, 악마적인 속임수에 넘어간 사람들이 만들어 놓은 어렵게 가는 길이며, 갈 수 없는 닫힌 길이다.

4. 현실과 무관해진다.

은둔수도는 세상을 등지는 것에서 출발한다. 예수님처럼 거룩해지기 위하여, 깨달음과 도에 이르기 위하여 세속의 삶을 떠나는 결단을 내리고 세상과의 인연을 다 끊어야 한다. 그리고는 산속이나 광야, 사막에 가서 골방을 만들고 칩거의 삶을 산다. 세속의 삶들은 부질없는 것이요 수도에 방해물들이다. 따라서 은둔수도는 자연히 타계적인 성격을 띠게 되는데 다음의 몇 가지 경향으로 나뉜다.

세상에 대하여 무관심해진다.

세상은 멸망의 대상이며 거룩한 삶을 방해하므로 세속적인 것들은 다 단절의 대상으로 여긴다. 수도원에 들어가는 사람들은 죽기 전에는 수도원 담을 넘어서지 않겠다는 서원을 해야 했다. 이들은 죽기 전에는 물론이고 죽은 후에도 수도원에 머물고 있는데, 그들의 유골은 지금도 수도원에 남아있다. 수도원의 담은 세상과의 분리를 의미한다.

세상에 대하여 왜곡된 관심을 가진다.

그러나 수도원이 세상에 대하여 전혀 무관심한 것만은 아니었다. 세상을 떠나는 것 못지않게 세상에 대하여 많은 관심을 기울였다. 이들이 세상에 관심을 가지는 이유는 자신들이 수도원에서 갈고 닦은 고상한 삶을 실천할 대상이 세상이었기 때문이다. 세상의 죽어가는 영혼들을 구원하며 주님의 사랑을 실천할 장소가 세상이었다. 중세시대의 선교사들은 대부분 수도사들이었다. 특히 생명을 위협받는 이교도의 지역에서 선교하다가 순교한 사람들은 수도사들이었다. 복음을 전하여 세상의 죽어가는 영혼들을 구원하려는 열정은 수도원에서 이어갔다. 수도원은 또한 그리스도의 사랑을 실천하는데 관심을 가졌다. 특히 병자들과 굶주리는 사람들에 대한 관심은 지대했다. 이 당시의 구제기관, 사회사업기관은 예외 없이 수도원이었다. 또 수도원은 당시의 교육기관이었다. 수도원의 규율 중의 하나가 거룩한 독서 등 학문적인 연구였기에 일반적인 교육기관이 없던 그 당시 수도원은 학문과 교육을 독점했다. 수도원의 세상에 대한 관심은 선교와 구제, 교육으로 나타났다.

수도원과 교회가 세상의 죽어가는 영혼을 구원하기 위하여 직접 선교에 나서며, 선교의 방편으로 의료, 교육과 사회사업에 역점을 두는 것으로 자기 몫을 다하는 것일까? 그렇게 본다면 중세기의 교회와 수도원은 이상적으로 이 일을 해냈다. 지중해 연안의 로마제국에서 시작하여 유럽 전 지역을 복음화 하였으며, 교육과, 의료, 사회사업에 온 힘을 기울였기 때문이다. 그러나 역사는 중세 교회가 실패했다고 평가한다. 이 평가 자체를 거부할 수도 있다. 그러나 역사의 큰 흐름 속에서 보면 중세기가 암흑기였음은 명확한 사실이다. 이것을 부인하면 더 큰 오류와 혼란에 빠진다. 인정하고 싶지 않더라도 인정할 것은 인정해야 한다. 그것이 역사에 대한 책임 있는 자세다. 중세의 교회와 수도원 역할이 선교, 교육, 구제의 한계에 머무른 것은 은둔수도의 그늘 때문이다.

그렇다면 교회와 수도원이 이런 일들 외에 무엇을 해야 했나?
중세뿐만 아니라 지금도 교회의 역할을 선교와 교육, 구제에 국한하려는 경향이 짙다. 이것들도 제대로 실천하지 못하기 때문에 온갖 비판이 교회 안팎에서 쏟아지고 있는 실정이다. 교회의 역할이 선교와 구제, 교육이라고 한다면 중세교회는 이상적으로 실천했다. 유대교 역시 선교·교육·사회사업에 심혈을 기울였었다. 유대교인들은 교인 하나를 얻기 위하여(개종시키기 위하여) 산과 바다를 두루 다녔으며(마태복음 23:15), 유대교 랍비들의 교육은 지금도 세계적으로 유명하다. 성전을 중심으로 구제사업이 활발했으며 주요 절기에 사용되는 절기 십일조의 태반은 구제비로 쓰였다. 유대교와 중세 교회가 망하던 당시에 나타난 현상 중의 하나는 선교·교육·구제 등에 특별한 관심을 가지고 열심을 내고 있었다는 점이다. 그런데 놀랍게도 그들은 하나님으로부터 버림을 받았고 세상으로부터도 가장 심한 비판을 받으며 실패한 시대로 평가받고 있다. 이 문제에 대하여 우리는 심사숙고해야 한다. 대충 넘어갈 문제가 아니다.
왜 그럴까?
그런 것들보다 더 큰 일이 있다는 뜻이다. 예수님께서 당시의 유대교 지도자들인 서기관-바리새인을 향하여 '하루살이는 걸러내고 약대(낙타)는 삼키는 자들'(마태복음23:24)이라고 질타하신 것은 이것을 말한다. 더 큰 것을 놓치고 작은 것에만 매달리다가 망한 것이 신구약 중간기의 유대교이며 중세기 교회라는 사실은 역사에서 비싼 수업료를 내고 얻은 산 교훈이다.

은둔수도는 지도자들을 눈먼 소경으로 만들어 놓음으로써 교회가 가야 할 방향을 잃게 했고, 그 시대는 물론 다음 시대까지 망하게 하고 말았다. 은둔수도의 영성운동은 교회의 방향을 근본적으로 변질시켜 놓았다. 기독교 역사 2천 년의 가장 큰 비극은 여기에 있다. 성서적인 전통과 기본적인 교리인 신론과 기독론에 맞지 않는 영성운동이 은둔수도였다. 그 이유는 성서적인 전통이 아니라 이교도의 문화인 헬레니즘에 뿌리를 두었기 때문이다. 헬레니즘은 교회공동체에 주어진 새 가나안인 로마제국의 바알과 같은 존재였다. 이것을 간과한 것이 그 시대 지도자들의 가장 큰 실책이다.

선교와 사랑의 실천인 구제와 교육, 어떻게 이해해야 하나?

이 물음은 대단히 중요하다. 유대교와 중세기 교회의 사활과 관계된 문제였고, 지금도 그러하기 때문이다. 그 대답은 다음의 〈물음 9〉에서 찾아보고자 한다.

물음
08 은둔수도의 열매, 무엇인가?

　중세의 기독교 왕국이 멸망하는 과정을 들여다보면 "교회가 무슨 일을 해야 하는가?"라는 문제를 심각하게 고민하게 된다. 중세의 실패원인이 무엇일까? 흔히 교회지도자들의 타락과 교회의 세속화를 원인으로 지적한다. 사실 이 당시 교회와 성직자가 범한 오류들은 거론하기조차 부끄럽다. 종교재판과 마녀사냥, 십자군전쟁의 야만스런 실상들을 비롯하여 고위 성직자들의 도덕적인 타락은 극에 달해있었다.
　그러나 이런 것들이 곧 실패의 원인이라고 몰아붙이는 것은 무언가 석연치 않다. 중세교회 실패에 대한 진단을 어떻게 해야 하는가? 여러 가지 측면에서 다양하게 진단을 내릴 수 있을 것이다. 역사의 흐름과 영성의 관점에서 이 시대를 보면 다음의 문제점들을 지적할 수 있다.

　어느 시대나 성직자 가운데서 정치와 세속 권력에 관심을 가지는 사람들은 있게 마련이다. 그러나 이들 때문에 그 시대가 망했다고 매도하는 것은 무리다. 정치적으로 세속적으로 흐르는 성직자들이 있는가 하면 그 반면에 순수한 것을 찾으려고 하는 사람도 늘 있어왔다. 유대교의 경우와 마찬가지로 중세의 성직자들이 전부 타락한 것은 아니다. 신앙적으로나 인격적으로 훌륭했던 이들이 훨씬 더 많았다. 겉으로 드러나지는 않았지만 그 시대의 운명은 이 사람들 손에 달려 있었다. 중세의 실패에 대한 책임은 그 시대의 지도적인 위치에 있었던 소수의 사람들에게만 있는 것은 아니다. 이 시대의 교회 지도자였던 성직자 모두에게 책임이 있다.
　중세의 실패원인을 어떤 사건이나 소수의 사람들에게서 찾으려 하면 원인규명이 어려워진다. 그런 사건들과 사람들이 생기게 된 배경을 살펴야 한다. 이 배경의 원인을 4천 년 역사의 흐름에서 보면 중세의 특징이 명확히 드러난다. 중세의 특징들은 유럽이 기독교화 되어져 가던 시점인 초대의 후기에서부터 만들어지기 시작했다. 이 시대의 흐름을 주도한 주체는 누구였을까? 수도사들이었다. 초대 후기에 수도원 운동이 일어나기 시작한 후 급속히 퍼져나가서 수도원들이 사실상 그 시대를 끌고 나갔다. 수도원들이 교육을 지배하고 있었기 때문에 교회는 물론 세속의 지도자 중에 수도원출신 아닌 사람이 없다고 해도 과언이 아니다.

중세는 잘못된 방향으로 흘러갔기 때문에 비참한 파국을 맞았는데 그 흐름을 만들어낸 것이 바로 수도원이다. 당시의 수도원들은 앞에서 지적한 대로 헬라의 은둔사상에 기초를 둔 은둔수도에 빠져 있었다. 역사의 흐름에서 본다면 중세의 파국은 은둔수도의 열매라고 할 수 있다.

4천 년 구속사의 교훈은 성직자가 인격과 신앙, 목회에 흠이 없다고 해서 자신의 임무를 다한 것이 아니라는 것을 잘 보여주고 있다. 이런 것들에 앞서 **성직자의 가장 중요한 임무는 '그 시대의 요구'를 감지해 내고 또 그 요청에 부응하는 일이다.** 즉 역사적인 사명이 가장 중요한 역할이다. 성직자의 임무는 자신의 교구를 돌보며 선교와 교육, 구제(봉사)에 충실하는 것만이 아니다. 이런 것들은 성직자의 기본적인 업무이며, 아울러 그 시대와 교회가 갈 방향을 제시해야 한다. 중세 지도자들이 제시했어야 할 역사적인 방향이란 무엇일까? 이 문제는 2부 「죄인의 길」에서 이미 상세히 다뤘다. 중세는 이미 지나간 시대이다. 그러면 지금 우리가 가야 할 방향은 어디일까? 우리는 그 방향을 바르게 인식하고 있는가? 이 물음에 앞서서 역사적인 사명에 대한 문제의식이라는 것이 있기는 한가? 이 물음은 항상 매 시대가 물어야 할 가장 큰 물음이었다. 이 물음에 소홀하면 반드시 파국이 온다.

중세의 비극은 교회가 역사적인 요청에 대한 대답과 나아갈 방향제시를 도외시하고, 선교와 교육과 구제의 한계에 갇혀버린 데 있다. 앞의 물음에서 살펴본 바와 같이 그 시대가 이런 굴레에 갇혀진 근본원인은 은둔수도에 있다. 초창기 영성운동이 은둔수도로 흐른 것이 기독교 역사의 가장 큰 비극이다. 오늘 우리가 다시 그런 오류에 빠지지 않으려면 빨리 이 부분에 대하여 눈을 떠야 한다.

역사의 흐름을 만들어내는 것이 영성운동이므로 이 운동은 대단히 중요하다. 이런 영성운동이 바른 방향으로 가려면 영성수련의 첫 과정을 구속사에 대한 공부로 시작해야 한다. 영성운동과 역사 공부는 뗄 수 없는 관계다. 영성운동의 가장 큰 과제가 그 시대의 갈 방향을 제시하는 것이기 때문이다.

어떤 역사 공부를 어떻게 해야 하는가? 사건과 사상과 인물의 나열식 역사공부는 사전적인 지식을 쌓는데 그치고 만다. 하나님의 심정을 가지고 역사를 들여다보아야 하며, 이 같은 영성의 관점에서 역사관이 세워져야 한다. 하나님의 심정은 하나님체험이 깊어지는 만큼 주어진다. 영성운동은 곧 역사 공부이어야 한다. 이는 하나님께서 창조주이시면서 역사의 주관자이시기 때문이다. 창조는 곧 역사의 시작을 말한다. 하나님에 대한 이해가 깊어지는 만큼 자신의 시대와 역사 이해로 이어지게 되며, 이런 운동이 진정한 영성운동이다.

「하비루의 길」과 「죄인의 길」에서 4천 년 역사 전체를 다루고 있는 이유는 유대교나 중세교회가 겪었던 것과 같은 파국을 막아보자는 데 있다. 1부와 2부에서는 4천 년 역사의 흐름을 살펴보면서 우리 시대의 요청이 무엇인가를 찾아보려는 물음이고, 3부「비움의 길」에서는 그 물음에 대한 대답과 갈 방향을 제시하려는 시도이다.

중세교회의 선교와 구제, 어떻게 이해해야 하나? 물음 09

　교회의 주요 사명이 '선교'와 '구제'라고 흔히 말한다. 맞는 말이다. 아직 하나님을 알지 못하는 사람들에게 하나님과 구원의 길에 대하여 전해주는 것만큼 중요한 일은 없다. 또 주님께서 보여주신 아가페 사랑을 이웃에게 실천하는 구제 역시 선교 못지않게 중요하다고 할 수 있다. 교회의 부패는 윤리적인 타락과 선교와 사랑을 실천하지 않는 데에 있다고 흔히 지적한다. 이런 논리로 본다면 예수님 당시의 유대교와 중세교회가 하나님으로부터 버림을 받은 것도 성직자들의 타락과 선교와 구제에 대한 열기가 식었기 때문에 그 시대가 망했다는 말이 된다.

　과연 그럴까? 앞에서도 지적한 바와 같이 그 당시에 세속적인 타락에 물든 성직자들이 있었으나 전체적으로 본다면 그들은 소수였다. 다수의 사람들은 신실했고, 수도적인 삶에 최선을 다했다. 유대교와 중세교회의 공통점 중의 하나는 선교와 구제에 대한 강한 열정이다. 로마의 지배를 받던 당시도 이방인들 중에 유대교에 입교한 사람들이 많이 있었다. 정식으로 개종하지는 않았을지라도 회당예배에 참석하는 사람들이 상당수였다. 이들을 신약성경에서는 '경건한 사람'으로 부르고 있다. 예수님께 자기 하인의 중풍병을 고쳐달라고 요청한 로마인 백부장과 사도행전에 등장하는 고넬료를 비롯하여 경건한 이방인들에 대한 언급을 여러 곳에서 찾아볼 수 있다. 예수님께서도 서기관과 바리새인의 선교열정을 인정하시며, "교인 하나를 얻기 위하여 산과 바다를 두루 다닌다."라고 지적하셨다. 고아와 과부를 돌보라는 율법의 말씀에 따라 성전의 주요 역할 중의 하나가 구제였고, 신구약 중간기에 생겨난 절기 십일조의 상당 부분도 구제에 쓰였다. 중세교회 역시 마찬가지였다. 박해받던 시대의 순교적인 열정은 수도사들에게로 이어졌고, 이들은 순교적인 자세로 선교사역을 해냈다. 수없이 죽어가면서도 사지(死地)에 선교하러 가는 사람들이 줄을 이었다. 수도사들의 사랑의 실천은 가히 전설적인데, 문둥병자들의 환부를 입으로 빨아주는 것을 비롯하여, 돌보는 이 없이 길거리에서 병들어 죽어가는 사람들을 끝까지 주님의 사랑으로 돌보아준 사람들은 수도사들이었다. 굶주림에 시달리는 사람들을 먹여 살린 곳도 수도원이었다. 이들은 생명을 내걸고 이런 사랑을 실천으로 옮겼다.

교회의 주요 임무가 선교와 구제라고 한다면 중세교회는 이것들을 이상적으로 실천하고 있었다. 중세기의 탁발교단은 그 증거물이다. 프랜시스와 도미니크 교단이 대표적이었는데 이들은 병들고 굶주리며 죽어가는 사람들에 대한 사랑의 실천에 생명을 내던진 사람들이었다. 이들은 최선을 다하여 사랑을 실천한 사람들이다.

그렇다면 중세기의 문제는 도대체 무엇인가? 그리고 왜 이들이 하나님으로부터 버림받았을까?

오늘 우리 한국교회도 비슷한 입장에 처해 있다. 선교에 대한 열정은 대단히 높아서 세계에서 두 번째로 많은 선교사를 파송하고 있다. 노숙자들과 가족들에게조차 버림받아 갈 곳 없는 사람들을 돌보는 일 등 궂은 일들을 거의 다 기독교인들이 도맡아 하고 있으며, 기아(飢餓) 문제에 관심을 가지고 자원 봉사하는 사람들과 돈을 내는 사람들도 대부분 기독교인들이다. 그런데 오늘 우리 교회는 사회로부터 버림받고 있다. 반(反)기독교 사이트가 부지기수로 늘어나며 매스컴에서도 비판의 목소리를 높이고 있다.

왜 이런 현상이 벌어지고 있을까? 세상이 교회를 오해해서 그렇다고 해야 하나? 아니면 교회를 무너뜨리고 선교의 길을 막으려는 악마의 공격인가?

이런 사실들은 무엇을 말하는가? 다음과 같은 대단히 중요한 사실들을 말하고 있다.

첫째, 교회가 해야 할 일은 선교와 구제보다 더 중요한 일이 있다.

앞에서도 누누이 말한 바와 같이 교회가 해야 할 가장 중요한 일은 그 시대가 나아갈 방향을 제시하는 일이다. 빛과 소금의 역할은 이것을 말한다. 성직자의 윤리적 타락이 지적되고 있다. 일면 수긍이 가는 이야기 이지만 타락에 빠진 사람들은 소수이므로 이것은 정확한 지적이 아니다. 가장 중요한 것은 교회 본연의 의무 즉 그 시대를 정신적으로 끌고나가는 역할을 하지 못한다는데 있다. 왜냐하면 교회 자체가 길을 잃고 어디로 가야하는 지를 모르고 있으므로 그런 일을 할 수가 없다. 유대교, 중세교회는 그들 시대의 갈 방향을 지시하는 것은 고사하고 자신들이 갈 길도 모르고 있었다. 물려받은 전통을 고수하면 다 되는 줄로 알고 있었다. 이런 이유로 그들을 '일기는 알되 시대를 모르는 자들', '소경된 인도자들' 이라고 예수님으로부터 질타를 받았다. 예수님께서는 그들의 선교와 구제열정이 없음을 책망하신 적은 없으셨다. 이는 시대의 방향을 제시하는 것이 선교나 구제보다 비교할 수 없을 정도로 중요하다는 것을 잘 보여주는 예이다.

오늘 우리 교회가 길을 잃고 헤매니까 세상에서 교회에게 길을 알려 주겠다고 말하고 있다. 교회가 세상에게 길을 물어 배워야 하는 웃지 못할 비극을 목도하고 있다.

둘째, 면죄부(免罪符)로 전락할 수도 있다.

중세교회는 베드로 성당을 비롯한 교회당을 초대형으로 지으면서 건축비가 모자라니까 '면죄부' 라는 것을 팔아먹었다. 교황청에서 파는 면죄부를 사면 죄를 용서함 받는다는 것인데 이미 죽은 사람을 위해서도 면죄부를 사면 죽은 영혼이 지옥에서 천국으로 옮겨지는 능력이 면죄부에 있다고 선전했다. 이것은 교회의 가장 부끄러운 치부 중의 하나이다.

그런데 면죄부는 이때 처음 등장한 것이 아니다. 단지 이름이 달랐을 뿐이지 매 시대마다 있었다.

구약시대의 왕정기에는 신앙생활이 왕조신학 · 성전신학 · 제의신학 중심이었다. 이스라엘을 지키고 보호해주신다는 하나님의 약속을 성전제사와 결부시켜서 성전에서 제사를 열심히 드리면 된다고 제사장들이 가르쳤다. 이에 대하여 예언자들은 이런 신앙생활은 '하나님 모독' 이라고 질타했다. 왜 이런 것들이 하나님을 모독하는 행위인가? 시내산 계약법의 정신 구현에는 관심이 없으면서, 하나님의 약속을 무조건적인 은혜로 믿으며, 제사를 정성껏 드리면 모든 죄를 용서해주신다고 생각했기 때문이다. 예언자들은 하나님의 말씀대로 사는 '실천' 이 없는 예배행위, 교회활동, 구원에 대한 확신은 신성모독이라는 신탁을 선언했다. 이런 형식적인 것들은 하나님 말씀을 실천하지 않는 사람들에게 일종의 '면죄부' 를 주기 때문에 용서받을 수 없는 범죄행위라는 것이 예언자들의 선포다. 시내산 계약법에서는 대지주나 전제왕권을 용납하지 않는다. 안식년과 희년의 법에 의하면 빈익빈 부익부를 용납하지 않기 때문이다. 이들에게 안식년과 희년법의 실천을 요구하지 않고 성전제사에 충실하면 하나님께서 모든 죄를 용서하시고 함께하시며 복을 주신다고 말하는 것은 결국 면죄부를 주는 것이며, 우회적으로 대지주와 절대 권력이 설 자리를 마련해 준 셈이다. 예언자들은 이것을 간파하고 이는 하나님의 이름을 빙자한 바알신앙이라고 불렀으며, 심판의 신탁을 선언했다. 형식은 하나님의 종교였지만 내용은 바알종교체제였다. 이런 죄들은 절대로 용서받을 수 없다. 이스라엘은 이 죄 때문에 계약이 파기되었고 나라가 멸망했다.

바벨론 포로 이후 유대교인들도 같은 길을 걸었다. 안식일 법을 중심으로 여러 율법조항을 만들어 놓고 그것들의 형식을 지키기만 하면 된다고 했다. 시내산 계약의 희년법 정신은 사라졌고, 대지주와 소작농, 지배자와 노예계급이 설 자리를 마련해 주었다. 이와 같이 양극화되는 사회구조는 우상종교, 악마종교에서는 허락되지만 하나님의 신앙에서는 설 자리가 없다. 이런 것들은 하나님과의 계약과 신앙에 정면으로 위배가 되며 용서받을 수 없는 죄목이다. 이 죄 때문에 이스라엘은 다시 멸망되어 땅에서 쫓겨났고, 수천 년 동안 나라 없이 세계 각지를 떠돌며 온갖 수모와 떼죽음을 당해야 했다. 앞에서 지적한 것처럼 유대교인들에게도 선교와 구제활동은 대단히 활발했다. 율법의 조항을 지키며 선교와 구제에 힘쓰면 하나님께 할 의무를 다하고 있다고 믿었던 것이다. 대지주와 절대 권력자들에게 '선교비'와 '구제비'라는 것은 면죄부와 같다. 재력과 권력을 이용하여 큰 돈을 긁어모아서 극히 작은 부분을 선교와 구제라는 명목으로 내놓으면 되기 때문이다.

중세기도 같은 함정에 빠지고 말았다. 신앙의 입장에서 수도원 윤리와 세상 윤리를 구분하는 것 자체가 세상의 모순을 인정해주는 결과였다. 이로써 봉건제도가 등장하여 정착할 수 있는 길을 닦아 놓았다. 기독교 왕국에서 봉건주의가 탄생되었다는 것은 그 어떤 것으로도 변명의 여지가 없다. 시내산 계약법은 물론이고 예수님의 복음에 정면으로 위배되는 행위이기 때문이다. 수도원에서 제시하는 여러 규칙들이 있었는데 이 규칙들을 지키면 거룩해진다고 생각하기에 이르렀고, 사랑의 실천으로써 병자와 굶주리는 자에게 구제의 손길을 뻗치는 것을 최고의 신앙실천으로 강조했다. 한편으로는 봉건제도가 설 자리를 마련해주고 다른 한편으로는 그 제도로 말미암아 생겨나는 굶주리는 자들을 돌보는 것을 최고의 미덕이라고 말하는 것은 병 주고 약 주는 식이다. 정치권력과 봉건제도를 통하여 최상류층을 형성한 사람들은 수도원과 교회를 지어주고 굶어 죽어가는 사람들에게 죽을 쑤어 먹일 쌀과 선교비를 대주었다. 교회가 이를 수납하는 것은 면죄부를 파는 행위이며 용서받을 수 없는 범죄행위이다.

하나님께서는 아무렇게나 드리는 제사나 예배, 헌금을 받으시는 분이 아니다. 받을만한 것만 받으신다. 교회가 헌금을 무턱대고 받으면 신성모독죄를 범하는 것이며 이런 죄는 용서받을 길이 없다. 비록 액수가 적더라도 깨끗한 헌금만 받아야 한다. 개같이 벌어서 정승같이 쓰려는 작태는 교회에서는 용납되지 말아야 한다. 세리 삭개오의 헌금처럼 철저한 돌이킴과 회개가 전제되지 않는 더러운 돈들은 하나님께 드려져서는 안 된다. 면죄부는 중세기에만 팔아먹은 것이 아니다. 오늘 우리도 팔아먹고 있다.

셋째, 예언자의 음성을 차단한다.

중세 수도사들에 대한 글을 읽어보면 범인으로서는 가까이 갈 수 없는 무엇인가가 있다. 너무나 고상하고 너무나 완벽한 것들을 추구하기 때문이다. 중세기가 배출한 인물 가운데 대표적인 사람인 프랜시스에 대하여 예를 들어보자. 부유한 상인의 집에서 태어나서 사치스런 생활을 좋아하던 그는 회심을 한 이후에 무소유의 삶을 철저하게 실천으로 옮겼고, 후일 그를 따르는 사람들을 두 사람씩 짝을 지어 내보냈다. 예수님께서 제자들을 파송하실 때처럼 아무것도 지니지 않고 맨발로 다니면서 복음을 전하고 사랑을 실천하게 했다. 선교와 사랑의 실천을 위하여 모든 것을 희생하는 삶을 살게 한 것이다. 이들을 가리켜 '탁발수도사' 또는 '맨발의 수도사'들이라고 한다. 이 운동을 주도한 프랜시스를 가리켜 기독교 역사에서 예수님을 가장 많이 닮은 사람이라고 평가한다. 문둥병자를 비롯한 온갖 병자들을 지성으로 섬겼으며 동물들은 물론 나무와 돌들과도 대화를 하고, 사람을 해치는 사나운 이리를 설교로 교화시키고, 깊은 기도 가운데 고난의 성흔(聖痕)이 나타났다고 한다.

프랜시스는 수도사의 이상적인 모습이다. 그 앞에는 언제나 '성'(聖)자를 붙여서 '성 프랜시스!'라고 부른다. 중세기에는 수도사들뿐만 아니라 모든 교인들이 이런 삶을 흠모했었다. 지금도 그는 가장 이상적인 기독교인의 모델로 내세워진다. 그렇다면 이런 삶을 추구하며 실천하려던 수도사들이 지배하던 시대, 교회가 사회와 국가의 모든 분야를 실질적으로 지배하였기에 기독교 왕국이라고 불리던 그 시대가 어찌하여 암흑기가 되었는가? 열매로 나무를 알듯이 어느 한 시대의 신앙생활과 영성운동은 그 시대가 흘러간 결과로 평가된다. 나쁜 열매를 맺은 나무는 쓸모없는 나무다. 암흑기라는 열매를 맺어놓은 중세교회의 지도자들과 수도사들은 결국 잘못된 길을 갔다는 평가에서 벗어날 길이 없다.

무엇이 문제인가? 전설적인, 그토록 이상적인 삶을 산 사람들이 지배하던 시대가 왜 인류역사 이래 가장 몹쓸 시대였다는 소리를 듣는가? 그런 평가가 잘못되었다고 해야 하나?

역사의 전체적인 흐름에서 놓고 보면 그 이유가 명확해진다.

예언자의 음성이 없었기 때문이다.

예수님께서는 복음을 전하시면서 병든 사람들, 굶주리는 사람들에 대한 절대적인 사랑을 보여주시는 일만 하신 것이 아니다. 당시의 종교지도자들인 서기관 바리새인과 정치지도자들인 제사장들과 왕에 대하여 언어로 표현할 수 있는 가장 혹독한 책망을 하셨다. 개역성경의 표현을 빌면 '뱀들아 독사의 새끼들아', '화있을 진저', '여우' 등의 표현을 서슴지 않으셨다. 성전을 지배하면서 돈벌이에 급급한 제사장들을 향하여는 직접 채찍을 휘두르셨다. 최고의 지도자들이라 할지라도 잘못을 범할 때에는 절대로 용서하지 않으셨다. 오히려 지도자이기 때문에 더 책망을 하셨다.

그런데 이상적인 신앙을 실천하는 삶을 살았다는 수도사들은 어떠했는가? 사람을 물어뜯는 사나운 이리를 향하여 설교로 설복시키면서 왜 온갖 비리의 온상인 교황청을 향하여는 단 한마디의 책망도 하지 않았는가? 시내산 계약법과 복음에 정면으로 배치되는 삶을 사는 영주들과 귀족들, 지배자들에 대하여 왜 꿀 먹은 벙어리였는가? 신분제도로 얽매여서 사회가 빈부·신분·지위의 차별로 양극화로 치달았고 그 결과 절대 다수의 농노들이 짐승처럼 살아가는 반기독교적인 제도에 대해서는 왜 침묵으로 일관했는가? 강도를 만나서 피 흘리며 죽어가는 사람을 돌보는 것을 최고의 미덕으로 여기고, 공개적으로 강도질 하는 날강도들에 대하여서는 입을 다물고 말 한마디 하지 않은 사람을 성자(聖者)라고 하는 것이 과연 잘하는 일일까? 이들의 침묵은 무엇을 말하는가? 돌볼 수 있는 사람들을 만들어 주고 있으니 고맙다는 무언의 표시인가? 아무리 좋게 평가를 한다고 해도 중세기의 수도사들은 선행자가 아니라 극악한 범죄행위의 방관자들이라는 평가를 면할 수가 없다. 수도사들은 영성가들이고 또 그 시대의 정신적인 지도자들이면서 당시 교회와 정치 지도자들의 범죄행위를 묵인하여 성자의 칭호를 얻었으니 이는 방관자가 아니라 공범인 셈이다.

중세교회의 영성가들인 수도사들과 구약의 영성가들인 예언자들을 비교해보면 수도사들의 영성이 어떤 것인지 분명해진다. 구약의 예언자들은 당시의 정치, 종교 지도자들이 시내산 계약법과 어긋난 길을 가자 무모하리만큼 저돌적으로 비판하고 나섰다. 절대권력을 쥔 왕과 제사장들에게 신탁을 앞세우며 정면으로 맞섰다. 이들이 비판한 대상은 지도자들만이 아니었다. 신앙과 윤리를 저버리는 백성 일반을 향해서도 같은 독설을 퍼부었다. 예언자들은 결국 권력자들과 백성에게 버림받고 형극의 길을 걸어갔고, 이들의 이름 앞에 성(聖)자가 붙어있지는 않지만 이들의 노력으로 이스라엘은 살아났다. 바벨론 포로기와 포로기 이후의 이스라엘이 소생한 것은 전적으로 예언자들의 공로이다. 이들은 당대에는 버림을 받았지만 후대에 세상으로부터 위대한 지도자들로 평가를 받았다.

그러나 중세 수도사들은 권력자들에 대하여 아무런 비판의 말없이 주님의 사랑을 설교하며 조용히 병자와 굶주린 자들을 품어주는 일에 몰두했다. 이들은 당대에 백성들은 물론 지배자들로부터도 추앙을 받았다. 병들고 굶주린 백성들은 자신들의 아픈 곳을 싸매 주니 좋아했고, 지도자들은 자신들의 가려운 곳을 긁어주니 좋아했다. 지도자들은 자신들의 가렴주구(苛斂誅求)를 책망하지 않으면서 자칫 곪아 터져서 자신들에게 화살을 겨눌 백성들의 상처를 싸매주는 수도사들을 고맙게 생각하고 수도원을 지어주며 구제비를 대 주었다. 큰 흐름에서 놓고 보면 수도사와 세속지배자들은 상부상조하며 공생한 셈이다. 지배자들은 자신들의 자리를 지킬 수 있었고, 수도사들은 당대에 사랑의 화신으로 추켜세워졌다. 그 대가로 그 시대는 캄캄한 어둠 속을 헤매다가 망해버렸고 그 다음 시대는 피바람을 몰고 왔다. 수도사들은 중세체제가 지금까지 유지되고 있는 가톨릭교회와 수도사 영성을 답습하려는 무지한 추종자들에게 추앙을 받고 있지만 세상으로부터는 아무런 평가를 받지 못하고 있다. 일부에서는 이들을 아편장사꾼으로 매도하고 있다.

이런 중세 수도사들을 우리는 이상적인 기독교인의 모습으로, 최고의 영성가로 부각시켜도 될까? 이들을 미화시키고 있는 사람들은 대체 어떤 사람들인가? 과거에 저지른 범죄행위에 대하여 뻔뻔하기 짝이 없는 교황청 체제를 아직도 떠받들며 우상시하는 사람들, 수도사가 무엇인지도 모르면서 그 길을 흠모하며 그 길을 가고 싶어 하는 사람들이 이런 일을 하고 있다. 중세기의 정치지도자들과 수도사들은 그 시대를 말아먹은 공범들이다. 우리는 수도사들에 대한 우상화 놀음에서 빨리 벗어나야 한다. 이들을 이상화(理想化)시키는 것은 우리도 같이 망하자는 말이다.

왜 이런 어처구니없는 일이 중세기가 아닌 지금, 오늘날에 일어나고 있는가? 분별력을 잃었기 때문이다. 영성을 사모하는 사람들은 이름 있는 수도사들을 만나면 주눅부터 들어서 꼬리를 내리게 된다. 수도사들이 살아낸 전설적인 은둔의 삶들, 그들이 경험했다는 신비적인 체험들, 그들이 도달한 영적인 깊이들이 너무나 크고 높고 깊어 보여서 감탄하다가 경외심에 빠지고 만다. 평생을 매진해도 그들이 도달했던 상태에 간다는 것은 불가능해보이기 때문에 이들을 향해 비판은 고사하고 어떠한 비판적인 평가를 내릴 엄두도 내지 못하고 만다. 그들이 경험했던 것을 비슷하게라도 겪어봤어야 뭐라고 말할 텐데 그 언저리도 가보지를 못했으니 아무런 할 말이 없는 것이다. 멀리서 바라보며 감탄하기에 급급한 실정이다 보니 그들을 떠받들게 된다.

이것이 영성시대를 맞은 오늘 우리 기독교의 영적인 현주소이다.
중세기의 수도사들뿐만 아니라 오늘 우리도 역사의 문맹자요 길 잃은 소경들이며, 방관자요 공범들이다. 예수님께서 가지셨던 예언자적인 안목(眼目)은 흔적도 없이 사라지고 말았다.

은둔수도가 중세기를 암흑기로 몰아넣은 이유는 예언자적인 안목을 흐리게 했기 때문이다. 영육 이원론에서 출발한 은둔수도는 성속 이원론으로 흐르며, 가난한 삶이 칭송되고 구제가 최고의 미덕이 되는 반면 예언자적인 비판은 상실된다. 예언자적 기능이 상실된 선교와 구제는 자칫 면죄부의 역할을 할 수도 있다. 선교비와 구제비를 넉넉히 내고 예배에 충실하기만 하면 하나님 말씀대로 살지 않은 부분들을 하나님께서 눈감아주신다는 식으로 연결되면 결국에는 면죄부가 된다. 4천 년 역사에서는 이런 오류들이 계속해서 반복되었다. 구약의 예언자들은 이를 예리하게 간파하고 날카롭게 비판한 사람들이며, 예수님께서는 예언자들의 비판적인 기능을 완성적으로 이루셨다.

선교와 구제는 그 자체로는 지상과제이지만 경우에 따라서는 용서받을 수 없는 범죄행위인 '면죄부'가 될 수도 있다. 중세교회의 경우가 그러하다. 유대교와 중세교회의 공통점 중의 하나가 이런 종교적인 범죄행위다. 북왕국 이스라엘이 망하기 직전에 등장한 예언자 아모스 시대와 남왕국 유다가 망하던 시대에 나타난 예레미야의 시대도 그러했다. 외적인 신앙행위들은 이스라엘 역사 이래 전성기였다. 그런데 하나님 보시기에는 용서할 수 없는 범죄행위였다.

오늘 우리는 하나님 보시기에 어떤 모습일까?

물음 10 중세교회의 선교와 구제, 어떠해야 했나?

　구약과 신약은 단절이 아닌 연결로 보아야 한다. 구약은 율법이요 신약은 복음이라는 단순한 도식으로 구약과 신약을 구분 짓는 것에도 신중을 기해야 한다. 성경과 신학적인 어떤 문제에 대한 대답은 성경 전체와 4천 년 역사의 흐름에서 찾아야 한다.

　선교와 구제, 이는 지상명령이다. 이보다 더 큰 명령은 없으므로 온 힘을 기울여 해내야 한다. 그런데 역사의 교훈은 선교와 구제를 열심히 하는 것도 중요하지만 "어떻게 해야 하는가?"라는 문제가 더 중요하다는 것을 말해주고 있다. 유대교와 중세교회는 선교와 구제를 하지 않아서 망한 것이 아니라 잘못된 방법으로 열심히 하다가 망했기 때문이다.

　유대교와 중세교회의 선교와 구제는 어떻게 해야 했을까?

　이 문제는 「하비루의 길」과 「죄인의 길」에서 이미 다룬 것이며, 「비움의 길」과 직접 관련된 것은 아니다. 앞의 질문에서 영성가들이 추진했던 선교와 구제가 의도와는 전혀 다르게 면죄부의 역할을 했다는 것을 지적했기 때문에 흐름상 간략히 다루고자 한다.

　하나님께서 세상을 구원하시려는 선교방식은 세상 속에다 하나님나라의 모형을 만들어 놓고 하나님 나라의 삶을 보여주는데 있었다. 이 일을 위하여 첫 번째로 부르심을 받은 사람들이 이스라엘 사람들이다. 그들은 그 일을 위하여 선택된 땅인 가나안에서 하나님나라를 자신들의 삶으로 보여주어야 했다. 이들이 '보여주는 선교'를 실패하자 하나님께서는 교회공동체에 그 사명을 주셨다. 이들이 삶으로 주님의 나라를 보여주어야 할 지역은 예루살렘에서 시작하여 유다, 사마리아와 땅

끝 즉 로마제국이었다. 로마제국은 두 번째 계약공동체인 교회에 주어진 가나안이었다. 초대교회는 박해를 받으면서도 삶으로 그 나라를 보여주었기 때문에 로마제국이 굴복했다. 초대교회가 로마제국의 국교가 된 것은 하나님의 선교방식의 승리였다. 이스라엘의 가나안 입주와 초대교회의 로마제국 입주는 원리가 같다. 하나님나라를 보여주는 삶으로 입성한 것이 그 원리요 방법이다. 군사문화를 앞세운 정복이 아니다. 하나님께서는 하나님나라를 보여주는 삶을 통하여 일하신다.

제국의 국교가 된 이후 교회는, 세속화되어져 가는 신앙을 되살리기 위하여 세상을 버리고 수도원으로 들어갔어야 하는 것이 아니라 세상으로 들어갔어야 했다. 수도원에서 수도원의 삶으로 하나님나라를 보여주려고 해야 할 것이 아니라, 세상 속으로 들어가 온갖 죄악이 판치는 세속 한복판에서 순교적인 각오로 하나님 나라의 삶을 보여주어서 세상을 하나님 나라의 모형으로 변화시켜야 했다. 세상 사람들과 같은 옷을 입고, 같은 집에 살면서, 농사를 짓고, 사업(장사)을 하면서, 정치를 하면서 수도적인 삶을 살았어야 했고 예수님을 닮으려는 수도를 수도원이 아닌 세상 속에서 세상의 일로 했어야 했다. 이것이 성서적인 전통에 부합된다.

이런 삶은 단순히 윤리 도덕적인 차원에 그쳐서는 안 된다. 이런 것들은 출발일 뿐이다. 시내산 율법의 정신, 예수님의 복음정신, 즉 계약의 정신을 실천하는 데까지 나가야 한다. 단순히 가난하고 병든 자들을 돌보는데 머무르는 것이 계약의 정신이 아니다. 거기서 출발하여 가난한 사람, 소외되는 사람이 생겨나는 구조를 뜯어고치는 데까지 가야한다. 중세기의 시대적인 사명과 요청은 이것이었다. 이런 것은 이미 시내산 계약정신에 들어있다. 신분·지위·빈부의 격차가 고착되어있는 세속문화 속에서 이런 것들을 타파하고 모두가 더불어 잘사는 그런 공동체 운동을 펼쳤어야 했다. 날 때부터 귀족과 천민이 결정되는 사회구조, 신분과 빈부가 대대손손 이어가는 악마가 지배하는 구조를 제거하는 것이 그 시대의 사명이었다. 이 일을 위하여 하나님께서는 로마제국을 교회에 맡기셨다. 그런데 교회와 수도원은 이런 일을 하기는커녕 자신들도 지배계급에 편승하여 봉건주의 제도를 만들어내고 말았다. 봉건적인 제도와 기독교 신앙은 절대로 양립할 수 없다. 하나님께서는 봉건적인 삶을 고집하는 자들은 절대로 용서하지 말고 죽여 없애라고 시내산 계약법에서 누누이 말씀하셨다. 봉건적인 사회구조는 절대다수의 사람들을 비참하게 만들기 때문이며, 하나님께서는 이런 죄악을 절대로 용서하지 않으시는 분이시다.

왜 이런 어처구니없는 일이 기독교 왕국에서 일어났을까? 은둔수도의 맹점 때문이다. 은둔수도는 거기에 동참하는 사람들에게 구별의식을 심어준다. 거룩한 삶을 사는 그들은 세상과는 구별된 수도의 길을 가고 있다는 의식을 시작부터 갖게 되며 세상에 있는 가난하고 병든 사람들에게 사랑을 실천하며, 아직 구원에 이르지 못한 사람들에게 구원의 복음을 알려야 한다고 생각한다. 그들은 주님의 사랑을 실천하는 것이 문둥병자의 환부를 어루만지고, 입으로 고름을 핥아주며, 굶주려 있는 사람들에게 죽을 끓여 먹이는 것이라고 생각한다. 은둔수도에 전념하면서 이런 사랑을 실천으로 옮기는 것이 최고의 거룩한 삶이라고 여긴다. 이런 일들은 교회와 수도원이 해야 할 기본적인 일 중의 하나일 뿐이다. 이런 일들을 절대시 하는 사람들은 놀랍게도 정치권력과 쉽게 결탁을 한다. 봉건영주들이 지어주는 수도원들, 많은 헌금들, 구제물품들을 아무런 문제의식 없이 받아들인다. 중세기의 번듯한 수도원들치고 권력자들과 대지주인 영주들, 부자들의 도움 없이 지어진 곳은 거의 없다. 수도원에 희사한 땅들이 늘어나자 교회와 수도원이 영주 버금가는 대지주가 되었다. 중세기 유럽대륙의 절반은 교회와 수도원 소유의 땅이었다. 교회가, 수도원이 대지주가 된 후에도 농노들을 그대로 두었다. 그들에게 땅을 공평하게 분배하여 신분·지위·빈부의 격차를 없애려는 노력은 찾아볼 길이 없었다.

수도원이 세속영주와 다를 바 없는 대지주의 노릇을 하면서 굶주리는 자들에게 죽을 쑤어 먹이고, 환자를 돌보면서 최고의 사랑을 실천하고 있다는 착각에 빠져 지냈다. 성서의 말씀들과는 전혀 상관이 없는 사람들인 권력자들과, 가난한 사람들을 노예로 부려먹는 대지주와 부자들이 내는 헌금을 교회가 받으면 그들에게 면죄부를 주는 격이 되고 만다. 헌금이라고 다 받아서는 안된다. 하나님께서 받으실만한 헌금만 수납해야 한다. 잘못된 헌금으로 지어진 교회, 수도원은 그 기초부터 썩어 들어가게 되어 있다.

주님의 사랑을 실천하는 것은 내가 가진 것을 가난한 자에게 베푸는 것이 아니라, 가난한 자의 삶을 내가 사는 것이어야 한다. 그들의 삶에 동참하지 않고서는 진정한 사랑의 실천이 어렵다. 그러나 가난한 자가 되어서 가난하게 사는 것이 또한 진정한 사랑의 실천이 아니다. 굶주림에 시달리다가 죽어가는 가난 그 자체는 결코 이상이나 미덕이 아니다. 오히려 타파해야 할 대상이다. 가난은 사람을 가장 비참하게 만드는 것 중 으뜸이기 때문이다. 가난한 자의 입장에 서서 더불어 잘 살 수 있는 공동체를 만들어가는 것이 진정한 사랑이다. 시내산 계약법에서 제시하고 있는 가나안 공동체와 복음에 근거한 초대교회 공동체는 이런 것이다.

중세기에 수도원이 지상과제로 여기고 앞장서서 실천했던 가난하고 병든 사람들에 대한 사랑은 수도사들은 물론 세상의 지배자들 모두를 착각에 빠지게 했다. 영주들은 자신들의 몫 중에서 상당한 부분을 교회에 떼어줌으로써 신앙적으로 할 일을 다 했다고 생각하게 만들었고,

수도사들은 영주들이 내는 헌금으로 가난하고 병든 자들을 돌보면서 주님의 삶을 실천하고 있다고 착각했다. 이런 태도는 세상을 하나님나라의 삶으로 바꾸는 것에 무관심하게 한다. 중세기의 영주와 교회는 서로 공생관계였으며 이것은 모두가 평등하게 잘 살 수 있는 길을 원천적으로 차단해버리고 말았다. 이와 같은 수도원의 거룩한 이상은 결국 가진 자들의 통치 이데올로기로 변질되고 말았다. 그보다 더 심각한 것은 그러면서도 자신들이 무엇을 잘못하고 있는지 몰랐다는 것이다.

이런 현상은 중세기에만 있었던 것이 아니다. 오늘도 계속되고 있다. 선교와 사랑의 실천이 지상과제인 것은 틀림없다. 문제는 어떻게 선교를 하고 어떻게 사랑을 실천할 것인가에 있다. 중세기가 선교와 사랑의 실천이 없어서 망한 것이 아니다. 잘못된 방법 때문에 망했다. 선교는 삶으로 보여주는 것이어야 한다. 말로만 하는 선교, 경쟁으로 하는 선교는 오히려 선교의 문을 닫아 놓게 한다. 정치권력과 돈이 지배하는 타락한 세상은 악마적인 방식이 지배하도록 내버려 두어야 할 대상이 아니다 세상은 악마가 지배하는 영역이고 교회는 하나님께서 지배하는 영역이라고 나누면 안된다. 둘 다 하나님께서 다스리시는 영역이어야 한다. 세상을 지배하는 세력과 교회를 지배하는 세력이 다른 것이 아니다. 교회가 제 기능을 다하여 세상을 하나님께서 다스리시는 영역이 되도록 바꾸어야 한다. 이 일은 세상 속으로 들어가서 세상의 일로 수도의 삶을 살 때 가능해진다. 이 삶보다 더 큰 선교의 방법은 없다.

희년의 정신이 구현되는 사회를 만들어내는 것이 중세교회가 갔어야 할 선교와 구제의 길이었다.

물음 11 수도원 운동의 영성신학, 무엇인가?

 성경을 근거로 하여 진행된 영성운동은 크게 두 흐름을 형성하고 있다. 유대교의 하시딤과 중세교회의 수도원 운동이다. 지금 우리와 직접 관련된 것은 수도원 운동이므로 수도원의 영성운동에서 형성된 영성이론(신학)을 간략히 다뤄보고자 한다.

 수도원 운동은 300년대를 전후로 시작되어 지금까지 이어져 오고 있기 때문에 지금까지 약 1700년의 역사를 가지고 있다. 큰 획을 그은 수도사만 해도 셀 수 없을 만큼 많이 등장했다. 그러나 이들 모두가 자신들이 경험했던 영성을 이론화시켜 놓은 것은 아니다. 대부분의 수도사들은 깊은 영성을 경험했으면서도 자신의 신상에 관한 것은 물론 자신의 영적 경험에 대한 것들을 아무 것도 남기지 않았다. 영성에 대한 경험이 깊어질수록 자신을 드러내는 일을 가장 큰 적으로 여기기 때문에 자신의 영적인 경험을 근거로 해서 이론화시킨 사람들은 많지 않다. 교부들의 글들 가운데서 영성의 문제를 다루고 있기는 하나 여기저기 단편적으로 흩어져 있는 경우가 대부분이다. 깊은 영성에 이르는 전 과정을 가장 잘 다루고 있는 책은 아빌라의 테레사가 쓴 「영혼의 성」인데 이런 종류의 책으로서는 거의 유일하여 지금까지 영성신학의 교과서로 쓰이고 있다. 아빌라의 테레사는 1500년대에 살았던 스페인 수녀이다. 같은 시대, 같은 지역에 살았던 십자가의 요한 역시 영성에 대한 글들을 남겨놓아서 이 두 사람이 가장 중요한 위치를 차지하고 있다.

 여기서는 어느 특정인의 영성을 자세히 다루려는 것이 아니라, 수도사 영성의 전체적인 흐름 속에서 형성된 그 이론을 살펴보려고 한다.

 수도사 영성 신학의 맨 밑바닥에 깔려있는 기본적인 이론은 다음과 같다.

정화 → 조명 → 합일(일치)

정화 : 아담으로부터 물려받은 인간성에 들어있는 죄의 속성을 씻어 내는 것을 말한다.
조명 : 하나님의 거룩한 빛이 영혼 속에 비추어짐이다.
합일 : 하나님과 영적으로 하나가 됨을 말한다.

이 이론의 특징은 단계적이고 직선적이다. 정화의 단계가 끝나야 다음 단계인 조명에 이르게 되고 조명의 단계를 끝내야 합일에 이르게 된다는 것이다. 이런 일은 점진적으로 그리고 직선적으로 일어난다. 기독교 역사의 거의 전 과정과 함께 한 영성운동이 우리에게 물려준 영성신학의 유산은 정화 → 조명 → 합일(일치)이라고 할 수 있다. 이 이론은 수도원 영성신학의 근저에 깔려있는 기본적인 골격이다.

물음 12 수도원 영성신학이 지닌 한계는 무엇인가?

새로운 전환기인 영성의 시대를 끌고 갈 영성신학을 만들어 내려면 지금까지의 영성신학을 진지하게 고찰해야 한다. 지금 우리가 물려받은 영성신학의 유산은 수도사 영성신학이다. 이것을 재해석하려면 무엇보다도 그 한계점과 문제점에 대하여 명확히 짚어보아야 한다. 우리가 물려받은 영적인 신학의 유산이 지니는 한계는 다음과 같다.

1. 고대 헬라의 유물이다.

앞에서 본 바와 같이 수도사 영성신학의 뼈대는 정화 → 조명 → 합일(일치)이다. 그런데 이 이론은 헬라의 이교도인 유신론적인 철학자 플라톤의 것이다. 플라톤의 이론이 오리겐을 비롯한 교부들에 의해서 사용되다가 500년경에 살았던 디오니시우스(pseudo-Dionysius)를 통하여 수도원 영성이론으로 정리된 후 2천여 년 동안 아무런 발전이 없이 지금도 사용되고 있다.[12] 참으로 놀라운 일이다. 어떻게 이런 일이 있을 수 있는지 도무지 이해가 되지 않는다. 어쨌든 이것이 오늘 우리가 유산으로 물려받은 영성이론의 현실이다.

성경은 각 시대가 흘러감에 따라 재해석되어 왔다. 동일한 성경의 본문이 그 시대의 환경에 따라 재해석될 때 새로운 의미를 갖게 되는 것이다. 성경은 신앙에 관한 본질과 원리를 제공하고 있으므로 재해석과 재적용은 그 시대의 성경 교사들의 몫이다. 성경의 해석이 그러하다면 신학 또한 마찬가지의 과정을 겪는다. 그런데 안타깝게도 영성신학에서는 이 과정이 생략되어 있다. 수도사의 시대가 1500여 년이 지속되었으므로 500여년을 단위로 흘러가는 전환기가 세 번이나 지난 셈인데도 아무런 재해석 없이 지나왔다.

그 이유는 어디에 있을까? 몇 가지로 생각해 볼 수 있다.

신앙은 물론 신학이란 경험에 기초해 있으므로 경험이 우선되어야 한다. 경험에서 신앙심이 생기고 이어서 그 이론인 신학이 생겨난다. 신학의 여러 분야 중 영성신학이야 말로 경험이 우선된다. 하나님에 대한 체험이 있지 않고서는 영성신학을 시도할 수가 없다. 그런데 물려받은 영성신학을 전반적으로 재해석하려면 인간이 하나님을 체험할 수 있는 가장 깊은 체험의 단계들을 다 거치고 난 후에야 가능해진다.

---

12) 위(僞) 디오니시우스(Pseudo-Dionysius) 또는 아레오파고스의 디오니시우스(Dionysius the Areopagite)라고 알려진 이 신비신학자는 서기 500년경 시리아에서 살았던 사람이다. '위'(僞)라고 하는 이유는 사도행전 17:34에 나오는 디오니시우스의 이름을 빌려서 글을 썼기 때문이다.

하지만 수도사 영성으로 이 과정을 다 겪는다는 것은 대단히 어려운 일이다. 수많은 영성가들 가운데서도 하나님을 직접 뵈옵는 상태까지 이른 사람들은 극히 적었다고 전해진다. 간혹 전 과정을 다 겪는다고 해도 또 그것을 이론화시킬 수 있는 지적인 능력이 필요하다. 이 둘을 다 갖춘 사람이 등장한다는 것이 결코 쉬운 일이 아니므로 영성신학 분야에서는 재해석이 쉽게 일어나지 않았다. 이것이 첫 번째 이유이다.

또 다른 이유는 영성체험이 가지는 속성 때문이다. 하나님 체험이 깊어질수록 자신을 드러내는 일을 가장 큰 적으로 여겨 자신이 체험한 것을 드러내려 하지 않으므로 그 영성가가 죽으면 동시에 영성가의 체험도 사장되고 말았다. 단지 그 제자들에 의하여 희미하게 전해지고 있기는 하지만, 영성의 내밀한 부분은 그 당사자가 아니고서는 결코 파악되지 않는다. 직접 경험한 당사자도 자신의 체험을 언어로 표현하는 데에는 큰 어려움을 겪을 뿐만 아니라 많은 부분은 인간의 언어로 전달하는 것 자체가 불가능하다. 천 년 이상 지속된 수도사 시대에 수많은 영성가들이 나왔지만 영성체험에 관한 글들이 희귀한 것은 이런 이유 때문이다.

영성의 시대에 가장 먼저 필요한 일은 경험과 이론을 겸비한 재해석이다. 쉽게 기대할 수 있는 일은 아니지만 이 일은 필수적이며 누군가가 반드시 해내야만 한다. 영성의 시대를 맞은 우리의 성패 여부는 여기에 달려있다. 수도사 운동자체가 헬라의 은둔사상에 뿌리를 내렸을 뿐만 아니라, 그 영성이론 역시 고대 헬라의 철학자 플라톤의 이론을 재해석 없이 받아들여서 재해석 없이 지금까지 써먹고 있다. 믿기지 않는 일이지만 사실이다. 우리의 할 일을 여기서 찾아야 한다.

2. 은둔 영성이다.

기독교가 2천 년 동안 배출한 큰 영성가라고 이름이 거론되고 있는 이들 중에서 수도사의 삶을 살지 않은 사람은 단 한 명도 없다. 이런 이유 때문에 '영성가는 곧 수도사'라는 고정관념이 굳어지고 말았다. 우리는 이런 깨뜨릴 수 없는 전통과 고정관념을 물려받았다. 영성의 길에 접근하려고 그 길을 더듬어 보면 '수도사'라는 장벽이 가로막고 있다. 영성의 이론만 1500여 년 이상 재해석 없이 굳어져 있는 것이 아니라, 그 영성으로 접근하는 방법 또한 더 단단하게 굳어져 버렸으며 수도사적인 노력 없이는 영성에 접해보겠다는 엄두도 내지 못하게끔 되어버렸다.

무슨 일에서든지 처음의 시작과 기초가 가장 중요하다. 3백 년 대를 전후하여 교회가 세속화 되어가자 이에 대한 반발로 순수한 신앙을 찾으려는 단순한 열정으로 시작한 수도사 운동은 아무런 생각 없이 헬라의 은둔자들이 살아가던 방식을 받아들였다. 이 방법은 그 시대에는 현실적인 방법이었다고 할 수 있다. 수도사들의 은둔적인 모습에 수많은 사람들이 감명을 받고 신앙적인 결단을 내렸기 때문이다. 또 다른 어떤 방법을 찾아낸다는 것도 쉽지 않았을 것이다. 이런 일을 시작한 사람들은 어떤 신학적인 식견을 가진 사람들이 아니었다. 그러나 교회의 지도자들은 이 문제에 대하여 진지하게 논의해야 했다.

교리논쟁의 과정을 거쳐서 정통교리가 만들어졌듯이 영성운동의 방법도 충분한 검토 작업을 거쳐야 했다. 적어도 초대교회에서 중세교회로 넘어가는 길목인 500년대까지는 이에 대한 매듭이 지어졌어야 할 시기였다. 그런데 이 시기는 검토와 재해석을 하기는커녕 은둔수도를 아무런 비판 없이 받아들여 정착시키고 말았다. 그 결과는 암흑기라는 큰 재앙을 몰고 왔다. 시대적인 사명을 등한시하면 이런 결과가 빚어진다. 그런데 더 큰 문제는 500년대 이전에 했어야 할 가장 중요한 일을 1500여 년이 지난 지금도 그대로 놔두고 있다는 것이다. 기독교 신앙의 핵심은 영성이다. 그런데 영성의 문제가 이렇게 방치되어버리고 말았다. 초대와 중세 초기 이후 기독교가 만신창이가 되어 세계 정신문화의 변두리로 밀려난 가장 큰 이유는 여기에 있다. 영성이 제대로 되지 않으면 만사가 다 엉망이 되고 만다. 기독교 역사가 그것을 명확히 증거하고 있다.[13]

'수도사'라는 거추장스러운 옷은 일찌감치 벗어버려야 했다. 바리새인들이 이 거추장스러운 옷을 걸치고 있다가 예수님으로부터 저주를 받았던 사실을 잊어버리고 아직까지도 그 옷을 보배로 여기며 걸치고 있다. 이제 이 옷을 벗겨내는 것이 우리의 할 일이다.

3. 현실과 맞지 않다.

수도사 영성신학은 헬라의 이교도 철학자의 유물이고, 영성수련법은 이교도 문화인 헬라문화의 유산이다. 이것들은 수천 년 전에 만들어진 고대의 유물들인데 그 옷을 지금 그대로 입으려니 맞지 않는 것이 당연하다. 오늘 우리의 생활에 맞도록 고쳐 입어야 한다. 고대의 헬라 은둔자들이 하던 금욕과 고행을 수반하는 방법이 지금 우리에게 맞을 리가 없다. 개신교인에게는 더더욱 그러하다. 오늘의 신앙생활에 맞는 영성수련의 방법을 찾아내야 한다.

신학계에서 '토착화'에 대하여 관심을 가진 지 이미 오래되었는데 영성신학, 영성수련법에 대한 토착화야말로 시급한 과제다. 헬라의 옷을 속히 벗겨내야 한다.

---

13) 2부「죄인의 길」에서 이런 사실들을 상세히 다루었다.

수도원영성, 어디에 뿌리를 내려야 했나? 물음 13

영성운동에 가장 큰 피해를 준 것은 헬라문화였다. 유대교는 헬라의 스포츠를 앞세운 세속문화에 배타적으로 맞서다가 형식주의라는 구렁텅이에 빠져죽었다. 수도원 운동은 헬라의 정신문화를 아무런 비판 없이 수용했다가 은둔수도라는 벼랑에 떨어지고 말았다. 수도원 운동의 비극은 영성운동의 뿌리를 이질적인 이교도 문화에 내렸다는 데에 있다.

그러면 기독교의 영성운동은 어디에다 뿌리를 두어야 했나?
구속사는 신약에서 처음 시작된 것이 아니라 예수님 이전 구약에서 시작되었다. 기독교는 구약의 구속사 전통 위에서 출발했으므로 구약과 신약은 단절된 것이 아니라 연속으로 보아야 한다. 구약은 율법, 신약은 복음이라는 단순한 도식으로 구분 지을 일이 아니다. 구약과 신약은 두 계약의 책인데 「하비루의 길」과 「죄인의 길」에서 본 바와 같이 시내산 계약과 예수님의 계약의 내용은 계약의 대상인 하비루와 죄인들에게는 '복음' 즉 기쁜 소식이었다. 그리고 예수님의 행적과 말씀들은 시내산 계약의 전통과 신구약 중간기의 유대교적인 배경에서만 정확하게 이해된다. 계약은 당사자에게 계약의 실천을 요구한다. 따라서 율법은 행위로 구원받는 법이요, 복음은 믿음으로 구원받는 법이라는 도식은 위험천만하다. 공관복음에 의하면 예수님께서 생전에 하신 말씀들 가운데 '믿음'과 '은혜'로 구원받는다는 말씀은 단 한 구절도 없다. 한마디로 하늘에 계신 아버지처럼 완전해지라고 실천을 강조하셨다. 이 비슷한 말씀들은 얼마든지 있다. 예수님에게 있어서 믿음과 행위는 둘이 아니요 하나였다. 구약과 신약의 차이는 구약은 돌판에 새겨진 것이요 신약은 마음판에 새겨진 것이다. 다시 말하면 성령님의 임재여부이다. 구약에서는 하나님의 영이 계약의 대상 모두에게 주어진 것이 아니라 하나님의 사람들에게만 주어졌고, 신약에서는 성령님이 믿는 자 모두에게 주어지는 데에 차이가 있다. 바울이 율법과 복음을 구분하고 있는데, 바울은 시내산 율법이 아니라 유대교 율법의 배경에서 말하고 있다. 시내산 율법과 유대교 율법은 전혀 다르다. 유대교 율법은 형식으로 굳어진 변질된 율법이다. 이에 대하여서는「죄인의 길」에서 자세히 설명했다.

예수님께서는 율법이나 선지자를 폐하러 오신 것이 아니라 완성시키러 오셨다. 즉 구약과 신약은 단절이 아니라 연속이라는 것을 명확히 하신 말씀이다. 구약과 신약을 단절시키면 기독교는 설 자리를 잃으며 수도원 영성이 빠졌던 함정에 다시 빠진다. 구약의 하나님과 신약의 하나님은 같은 분이시다. 구약은 행위를 말하는 율법이요 신약은 구원을 말하는 복음이라고 구분 지으면 구약과 신약을, 구약의 하나님과 신약의 하나님을 단절시키는 결과가 된다.

4세기를 전후하여 시작된 초대교회의 영성운동은 이교도 문화인 헬레니즘이 아니라 구약의 2천 년 전통을 가진 하비루 문화, 즉 헤브라이즘에 뿌리를 내렸어야 했다. 이 시대를 살았던 그리스도인들, 특히 교회의 지도자들인 교부들과 영성가들은 이 사실을 간과했다. 기독교 2천 년 역사의 가장 큰 비극은 여기에 있다. 안타까운 일이다. 더 안타까운 일은 지금 영성의 시대를 맞아 새로운 영성운동을 시작하고 있는 이들이 아직 이 사실을 간파하지 못한다는 데에 있다. 다시 망하려는가? 과거의 오류를 반복하려는가? 역사에서 교훈을 얻지 못하면 망한다는 것은 상식이다. 영성운동은 역사공부에서부터 시작되어야하는 이유가 여기에 있다. 영성운동과 역사공부는 뗄 수 없는 관계이다.

초대에서 중세로 넘어가는 한 전환기가 바뀌는 시점에 당시의 지도자들은 새 전환기의 주초를 잘못 놓은 것이다. 집을 지을 때 설계도가 잘못되거나 기초가 잘못되면 그 집은 온전할 수가 없다. 당장은 괜찮을지 모르지만 반드시 무너지게 마련이다. 이교도 문화인 헬레니즘의 은둔사상에 기초한 중세기가 무너져서 암흑기가 된 것은 당연한 이치다. 서양의 두 정신문화인 헬레니즘과 헤브라이즘, 이 양자택일에 중세기, 아니 세계 구원의 운명이 달려있었다.

헬레니즘이냐 헤브라이즘이냐, 이것이 문제로다.

옛날 그 당시가 아니라 지금 그러하다. 지금도 영성운동하는 사람들은 하나같이 헬라의 은둔수도에 기초했던 수도원 운동에서 뭘 얻어 내려고 붙들고 있으니 참으로 답답한 노릇이다.

2천 년 전에 길 잃은 목자들을 향해서 탄식하시던 주님께서는 지금 같은 탄식을 하신다.

"소경된 인도자들아, 너희가 어찌하여 천기는 분변하면서 시대는 못 보느냐?"(누가복음12:56)

물음 14 영성, 어디로 어떻게 가야 하나?

　지나간 일에 대하여 평가하며 비판하는 일은 손쉬운 일이며 누구나 할 수 있다. 그러나 대안을 제시하지 않으면서 비판을 하게 되면 그것은 비판을 위한 비판이 되며 아무짝에도 쓸모가 없다. 대안 없는 비판은 자신의 비판 능력을 과시하는 것 이상 아무것도 아니다. 평가와 비판을 하려거든 대안도 제시를 해야 한다. 그렇지만 구체적이고 현실적인 대안을 제시한다는 것은 결코 쉬운 일이 아니다. 그래도 해야만 한다. 지금 우리가 부딪힌 문제는 해도 좋고 안 해도 괜찮은 그런 사소한 것이 아니라, 반드시 풀어야 할 문제이다. 그것도 시급히 풀어내야 하고 빠르면 빠를수록 좋다. 이미 늦었기 때문에 한시도 망설일 여유가 없다. 영성의 시대는 벌써 시작되어 저만큼 달려가고 있는데 아직 대안은 커녕 문제의식조차 제대로 갖추지 못하고 있는 실정이다. 4천 년 역사에 등장했던 시대적인 오류가 지금도 반복되고 있다.

　영성, 어디로 가야하나?
　이런 큰 문제는 나 같이 초야에 묻힌 변두리 사람이 언급할 일이 아니다. 이 시대의 기독교 신학을 이끌고 있는 석학들과 세계교회의 흐름을 주도하고 있는 큰 목회자들이 할 일이다. 사실 나는 신학교를 졸업하던 당시부터 누군가가 이 일을 해 주기를, 어디선가 새로운 시대가 왔음을 알리는 소리가 들려오기를 학수고대하고 있었다. 그러나 아무리 기다려도 광야의 소리는 들려오지 않았다. 중병에 걸린 교회가 죽어가면서 뱉어내는 신음소리는 들려오고, 그렇다고 죽어가도록 내버려둘 수도 없고, 처방을 말하는 사람도 없고, 게다가 곧 닥쳐올 파국은 눈앞에 생생히 펼쳐지고 있는 실정이었다.

20여 년 가까이를 이렇게 기다림과 탄식과 눈물로 보내다가 할 수 없이 비통한 심정으로 연필을 집어들었다. 두메산골 농사꾼이 밭 매다 말고 흙투성이인 채로 도시 한복판에 나서서 광야의 소리를 외치고 있는 형국이다.

2천 년대의 영성, 어디로 가야하나?

1. 새 술을 담가야 한다.

우리가 물려받은 영적인 유산들은 대충 손질해서 쓸 수 있는 그런 성질의 것이 아니다. 앞에서도 본 바와 같이 이교도 철학자의 이론과 헬라의 이원론 사고에 기초한 은둔사상 위에 세워진 영성을 지금 다시 사용할 수는 없는 일이다. 은둔수도의 영성은 그 시대조차 구원하지 못하고 말았다. 그런 영성을 지금 다시 쓰려는 것은 어불성설(語不成說)이다. 초대교회의 입장으로 다시 돌아가서 새로운 판을 짜야 한다. 그러나 물려받은 유산을 전부 내다 버리자는 말이 아니다. 단지 답습이 아니라 재해석하자는 것이다.

못쓰게 된 옛 술을 쏟아버리고 새 술을 담글 때에는 몇 가지를 고려해야 한다.

먼저, 묵은 술이 가졌던 병폐들을 쓸어내야 한다.

우리가 물려받은 옛 술은 역사적인 요청에 부응하지 못했으며 오히려 역행하고 말았다. 중세 암흑기가 바로 묵은 술이 만들어 낸 열매이다. 멀리 내다보면서, 전체를 바라다보면서 역사의 요청에 발맞추어갈 그런 영성을 만들어 내야 한다. 특히 개신교는 개신교의 특성에 맞는 술을 담가야 한다.

근본을 뜯어 고쳐야 한다.
　새 판을 짜려면 문제의 핵심을 짚어야 한다. 변두리의 주변적인 문제들을 뒤적거리는 것으로는 새로운 판(패러다임)을 짤 수 없다. 물려받은 유산에 들어있는 문제의 핵심은 무엇인가? 거룩함을 오해하여 성속(聖俗)을 이원화시킨 것이 문제였다. 거룩해지지 않으려고 한 것이 아니라 거룩해지려고 무진 애를 썼는데 잘못된 거룩함을 추구했다. 이것이 문제의 핵심이다. 성속이원론을 극복해야 한다. 하시딤과 수도사 영성의 가장 심각한 오류는 의인과 죄인, 거룩함과 속됨을 나누는 데에 있었다. 그리고 이 오류는 그 시대 전체를 잘못된 길로 가게 했다. 기본적인 이론체계를 세우는 일은 이만큼 중요하다. 성속이원론을 극복하는 것이 가장 중요한 과제이다.

영성의 본질을 회복해야 한다.
　유대교와 중세기 교회의 영성은 그릇이 내용을 질식시켰다. 율법을 지키는 형식이 유대교의 본질을 죽여 버리고 말았다. 바리새인과 서기관을 향한 예수님의 저주의 선포는 이것을 말한다. 중세기 교회는 수도원 규칙이 영성의 본질을 삼켜버렸다. 수도원 규칙을 지키면 거룩해지는 것으로 받아들이게 된 것이다. 유대교와 중세교회는 같은 오류에 빠져버렸다.
　이제 담가야 할 새 술은 이런 문제들을 해결하는 것이어야 한다.

2. 새 부대에 담아야 한다.
　내용도 중요하지만 그 내용을 담는 그릇도 그 못지않게 중요하다. 유대교와 중세교회는 잘못된 그릇 때문에 망했던 좋은 예이다. 이런 시행착오를 다시는 겪지 말아야 한다. 귀한 것일수록 그에 어울리는 그릇에 담아야 한다.

초대교회 수도사들은 고귀한 영성을 헬라의 은둔사상에 담았다가 술도 못쓰게 되고 부대도 터지고 말았다. 금욕과 고행을 동반하는 은둔수도는 본래 성경에 없는 것이다. 구약성경의 시내산 계약법을 비롯한 예언자들의 선포 등 어디에서도 은둔은 찾아 볼 수 없다. 예수님께서도 제자들에게 금욕과 고행을 말씀하신 적이 전혀 없었다. 그런데 초대교회 말기에 접어들면서, 헬라문화의 영향으로 영성에다가 은둔의 옷을 입혀놓았다. 이 옷을 벗겨내야 한다. 그리고 새 옷을 지어 입혀야 한다.

2천 년대의 한 전환기를 담을 새 부대를 만들어 내는 일은 새 술을 담그는 것 만큼이나 중요할 뿐만 아니라 어려운 일이다. 우리는 이 일을 해내야만 한다.

새 술을 새 부대에

지금 우리의 영성이 갈 길이다.

그렇다면 오늘 우리가 담가야 할 새 술과 그 술을 담을 새 부대는 무엇인가?

물음 15 오늘의 '새 술', 무엇인가?

이제부터 가장 중요한 부분을 다루어야 할 차례이다.

500년을 단위로 찾아왔던 새로운 한 전환기인 2천 년대는 영성의 시대이다. 새로운 영성운동을 시작해야 될 시점에 우리는 서있다. 구약의 서기관들이 유대교의 기초를 놓았듯이, 초대교회의 영성가들이 중세 기독교의 기초를 놓았듯이, 우리도 새 시대의 기초를 놓아야 한다. 앞에서 살펴본 바와 같이 그들이 기초작업과 방향설정을 잘못함으로써 이어지는 시대는 비극을 맞았다.

우리는 지금 대단히 비싼 수업료를 치룬 과거의 교훈을 살려야 한다. 이 교훈을 무시하거나 등한시하면 또다시 그 비슷한, 아니 그와는 비교할 수 없는 큰 대가를 치러야 한다. 지금 여기서 어떤 영성운동을 시작하느냐에 따라서 우리의 운명은 물론 이 시대와 다음 시대 지구의 운명까지도 결정짓게 될 것이다.

헤브라이즘이 아닌 헬레니즘에 뿌리를 내린 것이 수도원 운동의 오류였음은 이미 앞에서 살펴본 바와 같다. 초창기의 영성운동은 하비루 문화인 헤브라이즘에 뿌리를 내려야 했다. 이스라엘 역사 2천 년을 돌아보면 여러 전통들이 있다. 제사장들이 중심이 되는 사제전통, 사사기 이후 왕정으로 넘어가면서 등장하는 제왕전통, 바벨론 포로 이후 등장한 랍비전통과, 시내산 계약을 계승하는 예언자전통이 그것들이다. 이런 전통 중에서 헤브라이즘의 중심 골격은 예언자전통이다. 이 전통은 초대교회로 이어졌고 종교개혁 이후에는 개신교로 흘러왔다. 「하비루의 길」에서 살펴본 바와 같이 예언자전통은 시내산 계약정신을 이어받고 있으며, 시내산 계약정신이란 하비루 문화라고 할 수 있다. 시내산 계약의 대상은 하비루이며, 그 계약법은 하비루를 위한 법이고, 시내산 계약의 하나님은 하비루의 하나님이시다. 이 법은 그 사회에서 찾을 수 있는 가장 작은 자들에게 초점이 맞추어져 있다. 이스라엘이 왕정을 겪으면서 이 계약정신이 흔들리자 이것을 바로잡기 위하여 등장한 사람들이 예언자들이다. 이들은 시내산 계약정신으로 돌아가라고 외쳤다. 예언자들의 활동은 왕정기는 물론 포로기와 귀환 이후로 이어졌고, 이스라엘을 멸절의 위기에서 구해냈다.

이런 예언자 정신은 신약으로 이어진다. 예수님께서는 당신 자신과 소자(하비루)를 일치시키셨다. 소자에게 행한 것이 곧 예수님께 한 것이라고 하셨다. 예수님의 이런 말씀은 시내산 계약법의 정신에 대한 언급이다. 초대교회는 이스라엘 역사에서 그들이 실천하지 못한 시내산 계약법의 정신을 실천했다. 그 당시 교인들은 박해라는 혹독한 환경 속에서도 복음을 실천하는 삶을 살아냈기 때문에 초대교회는 교회의 영원한 모델로 평가받는다. 그런데 이런 흐름을 굴절시킨 것이 은둔수도다. 은둔수도에 기초한 중세기는 암흑기로 평가받고 있다.

지금 우리는 중세기의 암흑교회를 깨운 루터가 외쳤던 '복고주의'를 다시 다른 각도에서 외쳐야 한다. 루터는 르네상스라는 계몽주의적인 시대환경에서 "초대교회로 돌아가자!"고 외쳤고 이 외침은 종교개혁을 성취했다. 우리는 영성의 시대인 2천 년대의 입장에서 "초대교회로 다시 돌아가자!"라고 외쳐야한다. 그렇다면 초대교회로 돌아간다는 것은 무엇을 말하는가? 그 시대의 뜨거운 신앙적인 열정과 도덕과 윤리를 본받자는 것인가? 그런 것들 이전에 먼저 해야 할 더 근본적인 것이 있다. 굴절되고 왜곡된 영성의 맥을 다시 잇는 것이 그것이다. 시내산 계약으로부터 시작된 헤브라이즘의 맥이 단절된 중세교회 이전으로 돌아가서 초대교회 영성의 맥을 다시 이어야 한다. 이것이 초대교회로 돌아가는 것이다.

그렇다면 초대교회 영성이라는 것이 무엇인가? 초대교회 영성은 사도들의 영성이며 사도들의 영성은 곧 예수님의 영성을 말한다. 예수님의 영성은 사도들로 이어졌고 초대교회에서 만개했다. 박해라는 모진 환경 속에서 피어난 초대교회 영성은 역사 이래로 등장한 가장 강대한 나라였던 로마제국을 압도하고 말았다. 이 영성으로 돌아가야 한다. 초대교회 영성은 곧 예수님의 영성이다.

그러나 다시 물음이 생긴다. 예수님의 영성이란 무엇인가? 어떻게 정의를 해야 하나? 예수님의 영성에 대한 이해의 실마리를 어디서 찾아야 할까?

> "내가 율법이나 선지자나 폐하러 온 줄로 생각지 말라. 폐하러온 것이 아니요 완전케 하려 함이로다."(마태복음 5:17)

이 말씀에서 실마리를 찾아야 한다. 구약과 신약은 단절이 아닌 연결의 관점에서 보아야 하며, 예수님의 말씀과 사역을 구약에 대한 재해석과 완성으로 받아들여야 하는 이유가 이 구절에 들어있다. 구약성경의 핵심은 율법 즉 시내산 계약법이며 이 법의 실천을 촉구한 사람들이 예언자들이다. 예수님께서는 예언자들을 완성시키신 분이다. 따라서 예언자의 영성 이해가 예수님의 영성에 접근해가는 실마리가 될 수 있다. 예언자들의 영성은 예수님의 영성의 뿌리이며 출발점이기 때문이다.

1. 그렇다면 구약의 예언자들, 그들은 누구인가?

❶ 역사 이래 최고의 영성가들

예언자들이 역사상 최고의 지도자로 평가받은 만큼 그들에 대한 관심과 연구도 활발했다. 그간의 예언자들에 대한 관심은 두 방향이었다. 하나는 예언자들의 사상(신학)이었고, 다른 하나는 그들의 행동(활동)이었다. 예언자들의 신학에 관심을 가지는 사람들은 하나님에 대한 신앙을 중요시하는 기독교인들, 복음주의적이며 보수적인 색채를 지닌 사람들인데 "그 시대를 구원한 예언자들이 가졌던 신앙과 신학은 어떤 것인가?"가 이들의 주요 관심사이다. 반면에 예언자들의 행동에 관심을 가지는 사람들은 사회개혁과 사회정의 실현을 중시하는 사람들로서 이들 가운데는 마르크스주의자, 공산주의자들도 들어있다. 기독교인들 가운데서도 해방신학(민중신학)에 관심을 가지는 사람들은 예언자를 이상적인 표본으로 보고 있다. 예언자들은 가난한 자, 힘없는 자의 대변인이라는 것이 이들의 입장이다.

예언자들은 독특한 신학(신앙)과 독특한 행동을 겸비한 사람들이었다. 예언자들은 죽음을 두려워하지 않고 절대 권력을 가진 왕권에 빈손으로 도전하는 용기를 가졌을 뿐만 아니라, 그 시대를 정확히 진단해내고 평가했다. 또한 비판과 책망으로 끝나는 것이 아니라, 대안을 제시했다.

어떻게 예언자들은 이런 위업을 해냈을까?

그 대답을 그들의 신학(신앙)과 행동에서 찾으려는 노력들이 많이 있었다. 예언자 연구의 초점은 거의 전부가 이 둘에 맞추어져 있다고 해도 과언이 아니다. 예언자의 신학연구에서, 또는 예언자의 행동연구에서, 또는 이 둘을 모두 연구함으로써 예언자의 독특한 특성을 파악할 수 있을까? 그렇지 않다. 예언자 연구에 있어서 가장 중요한 부분이 빠져 있다. 무엇일까?

예언자들에 대한 정확한 이해는 그들의 사상에서도, 행동에서도 얻어지지 않고 그들의 영성에서 이해가 가능하다. 예언자들은 사상가, 행동가 이전에 영성의 사람들이므로 그들을 알려면 그들의 영성을 알아야 하며, 그들의 사상과 행동으로가 아니라, 먼저 영성으로 그들에게 접근해 가야 한다. 예언자들의 영성을 이해해야 그들의 신학과 그들의 행동을 바르게 이해하게 된다. 영성이 그들의 신학과 행동의 뿌리이기 때문이다.

예언자들이 영성의 사람들이라는 단적인 증거는 '코흐 아마르 야웨' (כֹּה אָמַר יְהוָה ; 여호와께서 가라사대)라는 독특한 말씀선포 방식에 들어있다. 예언자들이 하나님의 말씀을 선포할 때에는 "여호와께서 가라사대"라는 독특한 형식을 사용했다. 예언자들 이외의 어느 누구도 이런 형식으로 하나님의 말씀을 선포한 사람은 없다. 하나님으로부터 직접 말씀을 받지 않고서는 감히 직접화법으로 하나님의 말씀을 선포할 수 없기 때문이다. 하나님의 말씀을 직접 받으려면 말씀이 주어지는 영적인 상태가 되어야 한다. 그 상태는 인간이 도달할 수 있는 영성의 가장 깊은 단계이다. 수도사 영성에서는 흔히 이를 가리켜 '합일' 또는 '일치'의 상태라고 한다. 예언자들은 영성으로 여기에 도달해 있는 사람들이었다. 따라서 예언자들은 최고의 영성가들이다. 구약성경에서는 예언자들이 영성가로 되는 과정을 함축하여 "~에게 하나님의 영이 임하니라", 또는 "~에게 하나님의 말씀이 임하니라", 혹은 "~에게 말씀하여 가라사대"로 표현하고 있다. 예언자들이 가장 깊은 영성에 도달하지 않았다면 하나님께서 당신의 말씀을 직접화법으로 선포하게 하실 리가 없다. 하나님께서는 예언자들을 통해서 직접화법으로 말씀하시고 또 그 말씀이 성취되게 하셨다. 예언자들이 일인칭화법으로 선포한 말씀을 하나님께서 책임을 지신 것이다. 따라서 아무에게나 그런 말씀을 허락하시지 않는다.

예언자 이외에 하나님의 말씀을 일인칭화법으로 선포하는 다른 무리를 구약에서 또 찾아볼 수가 있다. 사탄의 사주를 받은 거짓예언자들이 그들이다. 그들은 자신들이 악마로부터 속고 있다는 사실을 모르고 하나님으로부터 말씀을 받고 있는 줄로 알았다. 거짓과 진리의 판단은 결과(열매)로 드러난다. 이들이 이스라엘 역사에 공헌한 것은 아무 것도 없으며 후일 거짓 예언자들로 판명되었다.

예언자들은 무모하리만큼 대담하게 최고의 권력층에 단신으로 또 맨손으로 도전했다. 본래부터 용기 있는 사람이어서가 아니라 하나님의 영과 말씀에 사로잡혔기 때문에 그렇게 행동했다. 예언자의 사상을 파악하고 예언자처럼 행동하려면 예언자들이 도달했던 영성에 이르러야 한다. 어떻게 해야 그 영성에 도달하는가? 이 어려운 문제가 이 책 「비움의 길」의 주요 주제이다. 후반부에서 문제를 본격적으로 다루게 될 것이다. '영성가=수도사', '예언자=행동가' 라는 고정관념이 일반화되어 있는데, 이는 시급히 시정해야 할 오류이다. 최고의 영성가는 수도사들이 아니라 예언자들이다. 다시 말하지만 '코호 아마르 야웨'가 주어지는 상태보다 더 깊은 영성은 없다. 하나님의 직접화법의 말씀과 심정이 주어지는 상태, 그 상태에 도달한 사람들이 예언자들이다. 이에 대해서는 뒤에서 구체적으로 다루게 될 것이다.

예언자들의 영성과 예수님의 영성은 어떤 관계인가? 예언자들은 하나님을 깊이 체험하고 하나님으로부터 보내심을 받은 사람들이다. 예수님께서는 하나님으로서 인간의 몸을 입고 오신 분이시다. 따라서 예언자들은 예수님의 영성에 가장 근접해있던 사람들이고, 예수님께서는 예언자들의 영성을 완성시키신 분이시다. 예언자들은 "여호와께서 가라사대"로 선포했고, 예언자들의 주님이신 예수님께서는 "나는 너희에게 이르노니"(ἐγὼ δὲ λέγω ὑμῖν)라고 말씀하셨다. 예수님의 영성, 사도들의 영성, 예언자들의 영성은 같은 영성인데 바로 이것이 헤브라이즘의 영성이다.

예언자, 그들은 누구인가?

인류 역사에 등장한 최고의 영성가들이다.

❷ 인류 역사 이래 최고의 정신적인 지도자들

2천 년이라는 새로운 천 년(밀레니엄)을 맞으면서 전 지구상에서 여러 가지 행사를 했는데, 그 중의 하나가 "인류 역사에 등장했던 많은 인물들 가운데서 가장 위대한 지도자는 누구였는가?"라는 평가 작업이었다. 서양 사람들이 이 작업을 했는데, 여기서 이론의 여지없이 선정된 사람은 '예언자' 들이었다. 예언자들이 인류 역사가 배출한 최고의 정신적인 지도자라는 것이다. 기독교에 대하여 반대하는 사람들도, 하나님의 존재를 부인하는 무신론자들도, 유물론을 주장하는 공산주의자들까지도 예언자의 위대성에 대해서는 찬성한다.

예언자, 그들은 누구인가?

인류 역사가 배출한 가장 위대한 지도자들이다.

❸ 하나님으로부터 보내심을 받은 사람들

예언자들은 어떻게 그런 위대한 사람들이 되었을까? 대답은 간단하다. 역사의 주관자이신 하나님으로부터 보내심을 받은 사람들이기 때문이다. 예언자들이 역사상 가장 위대한 사람들이 된 것은 결코 우연이 아니다. 문자 그대로 하나님의 사람들이기에 그런 일이 가능했다. 하나님으로부터 보내심을 받은 예언자들이 역사에 등장했던 수많은 위인들 가운데서 가장 위대한 사람들로 평가받았다는 사실은 하나님께서 역사의 주관자이시라는 것을 보여주는 역사적인 증거이기도 하다.

깊은 영성의 체험을 통하여 하나님을 대면하고 하나님의 말씀을 받았으며, 하나님으로부터 보내심을 받아서 일인칭화법으로 그 말씀을 선포하던 사람들이 예언자들이다. 이들 모두에게는 예언자가 되어져 가는 영성수련의 과정이 있었다. 그 과정에 대한 구체적인 이야기들이 전해지지 않는 것이 참으로 유감이다.

예언자, 그들은 누구인가?

역사의 주관자이신 살아계신 하나님으로부터 보내심을 받은 하나님의 사람들이다.

❹ **역사를 해석한 사람들**

예언자들은 그 시대 역사에 대한 해석자들이었다. 그들은 당대 최고의 지성인도 아니고, 역사를 체계적으로 배운 사람들도 아니다. 그럼에도 불구하고 그들은 자기 시대의 역사를 해석하고 갈 방향을 제시했다. 또 멸망의 구렁텅이에 빠진 자기 민족을 건져내고 역사의 방향을 바꾸어 놓았다. 어떻게 역사의 문외한들이 역사의 해석자요, 역사상 가장 위대한 지도자로 평가받을 수 있었을까? 하나님을 체험하되 역사의 주관자로서의 하나님을 체험했기 때문이다. 하나님을 체험한다는 말과 역사에 눈을 뜬다는 말은 이런 의미에서 서로 일맥상통한다. 이스라엘이 가나안이라는 특수한 땅에서 살아남은 것은 전적으로 예언자들의 공헌이다. 이스라엘이 지금까지 살아 남아있는 것이 세계사의 기적이라면, 그 기적은 예언자들이 일으킨 역사적인 기적이다.

하나님께로 가장 가까이 갔던 사람들, 하나님을 직접 뵈옵는 경험을 했던 사람들, 자신의 시대에 대한 하나님의 뜻을 직접 간파한 사람들, 하나님의 말씀을 1인칭화법으로 직언했던 사람들이 예언자들이다. 창조주요 역사의 주관자이신 하나님에 대한 체험은 자신의 시대를 하나님의 심정을 가지고 바라보는 일을 가능하게 했고 예언자 사관은 이렇게 형성되어졌으며 이들은 이런 사관을 가지고 자신의 시대를 진단했고 가야 할 방향을 제시했다.

하나님의 심정을 품은 사람들이기에 신앙적인 가치관을 가지고 세상을 바라보면서 그 가치관에서 벗어나는 경우는 대상이 누구이든지 상관없이 책망하며 신탁을 선언했다. 이들은 혹독한 책망으로 인해 그들 당대에는 빛을 보지 못했지만 후대에 이르러 '참 하나님의 사람'으로 인정을 받았고, 인류 역사가 배출한 가장 위대한 사람이라고 오늘날에도 평가를 받고 있다.

예언자, 그들은 누구인가?

예언자들은 그 시대를 해석하며 갈 방향을 제시한 사람들이다.

2. 새 시대에 담가야 할 '새 술'은 무엇인가?

시내산 계약(율법)과 그 정신의 실천을 외친 예언자들과, 그 율법과 예언자들을 완성시키신 예수님과, 그 복음을 전했던 사도들, 그 복음을 실천함으로써 로마제국을 사랑으로 굴복시켰던 초대교회로 이어져 내려온 면면히 흐르는 영성, 이 영성의 발굴이 바로 우리가 담가야 할 새 술이다.

이 영성의 이름을 '**케노시스 영성**' 이라고 부르고자 한다.[14]

케노시스 영성

초대교회 영성운동은 헤브라이즘 곧 이 영성에 뿌리를 내려야 했다. 기독교 역사 2천 년의 가장 큰 실수는 300년 대를 전후하여 등장한 초

---

14) '케노시스'($Kένωσις$)라는 용어는 빌립보서 2:7의 '자기를 비워'($ἐκένωσεν$)의 명사형이며 사전적인 의미는 '하나님의 자기 비우심'으로 '예수님 마음'(빌립보서 2:5)이라고 할 수 있다. 여기서 케노시스 영성이라 함은 율법서와 예언자들의 영성을 완성하신 '예수님의 영성'을 의미한다.

기의 영성운동을 주도한 사람들이, 예언자들과 예수님이 아닌 헬라의 은둔자들을 모방한 데에 있다. 이 실수로 말미암아 그 이후의 역사는 깜깜한 어두움을 향하여 치달았다. 기독교 왕국이라 불리던 중세 유럽의 어두운 그늘들, 이단인 회교의 등장, 피의 혁명인 시민혁명과 공산주의, 세계대전 등 지구 전체를 파멸로 몰고 간 원인의 뿌리는 여기에 있다. 4천 년 역사를 선입견을 버리고 하나님의 심정을 가지고 들여다보라. 기본적인 상식만 있으면 누구에게나 그 흐름이 보일 것이다.

초대교회 신학을 완성했다고 평가되는 어거스틴(A.D.354년-430년)을 비롯한 수많은 교부들과 영성가들이 이 시대에 살고 있었다. 그들은 헬라의 영지주의를 비롯한 이원론적인 사고가 교리신학에 침투하는 것에 대하여서는 심혈을 기울여 막아냈지만, 그 이원론 사고가 영성신학에 스며드는 것에 대해서는 별로 관심을 가지지 않았다. 그 결과 성서적인 전통(헤브라이즘)과는 판이하게 다른 이교도 문화인 헬레니즘의 이원론에 근거한 은둔수도가 아무런 제재도 받지 않고 기독교 영성운동에 정착해버리고 말았다. 종교와 신앙의 핵심은 '영성'이다. 영성이 가장 중요한 근간인데, 당시의 지도자들은 이 부분을 너무나 소홀히 했다. 그 결과 은둔수도를 경계하기는커녕 은둔수도에 젖어들면 젖어들수록, 세상과 멀어지면 멀어질수록 더 거룩해진다는 풍토가 생겨났다. 세속에서 떠나서 은둔하며 수도하는 모습이 너무나 감동적이었고 은혜롭게 느껴졌기 때문이다. 경쟁적으로 은둔수도에 전념한 결과 전설적인 은둔수도사들이 수없이 등장했다. 그 시대의 기독교인들은 아무런 의심 없이 이런 흐름을 받아들이고 따라갔다.

교회의 지도자가 되려면, 영성을 말하려면, 먼저 그 시대의 한계에서 벗어나서 그 다음 시대를 내다보며 자신이 하는 일과 하는 말이 무엇인지를 정확하게 알아야 한다. 그 시대의 기준과 그 시대가 열광하는 흐름을 따르기에 급급하면 반드시 파국이 오며, 그 책임은 지도자들에게 물어질 수밖에 없다. 서기관과 바리새인들이 윤리적으로나 신앙 인격적으로 문제가 있어서 예수님으로부터 그런 심한 질타를 받은 것이 아니다. 자신이 하는 일이 무엇인지를 모르고 있었기 때문이다. 성직자가 자신이 하는 일과 말이 무엇인지를 모르면 소경된 인도자가 된다. 소경된 인도자의 역할은 용서받을 수 없다는 것이 예수님의 말씀이다. 이들에 대하여서는 지옥의 심판을 엄하게 선언하셨다.

성직자가 된다는 것은 이토록 중요하고 또 어려운 일이다. 누군가가 그 일을 맡아야 하겠지만 쉽게 맡을 수 있는 일은 아니다.

오늘 우리가 빚어야 할 새 술, 즉 새롭게 제시해야 할 영성은 무엇인가?

케노시스 영성, 이것이 오늘 우리가 공들여 빚어야 할 '새 술'이다.

물음 16 오늘의 '새 부대'는 무엇인가?

케노시스 영성이 오늘 우리가 빚어내야 할 새 술이라면 그 술을 담을 그릇은 무엇일까?

1. 지금 여기서

자력종교의 구도자들과 은둔수도사들은 세속의 삶이 수도에 방해가 된다고 생각하여 이를 떠나서 별개의 은둔적인 삶을 살아가려고 했다. 즉 제3의 장소에서 제3의 삶을 추구하려고 했다.

그러나 케노시스 영성의 길을 가는 사람들은 전혀 그럴 필요도 이유도 없다. 지금 여기서 시작해야 한다. 즉 지금 내가 살고 있는 삶의 현장이 곧 수도원이다. 가정과 직장과, 학교, 일터, 사업장이 수도의 장소이다. 그리고 특별한 수도의 옷으로 갈아입을 필요도 없으며 지금 입고 있는 옷이 곧 수도복이다.

예언자들은 이런 삶을 살았다. 그들 주변에는 제자들이 몰려들었지만 그들은 현실의 삶 속에서 영성수련을 받았으며 어떤 금욕이나 독거, 고행을 통하여 훈련을 받지 않았다. 예수님께서 보여주신 삶도 마찬가지다. 평범한 가정생활을 꾸려나가시기 위하여 목수의 일에 종사하셨고, 제자들에게도 결혼을 금하지 않으셨으며, 어떤 고행도 요구하지 않으셨다. 오히려 바리새인들로부터 "먹기를 탐하고 포도주를 즐긴다."는 비난을 받으셨다. 예수님께서 제자들에게 요구하신 것은 '하나님의 뜻에 맞는 평범한 삶'이었다. 마찬가지로 교회의 영원한 모델인 초대교회도 현재의 삶에 충실했을 뿐이다. 그들의 삶의 질이 세상 사람들과 판이하게 달랐을 뿐이지 은둔이나 금욕, 고행 등은 그 개념조차도 없었다.

개신교인으로서 수도사 영성에 매료된 사람들은 개신교 수도원을 꿈꾸지만 헛된 꿈이다. 그 꿈을 혼자 꾸고 있으면 자신만 불행해지지만 퍼뜨려서 사람들을 규합하면 같이 불행해지고 더 나아가 이 시대가 불행해진다. 또 다른 형태의 개신교 수도원을 꿈 꿀 것이 아니라 있는 수도원도 문을 닫아야 한다. 옛날 수도원들은 영성운동이 어떤 오류를 빚어서 그 시대를 망하게 했는지 보여주는 교육재료로 삼기위하여 남겨둘 필요가 있을 뿐이지 전혀 동경할 대상이 아니다. 또한 수도원을 성지순례 하듯 은혜 받을 장소로 찾아다닐 일도 아니다. 단지 오류의 실상을 들여다보기 위하여 찾아 갈 필요성이 있을 뿐이다. 그리고 영성의 길을 가려면 먼저 역사공부부터 해야 한다. 뜨거워진 마음으로 무턱대고 달려들 일이 아니다. 사리분별을 똑바로 해야 한다. 수도사들이 시도했던 영성은 고귀한 것이지만 그들의 방법은 전혀 잘못된 것이었다. 취할 것은 취하고 버릴 것은 버려야 한다.

지금 여기서 우리가 살아가고 있는 세상이 수도원이고, 입은 옷이 수도복이다.

2. 성령님의 인도하심을 받는

수도사들은 예수님을 닮기 위하여 결혼을 포기하고 사막의 골방에 은둔하면서 철야와 금식 등 온갖 고행을 일삼았다. 이런 극기의 삶을 훌륭히 이겨내는 사람들은 위대한 수도사로 평가받았다. 죽음을 각오하고 박해의 시대를 살았던 신앙적인 열정으로 이런 고행을 순교적인 자세로 이겨내려고 이를 악물었다.

그러나 케노시스 영성에서는 이런 시도를 전혀 필요로 하지 않는다. 인간적이고 세속적인 것들로부터의 초탈을 시도하지 않고 단지 내주하시는 성령님의 인도하심에 초점을 맞춘다. 성령님은 거룩한 인격체이시므로 그분이 내 안에서부터 죄성을 씻어내는 청소작업을 하신다. 성령님은 일체의 속된 것들로부터 초탈을 요구하지 않으시고, 잘못된 것들을 바로 잡으신다. 그러면서도 수도사 영성으로는 도달하기 어려운 가장 깊은 영성의 단계까지 이끄신다.

사람의 영혼 속에 내주하시는 성령님은 과거의 모든 죄악들을 생각나게 해서 철저하게 뉘우치고 회개하게 하시며, 다시는 그런 죄의 지배를 받지 않도록 강렬한 열망을 주신다. 예수님을 닮는 방법의 핵심은 여기에 있다. 내면에서 죄와의 싸움을 이기게 하시며, 세상 속에서 온갖 불의와 죄악들과 타협하지 않는 삶을 살도록 인도하시는 성령님의 도우심이 예수님을 닮아가는 삶의 근본이다. 케노시스 영성은 여기에 초점을 맞춘다.

이 과정에 대한 구체적인 설명은 뒤에서 다루게 될 것이다.

3. 경건한 삶과

회심한 영혼 속에 거하시는 성령님께서는 이 세상의 삶에서 예수님을 닮아가기 위하여 매일 매일 경건한 생활을 구체적으로 추구하게 하신다. 주요 경건생활을 살펴보면 다음과 같다.

❶ 예배와 교회생활

성령님께서 임하시면 예배와 교회생활에 새로운 의미와 기쁨이 넘치며 열심을 갖게 된다. 습관이나 의무감이 아니라, 속에서 우러나오는 마음으로 적극성을 띠게 되는 것이다. 새벽예배를 비롯한 각종 예배와 모임, 교회의 봉사활동과 교육프로그램 등에 자발적으로 참여하는 삶이 시작된다.

교회는 세상구원을 위하여 세워진 특별한 기관이며, 세상을 향하여 하나님나라의 모델을 보여주어야 할 거룩한 모임이다. 성령님께서는 회심한 영혼들이 교회의 한 구성원이 되어 교회가 거룩해져 가도록 자신의 미력을 다하게 하신다.

❷ 거룩한 독서

성경을 읽으면서 "꿀과 송이 꿀보다 더 달도다."(시편19:10)라는 말을 실감하게 될 뿐 아니라 성경말씀을 지속적으로 읽고 또 묵상하면서 하나님께서 지금 나에게 하시는 말씀을 듣게 된다. 성경뿐만 아니라 기타 경건서적도 관심을 갖고 읽게되며 거기에서 많은 감동과 도전을 받으며 거룩해지려는 열망이 생기게 된다.

❸ 기도생활

성령님께서 내주하시면 끊임없는 기도생활을 하게 하신다. 비록 많은 시간의 기도는 아닐지라도 진지하게 기도하는 시간을 가지게 된다. 뒤에서 살펴보겠지만 깊은 영성에 이르는 데에는 이 기도에 대한 열망이 대단히 중요한 역할을 한다. 영성의 깊이와 기도의 깊이는 일치하기 때문이다. 기도가 깊어진 만큼 영성이 깊어지고 영성이 깊어진 만큼 깊은 기도를 하게 된다. 영성화의 과정에서 가장 중요한 것은 죄성의 정화인데, 이 정화의 방법이 기도다. 기도는 이와 같이 중요한 역할을 한다.

4. 세속의 삶이 그것이다.

케노시스 영성에서는 성(聖)과 속(俗)을 둘로 나누지 않는 것이 가장 두드러진 특징이다. 유대교나 수도사영성과 이 점에서 명확히 구분이 된다. 예배와 교회생활, 거룩한 독서, 기도시간 등의 경건생활과 세상에서의 생활을 수평적인 차원에서 둘 다 중요시 한다. 세상의 삶이 곧 예배이며 예배는 곧 삶이어야 한다. 가정주부가 가정에서 하는 잡다한 일들, 직장생활과 사업 등 모든 세상의 일들은 곧 거룩한 일이다. 결코 속된 일이 아니다. 죄악과 쾌락에 탐닉하는 일이 아닌 평범한 일들을 다 거룩한 일로 여기며 최선을 다하는 것이 케노시스 영성을 담는 그릇이다. 수도원이 아닌 세상 속에서, 수도원의 규칙이 아닌 세상의 삶으로 영성을 추구하는 것이 오늘 우리가 가야 할 영성의 길이다.

하나님을 가장 깊이 체험하려거든 세상으로부터의 초탈이 아닌 세상 속으로 들어가서 하나님의 뜻이 하늘에서 이루어진 것처럼 세상 한복판에서 이루어지도록 애쓰고 힘쓰는 수고를 아끼지 말아야 한다. 하나님을 만나는 장소는 세상의 온갖 죄악과 타협하지 않고 하나님의 뜻을 실현하려는 그 현장이다. 하나님께서는 지금 내가 있는 세상의 여기에서 나를 만나려고 기다리고 계신다.

성령님의 도우심으로 지금 여기서 세상의 죄악과 타협하지 않는 삶이 케노시스 영성을 담는 그릇이다.

수도사 영성과 케노시스 영성, 무엇이 다른가? | 물음 17

이교도 문화에서 형성된 헬라의 이원론 사고에 뿌리를 내리고 있는 수도사들의 영성과 시내산 계약전통의 맥락에 서있는 헤브라이즘의 영성가인 예언자의 영성은 무엇이 어떻게 다를까? 구속사 4천 년 역사에 들어있는 대표적인 영성가인 이들을 서로 비교해보면 그 성격이 판이하게 다름을 알 수 있다. 단순히 '영성'이라는데 초점을 맞추어 보면 수도사영성과 예언자(케노시스) 영성은 같은 목표를 지향하고 있다고 볼 수 있다. 인간이 도달할 수 있는 가장 깊은 영적인 상태, 가장 고상한 정신적인 상태를 추구하고 있기 때문이다. 그러나 그 영성의 성격과 색깔은 너무나 다르다.

1. 초탈(超脫)과 변혁(變革)

모든 종교에서 은둔수도의 길을 가는 사람들은 하나같이 출가(出家)하여 세속과 인연을 끊고 광야나 산속에서 수행을 시도한다. 세속의 삶은 수도에 방해가 된다고 생각하기 때문이다. 이런 사고는 헬라문화에만 있는 것이 아니라 모든 문화에 공통적으로 잠재되어 있다. 인간으로부터 출발한 자연종교는 정도의 차이가 있지만 공통적으로 세속적인 인연이나 욕구로부터 초탈을 시도한다. 세속적인 것들이 쉽게 끊어지지 않기 때문에 은둔과 금욕, 고행을 기본적인 수도의 과정으로 시도한다.

수도사들은 하나같이 이런 길을 갔다. 베네딕트(Benedict, 480~547)가 최초로 수도원의 규칙을 만든 이후 다양한 규칙들이 생겨났지만 그 기본적인 골격은 은둔과 금욕, 고행을 실천하며 기도와 거룩한 독서(lectio divina)와 생계를 위한 노동 등이 주요 일과였다.

은둔 수도사들이 등장한 이후 이런 전통은 지금까지 계속 이어지고 있다. 수도원 영성의 특징은 세상이 아닌 제 3의 장소에서, 세상의 삶이 아닌 제3의 삶(규칙)을 수도의 방식으로 선택하며, 일체의 속된 것으로부터의 초탈을 추구한다.

이에 반하여 예언자들은 수행을 하기 위하여 세상으로부터 출가(出家)하여 수도원과 같은 어떤 특정한 장소를 찾지 않는다. 그가 살고 있는 삶의 현장을 수도의 장소로 여기기 때문이다. 수도에 전념하기 위하여 또한 어떤 특별한 규칙을 만들지도 않는다. 현재 그가 살고 있는 삶이 곧 수도인 연유다. 예언자들은 인간적인 것들, 세속적인 것들로부터의 초탈을 시도하지 않는다. 하나님의 말씀과 그 정신에 비추어 왜곡되고 잘못된 것들을 뜯어고치는데 치중한다. 하나님의 뜻을 구현하는 세상의 삶을 추구하는 것이 케노시스(예언자) 영성이다.

수도사 영성은 세상에서 떠나서 특별한 삶을 살면서 일체의 속된 것으로부터의 초탈을 추구하며, 케노시스 영성은 반대로 세상 속에서 세상의 삶을 살면서 세상의 속된 것들을 하나님의 뜻에 맞도록 변화시키는 데에 초점을 맞춘다. 따라서 이 둘은 서로 상반된 입장이라고 할 수 있다.

2. 정(靜)과 동(動)

수도사 영성은 은둔수도를 추구하므로 금욕, 고행 등의 육체적인 노력과 더불어 내면의 성찰과 명상(관상), 침묵 등의 정신적인 노력을 기울인다. 여기에서 중요시되는 것은 고도의 정신적인 수련을 통하여 세속적인 것들로부터의 초탈이므로 자연히 수도사 영성은 정적으로 흐른다. 이런 이유로 은둔수도에서는 기도의 자세, 침묵수련 등의 정적인 요소들이 큰 비중을 차지한다.

그러나 케노시스 영성은 현실의 문제 속으로 들어가서 하나님의 말씀을 선포하며 변화와 개혁을 추구하는 역동적인 성격을 띠므로 정적인 요소가 개입될 여지가 없다. 기도의 자세, 침묵 훈련 등을 중요시하는 것이 아니라 하나님의 뜻을 실현하는 삶을 통하여 맺어지는 '하나님과의 관계'가 중시된다. 예언자들과 사도들에게서 정적인 요소를 찾아볼 수 없는 이유는 여기에 있다.

수도사 영성은 정적이며 케노시스 영성은 동적이다. 둘은 서로 상반된 성격을 가진다.

3. 성속이원론(聖俗二元論)과 성속일원론(聖俗一元論)

4천 년 구속사 전체의 조망을 통하여 얻어야 할 가장 큰 교훈 중 하나는 '거룩함'에 대한 정확한 이해이다. 유대교와 중세교회의 비극은 이 '거룩함'을 바로 이해하지 못한데서 비롯된다. "하나님께서 거룩하시니 우리도 하나님처럼 거룩해져야 한다."는 목표는 명확했지만 거룩함에 대한 이해는 잘못되었다. 이것이 그 시대가 망한 비극의 가장 큰 원인이다.

수도원 운동이 세상의 일을 포기하고 광야나 산속의 골방에서 수도에 전념한 이유는 헬라의 은둔자들의 영향을 받았기 때문이다. 은둔자들은 영육이원론을 받아들인 사람들이다. 악한 육체가 선한 영을 가두고 있으므로 은둔과 금욕, 고행을 통하여 육체로부터 영을 해방시켜야 한다고 믿는 사람들이 은둔자들이다. 수도사들은 이런 영향을 받아서 세상과 세상의 일들은 속된 것이요 수도원의 일과(日課)는 거룩한 것이라는 성속이원론에 빠졌다. 이들은 주님을 따르고 주님처럼 되려면 속된 것에서 벗어나 거룩한 일에 매진해야 된다고 생각해서 광야와 산속으로 몰려갔다. 이들에게 있어서 세상은 단지 불쌍히 여기며 구원시켜야 될 대상에 불과했다. 세상 그 자체를 뜯어고치거나 바꿔보려는 시도는 아예 관심사가 아니었다. 단지 주님의 사랑을 실천할 대상이었다. 그 결과 세상에서 버림받은 사람, 병들고 가난한 사람에게 관심을 가지고 보살피는 것이 최고의 덕목이 되었다. 세상의 구조적인 병폐는 관심의 대상이 아니었다.

그러나 예언자들은 세상 밖에서 어떤 거룩한 것을 찾거나 거룩해지려는 시도를 하지 않는다. 거룩한 것을 세속의 일 가운데서 찾기 때문이다. 세상 속에서 공의를 실천하며 하나님의 뜻을 구현하는 것이 곧 거룩한 것이었다. 즉 이들에게 있어서 성(聖)과 속(俗)은 둘이 아니라 하나였다. 거룩해지기 위해서 세상 밖에서 특별한 그 무엇을 추구하는 것이 아니라 세상 속에서 잘못된 것들, 하나님의 뜻에 어긋난 것들을 치료하고 바꾸고 뜯어 고치는 삶이 곧 거룩한 일이라고 보았다. 병들고 가난한 사람들, 버림받은 사람들을 돌보는 것이 지상과제가 아니라 그런 사람들을 양산하는 체제와 구조를 뜯어고치려고 도전한 사람들이 예언자들이다. 그러므로 예언자들은 항상 권력자들과 가진 자들, 가난한 자들을 착취하는 지배자들과 충돌을 빚었고 박해를 받았다. 그러나 수도사들은 하부구조의 사람들에게만 관심을 가졌기에 상부구조의 사람들과 갈등을 빚을 이유가 없었고 탄압을 받지 않았을 뿐만 아니라 오히려 그들로부터 높임을 받았다. 이런 이유로 지고(至高)의 영성을 추구하던 수도사들은 사회가 양극화되는 현상에 대하여 함구했고, 그 결과 중세기의 봉건제도가 탄생하는 것을 방치하거나 제도적으로 뒷받침하는 일을 결과적으로 한 셈이다. 이런 이해의 차이로 인해 예언자들은 역사 이래 최고의 정신적인 지도자로 평가받고 있지만 수도사들은 지탄의 대상이 되고 말았다.

유대교의 영성을 이끌고 간 서기관 바리새인과 기독교의 영성을 이끌고 간 수도사들은 몇 가지 공통점을 가지고 있다. 거룩한 것과 속된 것을 구별하는 이원론적인 사고와, 결과적으로 가진 자의 논리로 전락하여 그들의 체제를 뒷받침해주었다는 것과 그 시대를 파국으로 몰고 갔다는 책임을 회피할 수 없다는 점이 그것이다.

이원론적인 사고는 이론(신학)은 물론 실천(영성)의 분야에서도 항상 오류의 원인이었다. 이는 역사의 증거이다. 수도사 영성은 성속이원론에, 예언자(케노시스) 영성은 성속일원론에 근거하고 있다.

4. 자력(自力)과 타력(他力)

세상에서 탈출하여 거룩함이나 깨달음을 추구하는 종교의 구도자들은 속된 것들로부터의 초탈을 시도한다. 하지만 인간적인 욕구와 세속적인 것들로부터 벗어난다는 것이 그렇게 수월한 일이 아니므로 은둔은 물론이고 온갖 고행과 금욕을 기본으로 하면서 고도의 정신집중 수련에 매진한다. 기도와 성경말씀 묵상 등에도 힘을 기울였지만 골방에 독거하면서 금욕과 금식과 철야, 노동 등을 주요 일과로 반복했기 때문에 인간의 자의적인 노력이 많이 요구되었다. 하나님의 은혜와 도우심을 구하지만 그 도우심은 은둔과 금욕, 고행을 이겨내기 위한 것이 되고 말았다. 은둔과 금욕, 고행을 하면서 세속적인 것들로부터 초탈할수록 거룩한 삶이라고 여겨졌고, 모든 관심이 여기에 집중되었다. 시간이 지나면서 수도원 규칙의 일과를 지키는 것이 곧 구원에 이르는 삶으로 받아들여지고 말았다. 점차적으로 수련의 규칙과 방법들이 세분화되었고, 이런 것들을 지키는 것이 곧 구원에 이른다고 생각하게 되었다. 이렇게 되다보니 유대교의 오류를 답습하고 말았다.

유대교는 신구약 중간기 이후의 이스라엘 사람들의 신앙생활인 서기관과 바리새인의 종교를 말하는데, 율법의 조항들을 만들어 놓고 그 조항을 지키면 의로워진다고 생각했다. 이런 율법의 조항을 지키는 행위로는 의로워질 수 없다고 바울은 강변하면서 갈라디아서와 로마서를 썼다. 구원은 유대교 율법을 행위로 지키는 것이 아니라 은혜와 믿음으로 얻는다는 것을 바울은 강조했다. 바울이 여기서 강조하는 행위는 유대교의 율법조항을 지키는 행위를 말하며, 성경의 말씀과 그 정신을 지키는 행위가 아니다. 바리새인과 서기관들은 안식일 법 등과 같은 형식적인 조항을 지키는 것이 곧 의(義)라고 생각했던 것에 대한 반발로 바울은 신앙의인(信仰義認)을 말한 것이다.

바울 이후 1500년 뒤에 루터는 비슷한 배경에서 다시 신앙의인을 말해야 했다. 왜냐하면 수도원이 지배하던 중세기에 구원에 이르는 길은 다양하게 세분화된 수도원 규칙들을 지키는 행위에 있다고 보았기 때문이다. 20년 수도사였던 루터는 그런 수도원의 규칙들을 아무리 지켜도 그 마음에는 항상 갈급한 무엇이 남아 있었다. "내가 이런 규칙들을 지키고 고행과 금욕을 한다고 구원에 이르는 것일까?"라는 의문은 꼬리를 물었는데, 그 의혹은 로마서를 읽으면서 해결이 되었다. 왜냐하면 루터가 고민하던 문제가 바로 바울이 고민하던 문제였고, 둘이 부딪힌 상황과 배경이 같았기 때문이다. 루터가 로마서를 읽으면서 해답을 얻은 것은 우연이 아니라 상황과 배경의 일치 때문이었다.

바울은 유대교의 자력(自力)과 행위(行爲)의 종교에 맞서서 은혜와 믿음, 곧 타력(他力)을 강조했다. 예수님의 대속은총에 대한 믿음이 사죄는 물론 죄를 이기는 능력을 얻게 한다는 것이었다. 그런데 이런 바울의 주장이 초대교회를 지나 중세기로 접어들면서, 즉 자력(自力)의 행위를 강조하는 은둔사상에 기초한 수도원 시대를 거치면서 또 다시 유대인이 빠졌던 함정인 행위의 종교로 전락하고 말았다. 수도원 운동의 가장 큰 오류는 바로 여기에 있다. 은총의 종교를 행위의 종교로, 타력신앙을 자력신앙으로 전락시킨 것이다. 이에 대해서는 그 어떤 것으로도 변명의 여지가 없다. 루터 이전에도 개혁을 부르짖은 사람들은 많이 있었다. 그러나 그들은 교황청의 타락 등 주변적인 문제를 지적하다가 화형을 당하고 말았다. 그러나 루터는 문제의 핵심에 접근해갔다. 루터의 종교개혁이 성공한 것은 바로 이것 때문이다. 루터가 지적하고 있는 신앙의인은 중세기 교회를 지탱하고 있던 기둥을 뽑아내는 작업이었고, 이로 인해 중세교회는 무너져 내렸다. 중세교회는 그 시대의 영성가들인 수도사들이 예수님의 십자가와 대속, 은혜, 신앙을 말하고 있었지만 실상은 행위와 공로의 종교였다. 행위의 종교는 항상 윤리적인 이원론으로 흘러가고 이는 곧 사회의 양극화를 용납하며 가진 자의 논리(종교)가 되고 만다. 여기까지 이르면 하나님의 심판을 면할 길이 없다. 유대교와 중세교회, 바리새인과 수도사들은 같은 길을 가고 말았다.

영성에 관심을 가지고 영성운동을 하려는 사람이라면 바리새인과 수도사들의 오류에 대하여 빨리 눈을 떠야 한다. 자칫하면 그들의 함정에 다시 빠지기 때문이다. 요즈음 영성에 대한 이야기들이 대단히 활발하다. 그런데 안타깝게도 수도사 영성 일색이다.

> "영성의 길을 가려면 먼저 역사의 흐름에 대하여 눈을 떠야합니다.
> 역사에 대하여 눈을 뜨는 것이 곧 하나님에 대하여 눈을 뜨는 것입니다.
> 왜냐하면 하나님께서 역사를 주관하시기 때문입니다.
> 영성신학과 역사신학은 같은 것입니다.
> 역사의 흐름에 대하여 눈을 뜬 사람만이 영성의 길에 놓여있는 숱한 속임수와 함정에 빠지지 않고 정상까지 갈 수가 있습니다.
> 어서 속히 수도사 영성에서 벗어나십시오.
> 우리 시대의 영성운동이 가야 할 큰 방향은 케노시스 영성입니다."

예언자들은 인간이 도달할 수 있는 가장 깊은 영성에 도달한 사람들이다. 그러나 그들은 자력의 수도로 그 영성에 이른 사람들이 아니다. 그들은 광야나 깊은 산속에서 수도하던 사람들이 아니다. 현실의 비신앙적인 행위들을 보면서 분개하고 고뇌하며 도전하다가 현실의 벽에 부딪혀 절망하던 사람들이다. 현실과의 싸움에서 끝까지 타협하지 않고 버티고 또 버티다가 어느 날 그분의 면전에 불려가 소명을 직접 받은 사람들이다. 예언자들에게는 하나같이 하나님의 영이 임하여 직접 그분을 뵈옵고 하나님의 심정으로 그분의 말씀을 직접화법으로 선포했다. 이들의 영성수련은 세상의 삶 그것이었다. 그러나 세상의 평범한 삶을 그냥 살아가는 삶이 아니라 세상의 모순과 악행들, 하나님의 뜻을 거스르는 죄악들을 좌시하지 않는 고집스런 삶이 있었다. 이 삶이 곧 그들의 영성수련이었다. 현실의 모순에 분개하여 도전하다가 벽에 부딪혀 절망과 좌절과 탄식하다가 그래도 다시 일어나서 하나님의 뜻을 실현하려고 발버둥치는 삶, 그보다 더 좋은 영성수련은 없다. 가장 깊은 영성 체험의 지름길은 바로 이런 삶이다. 그들에게 어느 날 하나님의 영이 임하여 자력수도로는 엄두도 내지 못하는 영적인 차원으로 그들을 이끌어 가서 인간이 도달할 수 있는 가장 깊은 상태의 영성을 경험하게 했다. 이 경험이 그들을 하나님의 사람이 되게 했다.

이런 의미에서 수도사 영성은 자력수도(自力修道)이고, 예언자 영성은 타력수도(他力修道)이다. 자력수도로 하나님 면전에 이르려면 평생을 수도해도 지난(至難)한 길이다. 그러나 예언자들과 같은 타력수도는 단시간 내에 영적인 세계의 전체를 경험하게 한다. 하나님의 사람이 되는 영성의 길이 수십 년이나 걸린다면 수도하다가 늙어죽을 터인데 언제 하나님의 일을 하는가? 생전에 하나님면전을 체험하는 길이 그렇게 어려운 것일까? 케노시스 영성은 몇 년 동안 집중적으로 하나님체험을 하고 하나님의 사람이 되어서 그분의 뜻을 실현하는 삶을 살게 된다. 상식에 맞지 않는 것은 진리가 아니다. 영성의 길이 진리라면 한평생을 다 바쳐서 은둔과 금욕, 고행을 해야 하는 그런 어려운 길이 아니다. 누구나, 언제나 갈 수 있는 길이어야 한다.

5. 불가능한 가능성과 가능한 가능성

유유상종(類類相從)이라는 말은 영성의 세계에도 적용된다. 완전·합일·일치에 이른다는 말은 하나님 면전에 선다는 말과 같은 뜻이다. 살아서 하나님과 대면하려면 하나님과 비슷해져야만 가능하다. 그렇지 않고서는 불가능하다. 빛과 어둠이 같이 할 수 없듯이 하나님처럼 되지 않고서는 그분 앞에 설 수가 없다. 하나님처럼 되지 않은 자가 그분 앞에 노출된다면 질식해서 죽어버리고 만다. 하나님 면전에 서는 경험은 최종적인 상태의 경험이라고 할 수 있다. 그렇다면 인간이 어떻게 하나님과 비슷해져서 그분 면전에 설 수가 있을까? 아니 그것이 과연 가능한 일일까?

수도사들은 은둔과 금욕, 고행을 통하여 자력수도로 완전에 이르려고 하는 사람들이다. 그러나 대부분의 사람들에게 은둔과 금욕, 고행은 너무나 무거운 짐이며, 이 짐에 허덕이며 수도를 위한 수도를 하다가 만다. 수십 년, 아니 한 평생을 수도해도 하나님을 뵈옵는 단계에 이르기 어렵다. 이 길은 은둔과 금욕, 고행을 힘들이지 않고 해낼 수 있는 초인적인 정신력의 소유자나 고려해 봄직한 길이다. 금욕은 아무나 할 수 있는 것이 아니요 타고난 자라야 가능하다.(마태복음 19:11) 이런 것들이 짐이 되지 않는 초인적인 사람이나 죄성의 정화에 집중할 수 있을 것이다. 그러나 은둔과 고행과 금욕이 힘겨운 사람들은 이것들과 싸우다가 정신적인 에너지를 다 소진하고 정작 해야 할 정화에 몰두할 수가 없다. 수도사들 가운데서 합일과 완전에 이른 사람들이 극히 적은 이유가 여기에 있다. 자력수도의 길은 이처럼 '불가능한 가능성'(impossible possibility)의 길이며 갈 수 없는 닫힌 길이다.

수도사 영성은 수도규칙과 그 실천에 초점이 맞추어진 반면 케노시스 영성은 하나님의 영, 즉 성령님의 임하심에 초점이 맞추어진다. 하나님의 영이 영혼 속에 임하여 내면의 죄성들을 정화하고 거룩한 삶을 살도록 적극적으로 도우신다. 사람이 하는 일이란 성령님의 도우심을 구하며 그분을 의지하고 그분의 인도하심을 삶 속에서 따르는 것이다. 은둔·금욕·고행과 같은 감당하기 힘겨운 일에 에너지를 소비하지 않고 성령님이 인도하시는 삶을 따라가면 된다. 하나님을 닮아가는 길은 하나님의 영이 채워짐으로써 이루어지는 것이다. 전적으로 타력 즉 성령님의 도우심에 의지하게 된다. 예수님을 믿는 사람들에게는 누구나 구별 없이 성령님을 선물로 주시며, 성령님은 주님의 뜻대로 살고자 하는 자의 마음속에 내주하시면서 거룩한 삶을 살도록 인도하신다. 따라서 이 길은 누구나 갈 수 있는 열려진 길이며, '가능한 가능성'(possible possibility)의 길이다.

수도사의 길과 예언자의 길은 비슷한 것 같지만 전혀 다르다.

이 시대의 가장 큰 일, 큰 말, 무엇인가? 물음 18

　4천 년 역사를 펼쳐놓고 그 흐름을 자세히 들여다보면 온갖 사건들, 문제들, 사상들의 밑바닥에 흐르고 있는 영성의 맥을 발견하게 된다. 영성은 인간의 정신활동 중 가장 중심에 들어있으며, 영성의 문제가 인간에게 있어서 무엇보다도 중요하다고 할 수 있다. 따라서 어느 한 시대가 실패한 경우 그 배후에는 언제나 영성의 실패가 있었다. 이스라엘 역사와 교회 역사는 이것을 말해주고 있다. 실패한 영성의 시대였던 중세기를 벗어나면서 이성주의자들이 인간의 '이성'(理性)을 기치로 내걸었지만, 수백 년이 지나고 이성이 한계에 달하자 이제 다시 '영성'을 찾고 있다. 지금 우리는 바로 이 시점에 와 있다.

　우리는 영성의 시대를 살고 있으며 시대적인 사조와 화두가 영성이다. 2천 년대를 전후하여 갑자기 '영성'이라는 단어가 홍수를 이루고 있는 까닭이 여기에 있다. 영성을 주창하고 나선 사람들은 영성가들이 아니다. 인간의 이성이 모든 것을 해결할 수 있다고 믿으며 이성을 절대시하던 사람들이 이성으로 할 수 있는 일이 한계에 이르자 영성의 가치를 다시 인정하고 영성의 길을 열어놓았다.

　이런 현상은 우리 기독교인들에게는 참으로 고무적인 일이다. 르네상스 이후 지난 5백여 년은 이성의 시대였다. 이성의 시대는 중세 신앙(영성)의 시대에 대한 반발로 시작되었기 때문에 신앙과 계시, 영성에 대하여 적대적이었다. 또 이성주의와 더불어 과학이 발전하여 전염병과 기아, 봉건주의와 전제왕권을 타파하고 민주주의를 실현하는 등의 기세를 올려서 기독교는 설 자리가 협소했었다. 그런데 이제 다시 기를 필 기회가 온 것이다. 포스트모더니즘의 등장은 기독교인들에게는 새 고레스 칙령과도 같다. 다시 시작할 수 있는 기회가 온 것이다.

페르시아의 고레스는 하나님을 믿는 사람도, 아는 사람도 아니었다. 그 자신의 정치적인 필요에 따라 유대인의 귀환을 명하였을 뿐이다. 그러나 그 과정에는 하나님의 섭리가 들어있었다. 전쟁포로로 잡혀간 유대인들에게 어느 날 갑자기 다시 기회가 주어진 것이다. 이성의 시대가 한참 극을 달리던 시기에는 그 시대가 이렇게 쉽게 굴복하리라고는 생각지 못했다. 그런데 어느 날 이성의 시대가 저물어가고 있다는 소식이 밖에서부터 교회에 들려온 것이다. 이 기회를 절대로 놓쳐서는 안된다. 지금 우리가 맞은 영성의 시대는 5백여 년 만에 찾아온 참으로 귀한 손님이다. 이 손님을 극진히 잘 대접해야 한다.

1. 가장 큰 일

하나님께서는 이성주의자들의 입을 통하여 영성의 시대가 왔다는 '고레스 칙령'을 내리셨다. 기독교인이 해야 할 본연의 역할을 다시 시작할 기회가 주어진 것이다.

이런 시대적인 요청에 부응하여 영성의 불을 지피는 것이 이 시대에 할 수 있는 '가장 큰 일'이다. 시대적인 요청에 부응하는 것만이 교회가 살아남는 유일한 길이다. 우리 시대에 주어진 역사적인 사명은 영성운동을 다시 시작하는 것이다. 지나간 시대에 영성운동이 그 시대의 운명을 좌우했던 것처럼, 오늘 우리시대에 어떤 영성운동을 펼치느냐에 따라 이 시대는 물론 다음 시대의 운명이 결정된다. 초대의 영성운동이 주초를 잘못 놓음으로써 중세는 물론 그 이후의 역사가 피로 얼룩졌다. 중세 암흑기의 종교재판과 마녀사냥 등 비인간적인 치부들은 물론, 공산주의와 같은 피의 혁명과, 두 번에 거친 세계대전 등 세계적인 비극들은 다 기독교 문화권에서 일어났다. 영성운동은 이처럼 큰 영향을 미친다.

따라서 오늘 우리 시대의 가장 큰 일이란 새로운 영성운동을 위한 바른 초석(礎石)을 놓는 일이다. 지금 우리가 어떻게 영성운동의 설계도를 그리며, 어떻게 방향을 설정하느냐에 따라서 다음 시대는 물론이요 미래의 지구운명이 결정될 것이다. 초대교회 후기에 영성운동의 방향을 잘못 제시함으로써 얼마나 큰 비극이 일어났는가를 역사의 흐름 속에서 지켜보았다. 그런데 지금 우리가 다시 새로운 시대를 열어가야 할 그런 입장에 서 있다.

이제 우리는 가장 심각한 질문을 해야 할 시점에 와 있다. 우리가 지금 해야 할 가장 큰 일은 무엇인가?

영성운동의 새로운 방향 제시, 이것이 지금 이 시대에 할 수 있는 가장 큰 일이다.

2. 가장 큰 말

영성의 시대를 맞아 기독교 내에서도 영성운동에 많은 관심들이 쏟아지고 있다. 참으로 다행한 일이다. 그런데 그 관심은 대개 두 방향으로 쏠리고 있다. 하나는 과거 기독교 영성가들인 수도사나 교부들에 대한 관심이며, 다른 하나는 타종교 영성에 대한 관심이다. 후자에 관심을 갖는 이들은 그 종교의 영성에서 쓸만하다고 생각되는 것들을 가져다가 사용하려고 한다. 그러나 이것은 영성혼합주의가 될 뿐이다. 혼합주의의 위험성은 이미 과거에 정리된 것이므로 더 언급할 필요조차 없다. 다원주의 시대를 맞아서 타종교와 그 영성에 대하여 관심을 가지고 살펴보는 것은 필요하지만 영성혼합주의는 경계의 대상이다. 하나님의 신앙과 바알신앙은 결코 같이 섞일 수 없다. 영성의 순수성을 지켜야 한다.

수도사들은 당연히 우리가 일차적으로 관심을 가져야 할 대상이다. 기독교가 배출한 영성가들은 하나같이 수도사였기 때문이다. 그러나 수도사에 대하여 관심을 가지고 그들의 영성을 살펴보는 것과 그들의 영성을 답습하려는 것은 다르다. 그런데 유감스럽게도 지금 우리는 수도사영성에 대하여 재해석하기보다는 그들의 영성의 자취들을 따라 밟아보는 것에 급급한 실정이다. 이 부분이 영성에 접근할 때 부딪히는 가장 큰 어려움이다. 수도사들이 도달했던 영성의 단계가 까마득히 멀리보이다보니 그들에 대하여 무어라 평가할 엄두가 나지 않는다. 단지 그들이 도달했던 영적인 경지가 선망의 대상일 뿐이요, 그것을 밟아보려는 열의를 다지기에도 힘이 벅차기 때문이다. 수도사영성에 대한 평가는 그들이 도달했던 경지를 경험으로 도달한 이후의 일이니 결코 쉬운 일이 아니다. 대단히 어려운 일이지만 그러나 반드시 해내야만 한다.

최고의 경지에 이르렀던 영성가들에 대하여 동일한 경험으로 접근하여 그 경험을 다시 재해석해서 우리의 말로 만들어내는 것이 지금 우리에게는 가장 필요한 말이며, 이 시대에 할 수 있는 가장 큰 말이다.

2천 년대를 살아가는 그리스도인들은 지금 가장 큰 일과 가장 큰 말을 요청받고 있다. 이 역사적인 요청은 5백여 년마다 찾아왔던 전환기의 요청이다. 전환기의 역사적인 요청은 할 수 있느냐 없느냐, 가능하냐 아니냐의 문제가 아니라 반드시 해내야만 하는 중차대한 문제이다. 사사기의 실패, 왕정기의 실패, 유대교의 실패, 중세교회의 실패는 이 요청에 부응하지 못했기 때문에 일어났다. 이 요청에 부응하지 못한다면 또 다시 파국을 맞을 수밖에 없다. 그 시대를 살아가는 설교자들은 그 시대가 요청하는 문제를 파악해야 한다. 그리고 그 문제의 핵심과 본질에 접근해야 한다. 문제의식을 가지는 것과, 그 문제의 핵심을 파고드는 일 이 두 가지를 다 갖추어야 한다.

좋든 싫든 우리는 지금 하나의 대전환기를 맞고 있다. 이 전환기는 이전에 있었던 어떤 전환기보다도 더 중요하다. 과학과 물질문명의 발달, 지식의 보편화, 지구촌 시대 등 아직 역사가 경험하지 못했던 시대가 왔다. 물질문명이 발전하는 만큼 정신문명은 위기를 맞게 된다. 영성이 인간의 문화와 정신 중에서 가장 큰 비중을 차지하고 있기 때문에 오늘에 있어서 영성의 문제는 인류역사 이래 어느 시대보다도 더 중요하다.

새 전환기를 이끌어갈 영성운동의 방향을 제시하는 것이 이 시대에 할 수 있는 가장 큰 일이라면, 그 영성운동의 방향은 도대체 어떤 것이어야 하나? 대단히 어려운 문제이지만 4천 년 역사를 펼쳐놓고 한 눈에 들여다보면 그렇게 어려운 것도 아니다. 수도원 영성운동이 잘못 놓은 기초를 바로잡으면 된다. 당시의영성가들은 헬레니즘에다가 영성의 뿌리를 내림으로써 오류를 범했다. 앞에서 본 바와 같이 헬레니즘이 아니라 헤브라이즘에다 뿌리를 내렸어야 한다. 첫 단추가 잘못 끼워지면 다 잘못되게 마련이다. 이것을 바로잡으려면 첫 단추부터 다시 맞추어야 한다.

헬레니즘에 심겨진 영성운동의 뿌리를 캐내어 헤브라이즘에다 옮겨 심어야 한다. 이것이 잘못 끼워진 첫 단추를 다시 바로잡는 길이다. 다른 길이란 없다. 수도사영성을 답습하려는 것도, 타종교의 영성에서 뭘 좀 얻어다가 써먹으려는 것도 아니다. 그런 일들은 시행착오의 반복일 뿐이다. 지난 시대에 수차례에 걸쳐서 시행착오에 대한 값비싼 수업료를 치를 만큼 치렀다. 또 그런 수업료를 낼만큼 여유가 없다. 그 수업료는 이 시대의 파산 즉 종말을 요구하기 때문이다. 지난 시대에서 반드시 교훈을 얻어내야 한다.

앞에서 본 바와 같이 헤브라이즘이란 예언자 전통이며 예수님과 사도들, 초대교회의 전통이다. 예수님께서는 시내산 계약과 예언자 전통을 완성시키러 오신 분이시다. 이 전통에다가 영성의 뿌리를 내려야 한다. 이 전통을 놔두고 다른 무엇에 기웃거리는 것은 허용될 수가 없다. 이 일은 절대로 실패해서는 안 되며 세상의 구원의 문제가 달려있기 때문에 반드시 성공해야 하는 일이다. 세상구원의 문제를 걸고 되지도 않을 도박을 할 수는 없다. 반드시 성공할 수 있는 길을 찾아야 한다.

2천 년대를 맞은 이 시대에 할 수 있는 가장 큰 일은 영성운동의 새로운 틀(패러다임)을 만드는 것이며, 가장 큰 말이란 케노시스 영성을 말하는 것이다.

> 타종교의 영성을 빌려오거나 수도사 영성을 답습하고 있는 이들이여!
> 그리고 그것을 가르치고 있는 이들이여!
> 외람되지만 이렇게 말하지 않을 수 없습니다.
> "길을 잘못 들었습니다."
> "다시 돌아가야 합니다."
> 역사의 주관자이신 그분 앞에 엎드려 진지하게 여쭤 보십시오.
> 그분으로부터 직접 확인해 보십시오.
> 그리고 역사의 흐름 전체를 보면서
> 가고 있는 길이 맞는지 다시 살펴 보십시오.
> 그 길은 이미 잘못된 길로 판명이 난 길입니다.
>
> 개인적으로 타종교 영성과 수도사 영성에 관심을 갖는 것은 몰라도, 그것을 영성의 길로 제시하며 가르치는 일에는 신중에 신중을 거듭해야 합니다.
> 가르친 것에 대해 책임을 져야 하기 때문입니다.
> 서기관과 바리새인에 대한 예수님의 책망은 과거의 일이 아닙니다.

> 지금 우리에게도 해당되는 심판의 말씀입니다.
> 방향을 잘못 제시한 자의 죄는 하나님 앞에서 절대로 용서받을 수가 없습니다.
> 말하기 이전에 확인, 또 확인을 거듭해야 합니다.
>
> 바리새인과 수도사가 갔던 그 길을 다시 가시렵니까?
> 다시 한 번 확인해 보십시오.

물음 19. 케노시스 영성회복, 무엇을 해야 하나?

대전환기를 맞은 우리가 해야 할 가장 큰 일은 한 전환기가 가야 할 방향을 제시하며 전환기가 요구하는 역사적인 요구를 충족시키는 것이다. 이에 대한 대답은 앞에서 찾아본 바와 같이 '영성운동'이 우리가 맞은 전환기의 가야 할 방향이고, '케노시스 영성회복'이 구체적인 내용이다. 목적과 방향, 내용이 확인되었다면 이제 '케노시스 영성회복'이라는 중차대한 일을 어떻게 시작해야 하나?

다음의 과정을 거쳐야 한다.

1. 예언자 사관의 정립

구약의 예언자들이 멸망의 위기에 처한 이스라엘을 구원해내고 세계역사에 등장한 최고의 지도자들로 평가받는 이유는 하나님체험에 근거한 역사 해석과 방향 제시 때문이었다. 그들의 독특한 활동은 하나님 체험에서 주어진 독특한 역사의식에서 비롯되었다. 한 나라와 그 문화를 최종적으로 정리하는 정신 활동은 자신들의 역사관을 정립하여 그 역사를 해석해내는 일이다. 어떤 역사관을 가지느냐는 그 나라와 문화의 운명을 판가름할 만큼 중요하다. 그런데 예언자들은 이 일을 성공적으로 해냈다.

우리가 고백하고 있는 하나님은 창조주이시며 세상을 다스리시고 인간의 생사화복을 주관하시는 분이시다. 이를 바꾸어 말하면 시간 즉 역사를 만드시고 지배하시는 역사적인 하나님이라는 뜻이다. 인류문화에 '역사'라는 개념을 처음으로 제시한 것은 성경이다. 창조는 곧 역사를 말하기 때문이다.

창조주이시며 역사의 주관자이신 하나님을 믿고 섬기는 기독교는 어떤 역사관을 가져야 할까? 어려운 문제인 것 같지만 넓게 들여다보면 대답은 의외로 간단하다. 하나님께서 세상을 만드시고 주관하시므로 하나님의 입장에서 역사를 해석하면 된다. '하나님의 관점'이 역사관이어야 한다.

문제는 "그렇다면 도대체 어떻게 인간이 하나님의 관점을 가질 수 있는가?"에 있다. 인간이 인간의 학문을 터득하여 역사를 해석하는 것도 대단히 벅찬 일인데, 그래서 역사철학이라는 학문이 가장 접근하기 어려운 공부인데, 무슨 재간으로 인간의 관점이 아닌 하나님의 관점을 얻을 수 있는가? 그런 일이 가능한가? 그런 관점을 가졌던 사람들이 있는가?

물론 가능하며 그랬던 사람들이 있었다. 앞에서도 지적한 바와 같이 예언자들이 그들이다. 그들은 하나님의 관점을 가지고 세상을 보았던 사람들이다. 어떻게 그런 일이 가능했을까? 그들의 독특한 하나님 체험이 그것을 가능하게 했다. 하나님으로부터 신탁을 받아서 직접화법으로 선언하는 상태의 경험이 그들에게는 있었다. 자신들의 생각과 의견을 하나님의 이름을 빌어 말한 사람들이 아니다. 하나님의 이름으로 말하게 되는 어떤 영적인 상태가 있다. 아무 때나 일인칭 화법으로 말하는 것이 아니다. 그 상태가 되어있을 때에만 그렇게 할 수 있다. 뒤에서 다루게 되겠지만 이런 상태는 인간이 도달할 수 있는 가장 깊은 영적인 체험의 경지이다.

예언자에 대한 연구는 그동안 대단히 활발했다. 그러나 안타깝게도 예언자 사관에 대한 연구는 아직 전무한 실정이다. 예언자의 사상이나 신학, 그들의 용감무쌍한 행동, 그리고 그 업적에 대한 연구에만 치중했다. 이제 예언자들을 영성가로, 하나님의 입장에서 세상을 바라보는 독특한 관점을 가진 역사 해석자로 접근해야 한다. 예언자들이 가장 깊은 영적인 상태에서 얻어냈던 역사를 보는 눈을 우리는 터득해야 한다.

이런 관점은 인간의 이성적인 활동으로 얻어지지 않는다. 이성의 산물(産物)이 아니라 영성의 산물이다. 세상의 학문과 역사이론을 통해서 터득되는 것이 아니라 하나님 면전에서 부여받는 것이다. 하나님께서 당신의 말씀을 대언하도록 위임하실 때 주어진다. 하나님을 직접 뵈옵게 되면 하나님께서 지으신 세상의 역사가 하나님의 관점(神思考)에서 보인다. 보는 것이 아니라 보여진다.

영성의 시대에 케노시스 영성회복을 하려면 예언자 사관을 정립해야 한다. 그러나 이 사관은 학문적인 활동만으로 되는 것이 아니라 깊은 영적인 상태에 도달해서 얻어져야 하는 것이므로 영성체험과 맞물려 있다. 창조주이시며 역사를 주관하시는 하나님에 대한 진정한 영성체험은 하나님의 관점을 가능하게 한다. 이런 체험을 통한 사관의 정립이 우선적으로 요구된다. 이는 기독교의 정체성 확립과도 직결된다. 기독교가 세계 구원을 말하려면 세계의 역사를 해석해내는 독특한 사관이 있어야 한다. 기독교 사관의 정립은 기독교의 지상과제인 선교와도 직결된다. 세계역사를 해석해내는 사관없이 세계를 구원하겠다고 말하는 것은 어불성설이며 가능하지도 않다. 맨손으로 바다에 나가서 고기를 잡겠다는 것과 같이 무모한 일이다.

우리는 아직 세계사를 해석해내는 우리만의 역사관을 정립하지 못하고 있다. 이 역사관을 정립하는 것이 최우선의 과제이다.

2. 새로운 역사해석

창조주 하나님을 믿는 우리는 우리의 독특한 역사관을 가지고 세계역사를 해석해야 한다. 역사를 가르치는 기독교 신학자들이 해야 할 일은 이스라엘 역사, 교회 역사만을 더듬어보는 것에 그쳐서는 안 된다. 세계사 전체를 하나님의 관점에서 해석해내는 일을 해야 한다. 이런 작업은 기독교 밖에서 진행되는 합리적인 역사 연구를 배척하는 것이 아니다. 역사를 기록하거나 말한다는 것 자체가 주관적인 해석일 수밖에 없다. 여러 각도에서 연구하고 제시하는 객관적인 사실에 의미를 부여하는 것이 예언자 사관이다. 예언자 사관은 실제로 일어난 사건에 대하여 왜곡하거나 굴절시키지 않는다. 단지 그 사건이 담고 있는 역사의 주관자 하나님의 뜻과 섭리, 의도를 말하는 것이 예언자 사관이다.

기독교 내에서 진행되어 온 작금의 이스라엘 역사와 교회사 연구는 교회 밖의 학자들이 시도하는 방법을 빌려서 정치, 경제, 문화적인 측면에 관심을 가지면서 객관적인 사실 접근에 초점을 맞추어 왔다. 그 결과 이스라엘 역사와 교회사는 사건, 사상, 인물 나열의 역사에서 크게 벗어나지 못하고 있다. 이제 지금까지 해온 것들을 기초로 해서 그 사건, 사상들이 가지는 의미를 말해야 한다. 역사 속에서 진행된 수많은 사건들은 우연히 일어난 것이 아니라 창조주 하나님의 섭리의 범주

안에 있으므로 그 사건들에는 하나님의 의도가 들어있다. 그 의도를 말해야 한다. 하나님을 믿고 있는 우리는 역사에서 일어난 크고 중요한 사건을 통하여 하나님으로 하여금 말씀하시게 해야 한다.

구약성경에는 당시의 주요 사건에 대한 예언자들의 해석이 들어있다. 이를 참고하여 이스라엘 역사 전체가 당시 오리엔트의 배경에서 어떤 의미를 가지는지를 해석해야 한다. 교회역사도 마찬가지이다. 로마제국과 유럽에서 교회가 이러 이러한 사건들을 겪었다는 것을 말하는 것에 그쳐서는 안 된다. 그런 사건들이 지닌 객관성에 최대한으로 다가가서 그 사건이 지니는 의미를 말해야 한다. 의미를 말하지 않고 객관성만을 말하려고 하면 역사의 주관자이신 하나님을 배제하는 결과를 초래한다. 이런 해석은 세속학문으로는 불가능할 뿐만 아니라 역사관으로 인정하려 들지도 않을 것이다. 그러나 하나님을 역사의 주관자로 고백하는 사람들에게는 반드시 해야 할 주요 과제이다. 진정한 영성가는 신비체험이나 고차원적인 윤리를 실천하는 것으로 자신의 역할을 다 한 것이 아니라 더 중요한 일이 있는데 자신의 시대를 해석하는 것이 그것이다. 영성가는 역사해석자여야 한다.

자기 비움의 길 1부와 2부는 이를 시도한 것이다. 「하비루의 길」은 이스라엘 역사를 재해석하려는 시도였고, 2부 「죄인의 길」은 교회사를 재해석하는 작업이었다. 근대와 현대의 격동기를 거치면서 겪었던 수많은 사건들에 대하여 단순히 객관적인 서술에 그치는 것이 아니라 그 사건에 의미를 부여하려는 것이 의도였다. 3부 「비움의 길」에서는 예언자 사관을 가능하게 했던 케노시스 영성을 주제로 하여 어떻게 그 영성에 도달할 것이며 그 영성이 무엇인지를 다루려고 한다.

3. 케노시스 영성의 정립

이제 케노시스 영성이 수면 위로 부각되었다. 그렇다면 '케노시스 영성'이라는 것이 구체적으로 무엇을 말하는가? 케노시스 영성을 회복하려면 케노시스 영성이 무엇인지를 명확히 규명해야 한다.

❶ 케노시스 영성과 개신교

구약의 율법이라 불리는 시내산 계약법과 그 계약법의 정신을 계승하여 실천을 외친 예언자들의 영성과, 율법과 예언자들을 완성시키신 예수님의 영성은 사도들을 통하여 초대교회로 이어졌다. 이 영성이 '케노시스 영성'이며 헤브라이즘의 큰 흐름이다. 이 흐름은 앞에서 지적한 바와 같이 중세기를 거치면서 단절되고 말았다. 헬레니즘의 은둔적인 사고가 그 흐름을 차단시켰다. 중세기의 천여 년 동안 단절되었던 흐름은 종교개혁을 통하여 개신교로 흘러들어왔다. 종교개혁자 루터는 로마가톨릭의 충실한 20년 수도사였으나 은둔 수도의 한계를 절감하고 수도사 옷을 과감히 벗어버리고 수도원 수도가 아닌 세속의 삶을 통한 수도를 강조했다. 루터는 중세 천 년의 오류를 뛰어넘어 성경과 바울의 신학과 초대교회의 교부들로 돌아가는 복고주의를 시도한 것이다. 따라서 개신교는 케노시스 영성의 흐름을 이어받았다고 할 수 있다.

"초대교회로 돌아가자!"는 표어를 내걸었던 루터의 종교개혁운동은 헬레니즘의 은둔사상에 기초한 수도원 운동으로 말미암아 차단된 중세기를 뛰어넘어서 헤브라이즘의 계보를 잇고 있으며, 구약의 시내산 계약법(율법)과 예언자를 완성시키신 예수님과 초대교회로 다시 돌아간 것이다. 따라서 개신교는 수도사 영성이 아니라 케노시스 영성에 기반을 두고 있다. 개신교 내에서 영성운동을 하려면 케노시스 영성에 초점을 맞추어야 한다.

❶ 개신교 영성에 대한 이해

세상이 아닌 제3의 장소 수도원에서 수련을 하는 수도원 영성은 정적(靜的)인 성격을 가지고 있다. 관상(觀想)과 내적인 성찰과 몰입 등을 통한 하나님과의 합일과 일치를 추구한다. 이들은 깊은 영성을 체험한 후 세상에서 소외되고 버림받은 사람들을 돌보는 사랑과 윤리 도덕적인 삶을 조용히 실천하는 길을 갔다. 이와 같은 은둔수도의 관점에서 보면 종교개혁자들과 개신교 내에서 일어났던 주요 사건들인 청교도운동, 경건주의운동, 감리교운동, 각성운동 등을 주도한 지도자들의 영성은 설명이 되지 않는다. 깊은 영성이 없이 단순한 신앙적인 열정에 사로잡혔던 사람들 정도로 여겨진다.

그러나 케노시스 영성의 관점에서 보면 이들은 케노시스 영성의 대표적인 표본들이다. 구약의 예언자들은 시내산 계약의 정신을 말살시키고 있는 왕과 최고 권력층에 맨주먹으로 정면도전을 했던 사람들이다. 이들은 광야에서 은둔수도에 전념하다가 하나님께 부름을 받은 사람들이 아니라 현실에 벌어지고 있는 모순과 죄악에 갈등하며 고민하다가 하나님의 음성을 들었고 하나님의 영에 감동되어 하나님의 이름으로 신탁을 선언하며 지도자들과 백성들의 잘못을 질타한 행동의 사람들이다. 그러나 은둔수도사들 가운데는 교황청이 천 년 이상을 천인공노할 온갖 범죄행위를 저지르고 있어도 이에 대하여 정면으로 반박하고 나선 사람을 찾아 볼 수가 없다. 교회의 지도자들과 세속의 지도자들이 결탁하여 봉건제도를 만들어 놓고 농노들을 짐승처럼 다루어도 말 한마디 하는 자가 없었다. 게다가 수도사들이 모여 있는 수도원조차도 대지주와 지배계급이 되어버리고 말았다. 은둔수도는 이런 반성서적인 범죄행위에 대하여 침묵하게 한다. 중세기의 대표적인 개혁운동이라고 평가되는 프랜시스와 도미니칸 운동을 비롯하여 중세기 내내 그 어디서도 교황청의 오류와 봉건제도에 대하여 비판하고 나선

경우를 만나기 힘들다. 중세기에 개혁을 표방했던 경우는 대부분 윤리, 도덕적인 부패 등을 언급하고 있다. 은둔수도자들은 세상의 부귀와 영화를 버리고 무소유의 가난을 실천하며 병들고 가난한 자와 같이 사는 것을 최고의 미덕으로 여기며, 이런 것들이 예수님을 닮는 것이라고 생각한다. 이들에게 있어서 구조적인 병폐를 지적하고 나서는 예언자들의 행동은 부질없는 경거망동일 뿐이다. 병들어 죽어가는 세상의 근본을 뜯어 고쳐서 하나님의 뜻이 하늘에서 이루어진 것처럼 땅에서도 이루어지게 하려는 시도 자체가 없다. 왜 그럴까? 우연이 아니다. 은둔 수도에서 나온 이원론 윤리에 젖어 있기 때문이다.

천 년 이상을 묻어두었던 교황청의 범죄행위에 대한 고발이 종교개혁 선구자들에게서 들려오기 시작했고 루터에 이르러 본격적으로 개화되었다. 루터는 무명의 수도사였다. 수도원 신학의 한계에서 고민하던 그는 바울의 서신들을 통하여 신앙의 핵심을 발견한 후 교황청의 오류를 95개 조항으로 고발했다. 초대교회로 돌아가자는 루터의 외침은 케노시스 영성으로 돌아가자는 절규였고 은둔수도의 암흑을 깨우는 닭의 울음소리였다. 루터야말로 맨손으로 절대 권력자를 향하여 도전하던 예언자들의 전형적인 모습이다. 케노시스 영성의 관점이 아니고서는 루터의 행동과 신학, 영성을 정확하게 설명하기가 어렵다. 은둔수도와 케노시스 영성은 만날 수가 없다. 서로 그 뿌리가 다른 까닭이다.

은둔수도에 기초한 가톨릭은 예전(禮典)과 의식(儀式), 성체(聖體)를 나누는 미사 등을 중요시하며 지극히 정적인데 이는 은둔수도가 예배의식에 반영된 결과이다. 구교에서는 예전에 대한 신학이 대단히 발달되어 있다. 이에 반하여 루터는 예전중심의 '보는 예배'를 말씀중심의 '듣는 예배'로 바꾸어 놓았다. 기록되어진 말씀을 읽고 그 말씀을 선포하는 것이 신앙생활의 중심이 되어야 한다고 했다. 루터가 성경을 번역한 것은 이런 이유 때문이다. '말씀'을 강조하는 것은 예언자 전통에서만 이해될 수 있다. 예언자들은 하나님의 '말씀' 그 자체를 선포한 사람들이다. 이 '말씀' 이야말로 케노시스 영성의 중심축이다. 말씀을 읽고, 말씀을 듣고, 말씀을 선포하고, 말씀을 삶으로 사는 것이 케노시스 영성이다. 예전중심의 미사에서는 말씀을 선포하는 설교는 요식행위에 불과하다. 온갖 성물들로 꾸며진 교회의 분위기와 화려한 예배의식으로 가득 채워져 있다. 구교 예배와 신교 예배의 차이는 예배 절차의 차이가 아니라 그 뿌리인 영성의 차이다. 수도사 영성과 케노시스 영성의 차이가 예배의식에도 반영되어 있다.

　루터의 종교개혁 이후 개신교의 지도자들과 그들이 주도한 신앙운동들은 케노시스 영성으로 접근할 때 이해가 명확해진다. 루터는 맨손으로 교황청의 오류와 범죄행위를 정면으로 반박하고 나섰고, 캘빈의 신학에 기초한 청교도운동은 영국을 비롯한 유럽 각지에서 전제왕권에 맞서서 공화정을 실현하였으며, 루터교 내에서 다시 일어난 개혁운동인 경건주의의 선상에서 등장한 웨슬리는 말을 타고 전국을 돌아다니며 '설교'를 통하여 산업사회의 부작용으로 타락의 극을 달리던 영국을 변화시켰다. 미국을 중심으로 일어난 각성운동과 개신교 지역에서 활발하게 전개된 성령운동도 같은 성격을 가지고 있다.

　케노시스 영성은 삶 속에서 하나님의 영(성령)의 충만함을 추구하는 영성이다. 자신의 노력이나 어떤 수도가 아니라 성령님의 도우심으로 세속의 삶을 경건하게 사는 것이 케노시스 영성이다. 성경의 말씀과 기도, 설교를 통하여 성령님께서 감동하시는 역동적인 신앙생활이 불길처럼 퍼져나가는 것이 특징인 케노시스 영성은 보편성을 띤다. 지극히 평범한 모든 사람이 영성수련의 대상이 되기 때문이다. 모든 사람이 일상생활에서 영성을 추구할 수 있는 것이 케노시스 영성이다. 수도사 영성이 특별한 사람, 영적인 엘리트를 추구하고 있는 현상과는 대조적이다.

개신교의 영성운동에 대하여 '케노시스 영성'이라는 관점에서 정리된 바가 전혀 없다. 개신교에 대한 영성 이해는 수도사 영성의 관점으로는 접근 자체가 어렵다. 케노시스 영성으로만 이해가 가능하다. 그렇다고 해서 개신교의 영적인 흐름이 바른 길로만 갔다는 것은 아니다. 개신교 내에서도 영성에 대한 명확한 이해가 없었기 때문에 많은 문제점들이 있다. 단지 흐름의 방향이 케노시스 영성의 성격을 가지고 있다는 뜻이다. 케노시스 영성의 관점에서 개신교 내에서 있었던 영성적인 운동들에 대한 성격을 규명하고 그 영성의 깊이를 더하는 것이 시급한 과제이다. '성령운동'이라는 용어 자체는 대단히 중요하고 또 깊이가 있는 것이지만 그 내용이 영적인 현상과 은사를 추구하는 형태 등으로 치우치는 것이 현실이다. 케노시스 영성의 깊이는 수도영성보다 훨씬 더 깊다. 예언자들과 사도들이 도달했던 영적인 상태는 곧 수도영성에 최고의 영적인 상태라고 말하는 합일?일치?완전 등의 상태 그 이상이다. 이에 대한 구체적인 설명들은 뒤에서 다루게 될 것이다.

❷ 영성의 역사 재정리

아직까지 예언자들을 가장 큰 영성가로 보려는 시도가 없었고 이들이 역사를 바라보던 역사관에 대해서도 관심이 없었다. 영성가들은 당연히 수도사라고 생각을 했으므로 영성의 역사는 곧 수도사들의 역사였다. 이제 이러한 생각을 바꿔야 한다. 기독교 영성의 역사는 구약성경에서 시작해야 한다. 이스라엘 역사 전체를 영성의 역사로 해석해야 한다. 구약성경에 등장하는 하나님의 사람들, 특히 사사, 예언자들은 케노시스 영성의 표본이다. 예수님의 말씀과 행적들도 영성의 관점에서 다시 해석되어야 한다. 사도들과 초대교회도 마찬가지다. 신구약 중간기와 중세기도 케노시스 영성의 관점에서 다시 조명되어야 한다. 구속사 4천 년 전체를 영성의 관점에서 바라보면 그 명암들이 명확히 드러난다.
예언자 사관은 곧 영성의 사관이다.

4. 케노시스 영성 수련법 제시

케노시스 영성이 명확히 정리되면 그 수련법을 제시하는 것은 어렵지 않다. 삶이 곧 수련이기 때문이다. 지금 여기에서 하나님의 말씀대로 사는 것이 케노시스 영성의 수련이다.

이에 대해서는 〈물음 16〉, "오늘의 '새 부대'는 무엇인가"에서 이미 다루었다.

케노시스 영성의 걸림돌은 무엇인가?

1. 고정관념

은둔 수도의 역사는 중세기뿐만 아니라 지금도 이어지고 있으므로 그 역사는 1700여년이다. 그 결과 "수도사는 곧 영성가다."라는 고정관념이 깊게 뿌리를 내렸다. 가톨릭은 물론 개신교 내에서도 영성에 관심을 가지는 사람들은 별 생각 없이 수도사 영성을 추구한다. 고정관념 때문이다. 이제 이 고정관념에서 속히 벗어나야 한다. '수도사=영성가'라는 고정관념에 사로잡힌 사람은 아무리 영성에 대한 열정을 가져도 과거의 오류를 또 답습할 뿐이다.

새로운 밀레니엄과 영성의 시대를 맞은 우리는 이제 생각을 바꾸어야 한다. 최고의 영성가는 수도사가 아니라 예언자, 사도들이다. 영성가=수도사가 아니라 영성가=예언자라는 것을 다시 정리해야 한다. 영성과 영성가들의 역사를 다시 써야 한다. 수도사 영성은 기독교를 잘못된 길로 인도했던 영성이다. 이교의 이원론 사고에 근거한 은둔사상을 받아들인 결과였다. 이제 이것을 명확히 이해해야 한다. 이 부분을 정리하는 것이 무엇보다도 급선무다. 지금 영성의 문제에 있어서 이것보다 더 시급한 것은 없다.

구원의 사역을 성공적으로 해내려면 시대적인 요청에 바르게 부응해야 한다. 특히 전환기에는 더더욱 그러하다. 지금 우리가 수도사 영성에 매달리고 있는 것은 시대적인 요청에 대한 역행이며 과거의 비극을 다시 되풀이 하는 오류의 반복이다. 과거의 역사를 돌이켜 보면서 나아갈 방향을 똑바로 보아야 한다.

우리가 부딪힌 첫 번째 과제는 잘못된 고정관념을 고치는 것이다. 빨리 고쳐야 한다. 빠르면 빠를수록 좋다.

2. 지도자들의 오류

"화 있을진저! 외식하는 서기관들과 바리새인들이여, 너희는 천국 문을 사람들 앞에서 닫고 너희도 들어가지 않고 들어가려 하는 자도 들어가지 못하게 하는도다. 화 있을진저! 외식하는 서기관들과 바리새인들이여, 너희는 교인 하나를 얻기 위하여 바다와 육지를 두루 다니다가 생기면 너희보다 배나 더 지옥 자식이 되게 하는도다."(마태복음 23:13,15)

"소경된 인도자여, 하루살이는 걸러내고 약대는 삼키는도다."(마태복음 23:24)

"너희가 저녁에 하늘이 붉으면 날이 좋겠다 하고 아침에 하늘이 붉고 흐리면 오늘은 날이 궂겠다하나니 너희가 천기는 분별할 줄 알면서 시대의 표적은 분별할 수 없느냐?"(마태복음 16:2~3)

이 말씀은 주님께서 서기관과 바리새인들에게 하신 말씀이다. 그들이 예수님으로부터 받은 평가는 참으로 혹독하다. 이보다 더 심한 질

책의 말씀은 없을 정도였다. 서기관과 바리새인들은 도대체 무엇을 잘못했기에 이런 평가를 받았는가?

신앙의 지도자로서 갈 방향을 정확하게 제시하지 못했기 때문이다. 예수님께서는 서기관과 바리새인의 윤리-도덕적인 문제나 그들의 불신앙을 지적하신 것이 아니라 지도자의 자질을 지적하신 것이다. 서기관과 바리새인의 오류로 말미암아 바벨론에서 귀환한 유대인들은 다시 계약이 파괴되어 나라가 멸망당했다. 그리고 그 과정에서 수많은 사람들이 비참하게 죽어갔고 살아남은 사람들은 전 세계에 흩어져 호된 시련을 겪어야 했다. 유대인들이 당한 이 모든 비극의 책임은 서기관과 바리새인에게 있다. 이런 이유로 예수님께서는 그들에게 '천국문을 가로막고 저도 못 들어가고 남도 못 들어가게 하는 자들'이라는 질책을 퍼 부었다.

유대인의 신앙적인 지도자들이 오히려 유대인의 길목을 가로막는 걸림돌이었던 셈이다.

이스라엘 역사에서 발견되는 이런 기막힌 비극은 교회사에서 다시 재현되었다. 중세기 교회가 그것이다. 앞에서 누누이 지적한 바와 같이 초대교회 말기에 등장한 수도사들은 중세기의 기초를 잘못 놓았다. 로마제국에 멸망당한 유대인의 책임이 지도자였던 서기관과 바리새인에게 있었던 것처럼, 중세교회의 오류에 대한 책임은 수도사들에게 있다. 역사의 흐름은 수도사들에게 이렇게 말하고 있다.

"화있을 진저! 너희 수도사들이여, 너희는 영성의 문을 가로막고 너희도 들어가지 못하고 남도 들어가지 못하게 하는 도다."

은둔수도로 하나님 면전에 도달한다는 것은 낙타가 바늘구멍으로 나가는 것만큼이나 어려운 일이다. 헬라의 은둔사상에 기초한 은둔수도는 결국 영성의 문을 걸어 잠그는 일이었다.

지금 수도사 영성에 관심을 가지는 것은 소경이 소경을 인도하는 격이다. 한 시대의 교회와 신학을 이끌어 가며, 그 시대가 나아갈 방향을 제시하는 지도자들의 오류는 용서받을 수가 없다. 그 시대의 파멸을 몰고 오기 때문이다.

이스라엘 역사와 교회사에서 일어난 지도자들의 오류, 이 오류를 다시 범하지 말아야 한다.

물음 21 영성신학, 무엇을 풀어야 하나?

기존의 수도사 영성신학에서는 영성의 완성을 '합일' 또는 '일치' 라고 하며, 개신교에서는 성화(聖化)의 과정을 거쳐서 완전(完全)에 이른다고 한다. 문자적인 의미로는 하나님과 하나가 되거나 완전해진다는 뜻이다. 인간이 살아있는 동안에 하나님과 합일(일치)할 수 있을까? 또 유한한 인간이 완전해질 수 있을까? 영성신학은 이 문제들을 다루게 된다.

이 문제에 대하여 다음과 같이 접근해 보고자 한다. 먼저 합일(일치)과 완전이라는 말을 '하나님처럼' 이라는 말로 설명하면 보다 쉽게 이해가 될 것이다. 합일(일치), 완전에 이른다는 말은 곧 하나님처럼 변화된다는 의미가 된다. 그리스도인 모두는 하나님처럼 변화되어야 하는 사람들이며 그 과정 중에 있다. 구원의 완성은 곧 하나님처럼의 변화를 말한다.

신약성경 전체에서 말하려는 것은 다음과 같다.

예수님께서는 보이지 않는 하나님의 보이는 형상으로 오셨다. 사람들에게 하나님을 보여주시기 위함이다. 말로 백 번 설명하는 것보다

한 번 보여주는 것이 낫기 때문이다. 예수님은 하나님의 자기형상이다. 예수님께서는 당신을 따르는 사람들에게 이렇게 말씀하신다. "내가 보이지 않는 하나님의 보이는 형상인 것처럼 너희는 보이지 않는 나의 보이는 형상이 되어라." 따라서 우리 그리스도인은 예수님을 보여주어야 할 사람들이다. 그리스도인들은 예수님을 보여줌으로써 세상 사람들로 하여금 예수님을 보고 구원받게 해야 한다. 하나님의 선교방법은 사람을 통해서 보여주는 선교에 있다. 구약에서는 이스라엘 사람들을 통하여 하나님나라를 보여주려고 하셨고, 신약에서는 교회 공동체를 통하여 그 일을 하게 하셨다.

하나님을 보여주려면 어떻게 해야 하나? 대답은 단순하다. 하나님처럼 되어야 한다. 하나님처럼 되지 않고 하나님을 보여줄 수 없다. 이런 이유로 "하늘에 계신 너희 아버지의 온전하심과 같이 너희도 온전하라"고 말씀하셨다. 주님을 따르는 사람들은 완전의 자리에 초청을 받은 사람들이다.

이런 정리는 다음의 물음을 묻게 한다.

- 하나님처럼 변화된다는 것은 도대체 무엇이 어떻게 된다는 것인가?
- 어떻게 하나님처럼 변화될 수 있는가? 또 가능한 일인가?
- 가능하다면 어떤 과정을 거치면서 변화되어지는가?

이제부터는 이런 물음들에 대하여 대답해 보고자한다. 이해를 돕기 위하여 도형을 사용했다.

물음

22 수도원 영성의 결산, 무엇인가?

수도원 영성이 어떤 것인가를 알기 위하여 타종교의 영성과 비교해 볼 필요가 있다. 이를 위해서는 구체적인 내용보다는 전체적인 특징을 파악해야 그 윤곽이 잘 드러난다.

1. 자력종교(타종교) 영성

자력수도로 득도(깨달음)에 이르려는 종교들은 스스로의 힘으로 인간적인 욕구들을 해결하려는 공통점을 가지고 있다. 우리에게 익숙한 불교의 방법을 도형으로 살펴보면 다음과 같다.

〈그림2 : 자력종교 영성〉

불교의 수도는 스스로의 힘으로 인간의 모든 번뇌를 해결해야 한다. 이를 위해서는 세속에서 출가하여 은둔수도의 길을 가야한다. 불교에서는 자기 속에 불성(佛性)이 있다고 보며, 자력수도를 통하여 그 불성에 이를 수 있다고 보기 때문에 불교에는 신앙의 대상이 없으며 자신이 곧 신앙의 대상이다. 엄밀한 의미에서 부처는 신앙의 대상이 아니고, 한 선각자일 뿐이다.

자력종교에서는 깨우침을 얻기 위하여 세속의 모든 것을 초탈하여야 하므로 은둔의 삶이 요구되며 고도의 정신집중의 방법들이 동원된다

2. 수도사 영성

헬라의 신비철학에 기초하여 6세기 초에 디오니시우스(Dionysius)가 정리한 후 지금까지 수도원 영성의 골격을 이루고 있는 이론은 정화·조명·합일의 과정을 거친다는 것인데 도형으로 살펴보면 다음과 같다.

〈그림3 : 정화·조명·합일〉

이 그림이 말하려는 것을 설명하면 다음과 같다.

'정화'는 인간의 타락한 죄성(罪性) 즉 인간적인 속성을 씻어내는 것을 말한다. 왼쪽의 어둠이 짙은 것은 정화의 출발점이며 아직 죄성이 정화되지 않은 상태를 나타낸다. 점차 정화되어 갈수록 검은 색이 흰색으로 변하는 것을 볼 수 있다. '조명'은 하나님의 빛이 비취는 것을 말한다. 노랑색이 점차 짙어지는 것은 하나님의 빛이 점점 강하게 비취는 것을 표현한 것이다. '합일' 또는 '일치'는 하나님과 하나 됨을 말한다.

위의 그림은 수도원 영성을 잘 표현하고 있는데, 수도원 영성은 그림에서 보는 바와 같이 **"정화·조명·합일이 점차적으로 또 단계적으**

로 진행된다."고 말한다. 인간의 죄성이 정화되어야 조명의 상태로 가며, 조명의 상태가 끝나야 합일이 된다는 것이다. 여기에서 가장 중요한 비중을 차지하는 것은 죄성의 정화이다. 수도원 영성가들은 죄성의 정화를 모든 속된 것들로부터의 초탈(超脫)로 받아들였는데 이는 헬라의 은둔사고에 영향을 받았기 때문이다. 초탈을 추구하기 위하여 또한 은둔자들의 방법을 받아들여서 세속으로부터의 출가와 은둔, 금욕, 고행 등이 수도원 수도에 자리를 잡았다.

이를 도형으로 그려보면 다음과 같다.

〈그림4 : 수도사영성〉

3. 수도원 영성의 문제점

넓은 범위에서 보면 중세의 수도사들은 자연종교에서 출발한 타종교의 자력수도와 같은 수도방법을 사용했다. 기독교는 다른 자연종교와 달리 계시와 은혜, 성령님의 도우심 등을 강조하는 타력(他力)종교이다. 그런데 수도사들은 수도방법에서 자력종교와 같은 방법을 선택하는 모순을 범했다. 이렇게 된 근본원인은 앞에서 누누이 지적한 바와 같이 헬라의 이원론 사고에 근거한 은둔자들을 모방한데서 찾을 수 있다. 중세기의 비극은 여기에서 출발했고, 그 종말은 참으로 비참했다. 지금 우리가 수도사 영성을 추구하는 것은 이런 모순과 비극을 되풀이하자는 말과 다름이 없다.

지금 우리의 입장에서 우리가 물려받은 수도원 유산을 어떻게 평가해야 하나? 다음 그림과 같이 평가할 수 밖에 없다.

〈그림5 : 수도원영성의 평가〉

우리가 물려받은 수도사 영성의 길은 실패한 길이요 닫힌 길이며 갈 수 없는 길이다. 무슨 근거로 그렇게 단정하느냐고 묻는다면 다음과 같이 몇 가지로 대답할 수 있다.

첫째, 앞에서 지적한 바와 같이 이런 방식은 자력종교의 방법이다. 그런데 기독교는 자력종교가 아니라 타력종교이므로, 자력종교가 아닌 타력종교의 수도방법을 가져야 한다. 타력종교가 자력종교의 방식을 2천 년 가까이 아무런 비판과 검토 없이 사용하고 있다는 것은 참으로 안타까운 일이며 하루속히 청산해야 한다.

둘째, 자력수도의 방법은 이원론에 근거한다. 영(靈)과 물질(육체), 세상과 수도원, 세상윤리와 수도원 윤리를 둘로 나누는 데에서 이런 수도방법이 나온다. 헬레니즘의 사고는 이원론적인 사고요 성경에 근거한 헤브라이즘의 사고는 일원론이다. 4천 년 역사의 교훈은 이원론 사고 때문에 유대교와 중세교회가 오류를 범했다는 것을 누누이 말하고 있다. 일원론에 근거한 기독교는 일원론적인 수도의 방법을 가져야 한다. 신학적인 이론은 일원론이면서 그 이론에 도달하는 방법은 이원론이라면 앞뒤가 전혀 맞지 않는다.

셋째, '진리' 라는 보편성에 맞지 않는다. 진리는 보편성이 있어야 진리다. 어떤 특수한 사람만 소유한다면 그것은 진리가 아니다. 모든 사람이 다 알 수 있고, 또 도달할 수 있어야 진리다. 합일, 일치, 완전 등으로 표현되는 수도의 완성점이 진리라면 그 진리에는 누구나 도달할 수 있어야 한다. 어떤 영적인 엘리트들, 특별한 삶을 사는 사람들에게만 대상이 된다면 그것은 진리 그 자체에 맞지 않는다. 출가하여 은둔의 삶을 사는 것은 보편적인 방법이 아니다. 특별히 제한된 사람들만이 실천할 수 있는 방법이다. 이런 것들은 진리일 수 없다.

마지막 증거는 그 길을 간 사람들이 보여주고 있다. 젊어서 출가하여 수도원에 들어가 평생을 은둔수도에 전념한 사람들 중에서 하나님을 뵈옵는 단계까지 간 사람들이 극히 드물다고 전해진다. 하나님을 뵈옵는 단계에 이르는 길이 이렇게 험한 길일까? 평생, 수십 년을 온갖 금욕과 고행을 동반하는 수도에 전념해도 불가능했다면 그 길은 이미 잘못된 길이라는 것을 스스로 말하고 있는 셈이다. 구원에 이른다는 말과 진리를 깨닫는다는 말은 같은 의미이다. 구원받는 길이 그렇게 힘들고 어렵다면 구원에 이를 수 있는 사람이 몇이나 되겠는가? 하나님께서는 모든 사람이 구원에 이르기를 원하시며 그런 길을 우리에게 주셨다. 따라서 수도사의 길은 잘못된 길이었다고 단정할 수가 있다.

수도사들이 하나님의 은혜와 도우심을 구하고 있지만 그 도우심의 초점은 은둔수도의 실천에 맞추어져 있다. 하나님의 도우심과 은혜로 은둔수도의 삶을 철저하게 실천하여 죄성을 씻어낼 수 있다고 생각했다. 수도원 영성의 문제점은 자력종교의 수도방법을 아무런 문제의식 없이 받아들인 데에 있다.

케노시스 영성, 어떻게 시작해야 하나? 물음 23

　수도사 영성이라는 묵은 술을 쏟아버리고 케노시스 영성이라는 새 술을 담그는 것은 대단히 어려운 일이지만 그 핵심을 들여다보면 방법은 지극히 단순하다. 4세기에 시작된 기독교의 영성운동을 주도한 수도사들은 예외없이 헬라의 은둔수도를 받아들였고, 그 이후 아무런 문제의식 없이 은둔수도를 기독교의 영성수련의 방법으로 정착한 것이 문제의 핵심이다. 이 문제를 해결하려면 기독교 영성에 들어있는 은둔수도를 제거하면 된다. 이것을 제거하려면 은둔수도가 들어오기 이전으로 돌아가야 한다. 그리고 거기에서부터 헬라의 이교적인 방법이 아닌 성경의 방법으로 다시 시작해야 한다.
　이제부터 이 문제의 해결을 시도해보고자 한다.

케노시스 영성의 주요 원리들, 무엇인가? 물음 24

　지금부터 다루는 것은 경험에 근거하여 수도사 영성을 케노시스 영성으로 재해석하는 것이다. 영성에 대한 경험은 개인적으로 일어난다. 또 모든 사람이 똑같은 영적인 경험을 할 수는 없다. 사람마다 개성과 취향이 다르기 때문에 경험은 각양각색으로 일어난다. 그 다양한 경험을 개별적으로 다루는 것은 가능하지도 않고 의미도 없다. 그 공통점과 원리를 다뤄야한다. 부록에 실은 영성일지는 나의 개인적인 체험을 담은 것이다. 그러나 여기서 다루는 것은 그 체험을 그대로 다루는 것이 아니라 그 체험의 과정을 통해서 정리한 원리들이다. "어떻게 그 원리와 공통점을 말할 수 있는가?"라고 묻는다면 "전체를 보면 그 일이 가능해진다."라고 대답할 수 있다. 개별적으로 일어나는 영적인 일들은 참으로 복잡하고 다양하지만 그러나 거기에도 어떤 원리가 있다. 이 원리는 하나님으로부터 나오는 것이기에 하나님체험의 정도에 비례하여 이 원리를 알게 된다. 하나님체험의 과정을 겪고 또 그것을 정리하면서 놀란 것 중의 하나는 영적인 세계의 원리나 세상의 물질세계의 원리나 어떤 유사성을 가진다는 점이었다. 그 이유는 의외로 단순했다. 영적인 세계와 물질의 세계 모두가 같은 하나님으로부터 나온 것이기 때문이다.

케노시스 영성을 설명하기 위한 주요 원리들은 다음과 같다.

1. 정화와 조명의 관계

앞의 〈그림 3〉에서 본 바와 같이 수도사 영성에서는 정화 · 조명 · 합일이 점진적 · 단계적으로 일어난다. 정화의 과정을 거친 후 조명의 단계로 들어가고 조명의 단계를 마쳐야 합일의 단계에 이른다는 것이다. 이 이론은 헬라의 철학자 플라톤의 신비철학에 들어있는 것인데 디오니시우스에 의해서 다시 기독교 영성의 기본적인 이론으로 정리되어 지금까지 수도사 영성을 지배하고 있다. 그런데 이 과정을 경험으로 겪으면서 거듭 확인한 바에 의하면 이 이론은 잘못된 것이다. 이 이론은 자력종교를 말하는 사람들의 주장에는 맞는 이론이지만 타력종교인 기독교에는 맞지 않는다. 정화와 조명이 영성의 길에서 중요한 역할을 하는 것은 맞지만 그 관계가 선후(先後)와 단계적 관계가 아니다. 이를 도형으로 그려보면 다음과 같다.

〈그림6 : 정화와 조명의 관계〉

이 그림을 〈그림3〉과 비교해보면 그 성격이 명확히 구분된다.

❶ 상관관계

정화와 조명은 단계적으로 진행되지 않는다. 즉 죄성을 정화시키고 난 뒤에 조명의 단계로 들어가는 것이 아니다. 시작 단계부터 정화와 조명은 서로 상관관계로 같이 진행되며, 어느 순간에 정화가 끝나는 것이 아니라 처음부터 끝까지 진행된다. 조명이 되는 만큼 정화가 되며, 정화가 되는 만큼 조명이 일어난다. 정화는 어느 순간에 완결되는 것이 아니라 서서히 끝까지 진행이 되며, 정화가 진행되는 만큼 '나'가 서서히 비워지고 작아진다. 죄성의 정화라는 것이 그렇게 어느 순간에 끝날 성질의 것이 아니다. 인간이 살아있는 한 계속 짊어져야 할 짐이다. 조명도 마찬가지다. 정화의 초기단계부터 정화와 같이 진행되며 서서히 조명의 정도가 커진다.

❷ 동시진행

정화와 조명은 선후관계로, 단계적으로 진행되는 것이 아니라 서로 상관관계를 가지면서 동시에 진행이 된다. 정화와 조명은 처음부터 같이 출발한다.

❸ 타력정화

인간의 자력으로 정화가 되는 것이 아니라 하나님의 도우심인 조명으로 정화가 가능해진다. 즉 타력정화가 일어나는 것이다. 조명에 의해 전에는 전혀 느끼지 못하던 자신의 죄가 느껴지고 견딜 수 없어진 양심은 죄를 철저히 뉘우치고 죄를 미워하며 멀리하게 된다. 이런 '회개'는 조명에 의해서만 일어나며 가능해진다. 인간 스스로 자신의 죄성을 해결하는 것은 불가능하다.

타력정화는 회심한 사람의 마음 속에 내주하시는 성령님의 도우심으로만 가능하다. 죄성을 정화시키는 성령님의 사역이 '조명'이다. 조명에 의해서만 죄성은 정화된다. 자력으로는 불가능하다. 자력으로 가능하다면 그리스도의 존재가 필요없게 된다.

❹ 관계의 영성

정화 · 조명 · 합일이 단계적으로 일어난다고 하면 하나님과 인간의 직접적인 관계가 차단이 된다. 정화가 끝나지 않은 사람은 조명을 받을 길이 없으며, 조명의 단계를 마쳐야 비로소 하나님과의 관계가 형성된다. 그러나 위의 그림은 처음부터 정화와 조명이 동시에 시작될 뿐만 아니라 조명의 도우심에 의해 정화가 가능해지기 때문에 처음부터 하나님과 인간의 관계가 맺어지며 정화와 조명이 진행될수록 하나님과의 관계가 깊어지고 긴밀해진다. 케노시스 영성은 수도를 통한 초탈(超脫)을 추구하지 않는다. 삶 속에서 하나님과의 관계회복을 추구하는 '관계의 영성'이 케노시스 영성의 특징이다. 초탈을 추구하는 영성은 신앙의 대상이 없거나 있어도 이원론적인 사고에 의해 인간과 교감이 있을 수 없는 초월적인 존재라고 주장하는 사람들이 추구하는 영성이다. 그러나 기독교신앙의 대상인 하나님은 초월적이면서 동시에 내재적이고 인격적이기 때문에 인간과 관계가 가능하다. 케노시스 영성은 하나님과의 관계 맺기를 추구한다.

2. 케노시스 영성의 수련방법

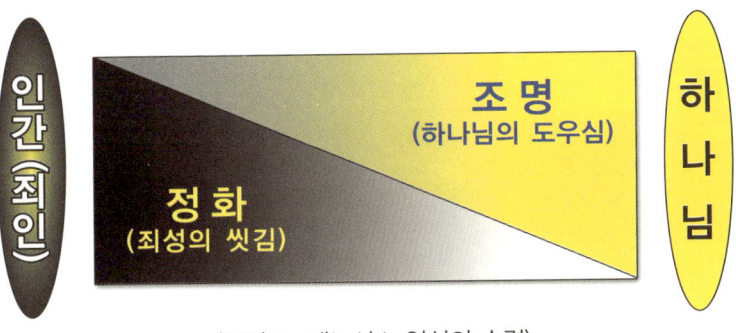

〈그림7 : 케노시스 영성의 수련〉

앞에서 살펴본 바와 같이 〈그림7〉은 자력정화를 시도하지 않는다. 죄를 깨달아 알게 하는 하나님의 조명에 의하여 죄성이 정화되어짐으로써 하나님과의 관계회복을 추구하므로 초탈이 목표가 아니다. 따라서 죄성을 정화시키기 위한 비상한 방법으로 탈속을 시도할 필요가 없어진다. 현실의 삶에서 하나님의 도우심으로 하나님의 뜻을 실현하는 삶을 사는 것이 곧 수련이다. 예언자들이나 예수님의 제자들이 어떤 특별한 수련을 시도하지 않고 가장 깊은 영성에 도달했던 이유는 여기에 있다. 지금, 여기에 있는 자리가 수도원이며, 매 순간의 삶이 수도라고 할 수 있다. 진행과정에서 나타나는 구체적인 현상들은 뒤에서 다루게 된다.

3. 정화와 조명의 진행 유형

인간의 내면에서 정화와 조명이 상관관계로 동시에 진행된다면, 신앙이 성장되는 과정에서 나타나는 그 진행 유형은 어떤 모양일까? 그 유형을 몇 가지로 생각해 볼 수 있다.

❶ 직선형

〈그림8 : 직선형 진행〉

위의 그림과 같이 직선형은 신앙의 성장이 서서히 시간이 가면서 앞으로 직진하는 직선적·단계적·점진적인 형태이다. 그러나 실제 신앙의 경험에 의하면 한 사람의 신앙이 이런 식으로 성장하지 않음을 쉽게 알 수 있다. 신앙은 시간이 지난 만큼 성장하거나, 노력한 만큼 점진적으로 성장하지 않는다.

❷ 계단형

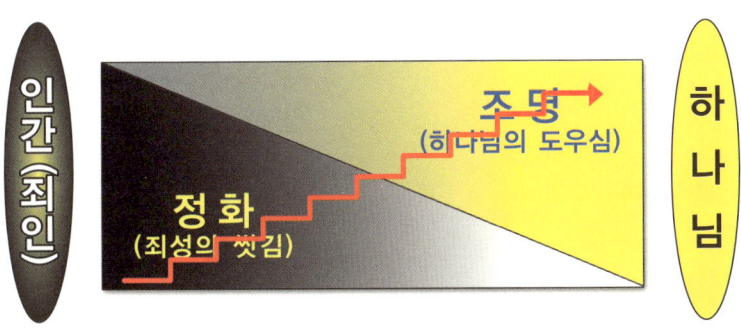

〈그림9 : 계단형 진행〉

계단형은 일정 기간 동안 성장이 멈추어 있는 것 같다가 어느 순간 계단을 올라서듯이 신앙이 성장하는 것을 말한다. 일견 맞는 듯 하지만 이 역시 신앙성장의 실제와는 맞지 않다. 점진적·단계적으로 진행한다는 점에서는 앞의 직선형과 다르지 않기 때문이다.

❸ 지그재그형

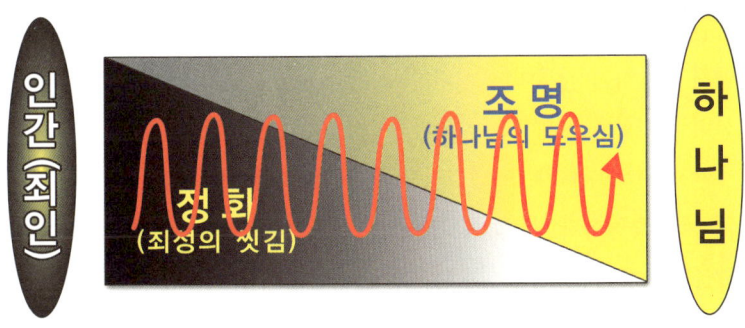

〈그림10 : 지그재그형 진행〉

신앙의 성장이 크게 성장한 듯하다가 침체로 떨어지고 다시 올라갔다가 내려가는 것을 반복하면서 성장하는 형태가 지그재그라고 할 수 있다. 경험에 비추어 볼 때 맞는 것 같지만 아직 설명할 수 없는 부분이 있다. 이런 형태들은 어쨌든 시간이 지나면서 점진적으로 성장해야 하기 때문이다.

❹ 나선형

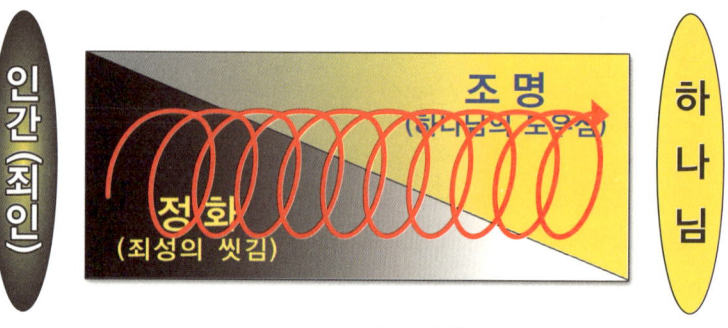

〈그림11 : 나선형 진행〉

인간의 영적인 성숙은 '나선형'을 그리면서 진행한다. 한 때 신앙이 크게 고양된 것 같지만 곧 침체를 맛보며, 그러다가 어느 순간 다시 하나님께 가까이 나아간 듯이 느껴지는 이유는 신앙이란 나선형을 그리면서 성장하기 때문이다. 영적인 성장을 바로 이해하려면 이 나선형의 신비를 정확하게 깨우쳐야 한다.

신앙생활을 하다보면 성령님으로 충만해지는 경우를 경험한다. 흔히 "은혜가 충만하다."는 것이 이를 말하는데 주로 집회를 통하여 그런 순간을 경험한다. 그러나 성령님으로 충만해졌다하더라도 그런 상태는 오래가지 않는다. 그 상태를 아무리 오래 간직하려고 애를 써도 되지 않는다. 어느 순간 홀연히 그런 충만함이 사라져버리고 만다. 그리고는 신앙적인 침체에 시달린다. 이런 일들이 반복해서 일어나는 것은 뭔가 잘못된 것이 아니라 지극히 정상이다. 영적인 성장은 나선형을 그리면서 진행하기 때문이다. 이에 대한 구체적인 설명은 다시 뒤에서 다룬다.

4. 불규칙한 나선형

영적인 성장이 그리는 나선형은 규칙적인 곡선이 아니라 '불규칙한' 곡선을 그린다. 즉 불규칙한 나선형을 그리면서 나아간다. 신앙의 경험이 각 사람마다 다른 이유는 각자가 그리는 나선형이 서로 다르기 때문이다. 나선형의 불규칙성은 각 사람의 영적인 지문이라고 할 수 있다. 지문이 동일하지 않듯이 나선형의 모양 역시 같은 사람은 없다.

'불규칙한 나선형'이 인간의 내면에서 일어나는 정화와 조명의 진행유형이다. 이 나선형의 불규칙성에 대한 이해가 대단히 중요하다.

5. 정화와 조명의 원리

내면에서 정화와 조명은 어떤 원리로 일어나는가? "정화와 조명의 원리는 나선형에 있다." 나선형을 다시 구체적으로 살펴보면 '올라감'과 '내려옴', '나아감'과 '물러감'으로 나뉜다. 이를 도형에다 그려보면 다음과 같다.

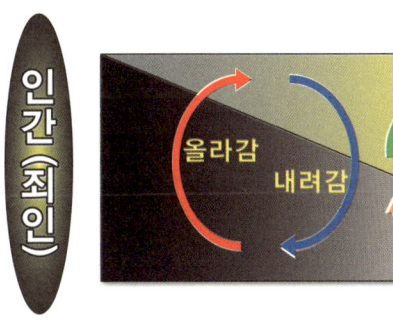

〈그림12 : 정화와 조명의 원리〉

❶ 올라감(昇): 어떤 영적인 큰 기쁨과 희열을 느끼는 영적인 고양의 상태를 말한다. 이 희열이 커지면 황홀경(엑스타시)에 이르게 된다. 이 경험은 대부분 뚜렷한 회심을 경험하는 경우에 처음으로 맛보게 된다. 이 기쁨은 세상에서는 맛볼 수 없다. 세상의 그 어떤 조건 때문이 아니라 하나님으로부터 주어지는 하늘의 기쁨이다. 이 기쁨을 맛보면 늘 그런 상태에 있기를 진심으로 바라게 된다.

❷ 내려감(降): 영적으로 고양되어 충만함과 기쁨을 느끼는 시간은 그리 오래가지 않는다. 자신도 모르는 사이에 내리막길을 걷고 만다. 내리막에 이른 것은 본래의 상태로 돌아온 것과는 다르다. 본래에는 느끼지 못하던 어떤 영적인 고통을 맛보게 된다. 영적인 상실감이 그것인데, "하나님으로부터 버림받았다."는 느낌이 들거나 또는 "뭔가 잘못되었다." 아니면 "어떤 착각에 빠졌던 것 같다."는 생각이 든다. '올라감'의 상태에서 기쁨이 컸던 것과 비례하여 고통이 커진다.

❸ 나아감(進): 올라감의 상태에서 느끼던 것과 같은 기쁨과 희열이 주어진다. '올라감'과 달리 '나아감'에서는 그 이전의 올라감의 상태에서는 느끼지 못하던 더 깊은 경험이 일어난다. 나아감은 올라감과 동시에 같이 진행된다.

❹ 물러감(退): 내려감은 곧 물러감으로 이어진다. 여기서는 올라감과 나아감을 겪기 이전의 모습으로 되돌아가게 된다. 올라감과 나아감에서는 무언가 신앙이 좀더 성숙되었고 어떤 큰 변화가 일어난 것 같은데 한순간 다시 본래의 모습으로 퇴보한 느낌에 빠지고 만다.

조명과 정화는 승·강·진·퇴(昇降進退)를 반복하면서 경험된다. 올라감과 나아감에서는 하나님의 빛이 비추이는 조명이, 내려감과 물러감에서는 죄성이 씻겨지는 정화가 일어난다. 이런 경험은 수없이 반복된다.

6. 영적 체험의 다양성의 원리

각 사람의 생김이 다르듯이 영적인 체험은 각기 다르다. 이것을 어떻게 설명해야 할까? 앞에서 지적한 바와 같이 각자 고유한 불규칙한 나선형을 그리며 영적인 체험을 하기 때문이다. 이런 유형은 내가 선택할 수 있는 것이 아니라 주어지는 것이다. 얼굴의 모습을 내가 선택한 것이 아닌 것과 같다. 불규칙한 나선형이 빚어내는 다양성의 원리를 설명하기 위하여 다음의 몇 가지 유형의 특징을 살피고자 한다.

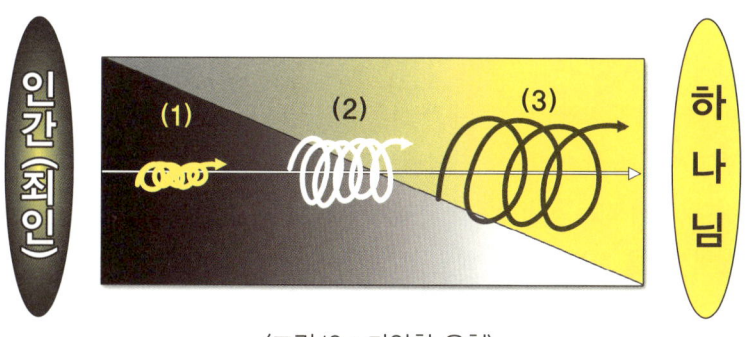

〈그림13 : 다양한 유형〉

유형 (1): 승·강·진·퇴의 폭이 작은 경우이다. 이런 유형의 사람들은 신앙생활의 굴곡이 적다. 특별한 어떤 영적인 체험이나 극적인 회심의 경험이 일어나지 않는다. 큰 체험 없이 자신도 모르는 사이에 신앙이 서서히 성장한다. 모태에서부터 신앙생활을 하는 사람들이 이런 경우가 많다. 그러나 늘 이런 상태가 지속되는 것은 아니다. 어느 순간 어떤 계기에 큰 나선형을 그리면서 신앙의 깊은 체험을 할 수도 있다.

유형 (2): 유형(1) 보다는 승·강·진·퇴의 폭이 크다. 승·강·진·퇴의 폭이 커질수록 상승시의 기쁨과 희열의 크기가 커지는 반면 하강후퇴 시에는 고통 역시 비례로 커진다. 나선형의 폭이 커지면 신앙성장의 속도도 그만큼 빠를 수 있다. 그러나 커다란 영적싸움을 감내해야 하는 어려움이 있다.

유형 (3): 상승과 하강의 폭이 가장 큰 경우이다. 영성의 대가들은 대부분 이런 유형에 속한다. 이런 유형의 사람들은 영적인 희열의 엑스타시(황홀경)와 극단적인 고통을 동시에 겪는다. 온갖 종류의 신비체험이 일어나며, 악마와의 치열한 싸움을 벌이기도 한다.

유형 (1), (2), (3)은 고정된 것이 아니다. 나선형의 크기는 신앙의 열심과도 관계가 있다. 신앙의 열심이 미미할 때에는 나선형이 작게 그려지다가도 신앙의 열심이 커지면서 큰 폭의 곡선이 그려지게 된다. 이 곡선의 모양과 크기는 내가 선택하는 것이 아니다. 우리 각자의 형편과 사정을 잘 아시는 하나님께서 각자에게 가장 적절한 길을 허락하신다. 남이 겪는 신비체험들을 부러워할 일도, 찾아 구할 일도 아니다. 신비체험을 하는 사람은 그만큼 고통이 뒤따르며, 사탄(마귀, 악마)의 공격과 회유가 직접적으로 나타나기 때문에 잘못될 위험 역시 크다. 영성의 길을 가면서 가장 주의해야 할 일은 사탄의 공격에 대비하는 일이다. 회전반경이 클수록 악마와의 싸움이 치열해진다.

정화와 조명, 어떻게 진행되나? 물음 25

 정화와 조명이 일어나는 원리는 '나선형의 진행'에 들어있다. 승·강·진·퇴를 반복하면서 정화와 조명이 경험되기 때문이다. 승·강·진·퇴는 다시 둘로 나누어진다. 올라감은 나아감으로 이어지기에 올라감과 나아감은 동시에 일어난다. 내려감과 물러감 역시 동시에 경험된다. 이를 다시 도형으로 살펴보면 다음과 같다.

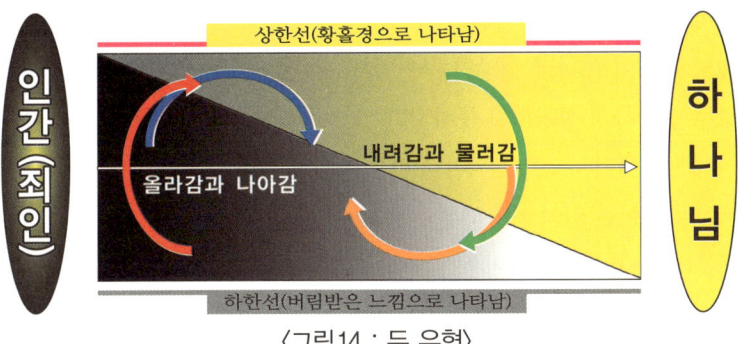

〈그림14 : 두 유형〉

1. 올라감과 나아감

 올라감과 나아감을 처음 접하는 경험은 하나님을 최초로 체험하는 사건에서 주로 일어난다. 이때 일어나는 주요 변화는 '하나님의 존재 발견'이며 "하나님께서는 분명히 살아계신다."라는 내적인 확신이 주어진다. 이와 더불어 예수님을 그리스도(메시아, 구세주)로 고백하게 된다. 2천여 년 전 십자가에서 돌아가신 그분의 죽으심이 나의 죄를 용서하시기 위함이었다는 사실이 믿어진다. 이와 더불어 자신의 죄악이 강하게 느껴져서 회개하지 않고는 견딜 수 없어서 회개하면서 자신이 죄인임을 고백하게 된다. 회개하고 나면 용서받았다는 확신이 들면서 어떤 큰 기쁨을 느끼게 되고 자신이 이제는 하나님의 자녀가 되었고 구원을 받았다는 확신을 가지게 된다. 이를 '회심'이라고 하는데, 회심의 사건이 뚜렷하게 일어난 사람들은 이런 것을 명확하게 경험한다. 회심의 사건 역시 사람에 따라서 다르게 나타나는데, 어떤 사람은 뚜렷하게 일시적으로, 어떤 사람은 희미하면서 서서히 진행이 된다. 회심의 증거는 앞에서 열거한 사실들에 대한 믿음과 확신에 있다.

하나님 발견과 사죄, 구원 등에 대한 믿음과 확신은 내가 그렇게 하려고 해서 되는 것이 아니다. 문자 그대로 믿는 것이 아니라 믿어지는 것이며 내가 확신하는 것이 아니라 확신이 드는 것이다. 이 회심은 이해의 차원이 아니라 신앙의 차원이다. 이 사건이 일어난 사람은 언어로는 정확하게 설명하지 못하지만 그 자신에게는 이성으로 이해한 것 이상으로 믿어지고 이해되며 확신을 가지게 된다.

어떻게 이런 일이 가능해질까? 이것이 바로 '조명'이다. 조명은 밖으로부터 하나님의 빛이 비추어짐이다. 어둠 속에 있어서 보이지 않던 것이 빛이 비추임으로 보이는 것과 같다. 인간의 이성과 이해력으로는 알 수도 깨달을 수도 없던 것이 어느 순간 알게 되고 깨달아진다. 이는 개인의 지적인 수준과는 상관이 없다. 지식의 정도와 관련 없이 일어나는 사건이기에 지성인은 물론 무지한 사람, 교육이 없는 사람도 가능해진다.

'조명'은 이런 것이며, 신앙인에게는 가장 중요한 사건이다. 이런 조명은 정화가 마무리 되고 난 뒤에 일어나는 사건이 아니다. 정화가 시작되기 전에 조명이 오히려 먼저 시작된다. 정화는 조명의 도우심으로 가능하기 때문이다. 조명이 있음으로써 자신이 죄인임을 알게 되고 회개를 하게 된다. 죄인임을 깨닫고 회개하고 죄악으로부터 떠나는 노력을 하게 되는데, 이것이 죄성이 정화되는 출발점이다.

기존의 영성이론 중 가장 큰 오류는 정화가 끝나고 나서 조명의 상태에 들어간다고 가르치는 것이다. 이런 이론은 자력종교의 이론이다. 타력(은혜)종교인 기독교에는 해당되지 않는 것이 기독교의 영성이론에 들어와서 지금까지 자리 잡고 있다. 비극 중의 비극이며, 하루속히 청산하여야 할 부끄러운 유산이다.

올라감의 곡선이 크게 그려져서 상한선에 가까이 가면 황홀경으로 체험이 된다. 또 오른쪽으로 크게 나아가면 하나님 면전이 체험된다. 특히 왼쪽 출발지점에 가까이 있다가 처음으로 주님 면전에 서게 되면 주님의 거룩함을 견뎌내지 못하고 죽은 자와 같이 되어버리고 만다. 이런 이유로 구약의 이스라엘 사람들은 "하나님을 뵈옵고 살아남을 자가 없다."고 했다. 이때의 경험은 인간의 언어로는 무어라 표현하기가 어렵다. 태산이 짓누르는 것 같기도 하고, 초고압 전기에 감전된 것 같기도 하고, 온 몸 아니 온 존재의 떨림 등이 복합적으로 드러난다. 이 상태를 경험하고 나면 그 이후로는 감히 '하나님', '여호와', '예수님', '성령님' 등의 이름을 부르지 못한다. 한없는 눈물과 탄식 속에서 '주님'이라고 겨우 부를 수 있을 뿐이다. "하나님의 함자를 함부로 부르지 말라."는 십계명의 말씀을 비로소 이해하게 된다. 이스라엘 사람들이 하나님의 함자를 감히 부르지 못하고 '아도나이'(나의 주님)라고 부를 수밖에 없었던 것은 이런 하나님 체험에서 비롯된 것이다. 지금 우리는 그 크신 하나님의 함자를 너무 함부로 부르고 있다. 그분의 이름은 아무런 경외심 없이 그렇게 부를 수 있는 것이 아니다. 하나님 모독죄에 해당될 일이다. 세상의 인격이 어느 정도 갖추어진 자도 부모나 조상의 이름을 함부로 부르지 않는다. 구약에 보면 하나님 현현의 자리에서 경거망동하던 자들이 그 자리에서 즉사하던 이야기들이 여러 곳에 나온다. 우리가 예배드리는 그분은 감히 이름으로 부를 수 없는 분이시다. 그분에 대하여 경험으로 이해해야 한다. 그분의 면전에서는 경험을 하고나면 감히 그분에 대하여 무어라 허튼소리는 말할 것도 없고, 그 이름조차도 부르지 못하게 된다.

 이런 상태는 올라감과 나아감이 상한선에 이를 때에 나타나는 현상이며, 이를 직접 경험하는 사람은 드물다. 대부분의 경우는 회전 반경이 작기 때문에 이런 것들을 경험하지 못한다. 올라가는 곡선의 반경의 크기에 비례하여 이런 현상의 뚜렷함이 결정된다. 회전 반경이 작을 경우 황홀경이나 탈아(脫我, 죽은 자처럼 되어짐)의 경험은 나타나지 않지만 흔히 말하는 '은혜가 충만해지는' 경험을 하게 된다. 이때에 나타나는 공통적인 현상은 신앙생활에 활력이 나타나는 것이다. 교회생활과 예배, 기도, 성경말씀 등이 은혜롭게 와 닿고 신앙과 관련된 일에 열심을 다하게 된다.

2. 내려감과 물러감

 올라감과 나아감의 상한선이 엑스타시와 탈아(脫我)라면, 내려감과 물러감의 하한선은 그 정반대이다. 하한선에 도달했을 때의 정신적인 고통은 말로는 설명이 되지 않는다. 육체를 수술할 때 고통을 덜기 위하여 마취제를 사용한다. 그런데 영혼에 들어있는 타락한 죄성을 씻어내기 위한 수술에는 마취제가 없다. 마취제 없이 육체를 수술할 때 느끼는 고통에 버금가는 아픔이 이때에 정신적으로 느껴진다. 상상할 수 없는 가장 큰 고통이 이때 주어진다. 십자가의 요한은 이 아픔을 '어둔 밤'이라고 했다.

 이 어둔 밤의 고통은 정화의 고통이다. 죄성이 씻겨지는 정화는 아무런 아픔 없이 되는 것이 아니라 무진 고생이 따라온다. 내려감과 물러감에 머물러 있는 동안에 자신의 실상을 보고 깨닫게 된다. 그 이전에는 자신이 어떤 존재인지를 모르고 있었다. 자신이 보이지 않았기 때문이다. 그런데 이제 하나님의 빛(조명)이 비추임으로 자신의 실상을 알게 된 것이다. 하나님께서 인간의 죄성을 정화시키는 방법은 먼저 조명을 통하여 죄성이 드러나게 하시고 그 다음에는 그 죄성을 회개를 통하여 정화시키신다. 즉 죄성이 드러난 만큼 정화된다. 이때의 드러나는 죄성은 곧 자기 자신의 잠재된 실상이다.

어둔 밤의 고통 역시 내려감의 정도에 비례한다. 하한선에 가까이 갈수록 그 고통은 커진다. 하한선과 상한선은 그 사람의 정신력이 감내해내는 한계선상이며 이 한계선상을 오가는 경험을 하는 사람은 극히 드물다. 이런 현상은 곡선이 크게 그려지는 사람들에게서 주로 나타나며, 대부분의 사람들에게는 영적인 침체와 무미건조함을 느끼는 것으로 나타난다.

3. 반복

올라감과 내려감, 나아감과 물러감이 계속 반복되면서 죄성이 서서히 정화되어진다. 하나님의 은혜로 충만해져 있는 상승의 상태가 지속되는 것이 아니다. 아무리 이 상태에 계속 머무르려고 발버둥쳐도 어느 순간 '홀연히' 어둔 밤의 나락으로 떨어지고 만다. 어둔 밤의 고통을 벗어나려고 온갖 몸부림을 치다보면 다시 '홀연히' 자신도 모르는 사이에 상승점으로 회복된다. 승·강·진·퇴가 이런 식으로 반복되는 것은 전혀 이상한 것이 아니다. 오히려 영적인 성장이 정상적으로 진행되고 있다는 증거이다. 승·강·진·퇴가 반복되지 않고 멈추어 선 것이 문제다. 멈추어서는 것은 주로 내려가 있는 침체기에 빠졌을 때인데 여기서 계속 머무르고 있는 것은 영적인 성장이 멈춘 것이다.

올라감과 나아감은 조명의 자리요, 내려감과 물러감은 정화의 자리다. 조명과 정화는 계속 반복되어야 한다. 올라감의 상태에서는 하나님을 체험하게 되고 내려감의 상태에서는 나의 죄성을 체험하게 된다.

물음 26 능동적인 정화와 수동적인 정화, 무엇이 다른가?

스스로 구도(求道)의 길을 가는 자력종교는 자력구원의 가능성을 인정한다. 대표적인 자력종교인 불교에서는 모든 사람 속에 들어있는 불성(佛性)을 스스로 깨우치기 위한 시도를 한다. 끊임없이 솟아오르는 속된 생각과 감정들을 끊어버리고 깨달음에 이르기 위하여 출가와 은둔·금욕·고행 등의 능동적인 노력에 온 힘을 쏟는다. 자력종교에서는 신앙의 대상이 있을 수 없다. 스스로 도를 깨우치는 것이 목표이므로 결국은 자기 자신이 신앙의 대상이 되는 셈이다. 엄밀한 의미에서 부처(석가모니)는 신앙의 대상이 아니다. 한 선각자일 뿐이다.

그러나 기독교에서는 자력구원의 가능성을 인정하지 않는다. 스스로의 노력으로는 도무지 구원에 이를 수가 없고, 오직 하나님의 은혜로만 구원받을 수 있다는 것이 기독교의 기본적인 교리이며, 이런 점에서 자력종교(불교)와는 그 출발점이 다르다. 신앙의 대상인 하나님을 인정하며, 그 하나님과의 관계회복을 추구하는 것이 기독교이다. 이에 반하여 자력종교는 일체의 속된 것으로부터 초탈을 시도한다. 신앙의 대상이 없으므로 관계회복이란 설 자리가 없다.

자력종교와 타력종교가 출발점은 다를지라도 인간의 심성에 들어있는 '죄성의 해결'을 추구한다는 점에서는 목표가 같다. 단지 방법이 다를 뿐이다. 자력종교에서는 끊임없이 솟아오르는 세속적인 욕구들을 끊어버리고 초탈하기 위하여 은둔수도의 길로 나아간다. 진흙탕 속에서는 진흙탕을 벗어날 수 없으므로 진흙탕을 벗어나는 것이다. 세속한 복판에서는 속된 욕구들을 끊을 수 없으므로 세속을 벗어나서 능동적인 수도에 정진하는 것이 자력종교의 공통된 방법이다. 자력종교는 자력정화의 길을 간다.

자력종교가 자력정화를 시도한다면 타력종교인 기독교는 어떤 정화를 시도해야 하나? 이치는 단순하다. '타력정화'가 그 대답이다. 타력종교는 타력정화의 길을 가야한다. "인간 스스로는 구원에 이를 수 없고 오직 하나님의 은혜로만 구원에 이른다."는 말은 "인간 스스로는 자신의 죄성을 해결할 수 없고 오직 하나님의 도우심으로만 죄성을 해결할 수 있다."는 말이 된다. 즉 자력정화의 방식으로는 죄성을 해결할 수 없으므로 타력정화의 방식을 시도해야 한다는 뜻이다. 기독교 수도사들의 오류는 여기에 있었다. 타력종교가 자력종교의 수도방법을 시도한 것이 오류였다. 이런 착오가 중세기 비극의 원인이었다.

타력종교는 타력수도의 길을 가야한다. 타력수도란 하나님께서 인간의 죄성을 해결해주시는 정화이다. 이는 인간의 능동적인 정화가 아니라 '수동적인 정화'다. 자력정화가 아닌 타력정화 즉 수동적인 정화로 인간의 죄성이 해결된다. 그렇다면 수동적인 정화란 무엇이 어떻게 진행되는 것인가?

1. 회심

수동적인 정화는 회심에서 출발한다. 회심의 이해를 돕기 위하여 다음의 도형을 사용하고자 한다.

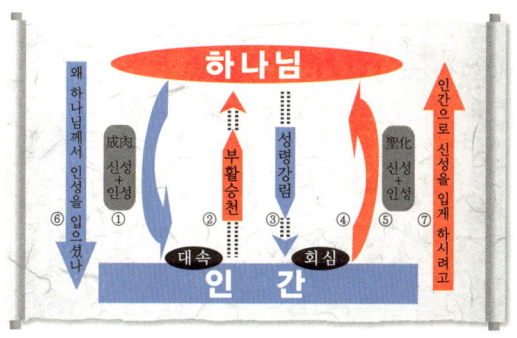

〈그림15 : 그리스도 사건〉

〈그림 15〉는 그리스도 사건을 도형으로 그린 것이다. ①예수님께서는 인간을 구원하시기 위하여 하나님이시기를 포기하고 인간으로 오셨다. 이를 '성육신'(成肉身)이라 한다. 성육신이란 하나님께서 인간이 되심이다. 즉 하나님의 성품인 신성(神性)이 인간의 성품인 인성(人性)을 입으신 것이다. 구세주이신 예수님의 성품은 신성+인성이다. 이를 양성(兩性) 기독론이라고 하는데, 예수님은 완전하신 하나님이시면서 완전하신 인간이라는 뜻이다. 구세주이신 예수님께서 인간으로 오셔서 인간의 죄를 해결하시기 위해 대신 죽으시고 ②부활, 승천하시고는 열흘 뒤에 ③성령님으로 다시 오셨다. 성령님께서는 예수님을 믿고 따르는 제자들과 무리들의 마음속에 임하셨다. 성령님께서 사람의 영혼 속에 오신 것이며, 성령님이 임한 사람은 이제 자신 속에 하나님의 영을 모신 것이다. 바꾸어 말하면 인성에 신성이 주어진 것이므로 그 사람의 성품은 인성(人性)+신성(神性)이 되었다. 이로써 예수님의 성품(신성+인성)과 예수님을 따르는 사람의 성품(인성+신성)은 같아지게 된다. 회심이란 인간이 하나님의 성품을 받는 것, 즉 신의 성품에 참여함이다.

인간이 죄성을 씻어내고 하나님처럼 되어지는 것은 자력으로서가 아니라 이 신성(성령님)의 도우심, 즉 타력으로 가능해진다. 회심한 인간에게 오신 성령님은 떠나지 않으시고 영원히 내주(內住)하시며 그 사람으로 하여금 죄의 노예에서 벗어나도록 도우시고 인도하신다.

죄성의 정화는 이 성령님의 사역으로 말미암아 가능해진다.

2. 조명

육체의 모습은 거울에 비춰보면 보이지만 영혼(마음)속에 들어있는 타락한 죄성은 하나님의 거룩한 빛에서만 드러난다. 수동적인 정화의 출발은 하나님의 빛이 영혼 속에 비추어져서 죄악을 깨닫게 함으로써 시작된다. 이 빛이 비추어지기 전에는 죄에 대한 명확한 기준이 없다. 양심, 도덕, 윤리 등이 있지만 이는 희미한 기준일 뿐이다. 그런데 하나님의 빛이 비추어져서 자신의 죄가 드러나면 '양심'이 되살아나서 가책을 받아 견딜 수가 없게 된다. 초기에는 자신이 범했던 행위의 죄들이 드러나지만 점차로 마음과 생각의 죄는 물론 잠재된 죄성까지 드러나게 된다.

정화와 관련된 하나님의 빛이 비추이는 조명의 주요 기능은 죄를 드러나게 함이다. 조명이 있기 전에는 죄라고 느껴지지 않던 것들이 견딜 수 없는 죄로 느껴지기 시작하는데 이는 하나님께서 정화의 은혜를 부어주시기 때문이다. 이런 조명은 인간의 영혼 속에 내주하시는 성령님께서 하시는 일이다. 하나님의 거룩하신 영이 사람 속에 거하시면서 그 사람으로 하여금 죄를 깨달아 알도록 거룩한 빛을 비춰주시는 것이 조명이다. 조명은 정화가 끝난 다음에 주어지는 그 무엇이 아니다.

3. 정화 : 회개와 사죄의 경험

거룩한 빛에 의해 죄가 드러나면 양심은 찔림을 받아서 견디지 못하고 죄를 고백하며 회개하게 된다. 회개는 자신의 죄를 철저히 뉘우침과 더불어 다시는 그런 죄를 범하지 않으려는 강한 다짐이다. 회개는 내가 하려고 해서 되는 것이 아니다. 죄가 느껴지고 양심이 찔려져야 회개가 된다. 회개는 일방적인 것이 아니다. 회개를 하고나면 회개한 죄를 용서받았다는 느낌과 확신이 주어지기 때문이다. 진심으로 회개한 사람들은 자신의 죄가 용서받았다는 것을 알게 된다. 그 안에 내주하시는 성령님께서 알게 하시기 때문이다. 죄를 용서받았다는 기쁨과 감사함으로 다시는 그런 죄를 범하지 않으려고 하게 된다. 이런 일을 반복하면서 죄로부터 떠나는 정화가 일어난다.

죄가 느껴지는 조명과 느껴지는 죄를 회개하는 것은 일상적인 삶 가운데서 일어난다. 매일 매일의 세상의 삶을 살아가면서 부딪히는 일들 가운데서 정화가 일어난다. 이를 위하여 구태여 세속을 떠나거나 은둔할 필요가 없다. 세속을 떠나는 것이 세상에 대한 책임을 회피하는 것으로 느껴지기 때문에 떠날 수도 없다. 떠나있다가도 세상으로 다시 돌아가야 한다. 하나님께서도 세상을 구원하시기 위하여 인간이 되어 세상으로 오셨는데, 세상을 버리고 세속의 일을 떠나서 수도원으로 들어가는 일은 하나님의 방식과 역행하는 일이다.
　죄성을 정화시키기 위하여 세속일과는 무관한 고상한 일에 종사할 필요가 없으며 고상한 일이라는 것이 따로 있는 것도 아니다. 금욕과 고행을 동반한 은둔과 기도에 전념하는 것이 고상한 일이 아니다. 세상의 삶을 하나님의 뜻에 맞게 사는 것이 고상한 일이다. 예언자들이나 예수님, 사도들이 탈속의 삶을 살지 않은 이유는 여기에 있다. 하나님의 뜻이 땅에서 이루어지는 삶을 사는 것이 거룩한 일이다. 돌보아야 할 가족을 등지고 출가하여 은둔수도에 전념하는 것은 고상한 일을 하는 것이 아니라 가족부양의 의무를 포기하는 비인간적인 처사이며 범죄행위다. 이런 것들은 고상한 행위를 하고 있다는 착각에 빠지게 하는 악마의 속임수에 놀아나는 것 이상 아무것도 아니다. 거룩한 것과 속된 것을 구별하는 것은 결코 바람직하지 않다. 4천 년 역사의 교훈은 성속이원론이 지배하던 시대는 반드시 비극의 나락으로 떨어졌다는 것이다.
　속세를 떠나서 속된 욕구들을 끊어내려는 초탈의 시도는 오물통에 몰려드는 파리를 쫓는 것과 같다. 파리는 쫓아도 곧 다시 몰려든다. 아무리 쫓아도 끝이 없다. 오물이 있는 한 파리는 끊임없이 몰려들게 마련이다. 그러나 죄가 양심 속에서 찔려져서 견디지 못하고 회개하며 뉘우치는 것은 오물을 치우는 것과 같다. 오물을 치우면 파리는 찾아오지 않는다. 회개와 사죄의 경험은 죄의 뿌리를 뽑아내는 작업이다. 죄의 욕구들을 억누르는 것은 뿌리를 뽑아내는 일이 아니다.

4. 능동적인 노력의 완성

내주하시는 성령님께서 인도하시는 수동적인 정화는 승·강·진·퇴(昇降進退)를 반복하면서 진행된다. 나선형의 승·강·진·퇴는 죄성을 정화시키는 신비한 역할을 한다. 이를 구체적으로 살펴보면 다음과 같다.

앞에서 지적한 바와 같이 올라감과 나아감이 상한선에 가까워질수록 큰 희열을 맛보게 된다. 특히 상한선에 도달했을 때의 황홀경은 인간이 정신적으로 느낄 수 있는 가장 행복한 체험이다. 상한선의 황홀감은 혼자 느끼는 희열이 아니라 하나님과 하나 됨에서 오는 희열이다. 세상에서는 맛볼 수 없는 희열이 하나님으로부터 주어진다. 그런데 이런 행복감은 오래가지 않는다. 홀연히 이런 황홀경은 사라지고 그 반대의 상태가 된다. 하한선의 나락으로 떨어졌을 때에 나타나는 두드러진 느낌은 하나님으로부터 '영원히 버림받은 느낌'이다. 조금 전까지만 해도 하나님께서 함께 하신다는 강한 느낌과 더불어 희열을 느끼고 있었는데 어느 순간 그 희열이 사라지고 하나님으로부터 버림받은 상실감에 시달려야 한다.

수동적인 정화에서 가장 중요한 역할을 하는 것은 이 '버림받은 느낌'이다. 상실감의 고통이 너무 크므로 견딜 수 없어 몸부림치면서 "왜 내가 하나님으로부터 버림 받았는가"를 곰곰이 생각해보게 된다. 그 결론은 '죄 때문'이라는 생각이 든다. 그렇다면 "어떻게 해야 다시 하나님과 함께 할 때의 엑스타시로 돌아갈 수 있는가?"라고 묻게 되는

데 그 대답은 '죄'로부터 떠나야 한다는 것이다. 이 순간부터 그는 행위의 죄는 물론 마음과 생각 속에서도 하나님의 뜻과 어긋나는 것은 철저히 버리려는 필사적인 노력을 하게 된다. 하한선으로 내려갈수록 버림받은 느낌과 죄를 버리려는 노력의 정도가 커진다.

하한선에 떨어졌을 때 죄를 버리려는 필사적인 노력은 다음과 같이 느껴진다.

먼저 수영을 전혀 하지 못하는 상태에서 물에 던져졌을 때의 느낌과 유사하다. 본능적으로 사력을 다해 살아남으려고 발버둥을 친다. 이 사람에게는 어떻게 해서든지 살아남으려는 생각 이외에는 다른 것이 자리 잡을 겨를이 없다. 다른 또 하나는 고공공포증이 있는 사람이 줄타기 하는 것과 같이 느껴진다. 한 번도 줄타기를 해본 적이 없는 사람이 큰 계곡을 가로지르는 외줄의 한 복판에 매달려있는 상태가 된 것이다. 이 사람 역시 살아남기 위하여 사력을 다해 외줄을 타야한다.

처음으로 하강점에 내려왔을 때의 느낌은 이런 것들과 아주 유사하다. 온 힘을 다해 행위의 죄는 말할 것도 없고 생각과 마음의 죄까지 씻어내려고 발버둥을 치다보면 어느 순간 다시 상승점으로 회복되면서 희열 속에 잠기게 된다. 여기서 그는 하강점에서의 고통을 생각하면서 몸서리를 친다. 그 때의 정신적인 고통은 무엇과도 비교가 되지 않는다. 아마도 지옥의 고통을 미리 맛보는 것이리라. 지옥의 가장 큰 고통은 소망이 끊어졌다는 데에 있다. 영원히 그런 고통에서 벗어날 길이 없다는 생각은 글자 그대로 지옥의 고통이 된다. 하강점에 떨어지면 그런 고통을 맛보게 된다. '영원히' 하나님으로부터 버림받았다는 느낌, '영원히' 이런 고통에 시달려야 한다는 느낌, '영원히' 이런 소망이 없다는 느낌이 주는 고통은 무어라 설명할 단어가 없다. 이 고통은 그 사람의 정신력이 견뎌낼 수 있는 한계선상까지 치닫는다.

그런데 여기에 한 가닥의 서광이 비쳐온다. "죄 때문에 버림받았으므로 죄를 떠나면 다시 살길이 있으리라!"는 실낱같은 느낌이다. 이 느낌은 물에 빠진 사람이 육지를 바라보면서 "저 육지에 나가기만 하면 살리라!"는 느낌이나, 벼랑을 가로지르는 외줄에 매달린 사람이 "저 벼랑 끝까지 나가기만 하면 살 수 있다!"는 느낌과 같다. 이 느낌 때문에 사력을 다하게 된다. 사지에 몰린 사람은 자신의 정신력과 육체의 힘이 자신도 모르는 사이에 한 곳에 집중되기 때문에 평소에는 상상할 수도 없었던 초인적인 힘이 나온다. 상한선에 있다가 하한선에 떨어진 사람은 자신도 모르는 사이에 살아남기 위하여 초인적인 힘을 발휘하여 죄와 싸움을 벌인다.

하한선에 떨어졌을 때에는 상한선으로 다시 회복되기 위하여 초인적으로 죄와 싸운다. 그러다보면 어느 순간 다시 상한선으로 회복되면서 황홀경 속에 들어간다. 이런 상한선에서는 하한선의 고통이 문자 그대로 '슬피 울며 이를 가는 고통'이기에 어떻게 하면 다시 하한선으로 떨어지지 않는가를 생각하게 되는데 대답은 죄를 떠나야 한다는 것이다. "이제 두 번 다시는 그 고통에 또 떨어질 수 없다!"는 생각 이외에는 할 수 없기에 주저할 겨를도 없이 행위는 물론 마음과 생각 속에서도 죄를 지우려는 필사적인 노력을 본능적으로 하게 된다. 그러나 아무리 노력을 해도 다시 하한선으로 떨어지고 만다. 여기서 다시 죄를 떠나려는 필사적인 노력을 기울이다보면 어느 순간 다시 상한선으로 올라간다. 이런 승·강·진·퇴를 수없이 반복하다보면 자신도 모르는 사이에 죄성의 정화가 되어진다. 상한선과 하한선의 노력은 결국 죄와의 싸움인 셈이다.

이런 노력은 회전반경의 크기와 비례한다.

승·강·진·퇴는 계속 반복되는데 갈수록 하한선에서의 고통이 더 커진다. 처음에는 육지에서 몇 발자국 떨어진 바다에 던져지던 것처럼 느껴지던 것이 점점 먼 곳에 던져지며, 나중에는 상어 떼들이 달려든다. 이 상어 떼는 악마를 말하는데, 악마와의 싸움은 별도로 다루려고 한다. 줄타기의 경우도 차츰 흔들리는 줄타기로 바뀌어 간다. 겨우 매달려 있기도 힘든데 떨어뜨리기로 작정하고 흔드는 것 같은 줄을 타야 한다. 죄성의 정화는 이런 내면의 고통 속에서 일어난다. 그러나 이 현상이 모든 사람에게 같은 것은 아니다. 투병생활, 사업 실패, 가정의 파탄 등 각자가 처한 환경에 따라 현실적인 문제 속에서 이런 정화가 진행될 수도 있다. 구약성경 욥기의 이야기는 죄성이 정화되는 과정을 말한다. 욥은 현실의 문제 속에서 영성수련을 하고 있다. 욥의 영성 수련은 하나님을 뵈옵는 단계에 이르러 끝이 난다.

내가 주께 대하여 귀로 듣기만 하였삽더니 이제는 눈으로 주를 뵈옵나이다.(욥기 42:5)

회심할 때에는 과거에 범한 행위의 죄들이 강하게 느껴져서 회개하게 되고 회개하면 용서받았다는 느낌으로 와 닿는다. 또 살다보면 여러 가지 죄들을 범하게 되고 또 회개하고 용서를 받는다. 그러나 평생 동안 이런 것을 반복할 수는 없는 일이다. 죄의 행위를 하게하는 죄성의 뿌리를 뽑아내야 한다. 이 죄성의 뿌리를 뽑는 일은 성령님의 도우심(타력)으로만 가능하다. 하지만 성령님의 도우심이 인간의 노력을 배제하지 않는다. 성령님의 도우심은 인간의 노력을 최대한 발휘하도록 하신다.

수동적인 정화에서 가장 고통스러운 순간은 하나님이 부정되는 경험이다. 회심한 이후 하나님의 계심과 주님의 대속하심 등이 의심된

적이 없었다. 그런데 수십 년간 믿어오던 것들이 한 순간에 사라져 버리고 수십 년 동안 잘못되어 있었던 것처럼 느껴진다. 하나님께서 존재하신다는 것이 전혀 믿어지지 않고, 예수님께서 나를 위해 대신 고난을 받으셨다는 것들이 쓸데없는 거짓말로 여겨진다. 이런 현상은 회심한 이후 내 안에 계시던 성령님께서 잠시 당신의 역할을 멈추실 때 나타난다. 이 과정을 통해서 뼈저리게 배우는 것은 하나님의 존재하심과 예수님께서 구세주 되심을 믿는 것은 내 힘으로는 불가능하며, 내 안에 계시는 성령님의 도우심으로만 가능하다는 것이다. 신앙의 일들은 믿어져야 믿는 것이지 내가 믿으려고 해서 믿어지는 것이 아니다. 수동적인 정화의 절정은 하나님이 부정되어지는 경험이다.

이런 것들이 성령님께서 인도하시는 '수동적인 정화'이다. 수동적인 정화란 능동적인 노력을 하지 않아도 저절로 정화가 된다는 뜻이 아니라, 평소에는 상상할 수도 없었던 잠재력을 발휘하도록 인도하시는 하나님의 도우심을 말한다. 수동적인 정화는 능동적인 정화의 포기가 아니라 완성이다.

여기의 설명은 상한선과 하한선의 양 극단을 오갈 때에 나타나는 현상을 중심으로 설명한 것이다. 회전반경이 작게 그려지는 상태에서는 희열감과 버림받은 느낌이 약하게 느껴질 뿐 그 원리는 같다. 승·강·진·퇴의 순환은 불규칙한 나선형을 그리면서 진행된다.

상한선과 하한선을 오가는 승·강·진·퇴는 언제까지나 계속 반복되는가? 아니다. 그리 멀지 않은 시간에 끝이 난다. 언제 어떻게 끝이 나는가? 이에 대한 대답은 정화의 단계와 과정의 중간 부분에서 주어진다.

물음 27 쉼과 훈련, 어떤 것인가?

　신앙생활을 하다보면 흔히 말하는 바와 같이 '은혜가 넘치는 때'가 있다. 하나님께서 옆에 계신 것처럼 느껴져서 감사와 찬양이 넘치고, 성경의 말씀들이 꿀과 송이 꿀보다 더 달며, 예배시간이 기다려지고, 기도가 하고 싶어지고……. 그런데 늘 그러면 참 좋을 텐데 그게 아니다. 어느 순간 하나님께서 떠나신 것 같고, 버림받은 것 같고, 예배시간이 지루하기만 하고, 교회가 가기 싫어지고, 성경을 펼치기만 하면 졸리고, 기도를 아무리 하려고 해도 몇 분을 견디기가 힘들어지고…….

　이런 것들을 어떻게 설명해야 할까? 그냥 "그럴 때도 있는 거지 뭐." 하고 넘어가야 하나? 누구에게나 이런 현상 때문에 많이 힘들어질 때가 자주 있다. 특히 기도에 전념하려고 할 때 그러하다. 작정하고 기도를 열심히 하려고 해본 경험들이 있을 것이다. 그런데 기도를 하려고 하면 할수록 힘들어진다. 특히 잡념 때문에 기도에 집중이 되지 않아 기도를 시도했다가 포기하는 경우가 많다. 다음 물음에서 다루겠지만 영적인 성장과 기도생활은 밀접한 관계가 있다. 기도생활 없이는 영적인 성장, 특히 죄성을 정화시키는 일은 불가능하다. 잡념에 시달리는 기도 생활을 어떻게 해야 이겨낼 수 있을까?

　이에 대한 대답은 먼저 이런 현상에 대한 정확한 이해에서 찾아야 한다. 다음의 도형을 보면서 설명하고자 한다.

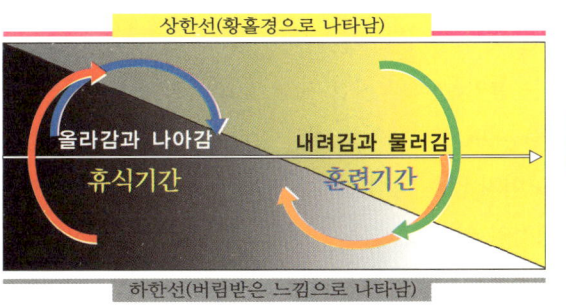

〈그림16 : 훈련과 쉼〉

앞에서 설명한 바와 같이 상한선 방향으로 올라가 있을 때에는 은혜가 충만해 있는 시간이고 하한선으로 내려가 있을 때에는 그 반대의 상태이다. 영적인 성장은 올라감과 내려감, 나아감과 물러감을 반복하면서 되어진다는 것은 앞에서 이미 지적했다. 상한선으로 올라가 있는 시간은 희열이 넘치는 감미로운 시간이지만 머물러 있는 시간이 길지 않다. 반면에 하한선에 떨어지면 고통스럽고 또 머무르는 시간이 길다. 이에 대한 정확한 이해가 대단히 중요한데 다음과 같이 정리할 수 있다.

기도가 잘 되는 시간은 휴식시간이며, 기도가 전혀 되지 않는 시간은 훈련(공부)시간이다.

기도생활이 영성의 길에서 가장 중요하므로 기도와 관련시켜 설명해보고자 한다. 기도시간에 저절로 집중이 잘되며 기쁨과 희열이 넘치는 시간은 힘겨운 정화의 노동을 하다가 잠시 쉬는 시간이다. 반면에 아무리 기도를 하려고 애써도 전혀 기도가 되지 않는 시간은 영적인 훈련의 시간, 즉 죄성을 정화시키는 시간이다. 기도가 잘 되면 스스로 생각하기를 "기도를 좀 했다."라고 만족하지만 기도가 도무지 되지 않으면 "오늘은 기도를 하지 못했다."고 생각한다. 그러나 나의 이런 느낌은 정확한 것이 아니다. 이는 마치 철모르는 어린 아이가 공부시간에 재미있는 놀이를 하면 시간 가는 줄 모르며 좋아하고, 힘든 공부를 하면 싫증을 내며 지루해하는 것과 같다. 영성의 과정을 겪고 나서 느낀 것은 "보이지 않는 영적 세계의 이치나 보이는 물질 세계의 이치가 같으며, 영적인 일이나 세상적인 일들의 원리가 동일하다."는 것이었다. 왜 그럴까? 모두가 같은 하나님으로부터 나온 것이기 때문이다.

휴식시간과 공부시간 중 어느 시간이 더 중요한가? 대답은 필요 없을 것이다. 그러면 "나는 지금 휴식시간과 훈련시간 중 어느 것을 더 좋아하고 있는가?" 이에 대한 대답이 지금 나의 영적인 나이에 대한 진단이다. 은혜롭고 감미로운 시간만을 추구하며 지루한 기도시간은 도저히 못 견디겠다고 느끼고 있다면 아직 젖먹이에 불과하다. 도무지 기도가 되지 않는 시간에 묵묵히 앉아서 기도에 전념하려고 애쓰고 있다면 그는 철이 난 것이다. 힘들고 어렵더라도 참고 열심히 공부해야 지식이 늘게 마련이다. 그러나 공부를 싫어하고 놀이만 찾아다니면 그의 나이는 어른이 되었지만 지식은 어린아이 수준에 머물게 마련이다.

영적인 어른이 되려면 노는 시간보다는 공부시간을 더 좋아해야 한다.

물음 28. 기도, 무엇인가?

기도를 흔히 '영혼의 호흡' 또는 '하나님과의 대화'라고 말한다. 맞는 말이다. 그런데 영성의 입장에서 볼 때 기도는 또 다른 중요한 역할을 한다. 기도는 '정화의 방법'이다. 세상 속에서 세상의 삶을 살아가면서 영성수련을 해야 하는데, 이런 수련은 기도에 의해 뒷받침 되어야 한다. 기도는 세속수도의 삶을 가능하게 한다. 이런 이유로 회심한 이후 내주하시는 성령님께서는 기도에 열심을 내도록 인도하신다. 뒤에서 다루겠지만 케노시스 영성의 과정은 기도의 과정이다.

그러나 자력수도에서는 출가와 은둔·금욕·고행 등이 정화에 중요한 비중을 차지한다. 세속적인 욕구를 초탈하기 위해서는 이런 수도에 전념해야 한다. 즉 은둔수도가 정화의 방법인 셈이다.

기도는 정화의 길이며 방법이다.

물음 29. 기도, 어떻게 해야 깊어지나?

- ●도대체 기도를 어떻게 해야 깊이 할 수 있을까?
- ●잡념에서 벗어나는 무슨 특별한 방법이 없을까?

기도에 관심 있는 사람들이 늘 묻는 질문이다. 이에 대하여 무어라고 대답해야 하나?

1. 자력종교의 기도와 타력종교의 기도

기도는 자력수도에 초점을 맞추느냐 아니면 타력수도에 초점을 맞추느냐에 따라 그 방법이 달라진다.

자력수도는 인간 스스로의 힘으로 죄성에서 비롯되는 세속적 욕구 일체를 떨쳐버려야 하기 때문에 초인적인 노력과 정신적인 에너지가 필요하다. 육체적인 욕구의 표본인 식욕, 성욕, 졸림 등을 이겨내기 위하여 금식, 금욕, 철야 등 육체의 요구와는 반대의 방향으로 나아간다. 이런 시도는 세속의 삶을 사는 것으로는 불가능하므로 세상 밖으로 나가야 하며, 하루의 일과는 특별한 수도로 채워야 한다. 수천 년의 역사를 가진 이런 자력수도의 종교에서는 여러 가지 특별한 기도법이 개발되었다. 요가나 좌선 등이 그 대표적인 것이라고 할 수 있다. 이런 기도에서는 좌선과 같은 어떤 특별한 자세, 단전호흡법과 같은 호흡을 이용하는 방법 등이 개발되었고, 심오한 심신수련과 명상을 통하여 무념무상(無念無想)을 추구한다. 인간의 타고난 심성(心性)속에 불성(佛性) 또는 신성(神性)이 있다고 보기 때문에 자기성찰과 정신집중의 여러 방법들이 개발되었다.

그러나 기독교의 기도는 이와 근본적으로 다르다. 자신 속에서 하나님을 발견하기 위한 정신집중을 시도하는 것이 아니기 때문이다. 일체의 삶 속에서 창조주이시며 역사의 주인이신, 생사화복을 주관하시는 하나님과 관계맺기 및 관계회복을 시도하는 것이기 때문에 어떤 특별한 기도법을 강조하지 않는다. 자신의 마음을 향한 정신집중이 아니라 하나님과의 대화가 기도이기 때문이다. 대화에는 어떤 특별한 자세, 호흡법 등이 요구되지 않는다. 하나님과의 대화를 위하여 은둔과 금욕, 고행 등 인간의 기본적인 욕구를 끊어 내려는 시도가 필요한 것도 아니다. 육체를 지으신 하나님의 뜻에 따라 순리대로 살면서 하나님의 뜻이 하늘에서 이루어진 것 같이 땅에서도 이루어지기를 바라는 마음이 기도다. 무념무상을 추구하는 어떤 정신집중의 훈련과 기독교의 기도와는 아무런 상관이 없다. 근래에 요가나 참선의 수련법과 정신집중 방법들을 비롯하여 심리학적인 방법들을 기독교의 기도수련에 사용하는 경우가 흔히 있다. 기독교의 기도가 무엇인지를 정확하게 이해하지 못하는 데에서 오는 혼란이다.

2. 깊은 기도로 가는 길

❶ 충실한 삶

기도가 깊어지려면 매일의 삶이 하나님께서 받으실만한 삶이어야 한다. 삶이 뒷받침 되지 않으면서 기도가 깊어진다는 것은 기독교의 기도에는 해당되지 않는다. 흐트러진 삶은 기도시간에 철저하게 회개해야 할 대상이다. 기도가 깊어지기 위한 무슨 비상한 방법을 추구해야 할 것이 아니라 매순간의 삶을 하나님 앞에서 부끄럽지 않게 살아야 한다. 그런 삶을 살면서 하나님 앞에 드리는 기도가 깊은 단계의 기도로 들어가는 지름길이다. 삶을 배제하는 기도수련은 기독교의 수련이 아니다. 그런 것들은 심신수련이나 명상수련에서나 찾아볼 수 있는 것이다.

기도시간에 잡념에 시달리는 가장 큰 이유는 하루를 무덤덤하게 별 의미없이 무료(無聊)하게 보냈기 때문이다. 이런 경우 기도시간에는 온갖 생각들이 몰려오며 기도하기 위하여 앉아있는 그 자체가 힘들어진다. 잡념에서 벗어나려면 무미건조한 일과를 바꾸어야 한다. 하루의 삶과 그날의 기도는 직결되어 있다. 충실한 하루를 살았다고 해서 기도시간에 잡념이 다 사라지는 것은 아니지만 최선을 다하는 삶이 없이 깊은 기도를 하는 것은 기독교에서는 불가능하다. 기독교의 기도는 하나님과의 관계이기 때문이다. 삶 속에서 하나님과의 관계가 깊어진 만큼 기도가 깊어진다.

❶ 성찰과 회개

내주하시는 성령님의 인도하심을 받는 충실한 삶을 살면 기도시간이 하루의 삶에 대한 '성찰'과 '회개'로 채워진다. 하루의 삶을 돌이켜 보면서 자신의 행동 하나 하나가 깊이 성찰되어져야 한다. 이 성찰은 대부분 회개로 이어진다. 자신의 부족한 부분이 느껴지고 찔려져서 회개하지 않고는 견딜 수 없어져야 한다. 이런 성찰의 기도가 깊어지면 무심코 던진 말 한마디, 휴지조각 하나를 소홀히 한 것 등을 비롯하여 어리석고 헛된 생각과 마음에 시간을 빼앗긴 것 등 지극히 사소한 문제들도 크게 와 닿는다. 성찰은 곧 회개라고 할 수 있다.

이런 성찰의 기도는 행동의 변화로 이어진다. 인격의 변화는 먼저 기도에서 변화되어져야 한다. 기도가 변해지고 깊어진 만큼 그 인격과 행위가 변화되어진다. 아무리 노력하고 애써도 고칠 수 없는 악습들을 기도시간에 철저히 회개하고 뉘우치면 하나님께서는 그 죄를 용서하실 뿐만 아니라 새로운 마음과 힘을 주셔서 그것을 극복하게 하신다. 이런 과정을 통하여 죄성의 정화가 진행된다. 기독교에서의 정화는 성찰과 회개, 하나님의 도우심을 통해서 일어난다. 자력종교에서 추구하는 것과 같은 초탈로 정화가 되는 것이 아니다. 죄성이 정화된 만큼 기도가 깊어지며 죄성의 정화와 기도의 깊이는 비례한다. 죄성의 정화없이 기도는 깊어지지 않는다.

이 과정에 대한 구체적인 설명은 뒤의 〈물음32〉 "비움의 길, 어떻게 진행되는가?"에서 다루게 된다.

❷ 말씀 묵상

내죄성의 정화와 기도에서 가장 중요한 비중을 차지하는 것이 성경 읽기와 묵상이다. 정화와 기도가 깊어진 만큼, 하나님과의 관계가 깊어진 만큼 기록된 성경의 말씀들이 살아계신 하나님의 말씀으로 다가

온다. 초기에는 성경의 말씀들이 은혜롭게 느껴지다가 직접 나에게 말씀하시는 것처럼 느껴질 뿐만 아니라 시공간을 초월하여 내가 성경에 기록된 그 현장에 참여하는 것처럼 되어진다. 예언자나 사도들처럼 그 현장에서 내가 직접 말씀을 듣고 또 선포하는 자처럼 성경이 경험되어진다. 기도시간에도 그날 읽은 말씀들이 깊이 다가오고 묵상이 되며 그 말씀에 사로잡혀진다.

부록에 실은 3년의 기도 기간 중에 이런 일들이 있었다. 특히 복음서에 대한 깊은 묵상과 체험이 이 기간 동안 있었다. 예수님을 곁에서 따르는 것처럼 예수님의 활동과 말씀들이 직접 경험되었다. 3년 동안 복음서의 말씀 속에서 살았다. 이런 경험이 복음서에만 국한 된 것은 아니었다. 구약의 율법서와 예언서에서도 비슷했다. 이런 과정을 겪고 난 후 성경과 그 역사에 대한 이해의 지평선이 전혀 다르게 와 닿았다.

「하비루의 길」과 「죄인의 길」은 이렇게 해서 정리되었다.

앞에서 누누이 지적한 바와 같이 수도원 운동이 헬라의 이원론에 근거하여 은둔수도로 나아간 것은 시행착오였다. 은둔수도를 받아들인 수도사들은 은둔자들이 시도하는 수련법들을 수용했고, 잡념을 몰아내기 위한 여러 가지 정신집중훈련들이 개발되었다. 이 역시 순수한 기독교의 기도의 방법이 아니다. 내주하시는 성령님께서 인도하시는 대로 따라가면 은둔수도에서 추구하는 것 이상의 깊은 기도에 도달하게 된다. 기독교의 기도는 자력종교에서 추구하는 그 어떤 것보다 더 깊은 상태에 도달한다.

필요에 따라 일정기간 동안 철야나 금식 또는 집중적인 기도의 시간을 가질 수는 있다. 그러나 이런 것들은 보조적인 역할을 할 뿐이다. 가장 중요한 것은 하루를 시작하는 시간과 마치는 시간을 기도와 성경 말씀 묵상 등으로 보내며 하루의 일과를 기도하는 마음으로 해내는 것이다. 뒤에서 다루는 기도의 과정을 겪는 동안 단 한 번의 금식, 철야, 금욕을 하지 않았다는 것을 미리 밝혀두고자 한다. 아침 저녁의 평범한 기도생활과 하루를 기도하는 심정으로 보내는 것이 전부였다.

물음 30 영적 성장의 필수조건은 무엇인가?

겉사람이 사는 원리나 속사람이 사는 원리가 같다.

육체가 건강해지려면 필요한 양분을 섭취하고 운동을 해야 하며, 정신적으로는 부지런히 노력하여 필요한 지식을 습득해야 한다. 이 두 가지는 정상적으로 성장하는 사람에게 있어서 필수조건이다. 영적인 원리도 같다. 영혼의 양식인 기록된 말씀인 성경을 깊이 묵상해야한다. 영적인 성장과 성경말씀 묵상의 깊이와는 비례한다. 하나님을 체험한 만큼 성경말씀이 묵상이 되어지고 말씀이 묵상되어지는 만큼 하나님이 체험된다. 성경의 말씀과 경건의 서적들은 영적인 양식이다.

영적인 훈련을 계속해야 영적으로 성장이 된다. 영적인 훈련이란 앞에서 말한 승·강·진·퇴의 순환을 반복하는 것이다. 올라감과 나아감의 자리는 잠시 쉬는 시간이며, 고통스러운 내려감과 물러감의 자리는 훈련의 시간이라는 것을 반드시 명심해야 한다. 대부분의 사람들은 내려감과 물러감의 상태에서 머물러 버린다. 기도가 전혀 되지 않고, 성경을 읽어도 무미건조하고, 교회생활도 따분하게 느껴지면 그냥 그 자리에 주저앉아 버린다. 이는 학생이 학교에 가서 공부하기 싫다고 가지 않고 길거리에서 노는 것과 같다.

특히 기도가 도무지 되지 않을 때 더 열심히 기도하려고 앉아 있어야 한다. 온갖 잡념들이 떠올라서 기도하고 있는 것처럼 느껴지지 않아도 일어나지 말고 앉아있어야 한다. 5분이 1시간 보다 길게 느껴지는 기도시간이 가장 중요한 기도시간이다. 스스로 느끼기에는 전혀 기도하지 않은 것 같지만 그때가 참 기도를 한 것이다. 기도하는 시간을 아침 저녁 규칙적으로 지켜야 한다. 시간의 길이는 형편에 따라서 정할 수 있으나 가장 중요한 것은 규칙적으로 기도하되 기도가 전혀 되지 않을 때 기도를 중단하지 말아야 한다는 것이다. 다시 반복하지만 그 시간이 가장 중요한 기도를 하는 시간이다.

　내려감과 물러감에서 빨리 벗어나서 다시 올라감과 나아감의 상태로 가는 지름길은 기도가 전혀 되지 않는 것처럼 느껴질 때 정해진 시간을 채우는 것이다. 특히 잡념 때문에 고통스러울수록 기도시간을 지켜야 한다. 깊은 기도로 들어가는 길목을 가로막는 가장 큰 방해물은 이 잡념인데, 이 고비를 넘겨야 한다. 잡념 때문에 시달리고 있는 그 시간이 지금 내가 훈련받고 있는 것이다. 고통이 따르지 않는 훈련이란 있을 수 없다. 훈련의 고통을 그대로 감수하는 것이 가장 좋은 훈련법이다. 이 단계에서 어떤 정신집중 훈련과 잡념을 제거하기 위한 무슨 심리적인 방법들에 유혹을 받게 된다. 이는 훈련의 고통을 면해보자는 얕은 생각에 불과하다.

승·강·진·퇴 순환의 계속, 이것이 영적인 성장의 필수조건이다.

물음

31 사탄의 세력, 무엇인가?

영성과정으로 들어가기 전에 마지막으로 꼭 다루어야 할 것이 있다. 사탄(악마, 마귀, 귀신)의 존재가 그것이다.

정화와 조명이 진행되면서 세 존재에 대하여 눈을 뜨게 된다. 첫째는 하나님의 존재다. 올라감과 나아감의 상태에서 겪는 하나님으로 충만해지는 경험은 하나님에 대한 지식의 폭을 넓힘으로써 하나님을 더 깊이 알게 한다. 반대로 내려감과 물러감의 상태에서는 자신의 감추어진 죄성의 실상들이 드러남으로써 자신을 보게 된다. 하나님을 본 만큼 자신을 보게 되고 자신을 본 만큼 하나님을 뵈옵게 된다. 하나님체험은 곧 자기체험인 셈이다.

그런데 영성의 길은 나와 하나님과의 관계로만 진행되는 것이 아니다. 나와 하나님의 관계회복을 가로막는 사탄의 세력이 끼어든다. 영성의 길을 가는데 있어서 악마에 대한 이해는 하나님에 대한 이해 못지않게 중요하다. 악마에 대한 이해 없이는 영성의 길을 갈 수가 없다.

영성의 길은 삼각관계로 진행이 된다. 하나님과 나를 체험하는 만큼 악마를 체험하게 된다. 이 세 존재에 대한 체험은 서로 비례한다. 하나님을 아는 만큼 나를 알게 되고 또 악마를 알게 된다. 즉 영성의 깊이가 더해질수록 악마와의 싸움이 치열해진다는 뜻이다. 영성의 길이란 곧 악마와의 싸움의 길이라고도 할 수 있다. 사탄의 존재가 느껴지든 그렇지 않든 기독교 신앙의 길로 접어든 사람들은 다 악마와의 싸움을 하고 있다고 할 수 있다. 왜냐하면 악마와 싸운다는 것은 곧 죄와 싸우는 것이기 때문이다. 영성의 길을 가는데 악마에 대한 이해는 대단히 중요하다. 악마에 대한 이해 없이는 결코 악마를 이겨낼 수가 없다.

1. 악마와 현상으로 부딪히는 사람들

신앙생활을 하다보면 어떤 사람들은 영적인 여러 현상(환상, 환청 등)들을 체험했다고 말하는 반면 전혀 그런 경험이 없는 사람들이 있다. 악마의 경우도 마찬가지다. 악마와 부딪혔던 경우를 말하는 사람이 있는가하면 평생 신앙생활을 하면서도 그런 것을 전혀 겪어보지 못하는 사람들이 있다. 이것을 어떻게 설명해야 하나?

대답하기 어려운 문제인 것 같지만 이치는 아주 단순하다. 앞에서 다룬 불규칙한 나선형의 진행을 이해하면 쉽게 설명이 된다. 회전반경이 작은 사람들에게는 환상이나 환청을 비롯하여 악마와 부딪히는 영적인 현상들이 경험되지 않는다. 그러나 나선형의 회전 반경이 큰 사람들은 이런 현상을 자주 접하게 된다. 이는 어느 것이 더 좋으냐 나쁘냐의 문제와는 상관이 없다. 각 사람의 성격과 영적인 기질이나 상황에 따라 다양하게 나타날 뿐이며, 하나님께서는 각 사람에게 가장 적절한 방법으로 인도하신다. 누가 더 영적인 진전이 빠르냐 하는 것과는 직접 관련이 없다. 누가 더 부지런히 최선을 다하느냐가 중요할 뿐이다.

회전반경이 커져서 영적인 현상이 잦은 사람은 영적으로 다양한 체험을 하는 것이기도 하지만 반면에 현상의 체험이 주는 대단히 무거운 짐을 하나 더 지는 것이기도 하다. 영적인 현상이 잦은 사람은 악마와의 싸움을 치열하게 해야 하는데, 이는 결코 쉽지 않은 일이다. 영적인 현상이 잦은 사람은 부러움의 대상이 아니며, 또 그런 현상을 찾아 구할 일도 전혀 아니다. 단지 자신에게 주어지는 대로 받아들이는 자세가 필요하다.

2. 악마와 부딪히는 단계들

악마의 세력과 부딪히는 것에도 단계가 있다.

❶ 형상으로 다가오는 단계

최초의 단계는 악마의 세력이 어떤 형체를 가지고 접근하거나 아니면 어떤 이상한 현상(무슨 소리나 어떤 충격, 무서움, 소름끼침 등)으로 다가온다. 이런 일들은 기도나 예배 등의 신앙적인 활동을 열심히 할 때 주로 나타나는데 신앙생활을 악마가 방해하기 위함이다. 이런 경우는 신앙생활에 대한 열심을 중단하면 그런 현상도 나타나지 않지만 열심을 지속하면 악마의 방해는 다시 시작된다. 처음에는 어떤 형체나 공포심을 자아내는 소리 등으로 간접적인 방해를 하지만 이에 굴하지 않고 계속 열심 있는 신앙적인 노력을 하게 되면 어떤 귀신이나 괴물, 짐승의 형체로 달려든다. 그래도 굴하지 않으면 그 다음에는 이런 형체들과 본격적인 싸움을 하게 된다. 영성가(수도사)들의 일화에는 이런 이야기들이 많이 전해지고 있다. 이런 싸움은 악마의 세력이 외부로부터 어떤 형체를 가지고 공격해오는 단계이며 악마와의 싸움에서는 초보적인 것들이다.

❷ 영(靈)으로 다가오는 단계

이런 단계를 견뎌내면 그 다음 단계로 진입한다. 이제는 보이는 어떤 형체로서의 공격이 아니라 보이지 않는 영의 상태로 접근해온다. 영적인 공격은 형체의 공격과는 차원을 달리한다. 온통 마음과 생각 등 감정을 지배해오기 때문이다. 이런 상태는 대단히 위험하다. 여기쯤부터는 혼자서 이겨낸다는 것은 사실상 어렵다. 이 상태를 이해하는 사람의 도움을 받아야 한다. 흔히 어떤 축사(逐邪)의 기도로 해결될 수 있는 차원의 이야기가 아니기 때문이다. 축사는 귀신들린 사람에게 관계된 것이다. 그러나 지금 이 단계는 귀신이 들린 상태가 아니라 악마의 세력과의 영적인 싸움이다. 이 단계에 있는 사람에게 가장 필요한 것은 지금 자신을 공격해오는 악마의 세력이 어떤 것인지, 그리고 공격당하고 있는 자신의 영적인 상태와 단계가 어디인지에 대한 정확한 이해이다. 이런 이해가 선행되어야 어떻게 대처할지 그 방법을 찾을 수 있다. 지금부터 30여 년 전 나는 24살 때 혼자서 여기까지 왔다가 중도에 포기해야 했다. 마음과 생각을 파고드는 악마의 공격은 견딜 수 없을 만큼 예리한데 무슨 일이 일어나고 있는 것인지, 어떻게 해야 하는지 어디에서도 대답을 찾을 수 없었기 때문이다. 15년 동안 접어두고 있다가 이 상태에서부터 다시 시작했다. 악마의 특징 중의 하나가 '집요함'이다. 마음과 생각 속에서 신앙생활을 방해하는 끈질긴 공격은 상상을 초월한다. 이 공격을 당해보지 않고는 이해가 어려울 것이다. 이 단계에서의 악마의 공격 역시 각 사람에 따라서 다양하게 나타날 수 있다. 여기에서는 공격만이 아니라 공감과 협박, 회유도 동반되어진다. 마음과 생각을 지배해오고 악마의 세력과 의사소통이 가능해지기 때문에 이런 일들이 일어난다. 이 싸움에서 지면 정신적인 질환에 시달릴 수도 있고, 또 회유에 넘어가면 영적인 현상들을 남발하는 사이비 교주가 되어 악마의 꼭두각시가 될 수도 있다.

악마는 사람의 힘으로 절대로 이겨낼 수가 없다. 악마와 부딪히고 있는 사람들은 이 사실을 꼭 명심해야 한다. 오직 하나님께서 지켜주시고 인도해주셔야만 이겨낼 수 있다.

❸ 악마의 영으로 채워지는 단계

이제 마지막 단계의 싸움이 남아있다. 영성의 체험이 깊어지면 하나님의 영(성령님)으로 채워지는 경험들이 일어난다. 처음에는 올라감과 나아감에서 이런 것을 경험한다. 하나님의 영으로 채워진 만큼 하나님을 이해하게 된다. 하나님의 영으로 온전히 채워지는 경험이 일어나는 것과 같이 악마의 영으로 채워지는 경험도 일어난다. 하나님의 영으로 채워짐으로써 하나님을 알게 되듯이 악마의 영으로 채워짐으로써 악마를 알게 된다. 그 이전까지는 외부로부터 공격해오는 형체와 싸우면서, 또는 마음과 생각을 지배해오는 악마와 싸우면서 악마에 대한 이해의 폭을 넓혀왔다. 그런데 이제는 악마의 영에 채워져 봄으로써 악마의 본성과 속성을 이해하게 된다.

　악마의 영으로 채워지는 경험은 영적인 경험에서 가장 무시무시하고 위험한 순간이다. 악마의 영으로 채워진다는 것은 악마처럼 되어지는 경험이다. 악마가 주는 어떤 엑스타시와 독특한 상태에서 악마는 자신과 계약을 체결하자고 요구한다. 두 번째 단계에서의 회유와 유혹과는 차원이 다르다. 경우에 따라서는 이단의 괴수의 자리에 세워놓고 세상의 큰 권세, 영적인 어떤 능력, 따르는 수많은 무리 등을 보여주면서 자신과 손 잡을 것을 요구하기도 한다. 악마의 영으로 채워진다는 것은 악마적인 엑스타시의 상태에 있음을 말하는 것인데, 하나님보다 더 높아져 있는 기고만장한 교만의 극치에서 느끼는 어떤 우월감, 또는 성적인 오르가즘의 순간과 유사한 엑스타시의 상태 등으로 느껴진다. 이런 상태가 되어 있으면서 악마의 계약요청을 거부해야 한다. 그런데 악마는 내가 거부한다고 신사적으로 물러가는 존재가 아니다. 거부할수록 끈질기게 매달리기 때문에 대단히 어렵다.

　이런 경험은 하나님께서 악마의 속성을 경험으로 알게 하기 위하여 허락하실 때 일어난다. 그리고 이 싸움에서 이겨내는 것은 사람의 힘으로는 전혀 불가능하다. 오직 하나님께서 지켜주시고 보호해주셔야만 악마의 영으로 채워진 순간을 견뎌낼 수 있다.

3. 올라가는 원리와 내려가는 원리

　영성의 길을 가려면 악마와의 싸움에서 이겨내야 한다. 무엇을 어떻게 해야 이 싸움을 이길 수 있나?

　그 대답은 악마의 속성을 알아야 가능하다. 악마의 속성과 존재원리는 '높아짐'에 있다. 악마는 높아지지 않고는 견디지 못한다. 악마가 절대로 할 수 없는 것은 낮아져서 섬기는 일이다. 겉으로 드러나는 거짓 겸손은 흉내 낼 수 있지만 마음에서 우러나오는 진실한 겸손과 섬김은 악마에게는 전혀 불가능하다. 악마의 영으로 채워지면 교만의 극단을 향하여 치달으며, 하나님보다 더 높아져 있는 기고만장의 극치에서 오는 우월감에 빠져든다. 악마적인 엑스타시는 교만함과 퇴폐적인 황홀감이다. 악마와 결탁한 사이비 교주들이 자칭 하나님이 되거나 혼음을 일삼는 것은 이런 때문이다. 악마의 영에 현혹된 사람들은 쉽게 남의 말에 귀를 기울이지 않는다. 자신이 영적으로 아주 깊은 체험을 했다는 우월감에 빠져 있어서 누가 무어라고 하면 "너는 아직 영적인 것을 몰라서 그래."하면서 무시해버린다. 또 자신이 체험한 것과 알고 있는 것에 대한 절대적인 확신에 빠져 있어서 자신이 알고 있는 것만이 옳다고 생각하기 때문에 누구의 말도 듣지 않는다. 마귀가 사람을 현혹시킬 때는 이런 확신부터 심어준다. 사탄으로부터의 확신을 경계해야 한다. 악마의 속성은 높아짐 즉 교만에 있다.

반면에 하나님의 영에 채워지면 낮아지고 또 낮아져서 세상에서 가장 낮은 자리에서 섬기는 사람이 된다. 성령님의 존재원리는 '낮아짐'과 '섬김'에 있다. 성령님으로 채워지면 낮아져서 섬기지 않고서는 견딜 수 없게 된다. 또 항상 배우려는 마음을 가지게 된다. 자신이 영적으로 체험하는 것들에 대해서도 "혹시 악마에게 속고 있는 것은 아닌가?"라는 생각에서 끊임없이 점검하며 남에게 조언을 구하고 귀를 기울인다. 상대가 어린아이라 하더라도 배우려는 자세를 가지며, 가르치는 자리, 높은 자리, 지배하는 자리 등은 스스로가 용납하지를 못한다. 직책 때문에 어쩔 수 없이 그런 자리에 선다하더라도 섬김의 기회로 받아들일 뿐이다. 하나님이시기를 포기하고 인간으로 오신 예수님께서 가장 낮고 천한 마구간에서 태어나셔서 말구유에 누우신 것은 결코 우연이 아니다. 아기 예수님께서 메시아이신 증거는 '구유에 누워 계심'이었다.(누가복음 2:12) 또 예수님께서는 섬김을 받으러 오지 않으시고 섬기러 오셨다고 친히 말씀하셨다. 하나님께서는 가장 낮은 자리에서 섬기시는 분이시다. 하나님의 거룩하심과 가장 높으심과 다스리심은 낮아짐과 섬김에서 나온다. 하나님께서는 가장 낮은 곳에 계시기에 가장 높은 곳에 계시며, 가장 작은 자로 섬기시기에 가장 높은 곳에서 다스리시는 가장 큰 분이시며, 모든 것을 다 버리고 비우시기에 온 세상을 지배하는 권세를 가지신다. 최초로 하나님 면전에 서면 그분의 거룩하심 때문에 죽은 자와 같이 되거나 실제로 죽어버린다. 그러나 영성수련이 되고나면 하나님 면전에 서는 것은 물론 하나님 품 안에 안기며 그분 안에 거하고 그분은 내 안에 거하신다. 영성수련이란 하나님처럼 되는 것인데 이는 낮아짐을 말한다. 하나님처럼 다 비우고, 다 버리고, 가장 작은 자가 되고, 가장 낮은 자가 되고, 섬기는 자가 되는 것, 이것이 기독교의 영성수련이다. 이런 사람만이 하나님 면전에 설 수 있고, 하나님을 뵈옵고도 살아남는다. 하나님의 거룩하심은 비움과 낮아짐과 섬김에서 나온다.

하나님의 영과 악마의 영은 이렇게 서로 존재양식이 다르다. 악마와의 싸움에서 이기는 원리와 방법은 여기에서 찾아야 한다. 악마를 이기는 이치는 아주 간단하다. 하나님 편에 서서 하나님처럼 되면 된다. 악마를 이기려면 낮아져서 섬기는 자가 되어야 한다. 낮아져서 섬기는 자가 되면 악마의 공격이 절대로 미치지 못한다. 그러나 문자 그대로 '털끝만큼'이라도 자신을 높이려는 생각과 마음을 갖는 자는 결코 악마의 공격을 피해가지 못하며 하나님 편에 설 수가 없다. 하나님께서 함께하시는 자가 되려면 하나님처럼 낮아지고, 작아지고, 섬기는 자가 되어야 한다. 빛과 어두움이 함께 있지 못하듯이 낮아짐과 높아짐은 같이 있지 못한다. 악마를 이기는 힘은 악마를 제압하는 무슨 신비한 능력을 받아서 이겨내는 것이 아니다. 가장 낮은 자리에 있기만 하면, 가장 작은 자가 되어 섬기기만 하면 악마는 감히 접근을 하지 못한다. 악마를 제압하는 초자연적인 권세는 낮아짐과 섬김에서 나온다. 은근히 자신을 드러내고 나타내며 알리려 하는 자는 악마의 종노릇에서 벗어날 길이 없다.

● 사탄의 존재원리는 높아짐에 있고 성령님의 존재원리는 낮아짐에 있다.

4. 악마의 무기

악마의 가장 무서운 무기는 '속임수'이다. 이 속임수가 무서운 이유는 그 속임수를 간파하기가 사람으로서는 대단히 어렵기 때문이다. 악마의 속임수를 헤아리는 지혜는 하나님처럼 낮아지고 작아지고 섬기는 데에서 나온다. 스스로가 낮아지고 비워져있지 않고서는 악마의 속임수를 명확히 식별하는 것은 불가능해진다.

세상 일에서도 가짜가 진짜보다 더 좋아 보이는 경우가 많다. 영적인 일에서 가짜와 진짜를 구별하는 능력은 하나님에게서만 나온다. 하나님 편에 서서 하나님의 영으로 채워질 때 인간의 마음과 생각을 교묘하게 파고드는 악마의 속임수를 알아차리게 된다. 영적으로 조금이라도 흐트러져서 높아져 있으면 악마의 속임수가 분별되지 않는다. 악마는 자신을 하나님으로 가장하여 접근하기 때문에 분별하기가 쉽지 않다.

특히 영적인 어떤 현상이나 체험이 일어나고 있는 사람들은 지극히 조심해야 한다. 절대로 혼자서 스스로 판단하려고 하지 말고 앞서 간 이들에게 반드시 도움을 청해야 한다. 다시 반복하건대 절대로 쉽게 받아들이지 말아야 한다. 초보자가 악마의 속임수에 빠지지 않으려면 이것을 철칙으로 지켜야 한다. 자기 혼자 악마의 속임수를 간파해낼 수 있다고 생각하거나 나름대로 악마의 역사를 분별하고 있다고 생각하지 말아야 한다. 그 생각 자체가 벌써 악마에게 속고 있다는 증거이다. 악마가 영적인 현상들로 현혹을 시킬 때는 '하나님께서 하시는 일'이라는 확신과 '하나님께서 자신에게 특별한 은혜'를 주셨다는 확신을 심어주기 때문에 대단히 위험하다. 악마는 특별한 것을 좋아한다. '특별한 은혜', '특별한 은사', '특별한 능력', '특별한 사명', '특별한 사랑' 등의 특별한 마음을 심어주기를 좋아한다. 그러나 하나님께서 주시는 마음은 자신이 '특별한 죄인'이라는 것 이상을 생각하지 않게 한다.

악마의 현혹에 넘어간 사람은 자신의 경험과 판단이 옳다는 확신에 빠져서 남의 말을 들으려하지 않는다. 악마는 자신의 거짓 확신에 넘어간 사람들을 절대로 놓아주지 않는다. 무슨 수를 써서라도 붙들고 늘어진다. 그러기에 무서운 것이다.

영성의 길을 가려는 사람들, 특히 영적인 현상을 겪고 있는 사람들은 언제나 이 물음을 묻고 또 물어야 한다.

● 나는 지금 악마에게 속고 있는 것이 아닐까?

육체를 지니고 있는 동안에 이 물음에서 자유로울 수 있는 자는 아무도 없다. 악마는 그만큼 무서운 대상이기 때문이다. 조금이라도 빈틈을 보이면 악마는 어김없이 파고든다. 늘 조심하고 또 조심해야 한다.

5. 악마와 죄의 속성

악마의 속성과 타락한 인간의 죄성은 서로 일치하며 악마의 권세는 죄의 권세이다. 악마가 죄의 근원이기 때문이다. 죄성의 정화가 되지 않은 사람이 악마의 속임수를 간파하기 어려운 이유는 그 자신이 아직 죄의 노예에서 벗어나지 못했기 때문이다. 캄캄한 어두움에 있는 사람이 얼굴에 묻은 얼룩을 알지 못하는 이치와 같다. 자신에게 묻은 조그마한 티를 알아내려면 먼저 밝은 빛 가운데로 나와야 한다.

  타고난 인간성 자체가 타락한 죄성의 지배를 받고 있기 때문에 모든 인간은 죄의 지배에 있다. 바꾸어 말하면 죄의 화신인 악마의 지배 가운데 있는 셈이다. 악마의 지배를 받으면서 악마의 세밀한 일들을 간파한다는 것은 불가능하다. 보편적인 인간성에서 나오는 자연스러운 생각과 감정의 변화와 마음들이 아직 정화되지 않았기 때문에 자신의 생각, 마음, 감정의 변화 속에서 역사하는 악마의 속임수를 알 수가 없는 것이다.

  악마와의 싸움이란 나의 밖에 있는 어떤 존재와의 싸움이 아니라 내 속에 들어있는 죄성, 즉 자신과의 싸움과 같다. 영성의 초보자들은 악마의 존재를 자기 아닌 다른 어떤 존재로만 생각하게 된다. 악마의 존재가 실재하는 것이기는 하지만 그 악마는 내 속에 있는 타락한 죄성에 들어와 있기 때문에 악마와의 싸움은 자기와의 싸움이다. 처음에는 자기 아닌 다른 어떤 존재로 여겨지던 악마는 정화가 진행되어 밝은 빛 가운데로 나오면서 자신의 죄성과 악마의 속성이 일치함을 발견하게 된다. 영성의 수련이 여기까지 진행되면 가장 중요한 큰 고비를 넘기게 된다.

  악마와의 싸움은 자신 속에 들어있는 죄성과의 싸움이다. 따라서 기독교 신앙을 가진 사람들은 모두가 악마와의 싸움을 벌이고 있는 중이다. 악마의 존재와 악마의 공격을 어떤 현상으로 느끼고 있는 사람만이 악마와 싸우는 것이 아니다. 앞에서 설명한 바와 같이 이런 사람들은 대부분 나선형의 곡선이 크게 그려지는 사람들이다. 곡선이 작게 그려지는 사람들은 직접 악마의 존재를 느끼지 못하지만 악마, 즉 죄와 싸우고 있는 중이다. 따라서 그리스도인 모두는 죄 즉 악마와 전쟁을 벌이고 있는 중이다.

물음 32 비움의 길, 어떻게 진행되는가?

회심한 그리스도인은 죄사함을 받고 의롭다고 인정을 받은 후 성화(聖化)의 과정을 거쳐서 완전(完全)에 이른다는 것이 성화론의 기본골격이다. 또 수도사 영성에서는 정화와 조명의 과정을 거쳐서 합일(일치)에 이른다고 했다.

그렇다면 어떤 과정을 어떻게 거치는가? 이에 대한 구체적인 설명을 해주는 글들이 별로 없다.

기독교 역사에 수도사들이 1500여 년 이상 활동했지만 그들이 남긴 글 가운데서도 영성의 전 과정을 설명해주는 글이란 찾아보기 어렵다. 스페인의 여성 영성가인 아빌라의 테레사(1515~1582)가 쓴 「영혼의 성」과 같은 시대 같은 지역에서 활동했던 십자가의 요한(1542~1591)이 쓴 「갈멜의 산길」과 「어둔 밤」이 영성의 전 과정을 말해주는 유일한 책이라고 할 수 있다.[15] 그 외에도 여러 글들이 있으나 부분적인 설명에 그치고 있다.

예언자들이 최고의 깊이에 이른 영성가들임에는 틀림없지만 그들의 영적 체험에 대한 구체적인 기록들은 전해지지 않고 있다. 예언서를 읽다보면 '~에게 하나님의 말씀이 임하니라', 또는 '~에게 하나님의 영이 임하니라' 또는 '~에게 말씀하여 가라사대'라는 구절들이 나온다. 이 구절들은 그 예언자들이 겪은 오랜 동안의 영적인 훈련을 함축하고 있다. 예언자들이 하나님의 말씀을 일인칭 화법('여호와께서 가라사대')으로 선언한 것은 그들 임의대로 하는 것이 아니다. 그렇게 신

---

15) 테레사의 「영혼의 성」은 일곱 단계로 영성의 과정을 설명하는데, 처음 세 단계(궁방)는 능동적인 정화의 단계이며 네 단계(궁방)부터는 수동적인 정화의 과정이다. 요한이 쓴 「갈멜의 산길」은 능동적인 수련을, 「어둔 밤」은 수동적인 수련을 말한다.

탁을 선포할 수 있는 영적인 상태가 되어야 하는데, 이 상태는 인간의 영성이 도달할 수 있는 가장 깊은 상태이다. 하나님께서는 아무에게나 당신의 말씀을 일인칭화법으로 선포하게 하시지 않는다. 예언자들이 선포한 말씀은 하나님께서 직접 책임을 지셔야 하기 때문이다. 가장 깊은 영적인 상태에 도달하게 하신 후에 그들을 통해서 일하신다. 이 상태에 대한 설명은 뒤에서 하게 될 것이다. 예언자들이 수도사들보다 더 위대한 영성가들이라고 말하는 이유는 여기에 있다. 예언자들의 영성에 접근할 때 겪는 어려움은 예언자들이 선포한 내용은 남아있지만 그들의 영성체험에 대한 기록들은 남아있지 않다는 데 있다. 수도사 영성을 대신해서 케노시스 영성을 새로운 패러다임으로 제시하려면 이 난관을 극복하고 예언자들이 어떤 과정을 거쳐서 그 영성에 도달했는가를 찾아내야 한다.

이제부터 다루는 내용은 수도사 영성의 과정이 아닌 케노시스 영성의 과정이다. 즉 예언자들과 사도들이 도달했던 영적인 상태가 어떤 것이며, 어떤 과정을 거쳐서 어떻게 거기까지 이르게 되는가를 다루는 것이다. 수도사들은 이원론사고에 기초하였기 때문에 은둔수도를 시도했다. 앞에서 지적한 바와 같이 이는 비극적인 시행착오이기 때문에 시급히 뜯어고쳐야 한다. 수도사 영성에 대한 대안이 케노시스 영성이다. 이제 케노시스 영성의 과정을 그려보고자 한다.

이 일이 가능했던 것은 개인적인 영성의 체험 때문이다. 1977년 23세에 회심을 체험한 이후 겪었던 일들과 신학 수련과정, 1993년부터 여러 해 동안 집중적으로 있었던 일련의 영적인 순례들이 이 일을 가능하게 했다. 돌이켜 보건대 하나님께서 영성의 시대인 2천 년대를 맞이해서 영성의 일을 정리하게 하시려고 이 부족한 사람에게 영성의 전

과정을 순례하게 하셨다. 하나님께서 인도하신 영적인 순례는 케노시스 영성의 과정이었다. 1993년부터 몇 년 동안 있었던 영적인 체험들을 일지 형식으로 간략히 기록한 것이 남아있기에 이 책의 뒤에 실어 놓았다.

이 케노시스 영성이 만들어지기까지는 오랜 시간이 걸렸다. 직접 겪어야 하는 영적인 순례의 시간 이외에도 겪은 것을 스스로 소화시키는 데 몇 년이 걸렸고, 영성가들의 글을 읽으며 정리하는 데 또 몇 년이 걸렸으며, 이것을 기초로 케노시스 영성이라는 새로운 패러다임이 만들어지는 데 또 여러 해가 지나야 했다.

이것이 만들어 진 것은 전적으로 주님의 은혜요 인도하심이었다. 그렇지 않고서는 예언자들이 도달했던 그 영적인 상태에 경험으로 접근하지 못했을 것이요, 영성의 전 과정을 케노시스 영성의 입장에서 정리할 수도 없었을 것이며, 또 그 영성의 관점에서 이스라엘의 역사와 교회의 역사를 바라보지도 못했을 것이다. 하나님의 도우심이 아니었다면 이런 것들은 꿈에도 생각할 수 없는 일이었다.

이 과정을 기도와 의식(意識)의 변화의 과정으로 정리했다. 앞에서도 말한 바와 같이 정화의 과정은 처음부터 마지막까지 지속하는 것이며 조명도 마찬가지다. 그런데 정화의 방법으로 주신 것이 기도이다. 따라서 정화의 단계와 기도의 단계는 일치한다. 정화가 되어진 만큼 기도가 깊어지고 기도가 깊어진 만큼 정화가 되어진다. 조명도 마찬가지로 정화가 되어진 만큼 조명이 되어지고 조명이 되어진 만큼 정화가 되어진다. 이들은 서로 상관관계(相關關係)를 가지고 있다. 기도의 과정으로 설명하는 것이 이해하기 쉬울 것 같아서 기도의 관점에서 설명을 시도했다.

기도의 변화는 곧 생각과 마음 즉 의식의 변화로 이어진다. 인격의 변화란 곧 그 사람의 마음과 생각의 변화를 말한다. 행동은 그 다음이다. 따라서 의식의 변화가 영성의 과정에서 핵심이라고 할 수 있다.

정화와 조명 즉 비움의 길은 '죄성의 정화'와 '존재의 정화'로 구분된다. 죄성의 정화란 인간의 마음속에 들어있는 타락한 죄의 속성을 씻어내면서 심성과 인격에서 자신이 무엇인지를 보는 것이고, 존재의 정화란 존재자체이신 그분 앞에서 자신의 존재가 도대체 무엇인가를 보는 것이다.

이제 그 과정을 구체적으로 다루어 보고자 한다.

죄성의 정화

1. 회심의 기도

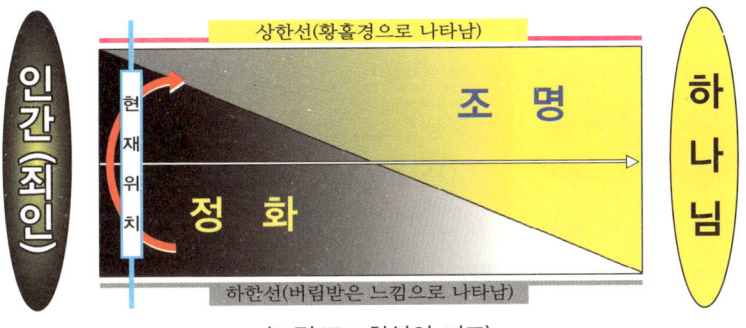

〈그림17 : 회심의 기도〉

하나님을 향하여 나아가는 정화의 길 첫 시작은 '회심'의 경험으로부터 시작된다. 회심은 앞의 〈그림 15〉에서 본 바와 같이 인간의 심성인 '인성'에 하나님의 성품인 '신성'이 주어지는 것인데, 이것이 가장 중요한 사건이다. 누누이 지적하는 바와 같이 이 길은 나 혼자 내 힘으로 가는 자력종교의 길이 아니라 주님의 전적인 도우심으로만 갈 수 있는 길이기 때문이다. "그러니 하늘에 계신 너희 아버지께서 완전하신 것같이 너희도 완전한 사람이 되라."(마태복음5:48, 현대어성경)는 예수님의 말씀은 "네가 네 힘으로 하나님처럼 완전해지라."는 뜻이 아니라 "내가 너로 하여금 하나님처럼 완전해지도록 도와주리라."는 뜻이다. 이 일을 가능하게 하시기 위하여 예수님께서는 하나님이시기를 포기하시고 인간으로 오시어 대신 죽으셨고, 그 결과 모든 사람들에게 하나님의 영이신 성령님이 주어지는 길이 열렸다.[16]

회심은 인간으로 하여금 하나님처럼 되게 하시려고 하나님의 영을 사람들 마음 속에 부어주시는 사건이다. 하나님의 영이 우리 안에 오셔서 계속 머물러 계시며 도우시기 때문에 우리는 하나님처럼 되어질 수 있다. 사람의 힘으로는 어느 누구도 하나님처럼 되어지지 못한다. 어느 정도의 정신수양과 인격도야는 될 수 있을지언정 하나님처럼 되는 것은 불가능하다. 이런 사실을 누구보다도 하나님께서 가장 잘 아시기에 하나님의 영을 부어주시는 특별한 은혜를 베푸신다. "은혜로 구원을 받는다."는 것은 이를 말한다. "믿음으로 구원을 얻는다."는 것은 예수님의 대속의 사건을 신앙으로 받아들이는 자에게 하나님께서 하나님의 영을 주시어서 하나님처럼 변화되어지는 구원의 삶을 사는 일을 가능하게 하신다는 의미이다. 행위와는 상관없이 믿음으로 구원받는다는 뜻이 아니다. 행위가 배제된 믿음으로 구원을 얻는다는 것은 그 자체가 모순이다. 회심 이후 성령님의 도우심으로 서서히 삶이 변화되어져서 주님처럼 완전해지는 데까지 이르러야 한다. 회심의 체험에서 주어지는 "구원받았다."는 확신은 구원이 완성되었다는 뜻이 아니라, 구원의 출발점에서 완성을 향하여 나가기 시작했다는 뜻이다.

---

16) 내가 땅에서 들리면 모든 사람을 내게로 이끌겠노라. (요한복음12:32)

성령님께서 마음에 오시면 이제부터는 타고난 인간의 심성에 지배를 받는 것이 아니라 성령님의 지배를 받게 된다. 이렇게 될 때 일어나는 첫 번째 변화는 '가치관의 변화'이다. 이제까지는 세속적인 기준의 가치관을 가지고 그 가치관에 따라 살았는데, 이제부터는 새로운 가치관 즉 하나님의 뜻을 기준으로 하는 가치관을 가지고 살려는 마음이 들게 된다. 이것은 그 자신이 스스로 가지는 마음이 아니라 하나님의 영이 주시는 생각이며 마음이다. 성령님께서 마음 속에 내주하시게 되면 이전에 타락한 죄성의 지배 아래서 즐기며 추구하던 세속적인 욕구들이 다 헛되다고 느껴질 뿐만 아니라 그런 것들이 싫어져서 배설물처럼 느껴지며,[17] 이런 것들을 떠나서 성령님께서 기뻐하시는 새로운 삶을 살려는 결단을 내리게 된다. 이런 결단과 실행은 사람마다 다르게 나타난다. 어떤 사람은 급격히, 또 어떤 사람은 서서히 진행되어진다. 성령님께서는 그 사람의 성격과 형편과 사정에 맞도록 가장 적절한 방법으로 인도하신다.

세속적인 욕구들을 내가 내 힘으로 끊으려고 한다면 초인적인 노력이 필요하며, 낙타가 바늘구멍으로 나가는 것만큼이나 어렵지만 성령님의 인도하심을 따른다면 자연스럽게 이겨내게 된다.[18] 하나님께서 새 마음을 주셔서 이전에 좋게 느껴지던 것들이 싫어지기 때문이다. 성령님의 인도하심을 따르는 방법을 익혀서 그 방식대로 따르려는 마

---

17) 그러나 무엇이든지 내게 유익하던 것을 내가 그리스도를 위하여 다 해로 여길뿐더러 또한 모든 것을 해로 여김은 내 주 그리스도 예수를 아는 지식이 가장 고상함을 인함이라. (빌립보서 3:7~8)
18) 예수께서 다시 대답하여 가라사대 "얘들아 하나님의 나라에 들어가기가 어떻게 어려운지 약대가 바늘귀로 나가는 것이 부자가 하나님의 나라에 들어가는 것보다 쉬우니라." 하신대 제자들이 심히 놀라 서로 말하되 "그런즉 누가 구원을 얻을 수 있는가?" 하니 예수께서 저희를 보시며 가라사대 "사람으로는 할 수 없으되 하나님으로는 그렇지 아니하니 하나님으로서는 다 하실 수 있느니라."(마가복음10:24~27)

음을 먹기만 하면 된다. 그런데 이 마음 역시 마음속에 머무르시는 성령님께서 주신다. 오직 내가 선택의 갈림길에서 성령님의 인도하심을 따르기만 하면 된다. 이런 것은 누구나 할 수 있다. 지식의 정도와도 상관이 없고, 타고난 이해력이 필요한 것도 아니다. 자연종교의 구도자들처럼 특별한 사람만이 할 수 있는 것이 아니다. 세속적인 죄악을 떠난 순수한 삶을 사는 것이 진리라면 누구나 그것을 할 수 있어야 한다. 특별한 사람만이 할 수 있는 것은 진리가 아니다. 진리의 기본적인 조건은 보편성과 대중성에 있다.

성령님께서 마음에 찾아오시는 회심의 체험에서는 이 세상에서는 맛볼 수 없는 특별한 기쁨을 경험하게 된다. 세상의 명예와 지위, 재물을 얻었을 때의 기쁨과는 비교가 되지 않는다. 이 기쁨이 너무 크기에 세속적인 욕구들을 능히 이겨낸다. 이런 기쁨의 체험은 〈그림17〉의 화살표처럼 상한선 쪽으로 영혼이 상승하기 때문에 나타나는 현상이다.

회심의 기도 단계에서 나타나는 중요한 특징들을 정리하면 다음과 같다.

❶ **하나님을 만나는 체험이 일어난다.**
성령님께서 임하시면 하나님께서 살아 계시다는 것을 알게 하신다. "신은 과연 존재하는가?"라는 의문에 대한 대답이 주어지게 된다. 막연히 하나님이 있다는 생각이 드는 것이 아니라 "하나님께서 분명 살아계실 뿐만 아니라 내가 직접 그분을 만났다."라는 확신이 주어진다. 무어라고 명확하게 설명하기는 어렵지만 회심의 체험이 일어난 사람은 스스로 이것을 알게 된다.

❷ **예수님을 구세주로 인정하게 된다.**
2천여 년 전 이스라엘에 살았던, 위대한 역사적인 인물로만 알았던

예수님을 자신의 구세주로 받아들이게 된다. 예수님께서 하나님이시기를 포기하고 인간으로 오셨다는 사실, 예수님께서 십자가에서 죽으심으로 자신의 타락한 죄성이 해결된다는 사실이 믿어진다. 내가 이것을 믿는 것이 아니라 믿어지는 것이다. 하나님께서 존재하신다는 것을 내가 믿는 것이 아니라 믿어지는 것처럼 예수님의 생애가 자신을 죄에서 구원하시기 위함이었다는 것이 믿어진다. 신앙과 관련된 것들은 믿어져야 믿는 것이지 믿으려고 한다고 믿어지는 것이 아니다.

❸ **자신이 죄인임을 알게 된다.**

성령님께서 마음에 오시는 것은 곧 거룩한 빛이 마음에 비추어지는 것인데, 이런 거룩한 빛에 의하여 자신이 형편없는 죄인임을 보게 되고 또 고백하게 된다. 세상의 법에 비추어 죄인이라는 생각이 드는 것이 아니라 거룩하신 하나님께 견주어볼 때 자신은 형편없는 죄인이라는 것을 알게 된다.

자신의 죄를 발견하면 양심에 가책을 받아서 결국 회개하지 않고는 견딜 수 없게 된다. 진심으로 뉘우치면서 떠오르는 죄들을 회개하며 용서를 구하면 놀랍게도 "자신이 고백한 죄들이 용서받았다."는 확신을 갖게 된다. 회심 때에 경험하는 기쁨은 죄를 용서받은 기쁨이기도 하다.

이런 일들은 영혼이 상한선으로 상승하면서 하나님의 빛이 비추이기 때문에 가능해진다. 이런 일들을 알게 되는 것을 조명이라 한다. 조명은 회심과 더불어 경험되어진다.

❹ **동기(動機)의 정화가 일어난다.**

주님을 만나고 죄 용서받은 기쁨이 너무 커서 "이제는 오직 하나님의 뜻대로만 살겠다, 예수님처럼 되어야겠다, 주님만을 따르겠다."라고 결단을 내리게 된다. 새로운 삶에 대한 결단, 즉 신앙생활의 동기를 순수하게 하는 정화가 일어난다.

❺ **성경과 기도를 가까이 하게 된다.**

기쁨이 동반되는 회심의 체험은 신앙생활에 열심을 내게 한다. 예배와 교회활동, 성경읽기와 기도 등에 큰 관심을 가지고 참여하게 된다. 성경을 읽으면 성경의 기록된 말씀들이 자신에게 주어지는 말씀들로 읽혀지고 깊은 감명을 받게 된다. 또 기도를 진지하게 하게 된다. 기도할 때마다 회심에서 있었던 체험들이 더 생생해지고 하나님 체험이 더 깊어진다. 이 시기에 가장 중요한 역할을 하는 것은 기도생활과 성경말씀 묵상이다. 특히 기도는 정화의 방법이며 기도의 과정이 정화의 과정이다. 회심한 사람은 자신도 모르는 사이에 성령님의 인도하심에 따라 정화의 길을 가게 된다.

❻ **구원받은 의식, 사죄받은 의식, 하나님의 자녀의식이 주어진다.**

뉘우치며 고백한 죄를 용서받았다는 확신은 '구원받았다' 라는 의식으로 이어지며, 하나님을 '아버지!' 라고 부르게 된다. 구원받았다는 의식, 죄를 용서받았다는 의식, 하나님의 자녀가 되었다는 의식 등이 회심할 때 주어진다.

기도의 과정은 의식(意識)이 변화되는 과정이기도 하다. 회심의 기도단계에서는 이와 같은 의식의 변화가 일어나는데 이것이 회심에서 얻는 가장 중요한 것이다. 이 단계의 특징을 요약하면 다음과 같다.

- 기도의 내용 : "주님만을 따르게 하소서!"
- 의식의 변화 : 죄를 용서받은 의식, 구원받은 의식,
  하나님의 자녀의식.

2. 죄인의 기도

회심의 체험을 뚜렷하게 겪은 사람들은 자연스럽게 '죄인의 기도'로 이어진다.

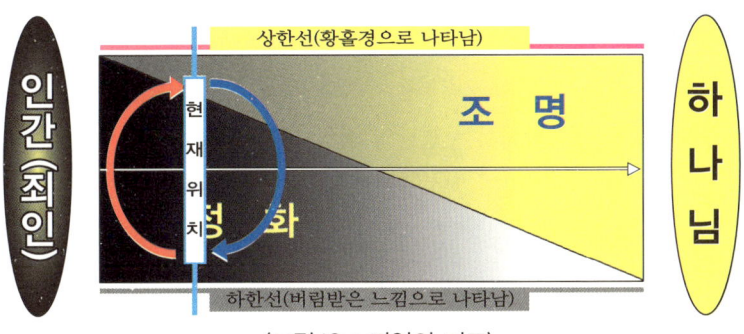

〈그림18 : 죄인의 기도〉

회심의 단계에서 겪는 여러 가지 체험들은 성령님께서 마음에 오셔서 하시는 일인데, 문자 그대로 거룩하신 하나님의 영이 마음 속에 오셔서 계속 머물러 계시므로 양심이 대단히 예민하게 반응을 한다. 성령님께서 마음에 오시는 순간 자신이 죄인임을 발견하게 된다. 자신의 마음 상태를 하나님의 빛에 비추어보았을 때 나타나는 현상이다. 인간의 본성이라고 말하는 심성의 중심을 자기 스스로는 발견하지 못한다. 성령님께서 마음에 오시면 감추어져 있던 인간성의 본질이 '죄성'으로 드러나기 때문에 그는 스스로가 죄인임을 고백하게 된다.

스스로가 하나님 앞에서 죄인이라는 것이 드러나기 시작하면 그동안 자신이 살아왔던 삶이 죄의 노예였음을 알게 된다. 자신의 과거를 돌이켜 보면서 잘못된 행위들이 발견되기 시작하고, 양심은 가책에 견딜 수 없어서 회개하지 않을 수 없게 된다. 이전에는 죄라고 느껴지지 않던 사소한 일들도 양심의 찔림 때문에 철저하게 회개하는데, 이 부분이 대단히 중요하다. 회심의 과정을 겪은 사람이 해야 할 가장 중요한 일은 이 회개의 삶을 계속 이어가는 것이다. 과거의 잘못들을 회개하고 그런 잘못을 다시 범하지 않으려는 강한 다짐과 노력이 가장 중요한 것이다. 이보다 더 중요한 것은 없다. 오직 이 한 가지에 초점을 맞추고 모든 에너지를 여기에 쏟아 부어야 한다. 다시 반복하건대 끊임없이 회개의 삶을 살면서 양심이 점점 더 예민해져서 지극히 사소한 잘못도 용납되지 않도록 노력하는 것보다 더 중요한 것은 없다.

구세주이신 예수님께서는 인간의 죄의 문제를 해결하러 오신 분이며, 그 이름의 뜻은 '자기 백성을 저희 죄에서 구원하실 자'(마태복음 1:21)이다. 예수님께서는 지금 우리의 마음을 지배하고 있는 죄의 문제를 해결하시기 위하여 성령님을 우리 마음 속에 머물도록 해주셨다. 그 성령님께서 마음 속에 오셔서 하시는 가장 중요한 일이 죄의 예속으로부터 벗어나게 하심이다. 성령님께서 죄의 노예에서 벗어나게 하시는 방법이 바로 양심의 회복이다. 성령님께서 마음에 오시는 순간 과거의 잘못들을 뉘우치게 되고 다시는 그런 오류에 빠지지 않도록 인도하신다. 회심을 겪었다고 해도 그동안 죄의 습성에 젖어있었기 때문에 죄의 습성에서 벗어나려면 지속적인 회개의 삶을 사는 데에다 가장 큰 비중을 두어야 한다.

성령님께서는 회개와 더불어 세상의 삶을 하나님의 뜻에 맞게 살아가도록 인도하신다. 부딪히는 삶의 여러 문제들을 위하여 기도하면서 세상의 방식이 아닌 하나님께서 원하시는 방식으로 사는 새로운 삶이 시작된다. 이런 이유로 회심을 가리켜 '다시 태어남'(重生)이라고 한다.

이 시기에 나타나는 중요한 특징을 정리하면 다음과 같다.

❶ 승 · 강 · 진 · 퇴의 진행이 시작된다.

회심의 상태에서 체험한 '큰 기쁨'과 신앙의 열의는 한동안 지속되지만 그렇다고 이런 상태가 언제까지나 계속되는 것은 아니다. 앞에서 설명한 '내려감'과 '물러감'이 경험된다. 흔히 "시험에 들었다.", "은혜가 떨어졌다."라고 말하는데, 이는 더 깊은 정화를 하는 훈련의 시작이다. 회심의 과정을 겪으면서 뭔가 좀 달라진 것 같던 옛 습성이 다시 고개를 들고, 신앙생활의 기쁨도 사라지며 무미건조해질 뿐만 아니라 싫증을 느끼게 된다. 은혜롭기만 하던 기도시간이 그렇게 힘이 들고 어렵게 느껴진다. 이런 현상이 나타나면 전혀 당황할 일이 아니다. 정상적인 영적성장이 진행되고 있으며, 영적으로 좀 더 성숙하기 위한 훈련이 시작되었을 뿐이다. 이럴 때에 어떻게 해야 되는지는 앞에서 언급했으므로 생략하기로 한다.

❷ **악마와의 싸움이 시작된다.**
　이 단계에서 해야 할 가장 중요한 일은 자신 속에 들어있는 죄성을 정화시키는 일에만 집중하는 것이다. 이를 위해서 성령님께서는 계속해서 죄의 행위와 생각들이 느껴지게 하시고 또 회개하게 하신다. 이 일은 인간이 할 수 있는 가장 큰 일이다.

　그런데 이 시기에 악마의 개입이 시작된다. 악마가 접근하는 이유는 죄성의 정화를 방해하기 위함이다. 악마는 각 사람의 가장 약한 부분을 집중적으로 공격하여 죄성이 정화되는 일을 못하게 한다. 어떤 사람은 악마의 실체를 경험하는가하면 어떤 사람은 전혀 그런 것을 느끼지 못한다. 악마의 실체를 느끼지 못하는 사람은 악마를 직접 경험하지 못하기 때문에 "나는 악마를 경험해 본 적이 없다." 또는 "나는 악마의 공격을 받은 적이 없다."라고 생각을 한다. 그러나 그렇지 않다. '죄의 유혹'이 곧 악마의 공격이다. 평소의 생각과 마음, 감정의 변화에 따르는 사소한 죄의 욕구들은 악마의 공격과 같은 것이다. 정화가 깊어지면 생각과 감정의 변화 등을 통한 악마의 공격이 명료하게 드러난다. 하지만 아직 이 단계에서는 이런 것들이 악마의 공격이라는 것을 알지 못한다. 단지 본래 타고난 인간의 본성적인 욕구, 습관들이라고 생각하게 된다. 타락한 인간의 죄성은 곧 악마의 속성이다. 이 부분에 대해서는 다음 단계에서 다시 다루게 될 것이다. 여기서 지적하려는 것은 죄성을 정화시키는 일은 곧 악마와의 싸움이라는 것이다. 타락한 죄성은 악마의 지배하에 있기 때문이다.

대부분의 경우 '내려감'과 '물러감'의 경우에 있을 때 잘못된 옛 습성과 버릇으로 다시 돌아가려는 강한 유혹을 받는다. 이 유혹은 악마의 유혹인데 이 단계에서는 이런 유혹에 다시 넘어가지 말고 이겨내야 한다. 이런 유혹들을 이겨내는 것이 곧 훈련이다. 이 부분이 중요한 한 고비이다.

이 과정을 거치면서 반드시 유념해야 할 중요한 것이 있다. 악마는 본래의 습성과 죄의 타성으로 돌아가도록 유혹하거나 기도시간에 잡념을 집어넣어 기도에 집중하지 못하게 방해한다. 그런데 이런 유혹들을 과감히 이겨내고 신앙에 열심을 내려는 사람들에게는 다른 작전을 쓰는데, 초자연적인 어떤 신비한 것에 솔깃하게 하는 것이 그것이다. 이런 일들은 영적인 현상이 잦은 사람들에게서 흔히 나타난다. 기도에 집중하면 어떤 환상(幻像)이나 환청(幻聽) 등을 자주 겪는 사람들이 있다. 그런데 악마는 이런 영적인 현상이 잦은 사람들에게는 이런 현상들이 어떤 특별한 하나님의 은혜라는 생각을 심어준다. 특히 앞으로 되어질 일들을 미리 보여주거나 들려주게 되는데 여기에 속아 넘어가지 말아야 한다. 앞의 악마 부분에서 지적한 것처럼 악마의 가장 무서운 무기는 속임수이다. 이런 현상을 접하면서 악마에게 속아 넘어간 사람들은 자신들에게 하나님께서 초자연적인 특별한 은사를 주셨다고 확신을 하게 된다. 이 '확신'이 문제이다. 악마는 사람들을 속일 때 이 거짓 확신을 심어준다. 하나님께서 자신에게 큰 은혜를 베풀고 계시다는 확신을 전혀 의심하지 않을 뿐만 아니라 누군가가 "그게 아닌 것 같다."

라고 하면 "너는 아직 이런 깊은 영적인 체험이 없어서 몰라서 그런다."라고 무시해 버리며, 누군가가 자신에 대하여 비판을 하면 하나님의 일을 하다 보니 핍박을 받는다는 생각을 한다. 악마에게 이런 식으로 속아 넘어간 사람들은 여기서 벗어나기가 대단히 어렵다. 악마는 이런 생각과 마음을 심어주어서 자신의 도구로 써먹으려하기 때문이다.

  이 과정을 겪는 사람들은 어떤 종류의 영적인 현상에 현혹되지 말아야 한다. 오직 죄성을 정화시키는 일에만 집중해야 한다. 이런 영적인 현상들을 하나님께서 주시는 영적인 은사라고 추구하는 경우가 흔히 있다. 이는 절대로 경계해야 한다. 하나님께서는 이런 단계에 있는 사람들에게 그런 초자연적인 능력을 주시지 않는다. "하나님으로부터 영적인 은사를 받았다."라는 생각 자체가 이미 악마에게 속고 있다는 명확한 증거이다. 하나님께서 사람을 통해서 어떤 초자연적인 일을 하실 경우가 있다. 그러나 그 일을 하는 사람은 절대로 자신에게 초자연적인 은사가 주어졌다고 생각하지 않는다. 하나님께서 그런 일이 필요하시기에 직접하신 일이며 단지 자신은 일회적으로 그 일에 쓰임 받았을 뿐이라는 생각 이상을 전혀 하지 않으며, 그런 일들에 관심을 갖고 추구하는 일은 더더욱 하지 않는다. 이는 전적으로 하나님의 주권이기 때문이다. 하나님께서는 필요한 경우에 사람들에게 초자연적인 은혜를 베푸시는 경우가 있다. 질병의 치유라든지 또는 어떤 일들을 미리 알게 하시기도 한다. 특별히 오지(奧地)에서 선교사역을 하는 경우에 이런 일들이 자주 일어난다. 이런 경우 하나님께서 그 현지의 사람들에게 하나님의 살아계심을 알리시기 위하여, 또는 달리 방법이 없는 불쌍한 사람들에게 은혜를 베푸시기 위하여 직접 그 일을 하신다. 하나님은 사람을 통해서 일하시기 때문에 단지 누군가를 통해서 일하셨을 뿐이다. 그 사람에게 그런 초자연적인 은사를 주셔서 필요할 때 임의대로 사용하라고 하시는 것이 결코 아니다.

다시 말하지만 이 과정에 있는 사람들은 절대로 초자연적인 무슨 은사들을 찾아 구할 일이 아니다. 이런 사람들은 틀림없이 악마에게 속아 넘어가서 악마의 종노릇하기 십상이다. 악마에게 속아 넘어간 사람들은 자신들이 하나님으로부터 특별한 은혜와 능력을 받아서 하나님의 일을 하고 있는 줄로 착각을 하게 된다. 예수님께서 이런 사람들에 대하여 다음과 같이 엄히 경고하셨다.

"종교적으로 흠이 없는 사람이라해서 다 믿음이 깊은 사람은 아니다. 그들이 내게 '주님'이라 부른다고 해서 다 하늘나라에 들어갈 수 있는 것도 아니다. 가장 중요한 문제는 그들이 하늘에 계신 내 아버지의 뜻을 실행하고 있느냐 하는 것이다. 심판 때에 많은 사람이 '주님, 주님, 우리는 주님의 말씀을 전하였고 주님의 이름으로 귀신을 쫓아내고 많은 이적을 행하였습니다.'라고 말하더라도 나는 이렇게 대답할 것이다. '너희는 내 사람이 아니다. 물러가라. 이 악한 자들아!'"(마태복음 7:21-23, 현대어 역)

가장 중요한 것은 하나님의 뜻을 실행하는 삶에 있다는 것을 본문은 잘 보여주고 있다. 하나님의 뜻을 실현하는 삶은 죄성이 정화될 때에 가능하기에 내주하시는 성령님께서는 이 일에 진력하도록 인도하신다. 그런데 악마는 온갖 방법을 동원하여 이 일을 막는데, 영적인 속임수를 주로 사용한다. 이런 일들은 신앙생활에 남달리 열심이 있으며 기도를 많이 하는 사람들에게 주로 나타난다.

가장 시급한 일 중의 하나가 이 문제와 관련되어 우리 주변에 만연되어있는 영적인 오류를 바로잡는 것이다. 은사집회 등을 통하여 영적인 은사들과 능력을 구하는 것을 영적인 훈련과 지도라고 생각하는 풍토는 하루속히 청산되어야 한다. 이런 것들을 조장하는 책들이 기독교 서점에서 팔리고 있는 것은 참으로 큰 비극이다.

이와 비슷한 다른 또 하나의 유형은 '성령님의 음성듣기'다. 크고 작은 일에 성령님의 음성을 듣고 하나님의 뜻대로 살겠다는 것이다. 일견 일리가 있고 신앙이 대단히 견고한 것처럼 느껴진다. 그러나 매사에 성령님의 직접적인 음성을 들으려고 시도하는 것은 무리이며, 이 역시 악마에게 속아 넘어갈 위험성에 노출되어 있다. 필요한 경우 성령님께서 명료하게 말씀하시는 경우가 있다. 그러나 그런 것은 하나님께서 그 일이 꼭 필요하다고 느끼실 때 하시는 일이지 매사에 음성을 들려주시는 것은 아니다. 성령님의 음성듣기를 지나치게 추구하면 예언의 은사를 구하는 것과 다를 바가 없으며, 이는 스스로 악마에게 무장해제하는 것이 되고 만다.

이 단계에 있는 사람들은 자신의 마음속에 들어있는 타락한 죄의 속성에서 벗어나는 일에 온 힘을 기울이며 경건한 삶을 살아야 한다. 이보다 더 중요한 것은 없다. 악마는 이 단계에 있는 사람들을 속이기 위하여 '특별'이라는 생각을 계속 집어넣는다. 여기에 속아 넘어가지 않으려면 자신이 그 어느 것에서도 우월하다는 생각을 품지 말아야 하며 오직 품어야 할 유일한 구별의식은 "나는 남들보다 특별한 죄인이다."라는 생각이다. 이렇게 자신을 낮추는 생각 그 이상을 품으면 반드시 악마의 덫에 걸려든다. 악마의 속임수를 각별히 조심해야 한다. 여기서는 아직 정화가 크게 진보하지 못했으므로 자신의 생각과 감정의 변화를 파고드는 악마의 속임수를 간파하기가 어렵다. 악마를 이기는 유일한 길은 자신을 낮추고 섬기는 마음을 가지는 것임을 명심 또 명심해야 한다.

❸ **끊임없이 양심이 찔린다.**

성경말씀 읽기와 묵상, 기도생활 등을 중단하지 않고 지속적으로 진행하면 양심은 점점 더 예민해져서 지극히 사소한 작은 오류도 묵과하지 못하게 된다. 자신을 성찰하면서 스스로 세속적인 것들을 찾아서 끊어내려는 노력으로 죄성의 욕구들이 해결되는 것이 아니다. 이런 방식은 자연(자력)종교의 것들이다. 성경의 방식은 이와 판이하게 다르다. 거룩하신 성령님께서 마음속에 계시면서 가치기준이 되시기 때문에 그 기준에 맞지 않는 것들은 용납되지 않는 삶을 살아가도록 인도하시는 것이 성경의 방법이다. 성령님께서 마음속에서 죄를 해결하시는 길은 먼저 죄가 무엇인지를 보게 하시는데, 양심에 찔림이 오는 것이 바로 그것이다. 그 다음으로는 그 찔림을 회개하게 하시고 용서를 경험하게 하시며 다시는 그런 죄를 반복하지 않으려는 마음으로 다시 시작하게 하실 뿐만 아니라 새로운 마음을 주시면서 도우신다. 이와 같이 죄성의 욕구들은 내 힘이 아니라 성령님의 도우심으로만 해결이 될 수 있다.

이 단계에서 일어나는 일의 특징을 정리하면 다음과 같다.
- 기도의 내용 : "나를 용서하여 주소서!"
- 의식의 변화 : 죄인 의식

이 시기에 하는 기도의 주요 내용이 "나를 용서하여 주소서!"인 이유는 끊임없이 자신의 행동과 마음에서 죄의 행위가 발견되어 찔림이 오므로 계속해서 회개의 기도를 하게 되기 때문이다. 이런 일들이 반복되면서 자신은 '죄인' 일 수밖에 없다는 죄인의식을 갖게 된다.

3. 세리의 기도
죄인의 기도에서는 자신의 과거와 현재의 행위들 중에서 잘못되었다고 느껴진 것들을 끊임없이 회개하며 "나를 용서하여 주시옵소서!"라고 기도했다. 이런 기도들은 대단히 중요하다. 이런 기도가 지속되면서 자신의 악습을 비롯한 못된 행동들이 많이 시정된다. 행위의 죄들이 해결되면 그 다음에는 마음과 생각 속에 떠오르는 잘못된 것들이 견딜 수 없는 죄로 느껴지기 시작한다. 정화가 여기쯤 진행되면 그림에서 보는 바와 같이 꽤 많이 진전된 것이다. 마음과 생각 속에서도 하나님의 뜻에 어긋난 것들을 용납하지 않기 때문이다. 깜깜한 어두움(죄)에서 희미한 상태로 나온 것과 같다.

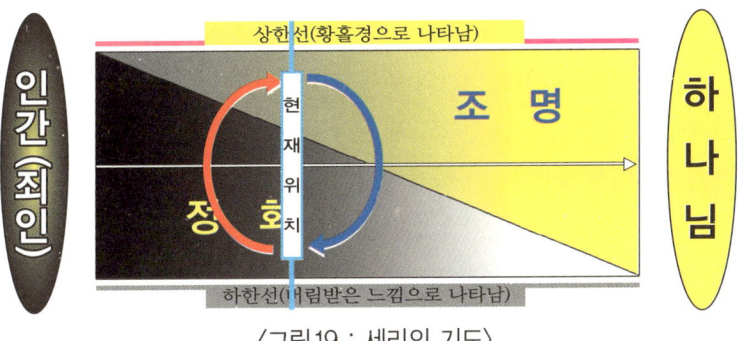

〈그림19 : 세리의 기도〉

이 단계에서 나타나는 주요 특징들은 다음과 같다.

❶ 잠재된 죄들이 드러나기 시작한다.

행위의 죄들이 정화되고 난 다음에는 마음과 생각의 죄들이 정화되어진다. 마음과 생각 속에서도 죄된 것들을 씻어내려는 노력을 지속적으로 진행하면 그 다음에는 자신이 전혀 느끼지 못하던 잠재된 무의식의 죄성들이 그 모습을 드러낸다. 처음으로 이것을 접하면 소스라치게 놀라게 된다. 자신이 그토록 추악한 죄들을 마음속에 품고 있으리라고는 전혀 상상을 못했기 때문이다. 온갖 저주와 욕설, 살기(殺氣) 등 상상도 할 수 없는 가장 악독한 죄악들이 드러나기 시작한다. 이런 일에 부딪힌 사람은 누군가 이 과정을 이해하는 사람의 도움을 받아야 한다. 이 단계에서는 악마가 총공세를 해오기 때문이다. 여기에 부딪힌 사람이 혼자서 이 싸움을 해낸다는 것은 대단히 어렵다. 혼자서 이 싸움을 하다가는 자칫 정신이상자가 되거나 사이비 이단이나 교주의 길로 갈 수도 있다. 악마는 온갖 술수를 다 동원해서 이 다음 단계로 넘어가는 것을 방해하는데, 여기서는 악마가 어떤 형체를 가지고 외부에서 공격하는 것이 아니라 악마의 영을 마음과 생각 속에 부어 넣는 일들이 일어난다. 혼자서 이 싸움을 해낸다는 것은 대단히 위험하다. 여기서는 악마가 집요하게 "하나님께서 어떤 특별한 은혜를 베푸신다."는 생각을 가지게 한다. 악마의 무서운 속성 중의 하나가 집착이다. 이 단계에서 악마가 집어넣는 조그만 생각 하나라도 받아들이게 되면 악마의 지배에서 벗어나지 못하게 된다.

하나님께서 주시는 생각은 언제든지 자신이 잘못될 수 있다는 것을 인정하고 배우려는 자세를 가지며, 하나님으로부터 어떤 특별한 은혜를 받았다는 생각을 감히 용납하지 못한다. 자신은 너무나 큰 죄인이어서 하나님의 특별한 은혜를 받을 존재가 못된다고 생각한다. 그러나 악마는 이것을 차단하고 자신이 하나님의 큰 은혜를 받았다고 생각하며 사람들을 가르치려는 생각을 가지게 한다. 악마의 법은 올라가고 높아지는 원리이고 성령님의 법은 내려가고 낮아지는 원리인 것을 여기서 실감나게 체험하게 된다.

대부분의 사람들은 죄인의 기도 단계의 주변을 맴돈다. 여기까지 기도가 깊어지는 사람들이 많지 않다. 세리의 기도를 넘어서면 진행과정의 60~70%를 도달한 것이다. 여기까지 기도가 깊어지려면 정신적인 모든 에너지를 오로지 '죄성의 정화'에만 쏟아 부어야 한다. 초점을 분산시키면 여기까지 오지 못한다. 기도에 큰 열심을 품은 사람들이 대부분 중간에 어떤 영적인 은사와 능력, 또는 현실적인 문제해결에 초점을 맞추었기 때문에 여기까지 이르지 못하고 만다. 참으로 안타까운 일이다. 이는 그 사람들의 잘못이 아니다. 가르치는 사람들이 그렇게 가르쳤기 때문이다. 그 사람들은 피해자일 뿐이다.

❷ 자신의 본성과 악마의 본성이 일치함을 발견한다.

지금까지는 악마의 어떤 형체와 부딪히면서, 또는 악마가 주는 어떤 생각과 마음에 시달리면서 악마는 나의 밖에서 나를 공격해온다고 생각하게 된다. 이런 단계에서는 자신을 공격해오는 악마를 쫓으려는 시도를 하게 된다. 그런데 세리의 기도 단계에 오면 이 생각이 바뀐다. 자신 속에 잠재되어 있는 온갖 추악한 것들이 쏟아져 나와 시달리면서 자신 속에 들어있는 죄악의 속성이 곧 악마의 속성이라는 것을 보게 된다. 악마와 싸우면서 악마를 아무리 쫓아도 근본적으로 해결이 되지 않는 이유를 이제야 발견하게 된다. 자신 속에 악마의 속성이 들어있기 때문에 아무리 악마의 세력을 몰아내도 소용이 없었던 것이다.

이 부분에 대한 경험은 정화의 과정에서 대단히 중요하다. 자신 속에 들어있는 죄성의 뿌리를 뽑아내는 과정이기 때문이다. 지금까지는 겉으로 돋아나는 잡초의 잎사귀들을 뜯어내는 것이었다면 이제부터는 그 뿌리를 캐내는 작업이 진행된다. 이 단계가 어려운 싸움인 것은 잡초의 뿌리(악마의 속성)가 뽑히지 않으려고 발악을 하기 때문이다. 악마는 자기 삶의 자리를 잃어버리지 않으려고 온갖 수단과 방법을 다 동원한다. 이런 이유로 누군가의 도움이 필요하다. 그 도움이란 자신을 낮추는 법을 배우는 것이다. 악마는 자신을 낮추고 있는 사람은 절대로 공격해 올 수가 없다. 자신을 높이는 사람치고 악마의 공격을 이겨낼 자가 없고, 자신을 낮추고 있는 사람치고 악마의 공격에 질 자가 없다. 이 원리는 이 단계에서 악마와 싸워 이기는 유일한 공식이다. 다른 공식은 없다. 이 단계에서는 하나님의 도우심이 악마를 이기는 어떤 신비한 능력을 주시는 것이 아니라 자신을 낮추는 겸손을 주시는 것으로 체험된다.

❸ 자신이 가장 큰 죄인인 것이 발견된다.

자신의 본성이 악마의 본성과 같다는 것을 발견하고 나면, 세상 어디에도 자신보다 더 큰 죄인이 없다는 것이 확인되었기 때문에 가장 큰 겸손에 이르게 된다. 어느 누구와의 비교에서가 아니라 자신 속에서 가장 큰 죄악을 보았기 때문에 이런 겸손이 생겨난다. 이로써 자신을 가장 낮은 위치에 놓게 된다. 사람들과의 비교의식에서 오는 그 어떤 우월감도 여기서는 설 자리가 없게 된다.

'가장 큰 죄인의식' 이 여기서 얻는 하늘나라의 보배이다. 하나님께서 주시는 특별한 은혜와 선물은 어떤 신비한 영적인 무슨 능력이 아니라 이런 겸손의 덕목(德目)이다. 이보다 더 큰 은혜는 없다.

❹ 기도의 자세가 달라진다.

자신 속에서 악마의 속성을 발견하는 것은 대단히 큰 영향을 미친다. '가장 큰 죄인의식'에 젖어들기 때문에 감히 얼굴을 들지 못하게 된다. 이 단계를 '세리의 기도'라고 한 이유는 예수님의 다음과 같은 비유의 말씀 때문이다.

> "두 사람이 기도하러 성전에 올라갔다. 한 사람은 자기가 옳은 사람이라는 것을 뽐내는 바리새파 사람이었고, 다른 사람은 남의 것을 빼앗는 세관원이었다. 바리새파 사람은 서서 이렇게 기도하였다. '하나님, 나는 다른 사람들과 같은 죄인이 아닙니다. 더욱이 저기 있는 세관원과 같은 죄인이 아닌 것을 얼마나 감사한지요! 나는 절대로 남의 것을 강제로 빼앗은 일도 없고 간음한 일도 없습니다. 나는 한 주일에 두 번씩 금식을 하고, 내가 얻은 모든 것의 십일조

를 하나님께 드리고 있습니다.' 그러나 세관원은 멀리 서서 감히 하늘을 우러러 볼 생각도 못하고 슬픔에 잠겨 가슴을 치며 '하나님, 이 죄인에게 자비를 베풀어 주소서!' 하고 눈물로 기도를 드렸다. 내가 너희에게 말한다. 용서를 받고 집으로 돌아간 사람은 그 바리새파 사람이 아니라 세관원이었다. 누구든지 자기를 높이는 사람은 낮아지고 자기를 낮추는 사람은 높아질 것이다."(누가복음 18:10~14, 현대어 역)

세리는 자신이 가장 큰 죄인이라는 생각 때문에 감히 성전에 들어가지도 못하고, 멀리서 얼굴을 들지도 못하고 가슴을 치며 "나를 불쌍히 여겨 주시옵소서!" 통곡을 했다. 감히 하나님께 기도한다는 생각조차 할 수가 없었다. 자신은 너무나 큰 죄인이어서 감히 기도할 수 없다고 느껴졌기 때문이다. 자신의 죄를 용서해달라는 말도 못하고 말았다. 용서받기에는 너무나 큰 죄인이라고 스스로를 생각하기 때문이다. 오직 "나를 불쌍히 여겨주시옵소서!"라고 탄식하며 통곡할 뿐이었다. 예수님 당시에 세리는 죄인의 대명사이며 가장 큰 죄인의식에 젖어있는 사람들이었다. 세리의 기도단계에 이르면 실제로 이와 같이 된다. 자신 스스로가 악마의 화신이라고 느껴지기 때문에 자신의 죄를 용서해달라는 말을 할 수가 없어진다. "나를 불쌍히 여겨 주시옵소서!" "내게 자비와 긍휼을 베풀어 주시옵소서!"라고 실제로 가슴을 치며 얼굴을 땅에 대고 통곡하게 된다. 이런 생각이 들면 감히 앉아서 기도를 하지 못한다. 땅바닥에 엎드려 얼굴을 땅에 댈 수밖에 없게 된다. 이 과정을 겪는 동안 저녁이면 산에 기도하러 다녔는데, 일 년 이상을 이런 상태로 보냈다. 앉아서 기도한다는 것은 엄두조차 내지 못했다. 나를 드러내고 인정받고 싶어 하며, 엘리트의식에 젖어있던 것들이 절대로 용서받을 수 없는 큰 죄로 얼마나 사무치게 다가왔던가! 탄식과 통곡, 또 통곡, 그 이상은 아무것도 할 수가 없었다.

이 단계부터는 기도의 자세조차 내 임의대로 취하지 못하고 어떤 자세가 되어지는데, 여기서는 감히 얼굴을 들지 못하고 엎드리는 자세가 그것이다. 이는 하나님의 면전에 가까이 갔을 때 나타나는 현상이다. 거룩하신 하나님의 면전에 가까이 갈수록 자신은 큰 죄인으로 느껴지고 감히 얼굴을 들지 못하게 된다. 여기쯤 오면 하나님 면전에 가까이 다가간 것이다.

❺ **자기부정의 길에 접어들게 된다.**

자기 속에서 악마의 본성을 직접 체험하면 생각이 완전히 달라진다. 먼저 와 닿는 것이 "나는 도무지 용서받을 수 없는 죄인이구나!"라는 생각이다. 너무나 큰 죄인이어서 이제부터는 "용서하여 주시옵소서!"라는 말이 사라지고 오직 "불쌍히 여겨주시옵소서!"라는 탄식만이 있게 된다. 회심의 단계에서는 "죄를 용서받았다."라는 면죄의식과 그 기쁨이 주어진다. 그런데 면죄의식과 기쁨은 놀랍게도 면죄불가(免罪不可) 의식과 통곡에서 부정(否定)으로 완성이 된다. 회심의 단계에서는 구원받았다는 확신이 주어진다. 그런데 그 확신은 '도무지 구원받을 수 없는 자'라는 부정의 의식으로 완성된다. 회심의 단계에서는 하나님의 자녀라는 생각에서 당연히 하나님을 아버지라고 불렀다. 그런데 이제는 감히 하나님을 아버지라고 부를 수 없게 된다. 사죄의식과 구원의식, 자녀의식은 긍정의 극치에서 완성되는 것이 아니라 부정으로 완성된다.

예수님의 비유말씀에 나타난 바리새인은 자신을 긍정하던 사람이었다. 스스로 의롭고, 세리와는 다르고 구원받았고, 죄를 용서받았고, 하나님의 자랑스러운 아들이라고 생각했다. 그런데 이런 긍정의식은 하나님께 용납되지 않았다. 반대로 세리는 자신을 부정했다. 용서받을 수도 없고, 구원받을 수도 없고, 하나님을 아버지라고 부르는 것은 고사하고 하늘을 쳐다보지도 못했다. 그런데 하나님께서는 이 세리를 받아주셨다. 자신을 긍정하는 사람(높이는 사람)은 낮아지고(부정되고), 자신을 낮추는 사람(부정하는 사람)은 높아지게(긍정) 된다. 자신을 긍정하는 사람은 하나님께 부정되고 자신을 부정하는 사람은 하나님께 긍정된다.

하나님께로 가는 길은 부정으로써 긍정에 이르는 길이다.

❻ 단순한 기도가 시작된다.

깊은 기도는 말을 많이 하는 데에 있지 않다. 기도가 깊어질수록 말이 적어진다. 회심의 단계와 죄인의 기도단계에서는 말이 많은 기도를 하게 된다. 이것이 잘못되었다는 것이 아니고 이런 기도를 하지 말라는 것도 아니다. 기도수련을 시키면서 구송기도는 초보적인 기도이니 묵상기도, 침묵기도, 관상기도를 하라고 가르치는 경우가 있는데, 결론부터 말하자면 이는 전혀 잘못된 교육이다. 이는 마치 젖먹이에게 밥을 먹으라고 하는 것과 같다. 묵상기도, 침묵기도, 관상기도는 기도가 깊어지면 자연스럽게 되는 것이지 훈련으로 되는 것이 아니다. 기도의 훈련을 시켜서 기도를 깊어지게 한다는 생각은 오해다. 죄성을 씻어내는 정화의 훈련을 시켜야 한다. 정화가 깊어지면 기도는 자연히 깊어진다. 정신집중훈련으로 그 비슷한 흉내는 낼지 몰라도 정화가 되지 않고서는 절대로 침묵기도나 관상기도에 들어가지 못한다. 기독교의 기도는 하나님과의 관계개선을 추구하는 것이다. 하나님과의 관계가 개선(정화)되지 않고서 하나님과 깊은 대화를 한다는 것은 이치에 맞지 않다. 진리는 결코 상식에서 벗어나지 않는다. 영적인 세계의 이치 역시 세상의 이치와 크게 다르지 않다. 두 세계 다 하나님으로부터 나온 것이기 때문이다.

단순한 기도는 어떤 의식에 사로잡히면서 시작된다. 가장 큰 죄인 의식에 사로잡혀서 견딜 수 없는 심정으로 탄식과 통곡 속에서 몸부림치다가 이따금씩 "나를 불쌍히 여겨주시옵소서!"라고 겨우 한마디를 말하는 상태, 이런 것이 아주 깊은 기도다. 기도하는 시간 내내 이런 의식에 사로잡혀 있을 뿐만 아니라 하루 종일 이렇게 보내게 된다. 기독교의 기도는 정신집중 훈련이 결코 아니다. 정신을 집중하며 침묵으로 지내는 것은 사색이요 명상이지 기도가 아니다. 명상은 혼자 하는 것이요 기도는 상대와 관계 맺기이며 교제다.

이 단계에서의 특징을 정리하면 다음과 같다.

- 기도의 내용 : "나를 불쌍히 여겨주시옵소서."
  "긍휼과 자비를 베풀어 주시옵소서!"
- 의식의 변화 : 가장 큰 죄인 의식

4. 탕자의 기도

예수님께서 하신 말씀들 중 많은 부분이 영적인 사실을 반영하고 있다. 바리새인과 세리의 기도가 그러하다. 이 기도의 비유는 기도의 실제를 드러낸다. 하나님을 체험한 만큼 성경이 보이는데, 세리의 기도 단계를 겪어보지 않으면 이 비유의 말씀이 무엇을 말하는 지를 이해한다는 것이 어렵다.

우리가 잘 알고 있는 비유의 말씀 중 흔히 '돌아온 탕자의 비유' 라고 말하는 것이 있다.

"어떤 사람에게 두 아들이 있었는데 작은아들이 아버지에게 말하였다. '아버지께서 돌아가실 때까지 기다릴 것 없이 제게 돌아올 몫의 재산을 지금 나누어 주십시오.' 그래서 아버지는 재산을 두 아들에게 나누어 주었다. 며칠 후에 작은 아들은 자기 몫을 다 챙겨가지고 먼 지방으로 떠났다. 거기서 술과 여자로 세월을 보내면서 돈을 허비해 버렸다. 돈은 이미 다 떨어진데다 그 지방에 큰 기근이 들어 그는 끼니조차 이을 길이 없었다. 할 수 없이 그는 한 농부를 찾아가서 애원하다시피 하여 돼지를 치게 되었다. 돼지가 먹는 쥐엄 열매라도 먹고 싶을 정도로 배가 고팠다. 그러나 그것마저도 넉넉히 주는 사람이 없었다. 그제서야 제정신이 든 그는 이렇게 말하였다. '아버지가 계신 집에는 일꾼들까지도 양식이 풍족하여 먹고도 남는데 여기서 나는 굶어 죽겠구나! 아버지께로 돌아가 이렇게 말씀을 드려 봐야겠다. 아버지, 저는 하늘과 아버지께 죄를 지었습니다. 그러니 이제는 아버지의 아들이라고 불릴 자격도 없습니다. 저를 일꾼으로라도 써주십시오.' 그래서 그는 아버지 집으로 돌아갔다. 아들이 멀리서 걸어오고 있는 것을 본 아버지는 측은한 마음에 달려가 아들을 끌어안고 입을 맞추었다. 아들이 아버지에게 말하였다. '아버지, 저는 하늘과 아버지께 죄를 지었습니다. 그러니 아버지의 아들이라고 불릴 자격도 없습니다.' 그러나 아버지는 종들에게 말하였다. '빨리 집안에서 제일 좋은 옷을 꺼내다가 내 아들에게 입혀라. 그리고 보석 반지를 끼워 주고 신을 신겨라. 또 살찐 송아지를 끌어내다가 잡아라. 잔치를 열고 기쁨을 나눠야겠다. 죽었던 내 아들이 다시 살아왔다. 그를 잃었다가 찾은 것이다.' 그래서 잔치가 시작되었다."

"한편 밭에서 일을 끝내고 돌아오던 큰아들은 집 가까이 이르렀을 때에 자기 집에서 노랫가락이 흘러나오는 것을 들었다. 그는 종 하나를 불러 무슨 일이냐고 물어 보았다. 종이 대답하였다. '주인님의 동생이 돌아왔습니다. 그래서 주인님의 아버지께서 무사히 돌아온 것을 축하하시고자 살찐 송아지를 잡아 큰잔치를 벌이셨습니다.' 큰아들은 화가 나서 집에 들어가려고 하지 않았다. 아버지가 나와서 그를 달랬으나 그는 아버지에게 투덜거렸다. '저는 여러 해를 두고 아버지를 위해 열심히 일하였습니다. 아버지께서 제게 말씀하신 것 중의 어느 하나도 거역한 일이 없지 않습니까? 그런데도 지금까지 제게는 친구들과 함께 잔치를 벌이라고 염소새끼 한 마리 주신 일이 없습니다. 그런데 창녀들에게 아버지의 돈을 다 써버린 아들이 오니까 살찐 송아지를 잡아 잔치를 벌이시는군요.' 아버지가 말하였다. '사랑하는 아들아, 너는 늘 나와 함께 있었고 내가 가진 것이 모두 네 것이 아니더냐? 그러나 네 동생은 죽었다가 다시 살아왔고, 잃었다가 다시 찾았으니 잔치를 벌이는 것이 당연하지 않느냐?'"(누가복음 15:11~32 현대어 역)

이 비유의 말씀은 바리새인과 세리의 기도 비유와 더불어 기도의 깊은 실상을 반영하고 있다. 단순히 재산을 가지고 나가서 탕진하고 거지가 되어 돌아오는 아들을 불쌍히 여기고 반겨주는 아버지의 심정이 곧 하나님의 심정이라는 것만을 의미하지 않는다.

그림을 보면 이제 세리의 기도에 이어 중간의 위치에 왔다. 이전의 그림과 비교해 볼 때 모양이 좀 달라졌다. 우선 왼쪽 화살표의 방향이 위가 아닌 아래로 향하고 있고 오른쪽 화살표는 위를 향하고 있다. 이전에 그려지던 방향과 반대라는 것을 유의해야 한다. 그리고 '자기 긍정의 과정'에서 '자기 부정의 과정'으로 넘어가는 분기점을 이루고 있다. 기도에서 이 단계는 대단히 중요하다. 그림에서는 중간위치이지만 여기를 넘어서면 전체 과정의 80~90%를 지나게 된다. 여기서부터는 신비기도가 시작된다. 수도사들이 이상적인 기도의 상태라고 말하는 '관상기도'가 여기서 경험된다.

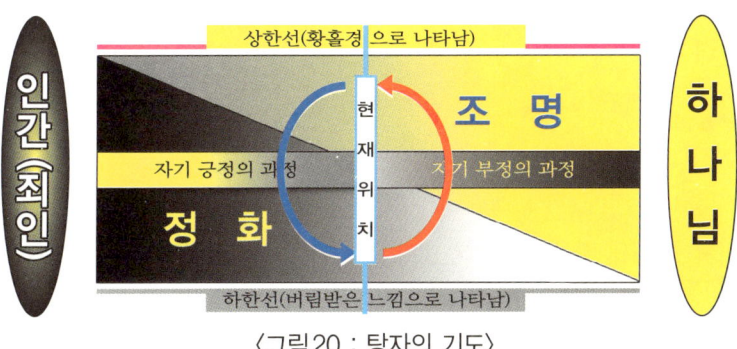

〈그림20 : 탕자의 기도〉

여기에서 일어나는 특징들을 살펴보면 다음과 같다.

❶ 무자격자 의식

세리의 기도단계에서는 자신의 심성 속에 악마의 본성이 들어있다는 것을 발견하게 되는데 이 발견은 의식에서 큰 변화를 일으킨다. 스스로를 세상에서 '가장 큰 죄인'이라고 생각하며 기도시간에 감히 얼굴을 들지 못하게 된다.

탕자의 기도 단계는 가장 큰 죄인 의식이 점점 더 깊어져서 그 절정에 도달하는 곳이다. 가장 큰 죄인 의식의 완성은 '무자격자 의식'이다. 이런 의식은 자신이 곧 악마적인 존재라는 것을 확인했기 때문에 가능하다. 죄를 용서받을 자격도 없고, 구원받을 자격도 없고 하나님의 자녀가 될 자격도 없고, 하나님을 아버지라 부를 자격도 없고, 하늘을 향하여 얼굴을 들 자격도 없고, 세상에 살아있을 자격도 없고, 숲과 나무와 들풀을 바라볼 자격도 없고, 땅을 밟고 걸어 다닐 자격도 없고, 공기를 들이마실 자격도 없고, 햇볕을 쪼일 자격도 없고……. 세상천지 그 어디에도 자신의 몸을 둘 곳이 없어서 문자 그대로 몸 둘 바를 모르게 된다.

그렇다면 무엇에 자격이 있을까? 아무리 둘러보아도 몸 둘 곳이 없는데 유일하게 자신을 받아주는 곳이 있다.

● 지옥

그렇다. 지옥, 그 이상은 생각할 수가 없다. 지옥만이 내가 있을 곳이다. 그런데 지옥 중에서도 내가 있을 자리는 어디인가? 지옥에 대하여 들었던 이야기들이 생각난다. 뜨거운 큰 가마솥에서 볶아지고 있는 사람들, 기름이 펄펄 끓는 곳에서 삶아지고 있는 사람들, 악마의 칼날에 난도질당하는 사람들…….

이런 지옥 중에서 내가 있어야 할 곳은 어디인가? 두루 찾아보니 내가 있어야 할 곳은 그 참혹한 지옥 중에서도 가장 고통스러운 그곳이다. 어디일까? 아마도 지옥 아궁이의 땔감이 가장 고통스러우리라. 내가 있어야 할 자리는 지옥 아궁이의 땔감이다. 그 이상은 생각할 수가 없다.

이런 생각에 젖어서 오열하는 자리가 탕자의 기도 단계이다.

"어찌해야 하는가!"

"어찌해야 하는가!"

한없는 눈물과 탄식과 통곡과 몸부림들……

여기는 그런 자리이다.

이 영원한 지옥의 형벌을 생각하니 너무나 끔찍하여 견딜 수가 없다.

지옥에서 벗어나려면 어찌해야 하는가?

길은 오직 하나. 아버지께로 돌아가는 길.

다른 길은 없다. 그런데 나는 이미 자식의 자격을 잃었으니 돌아갈 면목이 없다.

진퇴양난. 갈 수도 없고 가지 않을 수도 없고,

탄식과 오열 속에서 터져 나오는 한마디,

"나를 버리지만 마소서!"
"버리지만 마소서, 버리지만 마소서!"
"오 나의 하나님, 날 버리지 마소서!"

목 놓아 이 찬송을 부르고 또 부르고. 이 찬송 이외에는 부를 수 있는 것이 없었다. 찬송을 부르는 것이 아니라 온몸으로 통곡하는 절규였다.

얼마나 많은 날들을 이렇게 보내야 했던가?
악마는 수시로 떼를 지어 우는 사자와 같이 삼키려고 달려들고,
추운 겨울날 갈 곳 없어 밤거리를 방황하는 헐벗고 굶주린 나그네에게 몰아치는 칼바람,
이 고통에 비하면 오히려 시원했으리라.

감히 얼굴을 들지 못하고 통곡하며 이런 날들을 수없이 보내고 있던 어느 날,
나도 모르게 내 얼굴이 들어 올려졌다.
눈을 들어 하늘을 바라다보는 순간,
내 눈에 들어오는 무엇이 있었다.
아버지.
아버지가 보였다.

❷ 면전(面前)

듣기만 하던 그분을 뵈옵는 순간은 이렇게 찾아왔다.

이 뵈옴은 어떤 뵈옴인가? 보기는 보되 육체의 눈이 아닌 마음의 눈으로 봄이다. 꿈이나 환상, 입신으로 보는 것이 아니다. 마음으로 보는 것이다. 꿈이나 환상, 입신은 아직 여기에 이르지 못한 사람들이 하나님과 관계를 가질 때 나타나는 현상이다. 그런데 지금 여기서 살아있는 의식을 지닌 채 하나님을 직접 뵈옵는 단계가 있다. 평생을 바쳐 수도의 길을 간 사람들이 도달하기를 그토록 소원했던 곳이 바로 여기이다. 그분을 뵈옵는 일, 그들은 이것을 위하여 생명을 걸었었다.

집 나간 탕자가 아버지의 아들이 아니라 날품팔이로 받아달라는 무자격자 의식을 가지고 집으로 돌아와서 감히 아버지의 얼굴을 쳐다보지도 못하고 엎드려 오열을 하자 아버지는 그 자식을 붙들어 일으켜 얼굴을 쳐들어 올렸다. 그토록 보고 싶던 집 나간 자식의 얼굴을 보기 위해서였다. 도무지 얼굴을 들지 못하고 허구한 날을 통곡과 탄식으로 보내다가 어느 순간 나도 모르게 고개가 들려지는 것은 탕자의 얼굴을 아버지께서 쳐들어주심이다. 수동적인 정화가 깊어지면 기도의 자세까지도 내 마음대로 하지 못한다.

한없이 흘러내리는 눈물 속에 보이는 그 분. 욥의 고백은 이것을 말함이다.

내가 주께 대하여 귀로 듣기만 하였삽더니 이제는 눈으로 주님을 뵈옵나이다.(욥기 42:5)

욥은 여기까지 오기 위하여 숱한 난관을 거쳐야 했다. 욥의 고난은 죄성을 정화시키는 영성수련이었다. 죄성은 쉽게 씻겨지지 않는다. 정화의 고통을 겪어야 한다. 이 고통을 십자가의 요한은 '어둔 밤'이라고 했다. 여기까지 오려면 많은 과정을 거쳐야 한다. 그러나 어렵게 생각할 것도 없다. 내주하시는 성령님의 인도하심을 따르면 누구나 올 수 있는 곳이다. 그러나 자력정화로 오려고 한다면 결코 오지 못하리라.

❸ 학수고대

집 나간 탕자를 기다리고 계시는 아버지, 어떤 심정이었을까?
가출한 자식이 무작정 돌아오기만을 기다리신 것이 아니라 철이 나서 돌아오기를 기다리셨다. 아버지는 탕자가 돌아왔기 때문에 기뻐하시는 것이 아니라 철이 들어서 돌아왔기 때문에 더 기뻐하셨다. 아버지는 이 순간을 학수고대하셨다. 그런데 아버지가 탕자에게 기대하신 것은 무엇일까? 돈을 많이 벌고 출세해서 금의환향하기를 기다리신 것이 아니다. 놀랍게도 아버지가 바라는 요구 조건은 그것이 아니다. 무엇일까?

● 무자격자 의식

이것이 아버지께서 기대하시던 것이다.
'무자격자 의식'
놀랍게도 아버지가 기대하고 계시던 것은 바로 이것이다.
"나는 아버지의 아들이라 불릴 자격이 없습니다. 아버지의 아들로 온 것이 아닙니다. 쫓아내지만 마시고 날품팔이로나 써주십시오."
아버지는 이 고백을 고대하고 계셨다. 이런 사실은 비유의 마지막 부분에 나오는 큰 아들과의 대화에서 잘 나타난다. 탕자가 문제아가 아니라, 스스로 모범생(의인)이라고 생각하고 있는 큰 아들이 아버지에게는 문제아였다. . 이것은 앞에서 지적한 바리새인과 세리의 기도 비유에서도 잘 나타난다. 하늘의 아버지께서 기대하시는 것은 자기긍정이 아니라 자기부정이다.

이 극적인 순간을 위하여 아버지는 준비해 놓으신 것들이 있었다.

● 제일 좋은 옷

그냥 좋은 옷이 아니라 아버지 집에서 제일 좋은 옷, 즉 아버지가 입은 옷보다 더 좋은 옷이었다.

● 보석 반지

고대에는 도장을 반지로 만들어 끼웠다. 도용을 막기 위해서였다. 아버지가 탕자에게 끼워주는 반지는 장식용이 아니라 인감도장이었다. 이는 아버지의 기업경영을 맡긴다는 표시다. 이제 아들이 아버지를 대신하여 집안을 돌볼만한 자격을 갖추었기 때문에 결재권을 허락하시는 것이다.

● 신발

아버지의 기업을 돌보기 위하여 돌아다닐 때 신을 신발, 즉 타고 다닐 승용차를 준비해 놓으셨다. 아버지는 자격자가 나타나기만을 기다리고 있던 자동차의 키를 내어주셨다.

● 동네잔치

아버지는 탕자가 기대에 부응하여 돌아온 기쁨을 이기지 못하고 살진 소를 잡고 온갖 음식을 장만하여 온 동네사람들을 초청하여 잔치를 벌였다. 이 잔치는 무엇을 말하는가? 탕자가 당신의 기업을 대신 이끌 경영자가 되었음을 알리는 취임식이다.

예수님께서 말씀하신 탕자의 이야기는 단순한 예화가 아니라 실제의 이야기이며 역사 속에서 여러 사례를 찾아볼 수 있다. 창세기의 요셉의 이야기에서 첫 실례를 찾아볼 수 있다. 형제들에게 미움을 받아 17세에 이집트로 팔려간 요셉은 종살이와 감옥살이를 하게 된다. 요셉의 이런 고난은 무엇을 말하는가? 탕자의 고백에 이르는 영성수련의 기간이었다. 이런 상태가 되자 그는 어느날 바로 앞에 불려가서 가장 좋은 옷(세마포)과, 인장반지, 버금수레를 하사받고 바로를 대신하여 애굽을 통치하게 되었다. 총리로 있는 동안 요셉은 풍년과 흉년 14년을 이용하여 이집트를 하나님 나라의 모형으로 바꾸어 놓았다.(창세기 41장~47장)

그 다음의 예는 이집트에서 400년 종살이와 광야에서 40년의 훈련을 받은 이스라엘 사람들에게 가나안이 주어지는 사건이다. 400년 동안 섬기는 훈련 즉 자기부정의 훈련을 마치자 가나안이라는 땅이 그들에게 맡겨졌다. 후일 이스라엘이 바벨론 포로생활을 거쳐 귀환하는 사건도 같은 방법으로 설명할 수 있다.

다른 또 하나의 예는 로마제국의 박해 속에서 300년 동안 훈련을 받은 초대교회에 로마제국이 주어지는 사건이다. 로마제국은 초대교회에 주어진 가나안과 같았다. 역사의 흐름을 통하여 확신하건대 이제는 한국교회에 이런 기회가 주어져 있다. 이런 이야기들은 이미 「하비루의 길」과 「죄인의 길」을 통해서 살펴본바와 같다.

하나님께서는 '사람을 통해서' 이 세상에서 당신의 뜻을 실현하신다. 어떤 사람인가? 준비된 사람이다. 무슨 준비인가? 자신을 비우는 자기부정이 그 준비이다. 하나님께서는 이런 준비가 된 사람을 집나간 자식을 기다리는 부모의 심정으로 학수고대하신다. 하나님의 고민은 이런 준비가 된 사람을 찾아볼 수 없다는 데에 있다. 지금도 그분은 대문을 열어놓고 잠을 설치며 문밖만 쳐다보고 기다리고 계신다.

자기부정을 통하여 무자격자 의식에 도달한 사람을.

❹ 코흐 아마르 야웨(כֹּה אָמַר יְהוָה)

"나 여호와가 말하노라……", "여호와께서 가라사대……"

구약의 예언자들이 하나님의 말씀을 선포할 때 사용하던 형식이다. 사람으로서 어떻게 감히 이렇게 말할 수가 있었을까? 예언자들이 하나님의 신탁을 일인칭화법으로 선포한 것은 하나님으로부터 그 말씀을 직접 받았기 때문이다. 단순히 말하는 형식을 빌려서 자신들의 생각을 말한 것이 아니다. 하나님으로부터 말씀이 주어지지 않으면 사이비 교주가 아니고서는 누구도 이렇게 말할 수가 없다. 예언자들은 어떤 상태에서 이런 식으로 하나님의 말씀을 선포했을까?

이렇게 말씀을 선포할 때에는 어떤 독특한 상태가 되어 진다. 예언자들이라고 아무 때나 일인칭화법으로 말할 수 있는 것이 아니다. 그렇게 말할 수 있는 상태가 되어야 한다. 그런 상태가 되었을 때에만 가능하다. 이런 상태가 되지 않으면 일인칭화법이 아닌 삼인칭화법으로 말해야 한다.

이런 독특한 상태는 탕자의 기도에 이르러 처음으로 경험되어 진다. 탕자에게 반지(도장)를 주심이 이것이다. 하나님을 대신하여 하나님의 이름으로 직접화법을 사용하도록 허락받아야만 이런 일이 가능해진다. 이런 위탁은 아무에게나 주어지지 않는다. 예언자가 선포한 말씀을 하나님께서 책임을 지셔야 하기 때문이다. 이런 일을 하는 사람은 자신이 전적으로 비워져야 한다. 철저한 자기부정이 이루어지지 않으면 직접화법의 말씀이 주어지지 않는다. 하나님께서는 당신의 말씀을 직접 전할 만한 사람을 학수고대하며 기다리신다.

하나님의 말씀이 주어진다는 것은 무엇이 어떻게 되는 것인가?

필요할 때는 단어와 문장까지 주어지기도 한다. 그러나 이런 경우는 드물고 대부분의 경우는 '하나님의 심정'이 주어진다. 예언자가 살던 시대에 당면한 문제에 대한 하나님의 마음이 주어지면 그 마음을 예언자는 자신의 표현양식을 통하여 일인칭화법으로 전달한다.

처음으로 이 말씀이 주어질 때 얼마나 놀랐는지 모른다. 말씀이 일인칭화법으로 주어진다는 것 때문에도 놀랐지만 그 말씀의 내용 때문이다. 오늘 우리 한국교회 지도자들에게 주어지는 말씀이었는데, 예수님께서 당시의 서기관-바리새인을 향하여 책망과 저주의 말씀을 하신 것과 맥락을 같이 하고 있다. 아모스가 북이스라엘이 멸망하기 직전에 등장하여 온갖 재앙을 선포했는데, 지금 우리 교회의 목회자와 장로들에게 주어지는 말씀은 이보다 훨씬 더 심하다. 두렵고 떨려서 감히 일인칭화법으로 말할 수가 없다.

자식에게 큰 교회를 물려주어서 세상의 지탄을 받고 있는 자들, 총회장, 노회장, 감독, 감리사를 비롯한 무슨 회장이 되기 위하여 세상 정치인들보다 더 추태를 부리고 있는 자들, 교회를 자기 뜻대로 움직이려고 추잡한 수작을 부리는 자들, 초대형 교회를 만들기 위하여 교인 쟁탈전을 벌이고 있는 자들, 세상 장사치만도 못한 정신과 윤리로 목회를 하는 자들, 이런 자들을 향한 하나님의 진노가 얼마나 큰지를 아는가! 자신들이 무슨 짓을 하고 있는지를 아는가! 자신들이 지옥의 땔감이 되어있다는 사실을 아는가! 가장 무서운 심판이 기다리고 있다는 사실을 아는가! 이런 자들은 절대로 용서받을 수 없는 짓들을 하고 있다. 개인적인 죄들은 용서받을 길이 열려있지만 교회를 어지럽혀서 세상에서 지탄을 받게 하는 죄는 용서받을 수가 없다. 다른 사람의 구원을 가로막는 죄이기 때문이며, 그 사람의 멸망을 책임져야 하기 때문이다. 죽기까지 회개로 일관해도 씻기 어려운 성령님 모독죄를 범하고 있다. 그러면서도 눈과 귀가 멀어 죽으면 천국이 보장되어 있는 줄로 알고 있다.

불쌍한 자들.

이런 자들을 위하여 지옥이 준비되어 있다. 지옥 중에서도 아궁이가 그들을 기다리고 있다. 지옥의 심판은 죽은 다음의 일이고 지금 여기서도 심판이 준비되어 있다. 지옥의 사자들이 이들의 주변을 맴돌면서 가장 비참한 재앙들을 쏟아 부을 만반의 준비가 이미 끝났다. 죽음의 냄새를 맡고 독수리와 까마귀 떼가 몰려들고 있음을 알고나 있는가?

당장 돌이키라.

통곡하며 회개하라.

남의 구원을 가로막은 성령님을 모독한 죄들, 평생 회개해도 부족하리라.

❺ 내려감으로써 올라가는 길

지금까지는 올라감과 나아감을 끊임없이 구했다. 내려감과 물러감의 고통이 너무 커서 견딜 수가 없었기 때문이다. 그런데 무자격자 의식에 도달하고 나면 생각이 바뀐다. 상한선에서의 기쁨과 희열들에 대하여 자신은 아무런 자격이 없다는 생각에서이다. 이전에는 마땅히 이런 기쁨 가운데 있어야 한다고 생각했다. 그런데 이제는 생각이 달라졌다. 자신은 지옥 중에서도 가장 고통스러운 자리에 있어야 할 자라는 생각에서 상한선의 기쁨을 마다하고 하한선의 고통의 자리로 찾아 내려온다. 그리고 그토록 고통스러운 어둔 밤의 아픔을 기꺼이 받아들인다. 〈그림20〉에서 왼쪽 화살표가 아래로 향하고 있음은 이를 말한다.

그런데 놀라운 일이 일어난다. 상한선에 머물러 있으려고 그렇게 발버둥쳐도 홀연히 미끄러져 내려왔는데, 은혜가 충만한 상태를 유지하려고 아무리 애써도 되지를 않았는데, 자청하여 내려오니 그곳은 내려감과 물러감이 아니요 올라감과 나아감의 자리다. 그림의 화살표처럼 내가 자청하여 내려가자 하나님께서는 즉시 올려주신다. 탕자의 비유에서 탕자가 스스로 아들이기를 부정하자 아버지께서 "아니다. 이제야 죽었던 내 아들이 다시 살아왔다."라고 하시면서 아들을 얼싸안아 일으킴과 같다.

상한선의 희열과 하한선의 고통은 언제까지나 평행선을 달리는 것이 아니다. 언젠가는 하한선의 고통이 해결된다. 그런데 하한선과 내려감과 그 고통이 없어져서 해결되는 것이 아니라 내가 상한선의 자리를 사양하고 하한선의 고통에 자청하여 찾아감으로써 극복이 된다. 내가 자원하여 고통스런 훈련의 자리로 내려가면 그 순간 올려진다. 이런 방식으로 올라감과 내려감이 둘이 아니라 하나가 되며, 나아감과 물러감이 둘이 아니라 하나가 된다.

긍정은 곧 부정이요, 부정은 곧 긍정이다.

❻ 하나님의 존재양식

하나님을 믿는 모든 이들의 소원은 죽은 다음 천국에서가 아니라 지금 여기서 그분을 직접 뵈옵는 것이다. 그런데 그분을 뵈려면 어디로 가야하나? 무엇을 어떻게 해야 하나? 그분은 어디에 계실까?

놀랍게도 가장 낮은 자리에 계신다. 그분을 뵈려면 가장 낮은 자리로 내려가야 한다. 나를 가장 낮추고 천하게 만들고 작게 할 때 거기서 그분을 뵈옵게 된다.

예수님께서 하나님이시기를 포기하고 인간으로 오실 때 선택하신 성탄의 자리는 시골 베들레헴의 마구간과 구유였다. 예수님을 만나러 온 목동들과 동방박사는 마구간에서 태어나시어 구유에 누워계시는 주님의 모습을 확인했다. 이는 결코 우연이 아니다. 하나님의 존재양식이 무엇인지를 잘 보여주는 단적인 증거이다. 천사가 목동에게 전해주는 탄생하신 메시아의 증거는 '구유에 누워계심' 즉 가장 낮고 천한 작은 자리에 계심이었다.

극과 극은 서로 만난다. 가장 낮은 곳은 가장 높은 곳이다. 동과 서는, 남과 북은 둘이 아니라 하나다. 지구는 둥글기 때문이다. 세상의 이치나 영적인 이치나 별반 다르지 않다. 둘 다 같은 하나님으로부터 생겨났기 때문이다.

하나님을 뵈려면 가장 낮은 곳으로 내려가야 한다. 하나님은 가장 낮은 곳에 계시기에 가장 높은 곳에 계신다. 가장 낮은 곳에서 하나님을 뵈옵는 것은 곧 가장 높은 곳에서 뵈옵는 것이다. 하나님의 거룩하심은 가장 낮은 곳에 계심에서 비춰지는 거룩한 빛이다. 거룩하신 하나님을 뵈려면 거룩해져야만 한다. 낮아지고 작아지고 천해지는 것이 곧 거룩해지는 것이다.

탕자의 기도 자리는 이런 하나님을 이렇게 만나는 자리이다.

● 무자격자 의식

이 의식은 자신을 가장 낮추고, 가장 작게 만들고, 가장 천하게 하며, 가장 겸손하게 만든다. 하나님께서는 모든 사람이 탕자가 되어 돌아오기를 기다리고 계신다. 가장 좋은 옷, 보석반지, 신발, 잔치준비를 해놓고 학수고대 하신다. 애타게 기다리신다.

가장 낮은 곳으로 내려가라.
가장 작은 자가 되라.
가장 천한 자가 되라.
가장 아래에서 섬기는 자가 되라.
그러면 거기서 하나님을 뵈오리라.

여기까지 온 사람은 90%의 고지에 오른 사람이다. 여기까지 오르기가 힘들지 이후부터는 사실상 마무리 단계로 들어간다. 이 과정을 지나갈 때에 탕자비유의 말씀이 얼마나 사무치게 와 닿았던가. 한없는 눈물 속에서 수많은 날들을 이 말씀에 젖어 살았다.

탕자의 기도의 단계의 특징을 정리하면 다음과 같다.

- 기도의 내용 : "나를 버리지만 마소서!"
- 의식의 변화 : 무자격자 의식

탕자의 단계를 지나면서부터는 기도시간에 자신의 죄성이 아닌 '존재'에 집중이 된다. 흔히 이야기하는 신비기도의 단계는 죄성의 정화에 이어서 진행된다.

존재의 정화

5. 부정(否定)의 기도

어디에도 몸 붙일 곳이 없어 아버지 집에서 날품팔이로나 써달라는 사정을 하려고 집으로 돌아온 탕자, 뜻밖에도 자신을 상속자로 받아주시고 아버지의 기업을 맡기셨다. 이 탕자는 어떤 생각을 하게 될까? 자신이 어떤 자격이 있어서가 아니라 아버지의 무조건적인 은혜 때문에 상속자가 되었다는 것 이상은 생각하지 못하게 된다. 아버지의 은혜가 한없이 느껴질 뿐이다.

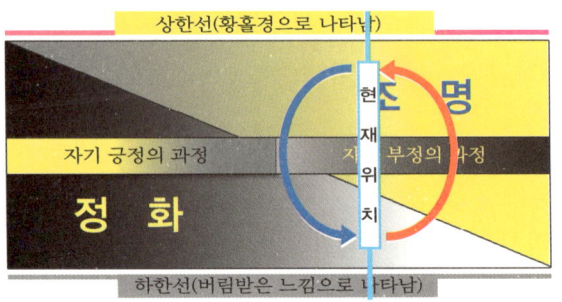

〈그림21 : 부정의 기도〉

이 때에 나타나는 특징을 정리하면 다음과 같다.

❶ 부정(否定)의식

마음의 상태를 항상 가장 낮은 자리에 둔다. 더 낮은 자리에 둘 수 없음이 탄식의 제목이다. "나의 나 된 것은 하나님의 은혜로 된 것이니"(고린도전서15:10)라고 자신을 고백하게 된다. 무자격자 의식은 이제 부정의 의식으로 이어진다.

❷ 신비기도

하나님과 눈빛이 마주치는 신비기도가 시작된다. 환상과 환청 등의 기도는 아직 신비기도가 아니다. 그런 기도는 정화가 심화되지 않은 사람들에게서 나타나는 초보적인 현상이다. 절대침묵, 절대집중의 상태에서 조용히 하나님을 바라봄의 상태, 이것이 진정한 신비기도며 관상기도이다. '관상'(觀想)은 바라봄을 의미한다. 수도사들은 이 기도를 이상적인 기도라고 하여 여기에 도달하려고 무진 애를 썼다.

❸ 응시의 기도

응시의 기도가 가능해진다. 응시의 기도란 마음의 초점을 모아 주님을 향하면 주님과 시선이 마주치는 현상이다. 시선이 마주치기 때문에 조용히 응시하고 있는 상태가 지속된다. 그냥 바라보고 있음이 기도다. 다른 그 무엇이 필요하지 않다. 하나님을 뵈옴은 육체의 눈이 아니라 마음의 눈으로 뵈옴인데, 그 현상은 시선의 마주침과 유사하게 경험된다. 잠을 자다가도, 길을 가다가도, 일을 하다가도, 운동을 하다가도 마음의 눈을 주님께로 향하면 시선이 마주침을 느낀다. 사람들끼리도 시선이 마주친 사람은 시선이 부딪쳤다는 것을 느끼듯이 이 상태도 그러하다. 응시의 기도에 들어있는 사람은 하나님과 시선이 마주치고 있음을 알게 된다.

❹ 절대집중, 절대침묵

응시의 기도는 절대침묵, 절대집중을 가능하게 한다. 침묵의 기도는 침묵훈련이나 정신집중 훈련으로 되는 것이 아니다. 하나님과 눈빛이 마주치면 저절로 되는 것이다. 이 기도는 기도훈련으로 되는 것이 아니라 죄성이 투명하게 정화되어야 한다. 응시는 나와 하나님 사이를 가로막고 있던 어두움인 죄를 걷어낼 때 가능해진다. 어두움이 있는 한 앞이 보일 리가 없다. 이치는 단순하다. 어두움을 걷어내면, 즉 정화를 심화시키면 응시의 상태가 된다. 억지로 침묵훈련, 정신집중 훈련을 시킨다고 되는 것이 아니다. 그런 것들은 정신수양이며 명상이다. 자력에 의한 정신수양과 죄성의 정화를 통한 하나님과의 관계회복은 다른 것이다. 하나님과의 관계가 깊어지면 기도는 자연히 깊어진다. 기도를 하되 기도를 위한 기도가 아니라 정화를 위한 기도이어야 한다.

❺ 언어의 사라짐

'눈빛의 마주침'은 언어적인 표현을 사라지게 한다. 인간의 언어가 가지는 개념과 전달 체계가 무용지물이 된다. 언어적인 방법으로 하나님과의 의사전달이 일어나는 것이 아니라 눈빛으로 의사전달이 되기 때문이다. 사람들 사이에서도 관계가 깊어지면 눈빛으로 의사전달이 되는 것과 같은 이치다. 눈빛으로, 마음과 마음으로 의사가 전달된다. 언어와 개념은 더 이상 필요하지 않게 된다. 하나님의 마음과 심정이 그냥 내 마음에 와 닿는다.

❻ 단순한 기도

단순한 기도는 세리의 기도에서 시작된다. 이런 기도는 어떤 의식에 사로잡혀질 때 가능한데 자신 속에서 악마적인 본성을 발견하면 가장 큰 죄인의식에 젖어들면서 탄식의 시간을 보내다가 "나를 불쌍히 여겨주시옵소서!"라고 이따금 고백한다. 이런 기도는 탕자의 기도에 이르러서는 "나를 버리지만 마시옵소서!"로 이어지고 이제 여기에 와서는 "Not I, but Christ."(나의 나 된 것은 나로 말미암은 것이 아니라 오직 주님의 은혜입니다. 고린도전서 15:10)로 압축된다. 깊은 기도는 단순한 기도이다. 단순한 고백과 의식에 젖어듦이 가장 깊은 기도를 하게 한다.

부정의 기도의 단계의 특징을 정리하면 다음과 같다.

- 기도의 내용 : "Not I, But Christ."
- 의식의 변화 : 자기부정 의식

6. 잠김의 기도

그림에서 보는 바와 같이 여기쯤 오면 정화가 마무리 단계이며 하나님의 거룩한 빛 한 가운데 놓이게 된다. 어두움에서 벗어나서 아침 햇

빛이 비치고 있기 때문에 모든 것이 투명하게 보인다.

여기를 무어라고 해야 하나? 마땅한 이름을 찾기가 쉽지 않다. 합일(合一), 일치(一致), 직관(直觀), 면전(面前) 등의 용어가 적절할 것 같다. 하나님의 면전이 그대로 느껴지고, 그분을 뵈옴이 흐릿함이 아니라 투명함이며 어떤 관념(觀念)이나 표상(表象)의 도움 없이 그분이 직접 느껴지고 와 닿기 때문이다. 이 상태에서의 두드러진 느낌이 '잠김'이기에 이 용어를 사용하고자 한다.

〈그림22 : 잠김의 기도〉

이 상태의 특징을 정리하면 다음과 같다.

❶ 잠김의 상태

탕자의 기도에서는 시선의 마주침이 이따금씩 일어났다면 부정의 기도상태에서는 항시로 시선이 마주치는 응시가 가능해졌다. 그런데 여기 와서는 응시가 사라지고 주님 안에 '잠김'이 일어난다. 이는 마치 목욕탕에 가서 따뜻한 물에 몸을 담그고 있을 때와 너무나 유사하다.

기도시간은 물론이고 그 분을 향하여 마음을 집중하면 잠겨있음과 마음의 고요함이 느껴진다. 이 상태에 있으면서 주님께서 말씀하신 "내 안에 거하라. 나도 너희 안에 거하리라."(요한복음15:4)라는 말씀이 무엇인지 비로소 알게 된다.

여기에서는 어떤 언어적인 표현양식이 필요 없어진다. 비언어의 기도이며, 마음의 기도가 이어진다.

❷ 존재의 정화

부정의 기도에서 시작된 존재의 정화가 심화된다. 고요하게 잠겨있으면 나의 존재가 확연히 느껴지며, 나의 온 마음을 나의 존재에 집중하면 존재가 서서히 정화되어짐을 알게 된다. 이는 마치 얼음덩어리를 손바닥 위에 올려놓고 있으면 체온에 얼음이 녹아서 서서히 녹아내리는 것과 유사하게 느껴진다. 아무런 말이 없이 잠겨있음 속에서 나의 존재에 집중하는 것이 기도가 된다.

나의 존재가 서서히 녹아내리는 것처럼 느껴짐은 나 자신이 비워짐을 의미한다. 먼저는 죄성이 비워져야 하고 나의 존재마저 비워져야 한다. 이 비움은 곧 채움이다. 비워서 자신을 없음(無)으로 만들기 위함이 아니라 하나님으로 채우기 위함이다. 내가 비워지는 만큼 하나님으로 채워진다.

❸ 나는 아무것도 아닙니다.(I am Nothing.)

나의 존재가 느껴지면서 동시에 하나님이 '전부' 즉 존재 자체로 다가온다. '전부'이신 하나님이 느껴지면 나는 없는 것과 같이 느껴진다. 내가 없음과 같이 느껴지면 나도 모르게 "I am Nothing."(나는 아무것도 아닙니다)이라고 고백하게 된다.

이 기도는 존재의 정화가 깊어질 때 나타나는 현상이다.

직관의 기도의 특징을 정리하면 다음과 같다.

- 기도의 내용 : "나는 아무것도 아닙니다."(I am Nothing.)
- 의식의 변화 : 없음(無, nothing) 의식

7. 비움의 기도

그림에서 보는 바와 같이 드디어 마지막에 이르렀다.

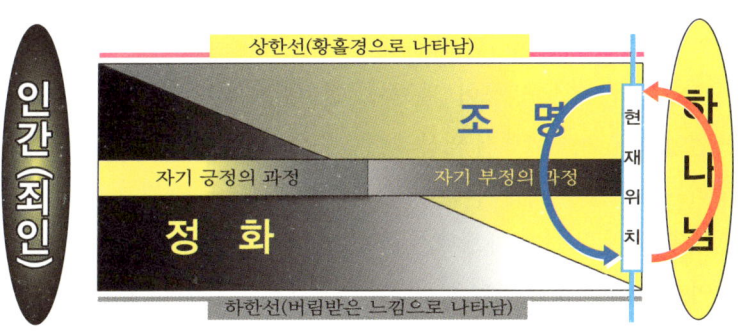

〈그림23 : 비움의 기도〉

영성의 길에서 마지막에 이르면 무슨 일이 일어나며, 어떤 상태가 되는가?

이 과정을 가면서 가장 궁금했던 부분이었고 영성을 말하는 사람에게 늘 물었던 질문이다. 이제 이것을 정리해 보고자 한다.

❶ 존재의 정화 완성

잠김의 기도 이후 기도시간은 곧 나 자신의 존재에 대한 집중으로 이어진다. 그 느낌은 앞에서 말한 것처럼 나 자신이 서서히 녹아내리는 하나의 얼음덩어리처럼 느껴진다. 나의 존재에 대한 집중 즉 기도를 멈추면 녹아내림이 멈추지만 집중을 지속하면 체온에 얼음이 녹듯이 서서히 녹기 시작한다. 이런 집중이 지속적으로 이어지면 결국 얼음덩어리가 다 녹아내리는 순간이 오게 된다. 이 녹아내림이 나 자신을 비우는 것인데 마치 얼음이 녹아서 떨어지는 물방울 소리와 같이 존재의 정화가 세밀하게 느껴져 온다.

나 자신이 점점 녹아져서 작아지다가 드디어 마지막 한 방울이 떨어지게 된다. 이는 위의 그림에 의하면 삼각형으로 그려진 정화의 마지막 꼭짓점에 도달하는 시점이다.

이때의 느낌이 어떠하던가?

드디어 마지막 물방울이 '툭' 하고 떨어지는 순간 '없음'(無)이라는 느낌이 크게 와 닿으면서 의식의 어떤 '정지'(靜止) 상태가 되었다. 기도라는 의식 활동도 정지되어 사라지고 아무것도 남은 것이 없는 어떤 정적(靜寂)인 '무'(無)의 상태가 된다.

이 순간의 느낌은 언어로 전달하기가 참으로 어렵다. 여러 가지 설명을 시도해 보지만 그 어떤 것으로도 정확한 설명이 되지를 않는다.

❷ 왜 '없음' 일까?

기독교 영성의 맨 마지막 상태가 '없음'이라는 것을 어떻게 설명해야 할까? 이 상태에 도달해서도 너무나 의외여서 한동안 받아들이지 않고 수없이 점검을 거듭했다. 이 부분이 명확하게 정리되는 데에는 적지 않은 시간이 걸렸다. 이제 왜 '없음'의 상태가 기독교 영성의 맨 마지막 단계인지를 설명해보고자 한다.

영성의 과정은 '자기발견'의 과정이라고 할 수 있는데, 이 과정은 앞에서도 지적한 바와 같이 크게 두 단계로 나뉜다.

첫 번째 단계는 자신의 심성의 내면을 보는 것으로서, 그 절정은 자신의 타락한 죄의 속성은 악마의 속성과 일치함을 발견하는 것인데, 세리의 단계에서 그런 일이 일어난다. 여기에서는 자신이 세상에서 찾아볼 수 있는 '가장 큰 죄인'이라는 의식을 가지며 이어서 무자격자 의식으로 이어지는데, 이는 인격에 있어서 "나는 누구인가?", "나의 인격 속에는 무엇이 들어있는가?"에 대한 발견인데 그 대답은 '타락한 죄성' 즉 악마의 속성이다.

두 번째 단계는 자신의 '존재' 즉 "나는 도대체 어떤 존재인가?"에 대한 발견의 과정이다. 여기에서의 경험은 본래 흙덩어리에 불과한 존재, 더 나아가 흙이 창조되기 이전의 상태 즉 '없음'(無)의 경험이다. 성경의 창세기에서 말하는 무(無)에서의 창조, 즉 나라는 존재는 본래 '무'(無)였음에 대한 경험이다. 이런 이유로 기독교 영성의 맨 마지막 단계는 없음의 체험으로 다가온다.

여기에서 하나님은 존재 자체 즉 '전부'로, 나는 '없음'으로 느껴진다. 다른 부분에 대한 설명은 비슷한 예(유비)를 찾을 수가 있지만 이 상태 즉 '없음'의 상태는 유비를 찾을 수가 없으므로 설명이 쉽지 않다. 이 정도로 이 상태의 설명을 마치고자 한다.

❸ 케노시스(kenosis)

빌립보서 2:5~11의 말씀을 보면 다음과 같다.

"너희 안에 이 마음을 품으라. 곧 그리스도 예수님의 마음이니 그는 근본 하나님의 본체시나 하나님과 동등됨을 취할 것으로 여기지 아니하시고 오히려 자기를 비워 종의 형체를 가져 사람들과 같이 되었고 사람의 모양으로 나타나셨으매 자기를 낮추시고 죽기까지 복종하셨으니 곧 십자가에 죽으심이라. 이러므로 하나님이 그를 지극히 높여 모든 이름 위에 뛰어난 이름을 주사 하늘에 있는 자들과 땅에 있는 자들과 땅 아래 있는 자들로 모든 무릎을 예수의 이름에 꿇게 하시고 모든 입으로 예수 그리스도를 주라 시인하여 하나님 아버지께 영광을 돌리게 하셨느니라."

본문 7절의 '자기를 비워'(ekenosen)의 명사형이 케노시스(kenosis)이다. 따라서 케노시스는 '하나님의 자기 비우심'을 말하는

데 '예수님의 마음'이다. 영어 NIV(New International Version)성경에서는 이 부분을 자신을 '무'(無)로 만드셨다(made Himself Nothing)라고 번역하고 있는데 그 의미를 잘 살렸다고 생각된다. 예수님은 하나님 그분이신데 하나님이시기를 포기하고 인간 중에서도 가장 낮고 천한 모습으로 오시어서 인간을 위해 대신 죽으셨다. 이것이 예수님의 마음 곧 케노시스이다.

이 상태를 스페인의 영성가인 십자가의 요한은 '나다'(nada, 無)라고 불렀다. 나의 죄성은 물론 존재까지도 완전히 비워짐이다. 존재의 정화가 시작되면서 "I am Nothing."이라고 고백되어지던 것은 여기서 완성된다. 무(Nothing)에 도달한 것이다.

이 상태를 설명하는 적절한 용어를 찾는 것이 쉽지 않았다. 순수한 우리말 '비움'이 가장 적절하다고 생각되어 이 용어를 사용하고자 한다. 여기서 말하는 '비움'의 의미는 '예수님의 마음"(케노시스)이다.

❹ 비움과 채움

〈그림23〉에서 보는 바와 같이 죄성이 정화되는 것은 서서히 자신이 작아지고 비워짐이다. 그런데 이 비움은 비우기 위한 비움이 아니라 비워지는 만큼 채워지는 비움이다. '나'가 비워지는 만큼 '하나님'으로 채워지는 비움이다.

비움의 마지막 경험에서는 나 자신이 다 비워지는 경험이 일어나는데, 나의 죄성은 물론 존재마저 비워지는 것을 느끼게 된다. 동시에 하나님으로 채워지는데 그 상태는 어떤 '고요함', '정적' 등의 극치로서 일종의 '없음'처럼 느껴진다. 그러나 이 없음은 곧 하나님 안에 '있음'이다.

여기는 비움과 채움이 둘이 아니라 하나로 만나며 없음과 있음이 같아지는 상태다. 비움은 곧 채움이요 없음은 곧 있음이다.

구약의 예언자들에게 "하나님의 영(말씀)이 임했다."라는 구절은 이런 비움의 상태에서 하나님으로 채워짐을 말한다. 바울은 이런 상태를 "내가 그리스도와 함께 십자가에 못 박혔나니 그런즉 이제는 내가 산 것이 아니요 오직 내 안에 그리스도께서 사신 것이라."(갈라디아서 2:20)고 고백했다.

인류역사 이래 등장한 수많은 구도자들이 추구했던 최고의 정신적인 상태는 이것이다. 불교에서는 '해탈'이라는 용어로 이 상태를 설명하려고 했으며, 수도사들은 '합일' '일치', 개신교에서는 '완전'이라고 했다. 자력종교를 비롯하여 기독교의 수도사들도 여기에 도달하기 위하여 온갖 수도의 방법들을 동원했었다. 여기에 도전한 사람은 수없이 많으나 여기에 도달했다는 사람은 거의 없다고 전해진다.

이제 경험에 근거하여 이렇게 말하고 싶다.

> 수도로 구도의 길을 가는 이들이여!
> 당신들이 추구하는 그곳은 그렇게 멀리 있지 않습니다.
> 그렇게 힘들게 가야 하는 길도 아닙니다.
> 그곳은 누구나 갈 수 있는 쉬운 길입니다.
> 그곳이 진정 진리라면 누구나 다 갈 수 있어야 합니다.
> 특별한 사람만이 특별한 방법으로만 갈 수 있다면 그것은
> 이미 진리가 아닙니다.
> 출가 · 은둔 · 금욕 · 고행 등을 동원하는 구도의 길은 상식과
> 진리의 속성에 맞지 않습니다.
> 여기에 누구나 쉽게 평범한 방법으로 가는 길이 있습니다.
>
> 이 길로 가십시오.

물음
33 비움, 이후에는 어디로 가는가?

구도자들이 그토록 열과 성을 다하여 추구했던 최종의 상태인 '비움', 여기에 도달하고 나면 그 다음에는 무엇이 어떻게 되는가? 이 길을 가면서 가장 궁금했던 것은 "최종의 상태는 어떤 상태인가?" "그 다음에는 무엇이 어떻게 되는가?"였다. 최종의 상태에 대하여서는 앞에서 설명했으므로 이제는 그 다음의 물음을 다룰 차례다.

비움인 케노시스에 도달한 후 얼마동안(열흘 정도) 그 상태에 머물러 있었다. 그런 후에 새로운 무엇이 다시 시작되었다. 그것은 다음과 같다.

1. 지움의 길

십여 일 동안 비움의 상태에 머물러 있다가 서서히 시작된 것은 "여기까지 이르렀다."는 의식을 지우는 일이었다. 이는 마치 그동안 연필로 그린 것을 지우개로 지우는 것처럼 느껴졌다. 지금까지 걸어온 발자국을 뒷걸음질 치면서 그 흔적을 지우는 것과 같다.

기억에서 지운다는 것이 아니다. 기억에서는 지워지지 않지만 영봉(靈峰)이라 일컫는 최고의 상태에 이르렀다는 생각과 여기까지 경험했다는 의식을 정화시키는 것이다. 여기에 이른 사람은 여기에 도달했다는 생각을 하지 않게 된다. 자신이 그런 상태에 이르렀다는 것을 스스로 용납하지 않는 것이다. 그곳에서 경험한 것들이 기억에서 사라지는 것이 아니라 정상에 도달했다는 생각과 의식이 지워지는 것이다. 영성의 길을 가면서 겪을 수 있는 가장 신비로운 체험 중의 하나가 이 때 일어난다. 서서히 지워지는 경험이 그것이다.

연필로 그린 것이 지우개로 지워지는 느낌과 너무나 유사하다.

2. 내려가는 길

수도의 길을 흔히 산을 오르는 것으로 비유한다. 그 산의 정상을 영봉(靈峰)이라 했다. 참으로 적절한 비유라고 생각한다. 그런데 등산은 산의 정상에 오르는 것이 목표가 아니다. 오르는 것이 워낙 힘들다보니, 또 희귀하다 보니 오르는 것이 목표처럼 되어있다. 그러나 등산에는 오르는 것만이 아니라 올라갔다가 내려오는 것까지가 포함되어있다.

산의 정상에 오른 사람은 잠시 정상에서 쉬면서 주변을 돌아보고 다시 내려가야 한다. 아무리 그곳이 좋더라도, 또 오르느라고 힘이 들었더라도 언제까지나 그곳에 머무를 수는 없는 일이다. 다시 내려가야 한다. 앞에서 말한 지움은 내려감의 시작이다. 지금까지 올라온 발자국들을 지우면서 내려가야 한다. 올라오면서 내가 남긴 흔적들을 하나도 남김없이 지워야 한다.

3. 회상의 길

산의 정상에 이르면 시야가 넓어진다. 사방을 바라보면서 전체를 보게 된다. 비움의 상태에 도달하면 아직 보이지 않던 영적인 일들의 전체가 보인다. 전체가 보인다함은 영적인 일들의 원리와 핵심이 파악된다는 뜻이다. 이런 작업은 정상에서 바라보는 것과 더불어 내려오면서 서서히 정리가 된다. 산의 경치는 올라가면서 본 것과 정상에 서 있다가 내려오면서 보는 경치가 다르다. 올라가면서 본 것과 내려오면서 본 것이 합쳐져야 온전한 것이 된다.

이 과정에서는 깊은 회상의 기도가 되어진다. 이 회상은 산의 정상에 올라가 사방을 내려다보며 또 내려오면서 산의 경치에 흠뻑 빠져드는 것과 같다. 이런 기간이 몇 년 지속되면서 영적인 세계의 전체적인 윤곽과 원리들이 파악된다.

4. 비움의 길

다시 내려가는 길은 다음 그림을 통하여 설명할 수 있다.

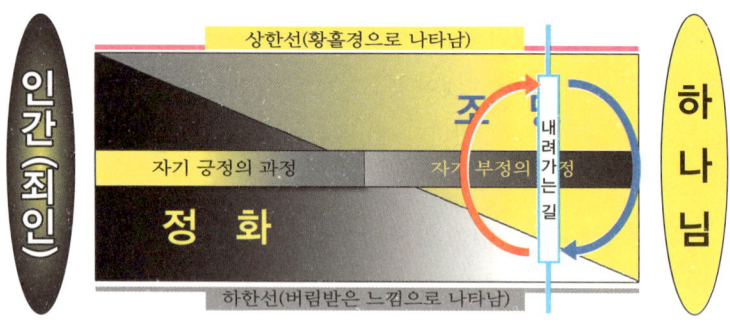

〈그림24 : 돌아가는 길〉

이 그림은 처음 시작할 때의 그림과는 반대로 진행이 된다. 출발할 때는 올라감으로 시작했으나 이제는 내려감으로 시작한다. 이런 시작은 탕자의 기도에서부터 시작된 것인데, 내려오는 길에서도 이런 내려감은 지속된다. 탕자의 기도 이후 내려감과 올라감은 둘이 아니라 하나이다. 내려감은 곧 올라감이다. 출발 시는 올라감으로 시작해서 올라감에 있으려고 했기에 올라감과 내려감은 둘이었다. 그러나 자신에 대한 무자격자 의식은 상한선을 향해 올라가려는 생각을 용납하지 않는다. 고통스러운 영적인 지옥의 자리에 스스로 내려가는 겸비(謙卑)함을 가지게 된다. 물론 그 자신은 이를 겸비함으로 생각지도 않는다. 그냥 자기의식의 표현일 뿐이다. 겸비를 의식하고 있으면 이미 그것은 겸비가 아니다. 있는 그대로의 자신의 현실을 직시하는 상태여야 한다. 하나님 앞에 섰을 때 자신의 현실이 있음이 아니라 없음이기에 있음의 그 어떤 것도 자신에게 용납되지 않는다. 하나님의 면전이 의식될수록 기도의 자세는 얼굴을 땅바닥에 대게 된다. 하나님 앞에서 자기 자신이 그러하기 때문이다. 엎드리지 않고서는 있을 수가 없기 때문이다. 하나님 면전에 다가갈수록 인간은 자기 자신이 없음임을 느끼게 되고 없음을 고백하게 된다. 그런데 자신을 비우고 없음을 고백하면 있음이신 그분께서 오셔서 이제야말로 너는 있음이 되었다고 말씀해주신다. 이 길은 이처럼 부정으로 긍정에 이르며, 내려감으로 올라가며, 낮아짐으로 높아지며, 버림으로 얻으며, 죽음으로써 살며, 비움으로 채우는 비움의 길이다. 예수님께서 보여주신 길은 이런 길이며 케노시스의 길이다.

내려가는 길에 접어든 사람은 이제는 이런 비움의 길이 자신의 존재양식이 된다. 그는 자신을 항상 비움으로 향하게 된다.

5. 돌아옴

비움의 상태에서 영적인 세계에 대한 깊은 회상에 젖어서 내려오다 보면 어디에 당도하나?

처음 출발했던 자리로 돌아온다. 이는 등산의 이치와 같다. 등산의 목표는 산의 정상에 올라가는 것이 아니라 산의 정상까지 갔다가 자기 집으로 안전하게 돌아오는 데에 있다. 세상에서 가장 험하고 높은 산을 천신만고 끝에 올라갔다가 안전하게 집으로 돌아와서 샤워를 마치고 간편한 옷으로 갈아입고 편한 자세로 앉아서 쉴 때의 느낌, 그때의 느낌과 너무나도 흡사하다. 여러 해 동안 먼 여행을 하고 돌아와서 가족들을 만날 때 느끼는 반가움과 안도감, 편안함 등이 그대로 다가온다. 등산과 여행의 이치나 영적인 순례의 이치는 같다.

그림에서 보는 바와 같이 출발점과 도착점은 같은 지점이다. 출발한 지점으로 다시 돌아오게 된다. 이런 이치는 세상의 이치와 같다. 동쪽을 향하여 계속 가면 동쪽 끝이 나오는 것이 아니라 출발한 곳이 나온다. 지구는 둥글기 때문이다. 동쪽과 서쪽이 반대편에 있는 것 같지만 실상은 같다. 남과 북도 마찬가지다. 지구만 그런 것이 아니다. 우주공간을 향하여 직진한다면 결국 출발점으로 다시 돌아올 것이다. 우주 역시 평면이 아니라 구(球)이기 때문이다. 극과 극은 서로 만나는 것이 세상의 이치인 것처럼 영적인 이치에서도 마찬가지이다. 즉 올라감과 내려감, 처음과 끝은 둘이 아니라 하나라고 할 수 있다.

영성의 길에서 합일, 일치, 완전이라고 불리는 마지막 종착점은 다른 그 어느 곳이 아닌 지금 내가 있는 여기다. 출발지점이 곧 도착지점이다.

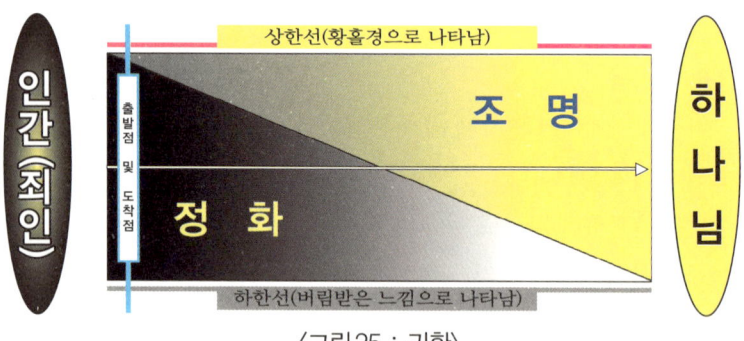

〈그림 25 : 귀환〉

6. 여행 정리

인간(죄인)에서 출발하여 하나님 면전에 이르는 과정을 보면 두드러진 특징들이 일곱 단계를 거쳐서 나타난다. 이들은 곧 정화의 과정이 기도한데 기도가 정화의 수단이자 방법이므로 기도의 단계로 구분을 지었다. 회심의 기도, 죄인의 기도, 세리의 기도, 탕자의 기도, 부정의 기도, 잠김의 기도, 비움의 기도들이 그것이다. 이 과정들을 설명하기 위하여 단계로 구분을 했으나 직선적, 단계적으로 진행되는 것이 아니라 불규칙한 나선형으로 진행된다.

영성의 길을 영봉(靈峰) 또는 합일에 이르는 길로 생각해왔다. 그러나 가는 것으로 그치는 것이 아니라 오는 과정이 있다. 이는 마치 등산과 같다. 등산의 목표는 산의 정상에 오르는 것이 아니라 올라갔다가 안전하게 집으로 돌아오는데 있다.

지금 우리가 가야 할 영성의 길은 이와 같다. 수도로 간다면 평생을 가도 가는 과정에서 생을 마치고 만다. 그러나 성령님께서 인도하시는 대로 따르면 평생이 걸리는 과정이 아니다. 이는 세상의 교육기관과 같다. 학교의 교육은 고등학교 또는 대학과정으로 마치고 사회로 나가서 세상의 삶을 살아야 한다. 평생 학교나 다닌다면 세상의 삶을 살 시간이 없다. 영성수련도 마찬가지다. 영성수련과 수도가 평생 해야 할 그런 것이 아니다. 사람의 한 평생이 수도의 삶으로 그친다면 이는 모순이다.

물음 34. 돌아옴(귀환) 이후에는 무엇을 하나?

인간의 정신이 도달할 수 있는 가장 깊은 단계를 겪고 다시 출발점으로 돌아오면 그 다음에는 무엇이 어떻게 되는 것일까?

1. 변화

온 세상을 돌아보는 긴 여행을 마치고 집으로 돌아왔다면 무엇이 달라져 있을까? 사람의 외모는 달라지지 않는다. 단지 견문(見聞)을 넓히고 왔기 때문에 보는 눈이 달라져있을 뿐이다. 보이는 대상이 달라진 것이 아니라 보는 사람의 눈이 달라져서 같은 대상이 다르게 보인다.

사실 이 과정을 겪고 났을 때가 정말로 그러했다. 외부의 환경을 비롯하여 현실의 그 무엇도 바뀐 것은 없다. 단지 내면에서 혁명적인 변화가 일어났으며, 그 변화로 인해 보는 눈이 달라져서 같은 대상이 다르게 보인다. 바뀐 것은 대상이 아니라 나 자신이다. 두드러진 변화는 다음에서 나타난다.

❶ 근본 이해

두드러진 변화는 사물을 그 근본, 즉 원리와 이치에서 보게 된다는 점이다. 무엇을 많이 읽어서도 아니고 많이 들어서도 아니고 사물을 대할 때 자연스럽게 그렇게 다가온다.

이런 이해는 성경과 신학에서도 마찬가지다. 전에는 전혀 생각하지 못했던 부분들이 보이고 다른 각도에서 이해가 된다. 「하비루의 길」과 「죄인의 길」, 성경에 대한 재해석 등은 이런 과정을 통하여 정리된 것이다.

❷ 사고의 전환

영성의 과정을 통해서 위(상한선)와 아래(하한선)의 만남과 처음(출발)과 나중(종점)이 만나는 경험을 하다 보니 자연스럽게 이원론적인 사고가 아니라 일원론적인 사고를 하게 된다. 이원론적인 사고는 직선적인 사고요 일원론적인 사고는 곡선적인 사고인데 놀랍게도 성경은 곡선적인 사고를 말하고 있다. 처음과 나중, 시작과 끝을 하나로 보며, 내려감이 올라감이요, 낮아짐이 높아짐이라고 말하고 있다.

이런 곡선적이며 일원론의 사고는 물질세계의 원리, 우주의 원리와 일치한다. 물질의 가장 작은 단위인 원자의 모양은 구(球)이며, 지구도 구이고 우주 역시 구이다. 따라서 물질과 우주의 존재 원리는 직선이 아닌 곡선에, 평면이 아닌 곡면에 있다. 물질관과 세계관은 사고관과 맞아야 한다. 직선적·평면적 사고는 고대인의 사고였다. 이제는 사고 구조가 곡선적인 사고로 바뀌어야 한다.

이렇게 말하고 싶다.

바른 신앙, 바른 영성을 가지려면 사고가 바뀌어야 한다.

❸ 새로운 관점

사물의 원리와 이치에 대한 새로운 이해, 새로운 사고구조는 동시에 새로운 관점을 제공해준다. 이 관점의 특징은 사람의 입장이 아닌 세상을 만드신 하나님의 입장, 심정이다. 하나님의 심정 즉 케노시스의 심정으로 세상을 보게 된다.

2. '변화'란 무엇인가?

"인간이 과연 변할 수 있는가?" 원초적인 질문이다. 이 과정을 설명하면서 '변화'에 대하여 수없이 말했다. 이 '변화'는 무엇을 의미하는가? 인간이 변한다고 할 때 무엇이 어떻게 된다는 것인가?

그 대답은 단순하다. 인간 그 자체가 변하는 것이 아니다. 인간 그 자체는 그냥 그대로이며 변하지 않는다. 인간은 단지 그릇과 같다. 그릇은 그대로인데 담은 내용이 달라져있을 뿐이다. 바울의 표현과 같다.

> 우리가 이 보배를 질그릇에 가졌으니 이는 능력의 심히 큰 것이 하나님께 있고 우리에게 있지 아니함을 알게 하려 함이라(고린도후서 4:7)

기독교 영성에서 인간의 변화란 내면에 담은 내용의 변화를 말한다. 질그릇에 보배를 담으려면 그릇을 비워야 한다. 영성수련을 통하여 터득하는 것은 결국 자신을 비우는 방법이다. 내가 비워진 만큼 하나님으로 채워지며, 하나님으로 채워진 만큼 내가 변한다. 하나님으로 채워졌다고 해서 늘 그런 상태로 머무는 것도 아니다. 다시 채워야 한다. 유한한 인간에게는 '영원'이란 있을 수 없다. 자신이 다 비워지고 하나님으로 가득 채워지는 경험이 있었다고 해서 저절로 늘 그렇게 되는 것이 아니다. 다시 비우고 다시 채워야 한다. 비움과 채움은 매순간, 매일 반복된다.

하나님으로 채워진다고 해서 타고난 성격, 기질 등이 사라지는 것도 아니다. 보배가 담긴다고 해서 질그릇 본래의 모양이나 색깔이 달라지지 않는 것과 같다. 단지 하나님께서는 그 사람이 타고난 성격과 기질 등의 장점이 최대한 발휘되도록 하신다.

3. 감춤

이 과정을 겪은 후에 나타나는 두드러진 현상은 자신의 그 무엇도 드러내려 하지 않음이다. 내면의 여행을 통한 여러 체험들은 물론이고 변화된 어떤 모습도 드러내려하지 않게 된다. 자신을 높이거나 드러내는 것은 결코 용납될 수 없는 것으로 느껴지기 때문이다. 누군가가 자신을 높이거나 드러내는 것도 전혀 달가워하지 않게 된다.

옷차림에서부터 말투, 얼굴 표정, 사소한 행동 등 모든 것을 예전 그대로 간직하면서, 조용히 가장 낮은 자리에서 눈에 띄지 않게 섬기는 일을 본분으로 여기며 오직 하나님만을 나타내며 높이게 된다.

4. 다시 시작

오랜 여행을 끝내고 온 사람은 며칠 쉰 후 다시 평소의 삶을 시작해야 한다.

이 과정도 마찬가지다. 본래 출발했던 자리로 돌아온 후 여행에 대한 대략을 정리한 후 다시 시작한다. 무엇을 어떻게 시작하나?

❶ 영원한 초보

영적인 순례의 정점인 비움의 상태에 이른 후 해야 할 일은 그곳까지 이르렀다는 것을 생각과 의식에서 지워야 했던 것처럼 본래의 자리로 돌아오면 이 긴 여행을 했다는 의식을 지우게 된다. 무엇이 되어있다든지, 어디까지 이르렀다든지, 무엇을 알고 있다는 생각은 설 자리를 잃는다. 그는 스스로를 영원한 초보라고 생각한다.

이 과정을 겪고 나면 영적인 일들에 대한 전체적인 윤곽과 원리를 알게 된다. 그러나 그는 그런 것들을 알고 있다고 생각하지 않는다. 언제나 배워야 할 영원한 초보일 뿐이지 가르치는 자리에 선다는 것을 스스로 받아들이지 못하게 된다. 부득이 영적인 일들을 말하게 되더라도 가르치겠다는 생각으로가 아니라 배우겠다는 학생의 자세로 임하게 된다.

영성수련의 과정을 마쳤다는 생각도 버리게 된다. 과정을 마친 것이 아니라 이제 다시 시작해야 한다고 생각한다. 비움의 길에서는 영원한 배움만이 있을 뿐이다.

❷ **영원한 출발**

처음 출발할 때는 불규칙한 나선형을 그리면서 올라감으로 시작했다. 그런데 이제는 내려감으로 시작해서 올라가는 규칙적인 나선형을 그리는데 〈그림28〉과 같다.

간혹 그날의 번잡한 생활에 빠져 있다가 기도를 하는 경우 불규칙한 나선형을 그릴 수는 있다. 그러나 언제나 내려감으로 시작한다. 이제는 올라감으로 시작하는 기도를 시도하지 않는다.

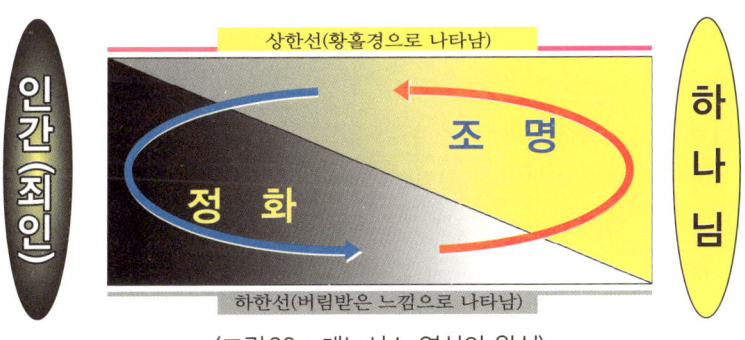

〈그림26 : 케노시스 영성의 완성〉

5. 사라짐

영성의 길을 가면서 수많은 신비체험들을 한다. 그런 신비체험들은 영적인 경험이 깊어질수록 그 깊이를 더해간다. 그러나 이런 신비체험이 언제까지나 늘 계속되는 것은 아니다. 비움에 이르고 나면 이런 신비체험들이 서서히 사라진다.

신비체험 중 가장 큰 체험은 하나님을 뵈옵는 일이다. 탕자의 기도에서 처음으로 하나님을 뵈옵는 일이 일어나며 응시의 기도 이후에는 마음의 눈을 주님께로 향하면 언제나 어디서나 뵈옵는 일이 가능해졌다.

그런데 비움에 이르고 난 후에는 그런 뵈옴이 서서히 사라지게 된다. 하나님을 뵈옵는 직관이 참으로 귀한 체험이며 큰 변화를 주지만 늘 그런 상태가 지속되는 것이 아니다.

6. 마지막 남는 것

신비체험들, 하나님을 직접 뵈옵는 현상들이 사라지고 나면 무엇이 남나?

예수님의 마음, 즉 '케노시스'가 남는다. 기도시간은 물론 하루의 시간을 보내면서 주님을 향하여 마음을 집중하면 그분의 마음과 심정이 주어진다. 예수님의 마음을 품는 것은 사역과 밀접한 관련이 있다. 예언자들은 그들이 당면한 현실과 문제에 대하여 하나님의 심정을 품고 하나님의 말씀을 일인칭화법으로 선포한 사람들이다. 누구든지 하나님의 일을 하려는 사람은 하나님의 심정을 품어야 한다.

어떤 신비한 그 무엇이 아니라 예수님의 마음을 항시 품으려고 시도하게 된다. 또 사역의 현장에서 필요한 경우에는 하나님께서 어떤 초자연적인 사역을 하도록 그 영을 부어주신다. 구약의 예언자들과 신약의 사도들이 초자연적인 일들을 한 것은 이런 상태에서였다.

'예수님의 마음'이 영성체험의 마지막으로 남는 것이다.

영성의 길 전 과정은? 물음 35

1. 가는 길과 오는 길

영성의 길은 〈그림27〉과 같이 '가는 길'과 '오는 길'로 나뉘어져 있다. 가는 길만이 있는 것이 아니라 오는 길도 있다.

〈그림27 : 영성의 전체과정〉

앞에서 살펴본 바와 같이 가는 길은 '정화의 길'이다. 수도사 영성에서처럼 정화는 조명 이전에 오는 단계가 아니다. 처음부터 끝까지 정화는 이어진다. 정화는 곧 조명이요 조명은 곧 정화다. 둘은 같은 것이며 나누어지지 않는다.

오는 길은 비움의 길이다. 정점에 이른 후 가장 먼저 비워야 할 것은 자신이 정점에 도달했다는 생각이다. 가는 길에서 있었던 온갖 신비체험들, 하나님을 뵈옵는 일들을 다 비우면서 돌아와야 한다. 다 비우고 돌아오면 옛 모습 그대로이다. 겉으로 드러나는 것은 아무것도 없이 되어 진다.

2. 용어의 문제

이 과정을 마무리하면서 꼭 짚고 넘어가야 할 것이 하나있다. 영성에 관해서 사용되는 용어들이다.

'합일', '일치' 등의 용어는 그 상태를 설명하는 데에 적합하지 않다. 이 용어들이 아무런 문제 제기 없이 사용되는 이유는 이 상태를 경험으로 접근하지 않은 채 만들어졌기 때문이다. 합일과 일치 등은 기독교 영성가들이 만들어 낸 용어도 아니다. 플라톤 철학에서 쓰이던 것이다. 이런 것을 아무런 여과과정 없이 사용해오고 있다. 하나님과의 합일, 일치라는 개념은 그 상태에 있는 사람에게는 도무지 용납이 되지 않는다. 이론으로도 적합하지 않다. 하나님의 도우심으로 인간의 타락한 죄성이 온전히 비워지고 하나님의 은혜로 채워지는 것이다. 그 이상도 그 이하도 아니다.

'완전'이라는 용어도 마찬가지다. 인간이 완전해지는 것이 아니라 비워진 인간의 심성에 채워져 있는 하나님의 영이 완전한 것이다. 인간의 비움이라는 것도 늘 유지되는 것이 아니다. 이는 직선적인 사고에서 비롯된 것이다. 영성의 길은 직선적으로 가는 것이 아니라 곡선 즉 불규칙한 나선형을 그리면서 간다.

일치, 합일, 완전에 이르거나 도달하는 것이 아니다. 그런 상태가 경험될 뿐이고 언제나 출발점에 서있는 영원한 초보, 영원한 학생에 불과하다.

물음 36 영성에 대한 총결산은?

인류역사가 진행되는 동안 세상에는 수많은 문화가 등장했다. 그런데 그 문화들은 동일하지 않고 다양한 특색을 보인다. 문화의 차이에 영향을 주는 것은 많이 있겠지만 그 문화 속에 자리 잡은 종교가 가장 큰 비중을 차지한다. 따라서 문화의 중심은 종교라고 할 수 있다.

또 세상에 있는 수많은 종교들 역시 동일하지 않고 차이를 보이는데 그 차이는 어느 특정 종교가 가지고 있는 영성에 기인한다. 결국 문화의 가장 깊은 곳에는 영성이 자리 잡고 있다는 얘기가 된다.

수많은 종교들을 여기서는 크게 둘로 나누어 생각해보고자 한다.

먼저, 인간 스스로의 노력 즉 '수도'(修道)에 의지하여 인간의 궁극적인 목적인 구원의 문제를 해결하려는 종교인데 자연종교들은 대부분 이런 경우에 해당된다. 수도를 통하여 이런 시도를 하는 이유는 인간에게 득도(得道)에 이를 가능성이 있다고 생각하기 때문이며, 이런 경우 신앙의 대상인 그 종교의 신의 도움은 중요시되지 않는다. 여기서는 이런 종교를 '자력(自力) 종교'라는 이름으로 설명하고자 한다.

다음으로는 인간 스스로에게는 자기구원의 가능성이 없으므로 타자(他者) 즉 신앙의 대상인 신의 도움을 통해서만 구원을 얻을 수 있다고 믿는 종교이다. 이런 경우 인간 스스로의 노력인 수도를 중요시하지 않고 대신 신의 계시와 은혜, 그 신이 제시하는 구원의 방법을 중요시한다. 이는 '타력(他力) 종교'라고 할 수 있다.

자력종교와 타력종교는 구원의 방법이나 개념이 다르기 때문에 영성을 추구하는 과정에서 상이한 차이를 보이고 있다. 이런 측면에서 서로 비교해보고자 한다.

1. 자력종교

자연종교에서 출발한 자력종교들은 서로 다양한 특징을 가지고 있지만 인간의 구도적인 노력에 기초하고 있기 때문에 그 방법에서 큰 공통점을 보이고 있다. 자력종교의 표본으로 잘 알려진 불교를 중심으로 간략히 살펴보면 〈그림30〉과 같다.

〈그림28 : 자력종교 영성〉

❶ 신앙의 대상문제

자력종교에서는 신앙의 대상이 없다. 신앙의 대상 즉 도우심을 구할 대상이 없기 때문에 자기의 힘으로 수도를 해내야 한다. 불교에서는 모든 사람들의 마음속에 들어있는 불심(佛心)을 깨우치는 것을 추구하기 때문에 자기 자신이 곧 신앙의 대상이 된다. 그리고 깨달음을 얻은 사람을 '부처'라고 하기 때문에 모든 사람이 부처가 될 수 있다. 불교의 창시자 석가모니만이 부처가 아니다. 그러므로 석가모니는 그들에게 신앙의 대상이 아니다.

❷ 자력구원

불교에서는 석가모니를 비롯한 부처들은 신앙의 대상이 아니므로 아무런 직접적인 도움을 줄 수가 없다. 그는 먼저 깨달은 선각자(先覺

者)에 불과하다. 선각자로서 보여준 한 모본이 구도의 길에서 간접적으로 도움을 줄 수 있을 뿐이다. 자력종교에서는 어디에서도 직접적인 도움을 받을 길이 없다. 스스로 구원의 길을 가야한다. 신앙의 대상인 신으로부터의 은혜와 은총, 인도하심 등은 존재하지 않는다. 특히 신앙의 대상이 없으므로 죄를 용서함 받는다는 개념이 없다. 스스로 자기의 죄를 해결해야 한다.

❸ 구도(求道)의 목적

자력으로 세속의 모든 번뇌로부터 벗어나기 위하여 온갖 노력을 해야 한다. 불교에서는 108개의 번뇌로부터 벗어나는 초탈(超脫)을 추구하며, 이런 번뇌로부터 완전히 벗어나면 해탈(解脫)에 이르게 된다.

속된 번뇌를 끊어 버리고 해탈에 이르는 것이 구도의 목표이다.

❹ 구도의 방법

세속의 삶을 살면서 세속의 욕구로부터 벗어나는 것은 사실상 불가능하므로 세속으로부터 떠나는 출가(出家)가 구도의 기본을 이룬다. 출가하여 구별된 장소에서 수도에 전념하는데, 평범한 삶을 통해서는 세속적인 욕구들이 끊어지지 않으므로 은둔·금욕·고행의 길을 가게 된다.

자신 속에 들어있는 불성(佛性)을 깨우치는 것을 추구하므로 수도의 삶은 고도의 정신집중 수련에 초점이 모아진다. 정신집중을 위해서는 수도의 자세도 대단히 중요한 비중을 차지하는데 요가와 좌선(坐禪)의 자세는 그것을 잘 보여준다. 이런 자세에서 무념무상(無念無想)의 상태에 정신을 집중한다. 수도의 자세와 더불어 호흡법, 명상법, 동작법 등이 중시되는데 이런 것들이 정신집중과 수양에 도움이 되기 때문이다. 또 깨달음을 추구하므로 이를 위하여 화두(話頭)가 사용된다.

"개에게도 불심이 있는가?", '무'(無) 등과 같은 화두가 1700여 가지나 된다.

2. 중세 수도원

기독교의 수도방법은 중세 수도원에서 그 특징이 잘 드러난다. 초대교회 후기부터 시작된 수도원이 중세기에 이르러 꽃을 피웠고, 지금까지 수도원 체제가 이어지고 있기 때문이다. 2천 년대와 더불어 시작된 영성의 시대를 맞이하여 기독교는 아직도 수도원 영성에 관심을 가지고 있으며, 아무런 진보가 없다. 앞에서 이미 다룬 것이지만 자력종교와 비교하여 다시 요약 정리하면 다음과 같다.

❶ 신앙의 대상

기독교는 자력종교와는 달리 타력(他力)종교다. 즉 신앙의 대상인 하나님이 있다. 구원은 스스로의 힘으로가 아니라 하나님의 도우심과 은혜, 죄의 용서함으로 받는다는 것이 신앙의 기본이다. 구원의 문제뿐만 아니라 세상의 평범한 삶에도 늘 하나님의 도우심과 인도하심을 구하게 된다. 따라서 신앙의 출발점이 자력종교와는 근본적으로 다르다.

❷ 수도의 목적

예수님을 닮는 것이 수도의 목적이다. 죄의 용서함을 받고 의롭다고 인정을 받은 의인(義認)에서 출발하여 죄의 노예로부터 벗어나서 의인(義人)이 되는 것을 시도한다. 속죄가 하나님의 은혜로 주어진 것처럼 예수님처럼 변화되는 것도 역시 스스로의 힘이 아니라 하나님의 도우심으로 가능하다는 것이 기독교의 기본적인 신앙이다.

❸ **수도의 방범**

초대교회 말기 헬라문명권에서 일어난 수도원운동은 헬라문화의 산물인 은둔자들의 수도방법을 받아들였다. 앞에서 누누이 지적한 바와 같이 은둔사상은 헬라의 이원론적인 사고에서 비롯된 것이다. 어쨌든 은둔자들을 모방하는 최초의 수도사운동은 그 이후 중세교회에 지대한 영향을 미쳤다.

별다른 생각 없이 받아들인 은둔수도는 그 은둔수도를 뒷받침하는 이론 역시 헬라사상에서 찾아냈다. 500년대 초에 디오니시우스가 플라톤의 신비철학에서 이론적인 근거를 마련한 후 이 이론은 지금까지 수도원 영성이론으로 자리 잡고 있다. 이를 도형으로 다시 살펴보면 다음과 같다.

〈그림29 : 수도원 영성〉

정화와 조명의 과정을 거쳐서 하나님과 합일의 단계에 들어간다고 했다. 문제는 죄성을 정화시키기 위하여 자력종교에서 사용하는 방법을 사용했다는 데에 있다. 이것 때문에 영육이원론에 근거한 헬라의 은둔사상은 기독교의 수도원 운동에서 설 자리를 마련했으며, 자력종교에서 사용하는 방법들이 수도사들의 수련방법으로 정착되었다. 불교의 수도승이나 중세교회의 수도사들이나 수도의 방법에 대단히 유사한 부분이 많은 이유는 여기에 있다. 세속적인 것들로부터의 초탈을 추구하는 것과, 이를 위하여 세속에서 출가하여 수도원에 들어가 은둔과 금욕과 고행의 길을 가는 것, 정신집중 훈련을 위하여 자세와 호흡법을 비롯한 여러 가지 방법들을 사용하는 것, 침묵의 기도인 관상을 시도하는 것 등 자력종교에서 사용하는 수도의 방법들이 대부분 동원되었다.

능동적인 정화가 끝나면 수동적인 정화인 조명으로 들어간다고 했다. 수도원 영성의 표본을 보여주고 있는 16세기 스페인의 영성가인 아빌라의 테레사와 십자가의 요한이 이를 잘 보여준다. 테레사의 「영혼의 성」은 영성의 과정을 일곱 단계로 설명하는데, 처음 세 단계(궁방)는 능동적인 정화의 단계이며 네 단계(궁방)부터는 수동적인 정화의 과정이다. 요한이 쓴 「갈멜의 산길」은 능동적인 수련을, 「어둔 밤」은 수동적인 수련을 말한다.

수도원영성의 특징은 신앙은 타력종교이면서 자력수도의 방법을 사용하고 있다는 점이다. 따라서 수도원은 자력+타력의 종교라고 할 수 있다.

3. 오늘의 현실

앞에서 살펴본 자력종교(불교)의 영성과 수도원영성이 우리가 물려받은 정신적인 유산이다. 인류역사가 시작된 이래 생겨난 정신문화의 총 결산은 이 두 영성으로 집약된다.

2천 년대를 맞으면서 기술문명과 물질문명의 부작용에 시달리는 사람들은 자력종교의 정신집중수련에 큰 매력을 느끼고 있으며, 실제로 동서양을 막론하고 현대인에게 급속도로 파급되고 있다. 현대문명에 시달리는 사람들이 참선과 명상수련을 통하여 정신적인 위로를 받기 때문이다.

기독교 내에서는 영성시대를 맞아 영성운동을 대대적으로 재개하고 있다. 그런데 신구교를 막론하고 하나같이 수도원 영성운동에 관심을 가지고 수도원운동을 현대적인 방식으로 재현하려는 노력을 기울이고 있다. 좀더 부지런하고 발 빠른 사람들은 동양의 자력종교들을 찾아다니면서 정신집중의 방법들을 배워 와서 기독교의 기도와 접목을 시킨다. 기도의 자세, 호흡법, 명상법 등을 차원 높은 영성수련법으로 소개하는 것이 오늘의 현실이다. 기독교의 기도와 무심(無心)을 추구하는 정신집중수련을 혼동하고 있으며 기도와 명상이 구분되지 못하는 현실에 우리는 직면해 있다. 더 안타까운 것은 개신교의 전통적인 기도는 저급한 것이고 명상이나 관상은 고차원적인 기도로 소개되고 있다는 점이다.

이런 것들은 시급히 풀어야 할 과제이다.

4. 할 일

지금 우리는 큰 위기를 맞고 있다. 작금의 상태가 이대로 간다면 교회는 존폐의 위기에 부딪히게 될 것이다. 정신집중수련을 내세우는 자력종교(타종교)는 현대인에게 매력적으로 다가가고 있다. 이 문제를 해결하기 위하여 교회 내에서는 수도원 운동의 부활에 매달리거나 아니면 타종교의 정신집중 프로그램을 교회 내에 받아들이고 있다. 이는 기독교에다 이교문화의 옷을 입히는 것과 같다. 수도원영성이 기독교적이라는 생각은 그 근본부터 잘못된 것이다. 헬라의 은둔사상에 근거한 수도원운동은 기독교적인 것이 아니다. 기독교와는 상관이 없는 것이 교회에 들어와서 천 년 이상을 지배하면서 교회로 하여금 잘못된 길로 가게 했다. 교회에 오래 자리 잡고 있었다고 해서 기독교적인 것이 될 수는 없는 일이다. 교회의 것으로 받아들여야 할 것이 아니라 하루속히 걷어내야 할 대상이다.

수도원 운동의 시조라고 평가되는 사람은 안토니. 그런데 그가 물려받은 유산을 청산하여 가난한 자들에게 나누어 주고, 은둔수도의 길을 간 것은 찬미의 대상이 될 수가 없다. 오히려 없었어야 할 비극이 시작된 것이다. 재산을 팔아 가난한 자들에게 나누어주는 결단은 대단히 높이 평가해야 하지만, 은둔자의 길을 간 것은 통탄할 일이다. 안토니는 수도원의 길을 잘못 가게 한 장본인이지 절대로 찬양의 대상이 아니다. 재산을 포기한 것과 전설적인 은둔수도를 실천했다는 것 때문에 안토니는 지나치게 크게 돋보여졌다. 안토니만이 아니라 기독교내에서 영성가로 평가받고 있는 수도사들은 전적으로 재평가되어야 한다. 지금 여기서 수도원 운동을 재현하려는 것은 겨우 명맥을 유지하고 있는 기독교를 아예 생매장하여 없애버리자는 것이나 다름없다.

지금 우리가 해야 할 일은 이런 어처구니없는 일을 청산하는 것이다.

새 술을 새 부대에

지금 우리에게 딱 맞는 말이다.

물음 37 왜 케노시스 영성인가?

교회가 살아남으려면 그 시대의 요청에 부응해야 한다. 2천 년대와 더불어 영성의 시대가 시작되었는데 우리에게 주어진 시대적인 사명은 이 시대를 이끌어갈 영성의 제시이다. 이것을 해내지 못한다면 교회는 살아남을 수가 없다.

〈물음 36〉에서 살펴본 것이 우리가 물려받은 정신적인 유산의 총결산이다. 불교로 대표되는 자력종교의 영성과 중세교회의 수도원 영성, 이 두 가지는 앞에서 본 바와 같이 절름발이에 불과하다. 이제 이 절름발이로 하여금 제대로 걷게 해야 한다. 이 일을 해내기만하면 교회는 이 시대를 이끌어가며 구원의 사명을 다해낼 수가 있다.

이 문제들을 해결하기 위한 근본적인 방안들은 다음과 같다.

1. 바른 이해

자력수도의 전통과 문화가 수천 년 지속되다보니 그 유산들이 당연한 것으로 받아들여지고 있다. 그러나 이제 다시 한번 진지하게 물어볼 필요가 있다.

- 부모와 자식, 형제의 정(情)이 끊어버려야 할 대상일까?
- 세상의 삶이 속된 것이어서 버리고 떠나야 할 대상일까?
- 가족을 버리고 산속(수도원)으로 들어가서 수도를 일삼는 것이 늙고 병든 부모를 공양하며 가족들을 돌보는 것보다 과연 더 고상한 일일까?
- 출가와 은둔의 수도는 '구도의 길'이라는 명목으로 행해지는 비인간적인 처사가 아닐까?
- 식욕과 성욕, 수면욕 등 인간의 기본적인 욕구들이 억누르고 거부해야 할 대상일까?
- 정신집중 훈련을 통해 명상에 젖어있는 것이 고차원적인 영성일까?
- 스스로의 힘으로 인간의 번뇌들을 끊어버리는 것이 가능한 일일까?
- 수도에 있어서 출가와 은둔이 꼭 필요한 것일까? 더 나은 방법은 없을까?
- 세상을 버리고 떠나는 것보다 더 깊은 차원의 영성은 없을까?
- 세상의 일에 충실하는 것이 은둔수도보다 훨씬 더 가치 있는 것이 아닐까?

아무런 선입견이나 고정관념 없이 이 물음을 다시 진지하게 물어본다면 그 대답은 자명해진다.

인간 스스로의 힘으로 인간이 타고난 본능적인 욕구들을 끊어낸다는 것은 범인들에게는 불가능하다. 이보다 더 중요한 것은 그래야할 필요도 이유도 없다는 사실이다. 평범한 삶을 살면서도 은둔수도의 길을 가는 것보다 더 깊은 차원의 영성에 도달할 수 있기 때문이다. 그 구체적인 과정들은 이미 앞에서 다룬 바와 같다.

잘못된 것을 바로잡으려면 먼저 잘못된 고정관념을 고쳐야 한다. 비록 그것이 수천 년 지속된 전통과 유산이라 할지라도 고칠 것은 고쳐야 한다.

케노시스 영성은 이 생각을 바꾸는 것에서부터 출발한다.

2. 바른 방법

수도원 영성의 잘못된 수도방법은 잘못된 이해의 산물인데, 성속이원론이 오류의 근본원인이다. 세속의 삶을 떠나서 은둔의 삶을 사는 것이 보다 고차원적인 삶이라는 생각은 성속이원론에서 나온 것이다. 이제 이것을 시정해야 한다.

성속이원론이 아니라 성속일원론이어야 한다. 헬레니즘을 비롯한 자연종교의 사고는 이원론적인 구조이다. 이를 시정하려면 성경에 근거한 헤브라이즘의 일원론구조를 선택해야 한다.

케노시스 영성은 이것을 추구하며 이 구조에 맞는 방법을 시도한다. 병들고 늙은 부모와 부양해야할 자식을 버리고 구도의 길을 가는 것보다는 늙고 병든 부모와 가족을 성실하게 돌보는 것이 진정한 구도의 길이며 참 영성이라는 생각에서 출발한다. 은둔수도의 그 어떤 규칙보다도 가정과 직장에 충실하는 삶이 훨씬 더 가치 있고 고상한 일이며, 세상의 삶에서 주어진 환경에 최선을 다하는 것이 가장 좋은 수도의 길이다. 이런 세속의 삶을 통하여 은둔수도자들이 도달하지 못하는 더 깊은 차원의 영성에 도달할 수 있다. 이에 대해서는 앞에서 경험으로 제시한 바와 같다.

이런 삶이 하나님께서 원하시는 삶이며 가장 거룩한 삶이다. 이것이 하나님의 뜻이 하늘에서 이루어진 것처럼 땅에서도 이루어지게 하는 지름길이다.

3. 케노시스 영성의 특징

다음의 그림에서 보는 바와 같이 케노시스 영성은 자력종교와 수도원 영성의 한계를 극복하는 새로운 대안이다. 그 특징을 다시 요약하면 다음과 같다.

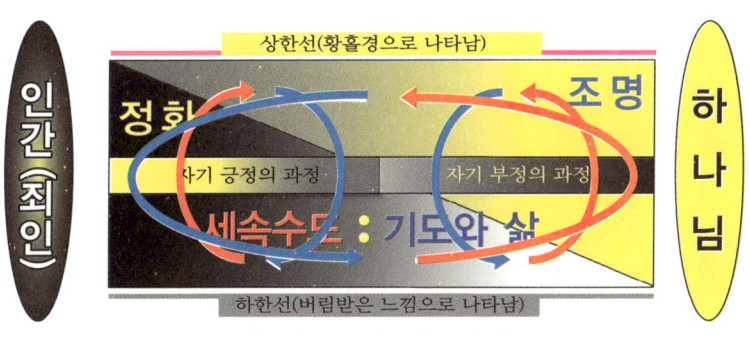

〈그림30 : 케노시스 영성〉

❶ 일원론적인 체계

정화와 조명이 단계적으로 진행되는 것이 아니라 동시에 진행된다. 조명의 도우심으로 정화가 가능해지기 때문이다. 정화와 조명을 이원화시키는 것을 배제한다. 능동적인 정화와 수동적인 정화가 동시에 진행된다. 능동적인 정화 후에 수동적인 정화가 오는 것이 아니다. 정화와 동시에 진행되는 조명은 수동적인 정화의 역할을 한다.

성속이원론을 배제한다. 세상의 현실적인 삶이 그 어떤 수도의 규칙보다 중요하다고 생각하며 하루의 일과를 수도의 규칙과 수련으로 받아들이기 때문이다.

케노시스 영성은 은둔수도자와 개혁자, 보수신학과 진보신학이 이원화되는 것을 거부하며, 정신집중훈련을 통한 명상과 관상에 젖어드는 정적인 영성과 현실참여의 활동을 추구하는 행동적인 영성의 조화를 추구한다. 구약의 예언자를 가난한 자를 대변한 행동가로만 보는 것이 아니라 인류역사상 등장한 최고의 영성가로 보는 것은 이런 이유에서이다. 케노시스 영성에는 이와 같은 양 극단이 만날 수 있는 자리가 마련되어 있다. 여기에는 관상가보다 더 깊은 영성이 들어있고, 동시에 세상을 하나님의 뜻에 맞게 뜯어고치려는 강력한 행동과 에너지가 들어있다. 케노시스의 하나님 체험과정들은 그 어떤 보수신학도 도달하지 못하는 고차원적인 신앙과 영성에 도달하게 한다.

❷ **곡선적인 진행**

단계적, 직선적인 진행이 아니라 나선형을 그리면서 승·강·진·퇴를 불규칙하게 반복하면서 진행하는 곡선적인 진행은 정화와 조명, 능동정화와 수동정화의 이원화를 극복하는 원리이다.

불규칙한 나선형의 원리는 초보와 고수의 간격을 이원화시키는 것을 거부한다. 깊은 단계에 이르렀다는 생각을 용납하지 않고 항상 초보이며 출발점에 있게 한다. 가변성과 유한성을 지닌 인간에게 깊은 고도의 경지에 이르러있다는 직선적인 사고를 적용하는 것 자체가 모순이다. 잠시 그런 상태에 있었을 뿐이라는 생각이 오히려 그보다 더 깊은 단계로 나아가게 한다.

곡선적인 사고는 인간의 유한성, 가변성과 맥을 같이할 뿐만 아니라 세상의 이치와도 맞다. 세상에는 직선과 평면이란 있지 않기 때문이다. 지구와 우주 공간은 직선과 평면이 아니라 곡선과 곡면으로 구성되어있다는 것은 다 아는 상식이다. 진리는 상식에 맞아야 한다. 상식에서 벗어나는 것은 진리일 수가 없다.

❸ 이론과 경험의 만남

물려받은 과거의 유산을 재해석하고 정리하여 새로운 대안을 제시하려면 경험과 이론이 같이 갖추어져야 한다. 경험에 근거한 이론, 이론을 뒷받침하는 경험이 있어야 한다.

케노시스 영성에는 이 둘이 같이 들어있다.

❹ 성경, 역사, 영성의 만남

케노시스 영성에서는 역사와 성경과 영성의 만남이 이루어진다. 하나님의 입장에서 성경과 역사를 재해석하기 때문이다.

케노시스 영성을 가능하게 하신 주님,
모든 영광과 찬양을 홀로 받으시옵소서.
아 멘.

〈부록〉

| 부록 |

부 록

영성체험에 대하여 구체적으로 단 한번이라도 들은 적이
있었더라면……,
참고가 될만한 조그만 안내서라도 있었더라면……,
무엇을 어떻게 해야 하는지 최소한의 지식만이라도
있었더라면……
영성의 길을 가면서 느꼈던 가장 큰 아쉬움이었습니다.

  영성에 대한 사전지식이 전혀 없는 상태에서 어느 날 나도 모르는 사이에 그 길에 접어들었을 때, 얼마나 당황했는지요. 도대체 내가 무슨 일을 겪고 있는 것인지, 이럴 때는 무엇을 어떻게 해야 하는지, 앞이 캄캄하기만 했습니다. 「비움의 길」을 쓴 동기와 ?체험일지?를 부록으로 실은 이유는 이때의 답답함 때문이었습니다. 혹시 누군가에게 도움이 될지도 모른다는 생각과, 주님께서 이와 같이 영성의 길을 걸어보게 하신 이유는 나 혼자 간직하게 하심이 아니라, 이 길을 가려는 사람들에게 참고가 되게 하심이라는 생각 때문에 경험들을 글로 남기게 되었습니다.

  영성의 길을 가다가 하나님의 면전이 느껴지는 순간 즉 자기부정의 단계에 접어들면서 부터는 나 자신에 대한 초라함과 아무것도 아님이 보이기 시작합니다. 동시에 나 자신을 드러내려는 마음이 이 길에서 가장 큰 적이라는 사실을 경험으로 수없이 확인하기 때문에 그 이후로는 무엇 하나 드러내지 못하게 됩니다.

하나님 체험을 기초로 글을 쓰다 보니 필자의 이름을 적어 넣는 것이 마음에 큰 부담으로 다가와서 고민 끝에 '길동무'라는 필명을 사용하게 되었습니다. 양해를 부탁드립니다.

영성의 길을 가면서 여러 해 동안 겪은 영적인 일들과 내면에서 일어난 일들이 엄청나게 많았습니다. 다 기록한다면 족히 여러 권의 분량이 될 만합니다. 그러나 내면에서 일어났던 신비한 체험들을 글로 표현해낼 재간이 제겐 없습니다. 문학적인 재능이 있었더라면 뭔가를 만들어낼 수 있을 만한 것들이었는데……

습관에 따라 매일의 일들을 간략하게 메모를 해두었던 것들이 있어서 그대로를 여기에 싣게 되었습니다. 그날그날 일어났던 마음의 상태들을 좀더 상세하게 기록하지 못한 것이 내내 아쉽습니다. 별생각 없이 기록한 메모들이 후일 쓰이게 되리라고는 전혀 생각지 못했고, 또 시간이 지나고나니 다시 살려낼 방법이 없어서 아쉽습니다. 지금 영성의 길을 가고 있는 분들이 계시면 매일 매일의 일들을 꼭 상세하게 남겨놓으시라고 말씀드리고 싶습니다.

「하비루의 길」에서 다룬 '예언자가 되는 과정'을 같이 실었습니다.

영성의 길을 가시는 분들의 발걸음을 주님께서 인도해 주시기를 빕니다.

부록 1

하나님 체험 일지(日誌)

1. 갈등과 고민의 날들

1993년 4월 5일(월요일)

이 날은 수난주간 첫 날이었다. 수난주간이니 마음의 옷깃을 여미고 새벽에 교회에 엎드렸다. 그리고 착잡한 심정으로 다음과 같이 기도했다.

"주님, 오늘이 수난주간 첫날입니다. 주님이 가셨던 십자가의 길을 기억합니다. 그리고 제가 그 길에 동참해야함도 압니다. 제가 동참하지 않으려는 것이 아닙니다. 제 생각은 주님께서 잘 아시지 않습니까? 그러나 주님, 분명 길을 잘못 들어 절벽으로 질주하는 것처럼 느껴지는 이 교회 현장에서 아무리 생각해 봐도 저같이 무능한 자가 할 수 있는 일은 아무것도 없습니다. 이제는 제가 교회 현장에서 할 수 있는 일이 없으니, 손을 떼는 수밖에 없습니다. 마지막으로 할 수 있는 일이 있다면, 이제 다시 책으로 돌아가서 독일 경건주의를 모델로 한국교회의 문제점을 지적하고, 방향을 제시해보는 것 외에는 없는 것 같습니다. 이 일이 우리 교회에 어떤 도움이 될지는 몰라도, 또 될 것 같지도 않고 누구도 귀를 기울이지 않겠지만, 죽어가는 교회를 그냥 내버려둘 수는 없지 않습니까? 이 일은 제가 할 수 있는 유일한 일이라고 생각됩니다."

아마도 약 30분 정도 이런 심정으로 기도했다. 그리고 방에 들어와 마태복음을 펼쳤다. 고난주간에 늘 하던 대로 주님의 생애와 수난이 기록된 복음서를 읽으며 묵상하기로 했기 때문이다. 그러나 이번에는 마음이 무거웠다. 어쩌면 교회현장의 목회자로서는 마지막으로 복음서를 읽을지도 모른다는 생각으로 읽어나갔다.

그런데, 마태복음 4장 마지막(25절)에 이르러서 문득 눈길이 멈추었다. "갈릴리와 데가볼리와 예루살렘과 유대와 요단강 건너편에서 허다한 무리가 좇으니라." 주님께서 공생애를 시작하시자 수많은 사람들이 갈릴리 바닷가로 몰려왔다고 기록되어 있었다. 물론 이 내용을 처음 읽는 것도 아니요, 모르고 있던 것도 아니었다. 단지 새로운 각도에서 관심이 생겼을 뿐이다. 예수님께서 사람들을 모으러 찾아다니신 것이 아니다. 그냥 바닷가에 계시었는데 온 이스라엘 영역의 사람들은 물론이고 나라 밖인 두로와 시돈, 요단강 저편에서 사람들이 인산인해를 이루며 찾아왔다는 것이다.

이 부분을 읽으면서 생각해보았다. 나는 한 사람을 전도하기 위하여 얼마나 찾아다녔던가? 온 동네를 헤집고 다녀도 한 사람 전도하기가 그토록 힘들었는데 예수님은 어떻게 하셨기에 수많은 사람들이 몰려들었을까? "도대체 무엇이 사람들로 하여금 예수님께 구름같이 몰려들게 했을까?"라는 생각을 하면서 계속 읽어내려 갔다.

> 도시 근교에 있는 90여 호의 전형적인 씨족 마을, 여러 목회자들이 몇 번이나 교회를 세우려고 시도했다가 포기했던 지역, 이곳에서 자의반 타의반으로 첫 목회를 시작했다. 목회를 시작하기 몇 년 전부터 이 지역에 살고 있었는데 어느 날 후배가 찾아왔다. "군목을 가야하는데 목회할 자리가 없다. 올해를 그냥 넘기면 군목 자격을 박탈당하고 사병으로 입대를 해야 될 입장이다."라는 설명을 하면서 "이 지역에서 목회진급을 할 수 있도록 도와 달라."는 것이다. 그의 입장이 하도 딱해서 예배드릴 처소

를 알선해 주었다. 농촌마을이고 그린벨트지역이어서 마땅한 장소가 없었을 뿐만 아니라 누구도 교회로는 집을 빌려주려는 사람이 없어 애를 먹었다. 어느 노인을 겨우 설득하여 문간방 하나를 빌려 개척을 하게했다. 그러나 교인 한 명 없이 일 년이 지나갔고, 교회 간판을 그냥 내려야 할 처지가 되었다.

당시 신학교 대학원을 마치고 있던 나는 목회보다는 신학공부에 더 관심이 있어서 유학의 길을 모색하고 있었지만 가정 형편이 여의치 않아 시기를 기다리고 있던 중이었다. 내가 주선해 세워진 교회가 일년 만에 교인 한 명도 없이 그냥 문을 닫는다는 것에 대한 책임감도 느껴지고, 당장 유학을 갈 처지도 아니어서 유학 갈 때까지 불모지인 이 지역에다 교회를 세워보자는 단순한 생각으로 그 교회를 맡아 목회를 시작했다.

교인이 전혀 없으니 전도가 우선이었다. 12페이지 소책자를 매주 만들어 집집마다 전도하다보니 책자를 만드는 시간까지 합하여 한 주일에 2-3일을 전도에 할애해야 했다. 전도가 될 것 같다고 생각되는 사람은 주중에도 몇 차례 만나서 접촉을 했지만, 일 년이 되도록 단 한명을 전도하기도 힘들었다. 일 년여 만에 처음으로 전도된 사람은 매주 12페이지짜리 소책자를 가지고 와서 전도하는 것에 감동을 받은 93세 된 노인이었으나 그는 한번 교회오고는 며칠 뒤 입원했다가 돌아가셔서 첫 장례식을 치렀다. 아무리 찾아가도 전도가 되지 않아 생각해낸 것이 중병으로 장기 입원해있는 사람들을 대상으로 삼아 매일 문병을 가는 일이었다. 몇 달을 매일 가니까 "전도사님, 이제 퇴원하면 죽어도 교회 가서 죽겠습니다."라고 나를 부둥켜안고 오열을 했다. 교인

한 명을 만드는 일이 이렇게 힘들었다.

이날 아침 마태복음 4:25절을 읽으면서 눈이 멈춘 것은 이런 이유 때문이었다. 나는 5년 동안 이런 식으로 찾아다니면서 겨우 30여 명 전도했는데, 예수님은 어떻게 하셨기에 사람들이 그렇게 모여들었는가라는 의문이 들었던 것이다.

목회를 그만두겠다고 생각한 까닭은 이렇다. 목회를 시작하여 교계에 들어가 보고는 크게 충격을 받았다. 교회의 양적인 성장이 목회의 지상(至上)목표였고, 목회 윤리의 실종을 비롯하여, 교회가 가고 있는 방향이 완전히 잘못되어있다고 보였기 때문이었다. 교회가 곧 죽을 환자 또는 벼랑을 향하여 질주하는 제동장치 없는 자동차처럼 보였다. 그러나 처음에는 크게 비관적으로 생각하지 않았다. "우리 나라에는 유명한 목회자들이 많이 있으니 누군가가 나서서 바로 잡겠지."라고 낙관을 했다. 기대감을 가지고 지켜보았지만, 이런 문제에 대한 진단이나 처방을 내리는 사람이 눈에 띄지 않았고, 또 그럴 기미도 보이지 않아서 크게 절망했다. 정확히 만 5년 동안 '교회' 라는 단어가 왜 그토록 사무치게 와 닿았던가! 마치 내 자식이 중병에 걸려서 죽어가고 있는 모습을 지켜볼 때의 안타까움과 같았다. 길을 가다가도 어지럽게 난립해있는 교회들이 눈에 띄기만 하면 억장이 무너지는 것 같았고, 눈물이 쏟아져 나오고, 탄식과 통곡을 억제할 수가 없었다. 어떻게 그럴 수가 있었는지 나 자신도 모를 일이다. 돌이켜 보면 주님께서 주셨던 마음이었다. 당시 나는 여러 해 동안 "교회가 죽어가고 있는데……"라는 강박관념에 사로잡혀 살았다. 이 강박관념 때문에 모델교회를 만들어 보려고 무모한줄 알면서도 인근의 개발지역에 맨손으로 교회부지 구입을 시도하다가 계약금을 날리기도 했고, 죽어가는 교회가 보이지 않는 먼 섬으로 가서 다시는 뭍으로 나오지 않으려고도 했다. 그러나 먼 섬으로 떠나기로 가족들과도 다 이야기를 마치고 마지막으로 떠나겠다고 기도하다가 '아직 아니' (not yet)라는 주님의 뜻이 감지되어 주저앉고 말았다. 그 후에도 교회가 죽어가고 있다는 강박관념은 여전했고 시간은 덧없이 흐르고 마음의 고통은 더 깊어졌다.

"도대체 내가 할 수 있는 일이 무엇일까?"라고 수개월 동안 고민하다가 목회 현장에서 떠나 공부로 돌아가서 죽어가는 교회를 살리기 위한 처방전을 만들어 보아야겠다는 생각을 하게 되었고, 이를 실천하기 위한 구체적인 계획을 세웠다. 이날 아침의 기도는 바로 이런 내 심정과 계획을 피를 토하듯이 토로해낸 것이다.

이 날 나의 기도는 응답이 되었다. 그러나 내 계획대로가 아니라 하나님의 계획대로였다.

그날부터 나는 기나긴 내면의 여행을 시작해야 했다. 10여 년의 여행은 이렇게 시작된 것이다. 그리고 여행기가 만들어졌다. 여행기를 적어놓고 보니 죽어가는 교회에 대한 처방전이었다. 「하비루의 길」, 「죄인의 길」, 「비움의 길」을 비롯한 성경의 재해석들은 나도 모르는 사이에 자연스럽게 만들어진 처방전이다. 이것은 내가 만들려고 했던 처방전이 아니라 주님께서 만들어주신 처방전이다. 배움과 공부는 학교에서나 사람에게서만 있는 것이 아니라, 하나님으로부터의 배움이라는 것도 있다.

이제 그 공부가 시작된 것이다. 그런데 그 공부는 성경을 읽다가 시작되었다.

2. 성경을 읽다가 마음이 뜨거워지다

1993년 4월 6일(화요일)

잠시 어디를 다니러 갔다가 돌아와 다시 마태복음(표준새번역)을 펼쳐 놓고 전에 읽던 곳에서부터 다시 읽었다. 어제의 관심을 그대로 유지하며 읽었다. 얼마동안 읽다가 일어날 때에 문득 무언가 마음에 와 닿은 것이 있었다. 나도 모르는 사이에 마음이 뜨거워져 있었다. 그러나 이 비슷한 경우는 이전에도 간혹 있었기에 별로 주목하지 않았다.

1993년 4월 7일(수요일)

새벽기도 후 어제 읽던 부분에 이어 마태복음을 읽었다. 오후에 다시 앉아서 성경을 읽으면서 느낀 것은 또 마음이 뜨거워져있다는 점이다. 성경을 덮어놓고 일을 보러 나가면 마음이 식고, 다시 성경을 펼쳐 읽으면 곧 마음이 뜨거워지기 시작했다. 오늘 하루 동안 수차례나 똑같이 경험한 일이다. 그런데 더 이상한 것은 그냥 아무 곳이나 읽을 때에 마음이 뜨거워지는 것이 아니라 주님의 행적 가운데서 '표적'에 관련된 부분을 읽을 때만 그러했다. 이 일은 너무나도 분명하여 의심할 여지가 없었다. 복음서의 내용 중에서 병자를 치료하시거나 죽은 자를 살리는 일, 귀신을 내쫓는 일, 바다 위를 걸으시는 일 등의 표적에서만 마음이 뜨거워지고 있었다. 사람들이 예수님 주변에 수없이 몰려드는 이유는 바로 이 표적 때문이었는데, 이 부분을 읽노라면 마음에 뜨거움이 일어났다.

이 일은 마치 전기 테스터를 가지고 전기가 통하는 지의 여부를 가려내는 것처럼 명확했다.

1993년 4월 8일(목요일)

오늘도 여전히 어제와 마찬가지였다. 성경을 덮고 나가서 돌아다닐 때는 교회현장에서 겪은 상처들 때문에 마음이 고통스러웠으나 성경을 펼쳐드는 순간 마음이 뜨거워지면서 평안이 찾아왔다. 이 일은 오늘 하루에도 계속해서 반복되었다.

1993년 4월 9일(금요일)

요한복음을 끝내고 사도행전을 읽기 시작했다. 사도행전에서도 사도들과 관련된 표적부분에서는 역시 마음이 뜨거워지고 있었다.

1993년 4월 12일(월요일)

지난 주에 있었던 경험이 너무나 인상적이어서 컴퓨터를 이용하여 마음이 뜨거워지던 본문만을 모아서 따로 편집하기 시작했다.

1993년 4월 19일(월요일)

지난 한 주간동안 꼬박 복음서와 사도행전을 편집했다. 놀라운 것은 표적의 말씀들을 편집하고 있는 동안은 내내 마음이 뜨거워져 있었다는 사실이다. 어떤 경우는 한나절씩 계속 편집을 했는데 그 동안 계속 이런 현상은 지속되었다.

이게 무엇을 뜻하는가? 아마도 복음서의 표적 이야기가 내게 어떤 연관이 있는 것처럼 보였다. 그러나 그 이상은 무엇을 의미하는지 도무지 알 수가 없었다. 곰곰이 생각을 해본 결과 이 문제를 가지고 집중적으로 기도를 해봐야겠다는 생각이 들었다.

1993년 4월 26일(월요일)

기도를 해야겠다고 마음은 먹었으나 도저히 실행에 옮길 수가 없다.

집중적으로 기도를 하려면 신학교 가기 전에 목사님을 따라 다니며 해 보았던 대로 밤에 산에 가서 기도를 해야 할 텐데 쉽게 결단이 내려지지 않아 한 주간 동안 망설여지기만 했다.

3. 기도 시작

1993년 4월 12일(월요일)

저녁예배 시간에 찬송을 부르면서 성령님께서 내 안에 충만해지심을 느낄 수 있었다. 아직까지는 경험해보지 못했을 만큼 성령님으로 충만해졌다. 예배 후 이 힘에 의지하여 기도를 시작하기로 작정하고 떠났다. 30분 정도 되는 거리에 조그마한 기도원이 있었다. 혼자 찬송을 부르며 가는 동안 더욱 더 충만해졌고, 기도원 뒷산의 바위 위에 앉아 크게 외쳐 기도하니 마치 하늘에서 불덩어리가 내려오는 것 같았고, 나는 용광로 한 가운데 있는 것처럼 느껴졌다.

이날 시작한 산 기도는 약 3년 동안 지속되었다. 특별한 일이 없는 한 저녁 식사 후 바로 출발하여 11시경 집으로 돌아왔는데, 거의 매일 실천에 옮겼다. 영성수련에서 가장 중요한 것은 기도 시간을 정해놓고 어김없이 지키는 것이다. 이 기간 동안 밤 기도와 새벽에 기도하는 것을 철칙으로 여겼다. 기도에서 가장 중요한 것은 기도의 맥이 끊이지 않게 하는 것인데 매일 정해진 시간을 지키는 것 이외에는 달리 방법이 없다. 기도하는 시간을 지키는 것에 가장 우선권을 두지 않는 한 영성수련은 되지 않는다. 영성수련은 마라톤과 같다. 쉬지 말고 계속 달려가야 한다. 또

> 영성수련은 큰 둥근 돌을 언덕으로 굴리고 올라가는 것과 같다. 중간에 굴리기를 쉬면 다시 굴러 내려오고 만다. 계속 굴리고 올라가야 진보가 있게 된다. 기도하기를 쉬지 않는 사람만이 영성의 길을 갈 수 있다. 내가 아는 한에서는 지속적인 기도 이외에 다른 방법은 없다.

1993년 4월 30일(금요일)

밤에 산에서 기도하는 동안 내가 성령님으로 충만해짐을 느낄 수 있었다. 조금만 더 채워지면 내가 터질 것처럼 느껴졌다. 전에는 성경을 읽을 때만 느끼던 어떤 뜨거움이 이제는 항상 느껴졌다. 특히 성경을 읽을 때 표적사화에서 마음이 뜨거워짐을 느낀 것이 이런 과정을 통해서 어떤 영적인 능력이 주어지리라는 예시처럼 느껴졌다. 어찌나 성령님으로 충만해져 있었는지, 병자는 말할 것도 없고 죽은 자에게 손가락만 대어도 벌떡 일어날 것 같았고, 물 위로도 걸을 수 있을 것만 같았다.

1993년 5월 1일(토요일)

마침 J 할머니 댁에서 속회를 드리게 되었다. 이 할머니는 중풍으로 몸의 반쪽이 마비가 되어 지팡이를 짚고 한 다리를 끌면서 겨우 거동하고 있었다. 어떤 확신에 차 있던 나는 오늘 속회 예배가 아주 좋은 기회라고 생각했다. 분명히 손을 얹기만 해도 벌떡 일어날 것만 같았기 때문이다. 찬송을 몇 장 크게 부르고는 본문을 중풍병자가 일어나 걸어가는 곳을 택하여 읽고 간략하게 설명한 다음 손을 얹고 기도하게 되었다. 나 자신이 어떤 일이 일어날지 설레는 마음으로 손을 얹고 기도를 시작하는 순간 나 자신이 크게 놀랐다. 내 안에 마치 풍선에 바람이 차있는 것같이 어떤 능력으로 꽉 차있음을 분명히 느끼고 있었는데 손을 얹고 기도하려는 순간 풍선이 터져서 바람이 새나가듯이 한 순간에 사라지고 말았다. 할머니에게 손을 얹고 기도를 하려는데 도저히 무어라고 기도할 힘이 없었다. 그 이전에도 가끔 병자들을 위해서 붙들고 기도할 경우가 있었다. 그때는 기도하면 꼭 낫는다는 확신을 가지고 한 것이 아니었다. 그냥 낫게 해주시기를 바라는 마음으로 그런대로 힘 있게 기도할 수 있었다. 그런데 이번에는 전혀 달랐다. 도대체 기도를 할 말도 힘도 전혀 없는 것이다. 기도하려고 손을 얹었으니 할 수 없이 진땀을 흘리며 억지로 소리를 높여가며 무어라 기도를 좀 하고는 끝냈다. 눈을 떠서 노인을 바라보니 전혀 달라진 것이 없었다.

마음이 무척 혼란스러웠다. 어떻게 된 노릇인지 전혀 알 수가 없다. 왜 하필이면 그 놀라운 확신과 충만했던 어떤 힘이 손을 얹는 순간 사라졌는지 알다가도 모를 일이다. 집으로 돌아와서도 이 일 때문에 크게 혼란을 겪었다. 마음 한 구석에서는 "혹시 내가 온 다음에라도 그 할머니에게 어떤 기적이 일어날지 모르지."라고 스스로 위로하고 있었다. 그러나 아무런 소식이 없는 걸 보면 그런 일은 일어나지 않은 모양이다.

1993년 5월 2일(일요일)

아침에 예배를 준비하면서도 어제의 일 때문에 혼란스러웠다. 준비 찬송을 하고 있는데 그 할머니의 지팡이 소리가 들렸다. 혹시나 싶어서 들어오는 모습을 유심히 지켜보았지만 예전의 모습과 달라진 것이 하나도 없었다. 크게 낙심했다. 이 일 때문에 낮 설교까지도 힘없이 하고 말았다.

예배를 드리고 나서 그 할머니가 말했다.

"목사님, 큰일 났어요."

"왜요?"

"어제 목사님이 오셔서 예배드리고 가신 다음에 주인집에서 당장 방 빼래요."

이 동네에서는 교회에 대하여 거부감을 가진 사람들이 거의 대부분이었다. 이 할머니도 월세를 들어 살고 있었는데 주인집이 예배드리는 것을 싫어했기 때문에 찬송도 부르지 못하고 조용히 심방예배나 속회를 드려야 했다. 그런데 어제는 기적을 일으키겠다는 생각에서 일부러 큰 소리로 찬송하고 기도한 것이 오히려 화근이 된 셈이다. 다시는 예배를 드리지 말든지 아니면 당장 이사를 가라고 한단다.

이 말을 듣는 순간 나는 더 크게 낙심하여 할 말이 없었다.

1993년 5월 3일(월요일)

어제 낙심했던 마음은 오늘까지도 그대로 이어졌다. 나에게 있었던 일을 도대체 어떻게 이해해야 할지 갈피를 잡지 못했다. 곰곰이 생각하다가 얻은 결론은 이러했다. 성경을 읽다가 마음이 뜨거워지고 있었던 것은 분명한 사실이다. 또 표적의 말씀을 읽을 때 마음이 뜨거워졌던 것도 분명한 사실이다. 며칠 전부터 기도를 시작하자 성령님으로 충만해지면서 내 마음에 무엇인가가 채워지고 있던 것도 사실이다. 이것은 복음서에 기록된 것과 같은 어떤 표적의 역사가 일어나리라는 것이 아닐까?

몇 번을 다시 점검해보아도 그렇게 밖에는 해석할 수가 없었다. 그렇다면 J할머니 댁에서 기도하면서 겪은 경험은 무엇을 말하는가? 아마도 기도가 부족해서 그럴 것이다. 이제 겨우 며칠밖에 기도하지 않았던가?

이런 생각으로 좀 더 기도에 집중해보기로 작정했다.

이 시기에 나는 성령님으로 충만해진다든지, 어떤 영적인 체험이 있으면 무슨 큰 능력이 주어지는 것이라고 생각을 했다. 목회 세미나에서도 그런 얘기를 많이 들었고, 기독교 서점에도 그런 식으로 해석하는 책들이 널려있었기 때문이다. 또, 성경을 읽으면서 마음이 뜨거워지던 내용들이 주님께서 행하시던 표적과 관련된 말씀이어서 이는 내게 그런 표적이 주어지리라는 예고로 느껴졌다. 이런 생각 때문에 나는 내게 곧 아주 큰 영적인 능력이 주어질 것으로 크게 기대하고 있었으며, 영적인 큰 능력이 주어지면 그 능력에 힘입어 제대로 된 모델 교회를 만들어 교회 현실에 다시 도전해보겠다고 생각을 했고, 이런 경험들이 그런 능력이 주어지는 과정이라고 보았다.

결과가 어떻게 되었는가? 큰 능력이 주어졌는가?

수년동안 진행되는 영적인 체험의 과정에서 그 능력이 내게 임하는 것까지는 경험이 되었다. 예언자들과 예수님께서 어떤 상태에서 그런 표적들을 일으키셨는지를 경험을 통해서 알 수가 있었다. 그런데 그런 상태에서 그 능력을 사용하려고 하면 곧 그 상태가 사라지곤 했다. 도대체 왜 그런지 알 수가 없었다. 이것을 이해하는데 까지는 오랜 시간이 걸렸다. 오랜 시간 후에 얻은 결론은 무엇인가?

성경을 읽다가 표적의 말씀을 통하여 마음이 뜨거워진 이유는 내게 그런 표적을 행할 능력이 주어지기 위해서가 아니라 '표적'이 무엇을 의미하는지를 바르게 '이해' 하기 위해서였다.

'표적'의 문제는 신앙생활에서 많은 혼란을 불러일으키고 있으며, 또 예수님을 이해하는 데에 있어서 대단히 중요하므로 「복음서 재해석」을 통하여 상세히 밝히고자 한다.

1993년 5월 4일(화요일)

지난밤에는 꿈자리까지 뒤숭숭하고 도무지 마음이 잡히지를 않았다. 그러던 중 오후에 전에 정리해 놓았던 표적의 말씀을 다시 읽게 되었다. 그런데 이 표적의 말씀을 대하는 순간 다시 마음이 뜨거워짐을 경험할 수 있었다. 성경 말씀을 대하면 마음이 뜨거워지고 동시에 마음에 안정과 평안이 찾아왔다.

1993년 5월 8일(토요일)

오늘은 낮에 산으로 기도하러 갔다. 꽤 깊은 기도를 할 수 있었다. 기도하면서 나 자신을 다시금 돌아보니 모두가 추한 것들이요 회개해야 할 것들 뿐이었다. 회개하는 기도를 많이 했다.

4. 주님 면전에서

1993년 5월 10일(월요일)

새벽기도 시간에 회개의 영이 임하여 간절한 회개기도를 하고 있었다. 어떤 행위의 죄가 아니라 나 자체가 죄의 화신으로 느껴져서 견딜 수가 없었다. 회개가 깊어지자 주님께서 십자가에 달려 고통당하시는 모습이 생생하게 느껴졌다. 거친 숨소리와 신음은 물론이고 십자가에서 흘리시는 피가 땅으로 툭, 툭 떨어지는 소리까지도 그대로 나에게 전달되었다. 예수님께서 십자가에 달려 고통당하시던 그 현장에 내가 가 있는 것처럼 느껴졌다. 그 순간 이렇게 기도했다.

"저의 죄를 사하시기 위하여 주님께서 흘리시는 피가 지금 저에게 떨어져 나의 죄를 깨끗하게 하옵소서."

그러자 정말로 주님의 피가 내 머리의 정수리에 한 방울 뚝 떨어졌다. 그런데 바로 그 순간 무슨 일이 내게 일어났다. 마치 누군가가 앉아있던 나를 뒤에서 집어던진 것처럼 얼굴을 바닥에 대고 앞으로 엎드려졌다. 동시에 어떤 강한 힘에 압도되어 도무지 숨을 쉴 수가 없었고, 강한 전율과 짓눌러 오는 압박감으로 도무지 나를 지탱할 수가 없었다. 죽은 게 이런 상태인가라는 생각이 들었으나 분명 죽은 것은 아니었다. 밖에서 오가는 자동차소리, 길을 오가는 사람들의 낯익은 말소리들이 들려오고 있었기 때문이다. 그렇다면 내가 도대체 어떻게 된 건가? 그 순간 내게 스쳐가는 어떤 강한 느낌이 있었다.

"아하, 내가 지금 주님 발 앞에 엎드려져있는 것이구나!"

분명 그랬다. 나는 주님 앞에 엎드려져 있었고 주님은 내 앞에 서 계셨다. 생각이 여기에 미치자 나를 위해 고난당하신 주님을 보고 싶었다. 그러나 태산이 짓눌러오는 것 같은 압박감과 전율 때문에 도무지 엄두를 낼 수가 없었다. 주님의 얼굴은 감히 생각도 못할 일이고, 주님의 발잔등에 있는 못 박히신 흔적만이라도 보고 싶어서 얼굴을 조금만 들어보려고 안간힘을 썼지만 압도해오는 어떤 강한 힘 때문에 얼굴을 드는 것은 고사하고 내 몸 전체가 오히려 땅으로 꺼져 들어가는 것 같았다. 더 이상 나를 지탱할 수가 없어서 곧 정신을 잃고 말았다.

얼마나 지났을까. 까치 우는 소리가 크게 들리는 바람에 정신이 들었다. 내게 무슨 일이 일어난 것인지를 몰라 멍하니 앉아 있었다. 아직도 내 몸에는 어떤 전율과 힘이 와 닿고 있었다. 그 순간 "아차, 오늘이 지방 목회자들 수양회 가는 날이구나!"라는 생각이 퍼뜩 떠올랐다. 전혀 갈 마음이 없었으나, 내가 실무를 맡고 있는 관계로 가지 않을 수가 없었다. 시계를 보니 약속된 시간이 임박해 있었다.

급히 일어나 나오면서 까치 소리 때문에 정신이 들었음을 기억하고는 "까치가 어디 앉아서 울었는가?"하고 문 앞에 있는 큰 참죽나무를 올려다보려는 순간 깜짝 놀랐다. 내 자신이 얼마나 초라하고 작게 느껴지는지 "나는 저 까치만도 못하다."라는 느낌 때문에 감히 눈을 들어 하늘과 까치를 바라볼 수가 없었다. 도저히 얼굴을 쳐들 수가 없어서 포기했다. 얼굴을 내리자 5월을 맞아 한참 자라 오르는 이름 모를 풀들과 사철나무에서 돋아나는 새순이 눈에 들어왔다. 그런데 이번에는 "나는 저런 들풀들만도 못하구나!"라는 생각 때문에 이것들도 부끄러워 도저히 쳐다볼 수가 없었다. 신을 신으려고 땅을 내려다보는 순간 나 자신이 내 발 아래 밟히는 땅과 먼지들만도 못하게 느껴져서 이것조차 쳐다볼 수도 밟을 수도 없었다. 지체할 시간이 없어서 억지로 신을 신고 발을 떼자 "흙먼지만도 못한 내가 이것들을 밟아야 한다."는 생각 때문에 눈물이 쏟아져 나왔다.

약속된 장소로 가면서도, 하루 동안 단양을 중심으로 돌아다니면서도 한 순간도 멈추지 않고 눈물이 흘러내렸다. 사람들과 시선이 마주치는 동안만 겨우 진정이 되었다. 하루 종일 나는 남의 시선을 피한 채 눈물만 흘리고 다녔다.

눈물, 또 눈물, 내 눈에 이렇게 많은 눈물이 있었던가!

1993년 5월 12일(수요일)

지난 10일의 경험 이후에는 입이 닫혀버렸다. 하루 종일 꼭 필요한 말 이외에는 침묵이었고, 기도시간에도 오직 "오, 주님!"이라는 탄식의 한 마디 외에는 아무 말도 할 수가 없었다. 그러나 그 말 한마디에 온통 눈물이 쏟아져 나왔고 어떤 큰 감동에 사로잡혔다. 입이 닫힌 이유를 알 수가 없었다. 부정한 내 입술로 주님께 어떤 기도를 한다는 것이 가당치 않게 느껴져서 마음속으로 나 자신의 입술에 대한 회개를 많이 했다.

> 너무나 큰 것을 보면 입이 닫힌다고 하던가? 내가 그랬다. 한동안 나는 말을 할 수가 없었다. 오직 눈물만 쏟을 뿐이었다. 주님을 생각만 해도 눈물은 도랑물처럼 흘러내렸다.
> 5월 10일의 일은 최초로 하나님 면전에 서는 경험이었다. 이 경험이 내게 가장 큰 영향을 주었다. 하나님 앞에 섰을 때의 그 전율과 강한 힘, 무어라고 표현할 길이 없고, 이 세상에서는 그런 떨림이 없다. 떨림과 숨막힘과 압박감, 세상 언어에는 이 상태를 표현할 말이 없는 것 같다. 지금도 나는 감히 하나님의 이름을 부르지 못한다. 이스라엘 사람들이 왜 하나님의 함자를 부르지 못하고 '아도나이'라고 불렀는지를 이때에 비로소 이해했다. 그분은 이름으로 부를 수 없는 분이시다.
> 나는 이렇게 말하고 싶다.
> "하나님을 알고 싶다면 그분 면전에 서 보라. 단 5초를 견뎌낼 수 있는 자가 없으리라."

1993년 5월 13일(목요일)

점심식사 후 산으로 기도하러 갔다. 마침 비가 와서 산에 올라갈 수가 없었다. 문득 출애굽기가 읽고 싶어져서 차 안에서 읽었는데, 읽으면서 깊은 감동과 어떤 사명감을 느꼈다. 내가 성경을 읽은 것이 아니라 마치 내가 출애굽 현장에 있었던 것처럼 느껴졌다. 그 현장을 영상으로 재현시켜보고 싶은 생각에서 오는 길에 테이프 가게에 들러 「십계」를 빌려 가지고 왔는데, 아내가 기도하러 간 사람이 무슨 비디오테이프를 들고 오는가 하고 들쳐보고는 "몇 번이나 본 십계를 왜 또 빌려왔느냐?"고 핀잔을 주었다.

5. 소명

1993년 5월 14일(금요일)

오전에 혼자 방안에 앉아 십계를 보다가 하마터면 기절할 뻔 했다. 이 영화는 전에도 몇 번 본적이 있었는데, 어제 있었던 출애굽기의 경험 때문에 장면들이 새롭게 와 닿았다. 영화의 장면을 쳐다보고 있는데, 그런데 어느 순간 나도 모르게 어떤 영에 서서히 사로잡혀지기 시작했다. 첫 번째로 나를 사로잡은 영은 적그리스도의 영이었다. 이 영에 서서히 사로잡히면서 내 영은 하늘로 비상하기 시작하여 하나님 보좌에까지 이르렀다. 그러자 어떤 영에 사로잡힌 나는 하나님과 대적하면서 하나님보다 더 높아지려고 기세가 등등해졌다. 그 순간 나는 소스라치게 놀라서 "내가 어쩌다가 이런 영에 사로잡히게 되었는가?"라며 이 상태에서 벗어나려고 했지만 속수무책이었다. 적그리스도의 영이 내 안에 채워져서 나를 사로잡고 있었기 때문이다. 이 상태는 기고만장의 극치였다. 내 감정은 이런 상태를 즐기면서 반기고 있었고, 의지는 악마의 영에 사로잡혀 힘을 잃어버려 어떻게 해볼 재간이 없다. 그런데 나의 깊은 어떤 곳에서부터 어떤 세미한 한 가닥의 마음이 이런 상태를 거부하며 겨우 버티고 있었다. 이런 상태를 견뎌낼 재간이 없어서 "하나님, 도대체 내가 왜 이런 상태가 되어야 합니까?"라고 엎드려 땅을 치며 얼마동안을 탄식하면서 겨우 겨우 이런 상태를 거부하자 서서히 나를 사로잡았던 영이 물러갔다.

식은땀을 흘리면서 안도의 숨을 내쉬고 있는데, 잠시 후 또 다른 영이 찾아와 다시 서서히 나를 사로잡았다. 이 영은 나를 사로잡아 어떤 높은 단상 위에 세워 놓았다. 나는 혼음을 일삼는 사이비 교주가 되어 있었다. 도처에 나를 환호하는 사람들이 수없이 무리를 지어있는 것이

비행기에서 내려다보듯이 한눈에 들어왔다. 단상에 서 있는 나는 성적인 오르가즘의 상태와 비슷한 어떤 엑스타시의 상태가 계속되고 있었는데, 내가 이런 상태에서 하는 말 한마디, 몸짓, 손짓 하나하나에 나를 향한 그 무리들은 열광의 도가니로 빠져 들어갔다. 이번에도 나의 감성은 이런 상태를 즐기고 있었고, 의지는 아무런 힘을 쓸 수가 없었다. 역시 마음의 세미한 어떤 소리에 힘입어 이런 상태를 간신히 거부하며 "왜 내가 이런 상태가 되었는가! 차라리 죽는 편이 나았을걸!"이라고 탄식하며 한 동안을 버티자 서서히 이 영이 물러갔다. 온 몸이 식은땀으로 젖어 있었다.

이런 영들이 물러가자 마음이 본래대로 돌아왔고, 다시 하나님의 영에 서서히 젖어 들어가면서 마음의 평안을 되찾아서 눈앞에 펼쳐지는 십계의 출애굽 장면을 지켜보고 있었다. 그런데 얼마 후 이번에는 앞에서 겪은 일보다 더 크게 놀랐으며 하마터면 숨이 멎을 뻔했다. 나를 향한 주님의 어떤 사명의 말씀이 들려왔기 때문이다. 이 말씀이 들려지자 "나는 절대 못합니다. 제가 무엇이기에 그런 일을 해냅니까? 절대 할 수 없습니다."라고 펄쩍 뛰었다. 주님께서 내 앞에 계신 것처럼 느껴졌고 면전에 계신 그분이 내게 수락을 재촉하고 계신다는 것이 명확히 느껴졌지만 나는 도무지 받아들일 수가 없었다. 얼마간을 이런 긴장상태로 보내고 있는데 마음속으로부터 "지금 내게 말씀하시는 분이 분명 하나님이신데 나 같은 것이 무엇이기에 감히 하나님의 말씀을 거부하는가?"하는 생각이 들었다. 잠시 동안 마음의 갈등을 겪고 있는데, 마리아가 천사로부터 수태고지를 듣는 성경의 말씀이 떠올랐다. 그 장면을 생각하면서 이렇게 대답했다. "주님, 저는 도저히 그런 일을 감당할 수가 없습니다. 그러나 저는 당신의 종일뿐입니다. 지금 내게 말씀하시는 분이 정말 주님이시라면 나의 모든 것을 주님께서 잘 아시니, 주님께서 원하시는 뜻이 이루어지기를 바랄뿐입니다." 그러자 주님께서는 "그래, 그거면 됐다." 하시면서 물러가셨다.

이런 일이 있고 난 후 사탄의 영에 사로잡혀 있던 일과 또한 주님의 음성을 듣던 순간이 너무나 놀라운 것이어서 몹시 당혹스러웠다. 혹시 내가 무슨 착각에 빠졌던 것이 아닌가 싶기도 하여 오후 내내 마음의 갈피를 잡을 수가 없었다. 하나님의 면전이 계속 느껴졌고, 또 너무나 부담스러웠다. 하나님의 면전을 벗어나 보려고 테니스를 치러갔으나 마음은 전혀 진정되지 않았고, 어수선한 마음이 교차되어 상당히 혼란스러웠다.

고민하던 끝에 생각을 딴 데로 돌려보려고 Y목사님의 테이프를 들었다. 이것을 듣고 있자니 마음이 안정되었다. 마음 속에 주어지는 잔잔한 평안과 고요함 가운데서 있었던 일들을 재음미해 보았다. 몇 번을 거듭 돌이켜 보아도 어떤 착각에 빠진 것이 아니라 내게 주님께서 인도하시는 어떤 영적인 일들이 일어나고 있는 것이 확실하다는 생각이 들었다.

생각이 여기에 이르자 오히려 두려운 생각이 들었다. 내가 감당하기에 벅찬 어떤 일들이 일어날 것 같아서였다. 특히 오전에 겪었던 것과 같은 악마와의 싸움과 유혹을 이겨낼 자신이 전혀 없었다. 여러 가지 생각을 하던 중 구약에 있는 노아나 아브라함, 다윗 등에게 있었던 언약의 사건이 생각났다. 이에 근거하여 주님께 양심선언의 기도를 했다.

"오 주님, 저는 오직 놀라며 전율을 느낄 뿐이옵니다. 주님 앞에 저의 모든 것을 백지로 위임합니다. 주님의 뜻대로 백지위에 직접 쓰시고 언약서를 만드시되 그곳에는 주님의 서명만이 있게 하시옵소서. 나는 아무것도 아니옵니다. 나에 대한 기대나 책임은 전혀 묻지 마십시오. 무조건 나의 모든 것을 위임하오니, 오직 주님이 임의로 작성하시어 주님의 뜻대로 사용하시며 인도하시옵소서. 구약의 계약처럼 '네가 언약을 지키면, 내가 너를 인도하리라.' 라고 전제를 붙이시면 저는 그 전제를 감당할 방법이 전혀 없습니다. 분명히 저는 실패할 것이기 때문입니다. 이 계약에는 저의 이름이 없게 하옵소서. 오직 주님께서 "내가 너를 책임지고 지켜주며 인도하리라."고 하옵소서. 그 외에는 저에게 할 수 있는 것이 아무 것도 없습니다."

저녁에 속회예배를 인도하면서 주님의 성령님이 친히 임하고 계심을 확실하게 느낄 수 있었다. 남편을 잃고 혼자 노동일을 하며 키우는 L성도의 아이들이 너무나 불쌍해 보여 손을 얹고 기도를 해주었다. 기도하고 있는 동안 내 몸에서 무엇인가가 흘러나와 그 아이들에게로 들어가는 것을 느낄 수 있었다.

"오 주님, 오직 당신의 말씀이 이루어지이다."

1993년 5월 15일(토요일)

아침에 눈을 뜨니 시야에서 안개가 걷히는 기분이었다. 어제의 일들이 생생하게 떠오르면서 그간 내게 일어나고 있는 일들이 무엇을 의미하고 있는지 알 듯했다.

주님께서 성경의 말씀들을 경험하게 하고 계신 것이라고 느껴진다. 아마도 성경이 하나님의 말씀임과 그 말씀이 지금도 살아계신 하나님의 살아있는 말씀임을 알게 하시려고 지금 내게서 이 일을 이루고 계신 것 같다. 놀랍고 두렵고 떨릴 뿐이다. 오직 "주님의 말씀이 이루어지이다."라고 고백할 뿐이다. 그 이상은 말이 필요가 없다. 더 표현할 방법도 없고.

오후에는 주님께서 "네가 이 일을 위하여 목숨을 버릴 수 있겠느냐?"라고 물으시는 음성이 있었다. 이 물음은 너무나도 명확하고 현실적으로 느껴져서 쉽게 대답할 수가 없었다. 마치 주님께서 내 앞에 서 계시면서 물으시는 것 같았다. 오후 내내 이 질문에 대한 대답을 생각하다 보니 비장한 마음이 되었다. 집에서 식구들을 바라보니 마치 영영 집을 떠나 어디로 죽으러 가야 할 사람처럼 느껴졌다. 오후 늦게서야 이렇게 대답할 수 있었다.

"제가 감히 어떻게 주님을 위하여 목숨을 버릴 수 있겠습니까? 아무리 생각해 보아도 저 같은 자는 아무짝에도 쓸모가 없을 것 같습니다. 단지 이 죄인이 감히 주님의 도구로 쓰일 수 있다면 주님의 뜻이 이루어지기를 바랄뿐입니다."

저녁에 산에서 기도하는데 마치 하늘이 나를 향하여 열려져 있는 것처럼 느껴졌고, 홍해바다가 내 눈 앞에서 갈라진다고 해도 지금 주님께서 내 안에서 하시는 이 일보다 더 확실할까 싶었다. 지금 내 마음 가운데서 베풀어주신 증거와 확신 이상 더 어떤 증거도 필요하지 않게 느껴졌다.

1993년 5월 16일(일요일)

지난 밤에는 화장실에 가기 위하여 잠에서 깨어 일어나다가 잠결에 '주님'이라는 말이 별 생각 없이 나왔다. 그 순간 주님께서 "왜 그러니?"라고 말씀하셨다. 정신이 번쩍 들었으나 할 말이 없었다. 다시 "무슨 일이니?"라고 하셨지만 나는 너무 놀란 나머지 무어라 대답을 하지 못했다. 너무 놀라서 한동안 잠을 이루지 못했다.

아침에 기도를 드리면서 무언가 일단락 된 듯한 느낌이 들었다. 오늘의 주일 예배는 나 자신을 헌신하는 예배라는 생각으로 예배를 준비했다. 성찬식도 준비했고 또 특별헌금도 마련했다. 나 스스로는 감동적으로 예배를 드렸다. 그러나 예배가 끝나갈 무렵에는 마음이 침체되기 시작했다.

1993년 5월 19일(수요일)

어제 저녁에는 몹시 피곤함을 느껴 10시쯤 잠자리에 들어서 어떻게 잤는지도 모르게 잤다. 눈을 떠보니 이미 5시 15분이었다. 기도가 시작된 이래 처음 자본 깊은 잠이다. 모든 확신들이 다 사라져 있었고, 그동안 나에게 일어났던 일들이 전혀 믿어지지가 않을 뿐만 아니라 먼 꿈속의 일들로 느껴졌다.

시간도 늦고 해서 마가복음 1:40-48을 본문으로 새벽예배를 간단히 드리려고 마음을 먹었는데 입을 열자마자 나도 모르게 말씀에 감동이 되면서 확신 있게 하나님의 말씀이 선포되기 시작하여 절제할 수 없이 계속 쏟아져 나왔다. 그리고는 나에게 믿음이 회복되어 있음을 나 자신이 새삼 발견할 수 있게 되었다. 믿음이 있고 없음은 전혀 내 것이 아니라 주님이 주셔야 하는 것임을 다시 한 번 체험으로 느낄 수 있었다.

오후부터는 성령님이 다시 충만해지심을 피부로 느낄 수가 있었다. 여호수아서를 읽으면서 성경말씀이 살아 움직임을 느꼈다. 오후 내내 영적인 상태가 절정에 이르러 있었다. 기도하고픈 생각이 들어서 교회에 나가 기도를 하는데 나는 주님 옆에서 통역하는 사람처럼 느껴졌다. "어떤 식으로 통역을 해야 하나?" 하는 생각에서 이런 저런 상황을 염두에 두어보는데, 나를 추켜세우는 악마의 간교한 속삭임이 들려왔다.

무심코 악마의 속삭임에 귀를 기울이는 순간 내 안에 충만해있던 주님의 영이 마치 풍선에서 바람 빠지듯 서서히 빠져나갔다. 그리고는 악마의 영이 그 자리를 대신 차지하고서 나를 공격해왔다. 밖에서 속삭이거나 덮쳐오던 악마의 공격이 이제는 내 안에서 시작되니 견딜 수가 없어 곧 숨이 넘어갈 것만 같았다. 잠시만 한눈을 팔아도 먹혀버릴 지경이었다. 정신없이 혈투를 벌이고 있는데 어머니가 전화를 받으라고 무선전화기를 들고 오셨지만 전화조차 받을 수가 없어 받지 못했다.

약 한 시간 반 정도 참으로 참혹하게 악마와 싸우는 기도의 시간을 가지고서야 어느 정도 진정이 되어 안도의 숨을 쉴 수 있었다. 그러나 악마의 공격은 여전히 강도가 높다. 마음 놓고 숨쉴 겨를도 주지 않는다. 한시라도 마음을 놓고 있으면 삼켜질 것만 같다.

저녁에 잠자리에 들어서도 악마의 공격이 얼마나 날카로운지 오늘 밤을 견딜 수 있을까 싶었다. 찬송가가 도움이 될 듯싶어 테이프를 틀어 놓았다. 그래도 악마의 공격은 여전하다. 자려고 누워서도, 잠자다가도 입 속으로는 방언으로 기도하며 사력을 다해 악마의 공격을 막아야만 했다.

> 지난 5월 10일부터 약 10여 일 동안은 먹고 자는 일에서 초월되어 있었다. 먹지도, 자지도 않았다는 뜻이 아니라 먹지 않아도 배고프지 않았고 먹기는 먹어도 먹은 것 같지 않았으며, 잠을 자지 않아도 전혀 졸리지 않을 뿐만 아니라 몸이 조금도 피곤하지도 않았고 자도 잔 것 같지 않았다. 테니스를 단식으로 몇 게임을 해도 전혀 힘들지도 않았고 늘 최고의 컨디션이었다. 그렇다고 정신이 몽롱한 것도 아니고 지극히 맑았다. 10여 일 동안 그러고 있으니까 아내가 걱정이 되었던지 내 눈동자를 유심히 관찰했다고 한다. 오랜 동안 자지 않거나 정신이 이상해지면 눈이 충혈되고 눈동자가 이상해지리라는 생각 때문이었다는데 볼 때마다 내 눈동자는 전혀 이상하지 않았고, 오히려 더 맑았다고 나중에 알려주었다. 온전히 하나님 면전에 있으면 이런 현상이 나타난다. 모세가 시내산에 올라가 하나님으로부터 율법을 받는 40일이 이 비슷한 상태였을 것으로 여겨진다.
>
> 영성의 체험 가운데 피할 수 없는 것이 악마와의 싸움이다. 영성화의 과정은 세 존재를 깊이 경험하는 과정이기도 하다. 하나님

과 나와 악마의 존재가 그것이다. 하나님을 체험한 만큼 나를 보게 되고 동시에 그만큼 악마를 경험하게 된다. 내가 악마와 처음으로 부딪힌 것은 교회에 처음나간 1976년인 22살 때였다. 고등학교 1학년을 다니던 중 생활고로 인해 학업을 그만두고 공장에 들어가게 되었다. 그 곳에서 중노동에 시달리다 허리를 심하게 다쳐 수 년 동안을 누워 지내야만 했던 절망의 시기가 있었다. 자살을 생각해보기도 하고 속세를 떠나려고 시도해보기도 하던 때가 이 때였다. 매일같이 누워 지내자니 지루함과 답답함을 견딜 수가 없었다. 아무 책이라도 좀 읽고 싶었지만 당시 살던 곳이 시골이어서 읽을 만한 책을 구할 수가 없었다. 망설이다가 책을 빌리러 가까운 교회 목사님을 찾아간 것이 처음으로 교회에 발을 들여놓은 동기였다. 이때 빌려온 책이 데일 카네기의「인생론 전집」이었는데, 나는 이것을 읽고 절망을 딛고 일어나서 독학을 시작했다.

  책 빌리러 목사님 댁을 방문한 뒤 일 년쯤 지난 6월 20일, 교회 청년들의 등쌀에 못 이겨 반강제로 40일 금식기도 하러 가신 목사님을 인사차 방문하러 갔다가 기도원 집회에서 회심을 하게 되었다. 이때의 감격이 얼마나 컸던지 낮에는 집에서 혼자 독학을 하고, 저녁에는 교회에 가서 기도하다가 의자에서 잠을 자고, 새벽기도를 마치고 난 후 집에 돌아오는 일을 매일 계속했다. 이때부터 악마의 경험이 시작되었다. 기도하는 중에 직접 나타나 방해를 하기도 했고, 잠을 자는 동안 꿈보다는 훨씬 생생하게 비몽사몽의 상태에서 어떤 괴물이나 무슨 도사의 형체로 등장하는 악마와 밤새껏 처절한 싸움을 벌였다. 초기에는 꿈 비슷한 상태에서 형체를 가진 대상과 싸우는 것이었는데 약 일 년 가까이 거의 매일 반복되었다. 그 다음으로는 기도 중에 혹은 평시에 어떤 형체로 덮쳐 와서 괴롭히는 방식이었다. 이런 공격이 몇 달 지속되었다. 그 후에는 마음속으로 들려오는 악마의 집요한 음성이 있었다. 온갖 욕설, 속된 생각들, 매 상황마다 그럴듯한 말들을 늘어놓는 공격이었다. 이런 싸움은 내가 신앙적인 열심을 내는 정도에 비례했다. 열심히 기도하고 말씀을 묵상하면 그에 비례하여 악마의 공격강도도 높아졌다. 쉽지는 않았지만 내면의 소리를 통한 악마의 공격까지는 그런대로 이겨냈다.

그런데 이런 상태에서 신앙적인 노력을 계속하자 그 다음으로는 적그리스도의 영에 부딪혔다. 이 영의 특징은 밖에서 나를 공격하는 것이 아니라 내 안에 들어와 공격하기 때문에 차원이 달랐다. 처음 이 영에 사로잡혔을 경우는 며칠 동안 식음을 전폐하다시피 하면서 코피를 흘리며 싸워야 했다. 이 경험을 하고나서는 기도를 비롯한 영적인 노력을 포기했다. 여기까지가 내 한계라고 스스로 생각했다. 책을 비롯한 어느 누구에게서도 이런 경우에 대한 도움을 받을 수가 없었다. 이런 일들은 신학교 들어가기 전에 겪었던 것들이다. 그 이후로는 영적인 문제에 대해서는 손을 뗐다. 내가 스스로 영적인 노력을 포기하자 더 이상 어떤 악마의 공격도 없었다. 신학교 다니는 동안 또는 목회를 하는 동안에도 기도에 전념하려고 하면 어김없이 악마의 공격이 느껴졌고, 그럴 때마다 그쯤에서 항상 멈추고 더 이상의 영적인 시도를 하지 않았었다. 돌이켜보면 신학교를 다니던 기간과 목회에 나온 동안 즉 10여 년 이상 악마와 휴전상태로 있었던 것 같다.

그런데 이날부터 악마와의 싸움이 정면으로 다시 시작되었다. 문자 그대로 악마의 세력이 우는 사자와 같이 삼키려 들었다. 이 싸움은 환상이나 생각 속의 일이 아닌 현실의 일들이다. 또 연습이 아니라 실전이다. 이단들, 사이비교주들은 이 단계에서 악마에게 진 사람들이다. 기도생활을 하면서 이 비슷한 현상이 있는 사람들은 극히 조심해야 한다. 또 절대로 혼자 견뎌내려고 하지 말고 반드시 누군가의 도움을 받아야 한다.

　악마와의 싸움에서 이기는 유일한 지름길은 자기를 낮추는 것이다. 악마의 화살은 지극히 예리하고 백발백중이지만 자기를 낮추고 머리를 숙이고 있기만 하면 안전하다. 이런 경우 그 화살들은 언제나 뒤통수 위로 지나갈 뿐 그 이하로는 결코 날아오지 못한다. 반드시 머리를 숙이고 있어야 한다. 주님께로 가는 길은 자기를 낮추고 기어가는 길이다. 그런 사람만이 그 길을 통과할 수 있다. 악마와의 싸움에서 얻는 결실은 무슨 영적인 능력이 아니라 자기를 낮추는 겸손이다. 그런데 나는 이 때 이런 것들을 알리가 없었다. 영적인 어떤 경험을 통해서 능력을 받았다는 간증과 책들만 있다 보니 나는 이 길을 가면서 초반에 어떤 영적인 큰 능력이 주어지는 것으로 오해하여 무진 고생을 했다. 그러면서도 이 길을 지나갈 수 있었던 것은 5월 14일에 있었던 백지위임(tabula rasa)의 기도 때문이었다. 주님께서 지켜주셨기 때문에 악마의 시험을 견뎌낼 수 있었다. 영적인 신비체험들은 내적인 죄성을 정화시키는 것에 초점을 맞추어야 한다. 신비체험 중에 영적인 능력을 얻으려고 시도하면 반드시 악마의 그물에 걸려들고 만다.

1993년 5월 22일(토요일)

성경을 읽으려고 해도 악마의 방해로 도저히 읽을 수가 없다. 게다가 나 자신이 본래의 모습으로 되돌아온 느낌이어서 마음이 초조해졌다. 지금까지 내가 겪은 일들이 도저히 믿어지지 않을 뿐만 아니라 어떤 큰 착각에 빠졌다는 생각이 나를 괴롭힌다. 또 하나님으로부터 버림받았다고 느껴진다. 무엇 때문인지는 잘 모르겠지만 내가 무슨 큰 잘못을 했구나 싶다. 기도도 전혀 할 수가 없고 성경도 읽을 수가 없다. 성경구절은 물론 단어 하나까지 악마가 물고 늘어져서 주님을 대적하게 하고 나를 드러내게 하려고 달려들기 때문이다. 그토록 은혜롭게 느껴지던 성경 구절의 한 줄 한 줄을 읽는 데에 처절한 싸움을 해야만 했다. 오후에 안간힘을 쓰면서 약 한 시간 정도 기도를 하고 나자 성령님의 도우심을 조금 느낄 수 있었다. 이에 힘입어 겨우 속회를 드렸다. 그러나 속회를 드리고 나서 집에 잠시 앉아 있다가 다시 기도를 하려고 안간힘을 다했으나 성령님의 도우심을 전혀 느낄 수 없었다.

1993년 5월 23일(일요일)

어제는 몹시 피곤함을 느껴서 열 시쯤 잤으나 새벽에 무척 피곤함을 느꼈다. 성령님께서 안계시니 나는 완전히 무력함을 느낀다. 주일이니 예배를 드려야 할 터인데 까마득히 느껴진다. 새벽기도시간에 어느 정도 성령의 임하심이 있었다.

낮 예배 때는 성령님의 인도하심에 간절히 의지했다. 설교 직전까지는 도무지 설교를 할 힘도 엄두도 나지 않았다. 그러나 설교를 시작하면서 성령의 인도하심을 느낄 수 있었으며, 담대히 외쳤고, 나 자신이 놀랐다. 예배를 드리고 나서는 다시 영적인 상태가 회복되었음을 느꼈다. 이런 충만한 상태에서는 지금까지 경험한 것이 믿어지고 또 주님께서 하시는 일이라는 확신에 흔들림이 전혀 없다. 설교를 통하여 내 입으로 주님의 음성을 들은 듯싶었다.

> 주님께로 가는 내면의 여행은 영적인 상승과 하강을 반복하면서 간다. 상승의 상태에서는 성령님의 충만함과 황홀한 상태, 주님의 면전이 느껴진다. 그러나 이런 상태는 오래가지 못하고 한 순간 하강의 나락으로 떨어진다. 이런 순환은 정화가 마무리 될 때까지 지속된다. 하강점에서 나타나는 특징은 ①주님으로부터 버림받았다는 극도의 상실감 ②버림받은 이유가 나의 죄 때문이라는 느낌 ③악마의 날카로운 공격 등이다. 특히 악마가 삼킬 듯이 달려들기 때문에 싸울 수밖에 없게 된다. 악마의 주요 무기는 온갖 속임수와 교만이다. 따라서 악마와 싸운다는 것은 결국 헛된 욕심과 자기 교만과의 싸움이다. 따라서 악마와의 싸움을 통하여 죄성이 정화된다. 악마를 이겨내기만 하면 악마는 악마의 의도와는 달리 죄성을 정화시키는 충실한 교관노릇을 하고 만다. 이런 과정을 통하여 하나님의 놀라우신 지혜와 섭리를 배우게 된다.

1993년 5월 24일(월요일)

자면서 꿈을 세 번이나 꾸었다.

첫 번째 꿈에서는 한쪽 눈이 완전히 붙어버린 사람의 눈을 띄우는 꿈이었다. 몇 차례 외치자 그 사람의 눈이 떠졌다. 다시 잠이 들었는데 이번에는 수많은 병자들이 몰려드는데, 손을 얹자마자 무슨 병이든지 다 나았다. 또 다시 잠이 들었는데 내가 천국에서 받을 면류관이 보였다. 황금으로 만든 것으로 엄청나게 컸다. 나는 그런 것을 받은 자격이 없다고 사양했다. 단지 천국에 들어갈 수만 있다면 그것으로서도 감당할 수 없는 은혜라고 대답했다.

사탄의 공격이 얼마나 강한지 성경을 읽을 수가 없었다. 오후에 요한복음을 읽을 때는 혈투를 하다시피 하면서 겨우 읽었다.

1993년 5월 27일(목요일)

별로 특징 없는 하루를 보냈다. 오후에 차를 타고 다니다가 마음이 메말라 있음이 초조하게 느껴져서 갈급하게 간구하는 기도를 드리자 그 즉시 성령님이 임하심을 느꼈다.

1993년 5월 29일(토요일)

요즈음은 새벽기도와 성경 읽기에 깊이 몰두할 수 있었다. 처음에는 에스라와 느헤미야를 읽었고 이어서 학개와 스가랴 등을 읽었고 또 사사기를 읽었다. 이 책들은 내가 읽으려고 한 것이 아니라 읽고 싶은 마음이 들었다. 읽고 싶은 마음에서 이 책들을 읽자 기록된 예언서를 읽고 있는 것이 아니라, 내가 선포자인 것처럼 느껴진다. 주님께서 선지자들을 부르시는 장면에서는 꼭 나를 향해 하시는 말씀처럼 들린다. 또 어느 선지자에게 말씀이나 영이 임하였다는 기록들을 읽는 순간 크게 감동이 되면서 그게 어떤 상태인지 직접 느낌으로 와 닿았다.

1993년 6월 7일(월요일)

오전에 N목사님이 무슨 세미나에 가자고 막무가내로 우겨서 따라갔다. 속회를 통하여 교회를 크게 부흥시킨 목사님의 세미나라고 한다. 가면서 얘기 중 함께 가던 K목사님이 같이 산기도를 하기로 해서 저녁부터 실천에 옮겼다. 혼자 다니는 것보다 동행이 생기니 큰 힘이 되었다.

1993년 6월 8일(화요일)

며칠 전부터는 영적으로 크게 침체되어 있었다. 악마의 공격이 참으로 날카롭다. 근래 내게 있었던 일들이 믿겨지지 않음은 물론 모든 것에 의심이 생기면서 큰 회의에 빠졌다. 무력감과 회의 때문에 아무것도 할 수가 없다.

1993년 6월 11일(금요일)

요즘은 참으로 힘겨운 시간을 보내고 있다. 하나님의 존재하심과 예수님이 나의 주님이심이 전혀 믿기지가 않았다. 77년도 회심을 한 후에 첨단의 현대신학을 공부하는 과정을 겪으면서도 예수님이 나의 구세주이심이 의심된 적은 거의 없었다. 신앙의 열심이 식어지거나 또는 다른 각도에서 바라다보기는 했지만 이런 적은 없었다. 그런데 아무리 힘쓰고 애써도 주님께서 나의 구세주라는 사실이 도무지 믿어지지가 않는다. 하나님의 존재도 그러하다. 하나님이 계시다는 것이 우습게만 여겨진다. 내 감정과 의지는 이미 이것을 따라가고 있었다. 그러나 지성의 소리만이 희미하게 버텨주고 있다.

며칠동안 이 문제에 대하여 심각하게 이성적인 성찰의 시간을 가졌다. 특히 기독교 교리들에 대하여 깊은 음미를 했다. 삼위일체를 비롯하여 기독론, 특히 속죄론을 성찰했다. 신학교를 다니는 동안 교리사에 관심을 가지고 있을 때 느끼던 것과는 전혀 다르게 와 닿았다. 또 그 교리가 형성되어지던 과정에 참여한 교부들의 신앙적인 면들을 생각해보았다. 특히 바울, 어거스틴의 회심과정을 비롯하여 교회사에 이름이 올라가 있는 수많은 사람들을 생각했다. 그리고 결론에 도달했다. 주님은 분명 구세주이시라고. 그러나 아무리 애써도 도저히 나사렛 예수님, 그분이 나의 구세주이심이 믿어지지 않으니 어찌해야 하는가.

고민하던 끝에 다시 주님을 영접하는 입장으로 내려갔다. 전혀 주님과 상관이 없는 자로서 주님께서 나의 구주가 되어주시기를 이성적인 판단에 따라 간구했다. 순수하게 내 자유의지로 악마를 거부하고 주님께서 나의 구세주가 되어주시기를 여러 날 동안을 참으로 간곡히 요청하자 아주 서서히 주님께서 다시 나의 구세주로 믿어지고 인정되었다.

1993년 6월 20일(일요일)

어제부터 아침 내내 오늘 주일 설교를 주님께 간절히 의탁했다. 그러나 막상 예배를 위한 준비찬송을 하면서도 마음은 메마르기만 했다. 예배를 시작해서도 마찬가지였다. 마음속으로는 끊임없이 간구했지만 주님의 감동하심은 없었다. 예배기도 중에 머리를 땅에 대고 간절히 기도하면서부터 서서히 감동되기 시작했고 설교를 시작할 때는 드디어 성령님께 사로잡혀서 초자연적인 사실들을 담대하게 또 간절하게 눈물로 선포를 할 수가 있었다.

새로운 경험이었다. 마지막 순간까지 주님께 간절히 기원할 때 기도가 응답됨을 알 수 있었다. 설교가 나 자신에게 은혜가 되었다. 그러나 교인들에게는 아직 특별한 의미를 주는 것 같지도 감동이 되는 것 같지도 않았다.

1993년 6월 22일(화요일)

지난 주일 오후에는 신도시의 상가에 있는 어느 교회의 개척예배에 참석했다가 예배시간에 새로운 경험을 했다. 내 마음은 온전히, 참으로 온전히 주님의 지배하심 가운데 있었고, 그 교회와 목회자를 위하여 예배시간 내내는 물론 친교의 시간까지도 눈물로 기도할 수 있었다. 내적으로 지극히 고요하면서도 무어라 표현할 수없는 평안함과 주님의 심정으로 가득 채워졌다. 모든 것이 주님의 은혜와 사랑으로만 느껴졌다. 어제와 오늘까지도 이어졌다. 잠시 다른 일에 젖어있다가도 주님을 마음속으로 생각하는 순간 곧 주님께서 내 마음에 오시어 나를 사로잡으심을 느낄 수 있었다. 내 영혼의 갈급함이 다 채워지는 것만 같았다.

저녁에 기도하러 가면서 같이 가는 목사님에게 자기 죽음의 중요성에 대하여 말했고, 산에서 기도하면서도 나 자신이 온전히 죽어지기를 간절히 기도했다. 오직 이것 한 가지만을 위하여 기도했다. 그러나 기도하고 내려와 차에 타기 전 나 자신을 돌이켜 보는 순간 내 기도와는 정반대로 나 자신이 살아서 엄습해왔다. 조금 전까지 느끼던 그 은혜롭기만 하던 마음들은 어디론가 다 사라지고 말았다. 그리고는 다시 악마의 공격이 시작되었다. 내가 기도하면서 무얼 잘못했는가 싶어서 크게 당황했다.

1993년 6월 24일(목요일)

어제부터 아침에 일어나기가 힘들만큼 영적으로 침체되어 있었다. 하루 종일 무척 피곤하게 느껴졌고, 저녁예배에도 전혀 힘이 없었다. 저녁기도도 거의 할 수가 없었다.

오늘은 더 침체되어 있음과 마음이 마귀에게 지배되고 있음을 강하게 느낄 수 있었다. 기도, 성경읽기, 요절암송 등 어느 것을 해도 마음이 안정되지 않았다. 정오쯤 서점에 가서 책을 둘러보다가 「급하고 강한 바람처럼」(멜・태리 저)을 읽으면서 안정을 어느 정도 되찾았다. 인도네시아의 선교와 부흥운동에 관한 것으로서 침체된 마음을 달래는데 참으로 유익했다.

1993년 6월 26일(토요일)

마음의 갈등과 혼란, 악마의 공격은 좀 누그러진 것 같지만 여전하다. 어제 오후에는 문득 이용도 목사님이 생각났다. 이 분에 대하여 별로 관심이 없었는데 얼마 전 어디에선가 이용도목사 전집을 선전하는 것을 보았다. 며칠 전부터 그 책을 한번 읽어보고 싶어졌다. 서점에 가서 이용도 목사 전집을 샀다. 이용도 목사님의 전기와 신학(信學;神

學이 아님)을 읽으면서 큰 충격을 받았다. 신학(信學)을 읽으면서 감동을 받아 교회에 들어가 잠시 기도하던 중 "생활 속에서 너 자신을 죽이라!"는 음성이 들려오는 듯했다. 그 순간 한없이 눈물이 쏟아졌다. 도저히 자신이 없기 때문이다. 며칠 동안 마음에서 일어나는 침체와 회의의 원인이 여기에 있다고 느껴졌다. 기도와 내면에서만 나 자신을 죽이려고 했지 삶에서는 나 자신을 죽이려 하지 않았기 때문이다.

"오! 주님, 나 같은 것이 어떻게 삶의 현장에서 나를 죽입니까? 무슨 재간으로 나를 죽이고 주님의 형상만 나타낼 수 있습니까? 저는 전혀 자신이 없습니다. 오직 저를 용서하소서. 말만, 생각만, 기도만 있고 삶이 없는 저를 용서하소서. 어찌하오리이까?"

1993년 7월 2일(금요일)

이번 주는 마음에 커다란 시험이 없이 지나갔다. 거의 매일 마음이 강하게 뜨거워짐을 느꼈다. 이용도 목사님의 전기를 읽은 것이 큰 힘이 되었다.

1993년 7월 4일(일요일)

오늘은 설교를 상당히 힘 있게 했다. 준비찬송 할 때부터 힘이 있었다. 온 힘을 다하여 외치니 숨이 막혀 가슴이 답답해지고 옆구리가 결리기까지 했다. 땀이 얼마나 많이 났는지 겉옷은 물론 넥타이까지 흠뻑 젖었다. 그러나 마음에서 간절한 눈물은 나오지 않았다. 이것도 새로운 경험이다. 어떤 때는 눈물의 감동이 주어지는가 하면 오늘 같은 경우는 그와는 대조적으로 어떤 담대함 같은 것이 느껴졌다.

1993년 7월 7일(수요일)

밤에 산에서 기도할 때 참으로 열심히 부르짖었다. 이렇게 온 힘을 다해 기도해 보기는 아마도 처음인 듯하다. 너무 열정적으로 기도했기에 숨이 막힐 지경이었다. 기도할 때에 불이 뜨겁게 임했으며, 마치 온몸이 불 가운데 있는 것 같았다. 능력이 곧 임할 것처럼 느껴져서 이를 위해 간곡히 기도했다. 집에 와서도 온몸이 뜨거웠다.

1993년 7월 8일(목요일)

저녁에는 전혀 기도가 되지 않았다. 이렇게 기도가 안 되기는 처음이다. 아무리 애를 써도 허사였다.

1993년 7월 10일(토요일)

어제는 저녁 10시쯤 산에 도착해서 오늘 아침 3시 반까지 기도했다. 아마도 이런 기도는 처음인 듯싶다. 중간에 잠시 다리를 펴느라고 앉아있던 것을 제외하고는 꼬박 기도했다. 소리 지르며 기도하는 것이 아니라 묵상기도였으나 온전히 기도에 집중할 수 있었다.

기도하면서 낮에 「요한 웨슬리의 일기」를 읽은 것이 깊이 묵상되었다. 웨슬리는 옥스포드의 교수직을 버리고 순수하게 영혼을 구하러 선교사로 갔다. 가는 도중에 만난 모라비안 교도들은 주님을 사랑하는 마음으로 남을 섬기고 있었다.

곰곰이 생각해 보았다. "나는 주님을 위하여 무엇을 버렸나! 나는 과연 순수하게 주님을 사랑해 본 적이 있는가!" 기도하면서 이와 같이 깊이 생각해보니 나는 전혀 버린 것이 없었고 오히려 주님을 통해 얻으려는 것뿐이었다. 또 주님을 단 한 번도 순수하게 사랑해 본 적이 없었다. 단지 주님이 구세주임을 믿고 그의 사랑이 고마워서 눈물 흘린 적은 있어도 내 마음에서 조건 없이 주님을 사랑한 적은 없었다. 단 한 번도 내 속에는 그런 마음이 있어본 적이 전혀 없음을 발견했다. 이런 기도를 하면서 나 자신의 초라함에 눈물이 났다. 이때가 새벽 한 시쯤

인데 이때부터는 주님을 사랑하게 해달라고 간절히 기도했다. 이 기도를 하면서 비로소 주님과의 사랑이 회복됨을 느낄 수 있었다. 내게 주님을 사랑하는 마음이 생겨지고 주님의 사랑이 내게 느껴질 때 마음에는 참 평안이 주어졌다.

영적인 깊이의 마지막 단계가 바로 이런 사랑의 관계가 아닐까 하고 생각했다. 베드로를 향하여 "네가 나를 사랑하느냐"고 물으시던 물음이 내게 주어지는 것 같았다. 기도를 마치고 올 때는 마음에 기쁨이 찾아왔다.

아침에 일찍 운전하면서 주님의 참 사랑에 눈물이 났으며, 어제 웨슬리 일기를 묵상하며 기도할 때 느껴지던 어떤 강렬한 전류와 같은 느낌이 간간이 스치고 지나갔다.

낮에 길을 걸어가고 있을 때 한순간 어떤 영적인 눈이 띄어졌다. 어떤 골목을 지나가고 있었는데, 길을 가고 있는 꽤 많은 사람들의 마음의 상태가 동시에 다 보였다. 그 순간 "주님께서 사마리아 우물가에서 여인에게 말씀하시던 상태가 이런 것이구나!"라고 느껴졌다. "이런 상태라면 지금 여기에 있는 사람 누구에게든지 예수님께서 하셨던 방법대로 전도할 수 있겠다."라고 생각하고 있었는데 곧 그런 상태가 사라졌다.

저녁 기도시간에는 상당히 피곤하였다. 그러나 기도하면서 느낀 것은 내가 과연 주님을 사랑할 자격이 있는가 하는 것이 크게 부각되었다. 아무리 나 자신을 살펴보아도 내가 주님의 신부가 되어 주님을 사랑할 만한 자격이 도무지 없었다. 없어도 전혀 없다. 주님을 사랑함에 있어서 나는 전혀 무자격자라는 생각에 온통 사로잡혔다.

1993년 7월 11일(일요일)

나에게는 주님을 사랑한 적도 없거니와 주님을 사랑할 만한 자격이 전혀 없다는 생각이 여전할 뿐만 아니라 오히려 더 크게 나를 지배했다.

저녁에 기도하러 갈 때는 감기몸살 때문에 상당히 고통스러웠다. 특히 추우면서 머리가 얼마나 무겁고 아픈지 머리를 들기조차 힘들었다. 기도를 시작하면서도 도저히 기도할 수 있을 것 같지가 않았다. 기도에서는 여전히 주님을 사랑할 만한 자격이 전혀 없다는 것을 느끼고 있었다. 약 한 시간쯤 지난 다음에는 어차피 주님의 사랑으로, 은혜로 주님 앞에 서는 것이기에 주님을 사랑하는 것도 나의 어떤 자격 때문이 아니라 주님이 나를 사랑하시는 사랑으로 인해 주님을 사랑할 수 있으리라는 생각이 들었다. 그러면서 담대한 마음이 생겼고, 머리가 깨질 것처럼 아픈 것들이 물러가기를 간절히 기도했다. 얼마 후 성령님이 내 마음에 따스하게 임하심을 느끼면서 머리가 가벼워지기 시작했고 오는 도중에는 통증이 씻은 듯이 가셨으며, 춥고 떨리던 오한이 사라졌다.

1993년 7월 25일(일요일)

며칠 전부터 허드슨 테일러 전기를 읽기 시작하면서 많은 감동을 받았다. 사람에게 의탁하지 않고 오직 하나님에게만 의지하면서 중국 선교를 시도하는 모습에서 그러했다.

1993년 8월 5일(월요일)

요즈음은 죠지 뮬러에 관한 조그마한 책자를 읽은 것이 마음에 남아 있다. 그간 나는 뮬러를 단순한 고아의 아버지로만 오해하고 있었다. 하나님의 살아계심을 보여주고자 했던 그의 진정한 의도를 몰랐기 때문이다. 하나님의 능력을 온전히 의지하지 못하는 당시 교인과 비신자들에게 하나님의 능력만을 의지하여 그의 살아계심을 증거하고자 하는 그의 자세가 지금의 나에게 참으로 크게 와 닿았다.

6. 세리-탕자의 기도

1993년 8월 13일(금요일)

그간 그토록 끈질기게 역사하던 마귀가 자리 잡고 있는 곳이 바로 나 자신의 타락한 죄성이라는 것이 깨달아졌다. 동시에 내 속의 죄성을 근거로 하는 악마의 소리와 내 안에 계시면서 나를 인도하시는 주님의 음성이 명확하게 구분이 되었다.

> 하강점에서 상실감과 좌절감에 시달리며 악마의 공격을 받으면 완전 속수무책이 된다. 이때의 고통은 도무지 말로는 설명이 안된다. 이런 상태는 수시로 찾아왔는데, 도저히 어떻게 할 수가 없어서 경건서적들을 읽으면서 간신히 견뎌냈다.
> 악마의 삶의 자리를 발견하는 것은 정화의 과정에서 중요한 고비이다. 내 안에 있는 악마의 실체(죄성)가 비로소 드러나기 때문이다. 악마가 내 안에 들어와 나를 사로잡으면서 괴롭히는 것은 내 안에 있는 타락한 죄성이 있기 때문이다. 죄성은 악마의 속성과 같기 때문에 악마의 삶의 자리가 된다. 악마를 이기는 힘은 어떤 영적인 능력을 받는 것이 아니라 내 안에 있는 죄성을 정화시키는 데에 있다. 죄성이 정화되고 나면 악마는 내 안에 들어와 머무를 곳이 없기 때문에 자연히 힘을 잃게 된다. 악마와의 싸움이란 내 밖에 있는 어떤 제 3의 존재와의 싸움만이 아니라 바로 내 안에 들어있는 죄성을 통한 악마와의 싸움이다. 죄성이 정화되기 전에는 자신이 자기 안에 있는 죄성을 통하여 악마의 지배를 받고 있다는 사실을 알 수가 없다.

1993년 8월 16일(월요일)

어제와 오늘은 나 자신이 참으로 무능력하며 아무것도 아니라는 생각에 사로잡혀 지냈다. 하나님 앞에 비추어 내세울 것이라고는 참으로 한 점도 없다. '구원받은 자', '하나님의 아들' 또는 '주님의 종' 등의 말과는 내가 너무나 먼 자임이 뼈저리게 느껴진다.

1993년 8월 17일(화요일)

나 자신을 아무리 낮추어도 부족하게 느껴진다. '먼지 하나', '마른 막대기', '버러지' 등 어느 비유를 사용한다고 해도 부족한 느낌이다. 기도하는 자리조차 감당하기 어렵게 느껴진다. 맨바닥에 앉는다고 해도, 오물통에 머리를 담그고 앉아있다고 해도 내게 합당한 자리가 아니다. 오직 내게 합당한 자리는 저 지옥의 자리이리라. 지옥에서도 가장 고통스러운 자리만이 내게 적합하도다. 이 노릇을 어찌할꼬.

> '무자격자 의식', 이것은 아주 중요한 경험이다. 여기쯤 오면 정화가 후반부로 접어든다. 이런 의식은 잠시 스쳐가는 것이 아니라 몇 달 동안을 이 의식에 젖어 살게 된다. 이 의식에 젖어 있을 때의 기도는 "오 주님, 나를 불쌍히 여기시옵소서!"라는 한 마디와 탄식뿐이다. 동시에 깊은 기도를 하게 된다. 깊은 기도는 많은 말이 사라지고 단순한 말에 사로잡히는 것이다. 기도가 깊어질수록 단순해지면서 점점 침묵에 젖어든다. 기도의 가장 깊은 단계는 말이 아예 사라지고 절대 침묵과 절대 집중이 이루어지는 단계이다.

1993년 8월 23일(월요일)

지난 19~20일에는 몇몇과 어울려 애들을 데리고 설악산을 다녀왔다. 지난 수개월 동안 딴 세상에 머물러 있었기에 이 세상이 생소하게 느껴졌다. 며칠 동안 바깥바람을 쐬면서 속으로 지금까지 내게 일어났던 일을 다시 되새겨 보았다. 도대체 무슨 일이 일어나고 있는가?

그 동안에도 그랬지만 지금 내가 겪는 일이 무엇인지 아직 정확하게 알 수가 없었다. 가장 큰 관심은 "내가 지금 바른길로 가고 있는가?"였다. 이 생각은 지난 수개월 동안 줄곧 가졌었다. 일어나는 일들을 보면서 주님께서 어떤 영적인 단련을 하고 계시다는 생각이 들어 잘못된 방향으로 가는 것 같지는 않았다. 그러나 몸서리쳐지는 악마의 공격과 간교함 때문에 도무지 마음을 놓을 수가 없다.

지난 수난주간에 복음서를 읽다가 마음이 뜨거워지기 시작하면서 정신을 못 차리게 하는 어떤 일들이 일어났는데 진행과정을 세밀히 살펴본 결과 성경의 말씀은 물론 기독교 교리들이 내적으로 경험되어지고 있었으며, 서서히 주님을 닮아가는 일들이 일어나고 있다고 느껴졌다. 이런 과정을 통하여 그 동안 안타까워했던 교회의 모습 속에서 해야 할 어떤 사명이 주어지는 것이 아닌가 싶다.

그러나 내 자신이 무한히 초라하고 추하게만 느껴진다.

1993년 8월 27일(금요일)

산에서 기도를 하던 중에 머리로 무엇인가가 주입되는 듯했다. 이런 경험은 처음이기에 성령님의 일인지 마귀의 일인지 알 수가 없었다. 잠시 후에는 기도하는 중에 입으로 무엇인가가 계속 들어오는 느낌이었다. 이것 역시 처음 경험하는 것이기에 당황하여 내 스스로 중단했다. 기도가 끝난 후에도 곰곰이 이 일을 생각해보았는데, 내 안에 남겨진 흔적을 보아 마귀의 일은 아닌 것 같았다.

1993년 8월 28일(토요일)

앤드류 보나르가 쓴 「로버트 머레이 매케인의 전기」를 읽었다. 주님의 형상을 이루려는 필사적인 노력이 주요 내용이었다. 책 말미에 매케인의 '개혁'이라는 글을 읽으면서 깜짝 놀랐다. 그의 신앙의 경험들을 기초한 신앙개혁의 주장들이 근래 내가 경험하고 있는 것과 많은 공감대를 이뤘기 때문이다. 이 글을 통하여 비로소 요즘 겪고 있는 일들이 무엇인지를 이해하게 되었다. 내 안에서 성령의 일하심을 통하여 비로소 철저한 회심이 일어나고 있는 것이다.

특히 "내 안에 성령님께서 계실 때에만 내가 주의 뜻을 실행할 수 있다."는 주장은 전적으로 동감이 되었다. 내 안에서 일어나고 있는 일은 모두 성령님께서 하시는 일이니 나에게는 아무 공로도 자랑할 일도 없는 것이다. 내 안에 주님께서 계실 때는 그간 내가 겪은 일들이 인정이 되고 믿어지지만 주님이 아니 계실 때는 전혀 그 반대가 되곤 하는 일이 그동안 수없이 반복되었다.

"오직 주님 뜻대로 따라가게 하옵소서!"

1993년 9월 2일(금요일)

죠지 휫필드의 책을 읽었다. 그의 자세에서 나에게 평생 좌우명이 될만한 하나의 구절을 발견했다.

"죠지 휫필드의 이름은 영원히 사라지게 하라."

영국에서 감리교단이 확장되어 가면서 웨슬리와 휫필드 사이에 교리적인 논쟁으로 인해 분열의 조짐이 보였다. 휫필드의 추종자들이 몰려들어 웨슬리와의 분리를 강조하며 말하기를 "지금 이 일을 하지 않으면 당신은 영원히 사라지고 맙니다."라고 하자 휫필드는 의연히 "죠지 휫필드의 이름은 영원히 사라지게 하라."고 말한 후 자신의 조직을 해체하고 아예 미국으로 건너갔다. 감리교단이 분열의 위기를 딛고 지금껏 하나의 교단으로 남은 것은 그의 이런 희생이 밑거름이 되었다. 당시 그의 추종세력의 숫자가 웨슬리 못지않았지만 그는 자신을 버림으로 교단이 하나 되는 위업을 만들었다. 그의 원대로 그의 이름을 기억하는 이는 별로 없지만 세상이 다 아는 웨슬리 못지않은 평가가 천국에서는 이루어지리라.

"주님, 저로 하여금 다른 것은 몰라도 이런 자세만은 어떤 일이 있어도 가질 수 있도록 도우소서!"

1993년 9월 19일(일요일)

어제 밤에 기도를 마치고 오니 어머니가 배가 몹시 아프다고 하셨다. 아침까지 기다려 가까운 병원의 응급실에서 관장과 장염치료를 받았으나 전혀 소용이 없었다. 오늘 밤에도 여전하여 새벽 1시쯤 빈센트 병원에 모시고 갔다.

1993년 9월 20일(월요일)

방사선 촬영과 컴퓨터 촬영을 통해 장폐쇄로 밝혀졌고 시급히 수술을 해야 한다고 했다. 어찌해야 좋을지 판단이 서지 않아서 한참을 망설이다가 결국 수술에 동의했다. 오후 4시경 수술을 시작하여 약 6시경 마쳤다. 수술실 밖에서 기다리는 심정은 안타까움 그 자체였다.

1993년 9월 24일 ~ 12월 19일

단순한 배탈 정도로만 알고 병원에 가셨던 어머니는 장폐쇄로 판명되어 고령에도 불구하고 대수술을 받으셨다. 워낙 고령이어서 수술이 망설여졌으나 위급하다고 하여 수술을 했다. 수술 후 며칠 동안은 회복이 순조로웠다. 그러나 회복이 어려워져서 세 번이나 수술을 다시 했다.(2차:10월 5일, 3차:10월 9일) 그러나 수술을 거듭할수록 회복은 더 어려워져 수술 부위가 아물지 못했다. 의사들은 또 수술을 받으라고 했지만 체력이 한계에 이르렀다고 판단되어 반대했다. 3개월 동안 참으로 힘든 시간을 보냈다. 병원생활 그 자체 때문이 아니라 매일 어머니의 생명이 경각에 달려있었기 때문이었다.

> 이 기간 동안이 정화의 '어둔 밤' 중에서도 가장 고통스러운 밤이었다. 그 어둔 밤은 수개월이나 이어졌다. 이 기간 동안 그간 겪은 일에 대한 복합적인 단련을 받아야 했다. 악마는 오히려 더 날카롭게 공격해왔고, 말없는 침묵의 시간을 가져야 했다. 거듭되는 수술의 실패를 이즈음의 영적인 문제들과 결부하여 어떻게 해석해야 할지 큰 혼란을 겪었다. 어떤 목사님은 죄 때문에 수술을 계속 실패하고 있으니 회개해야 어머니가 회복된다고 몇 차례나 찾아와 예언하듯이 우기면서 병원에 의지하지 말고 하나님을 의지해야 한다고 단언했다.
>
> 이런 시간을 통하여 결국 도달한 것은 지금 주어져 있는 모든 것은 하나님의 은혜이며, 이와 같은 고통은 물론 모든 일들을 통하여 하나님께 영광을 돌려야 한다는 것이었다. 약과 의료시설 등 의학은 신앙과 대립하는 것이 아니라 하나이며, 고통과 고난이 오히려 하나님께 영광 돌려야 할 기회였다. 주님을 향한 신앙은 내 뜻의 성취가 아니라 자기포기이다. 이것이 발견되어졌다. 그러나 악마는 이런 생각을 삼키려고 난리를 피우며 으르렁거렸다.

1993년 12월 19일(화요일)

오전에 퇴원하시었다. 퇴원할 만큼 회복되시지는 않았지만 성탄을 앞두고 무리하면서 집으로 모시고 왔다. 강한 바람을 동반한 매서운 날씨는 마음조차 얼어붙게 했다.

1993년 12월 20일(수요일)

저녁에 K목사님과 같이 다시 산기도를 시작했다.

어머니께서 병원에 계시는 동안 산기도를 못하고 있다가 다시 기도하게 되니 감회가 깊다. 차를 몰고 가는 동안 눈물이 핑 돌았다.

"주님, 이 길 인도하소서. 이 일은 사람의 힘으로 할 일이 아닙니다."

1994년 2월 6일(일요일)

저녁 산기도에서는 내가 앉아있는 자리가 도저히 감당치 못할 만큼 내 자신이 추하게 느껴졌다. 나 자신의 모습과 있어야 할 자리는 지옥의 한가운데일 수밖에 없다는 강한 의식이었다. 나 자신이 얼마나 추한 지옥의 자식인가 하는 것이 너무나 생생하게 느껴졌다. 오직 어찌할지 모르는 깊은 탄식의 부르짖음 가운데서 엎드리어 땅을 치며 몸부림쳤다.

1994년 2월 7일(월요일)

새벽기도시간에 어제의 감정이 이어졌다.

나 자신은 지옥의 형벌과 하나님의 심판과 진노의 대상으로 느껴졌고 주님의 거룩하심과 그 사역과는 전혀 합당하지 않게 느껴졌다. 오직 십자가의 은혜를 바라보려고 바동거릴 뿐이다.

1994년 2월 9일(수요일)

지난 밤 늦게부터 내리기 시작한 눈이 종일 내렸고 날씨도 몹시 추왔다. 길이 미끄러워 염려가 되었으나 '그래도'라는 생각으로 기도원을 향해 떠났다. 길이 참으로 미끄러웠으나 주님께서 도우시어서 체인을 감지 않은 채로 무사히 다녀왔다. 매서운 칼바람이 부는 눈 덮인 산에서 기도해 보기는 처음이다. 구정 전야이며 눈이 덮여있기에 산에는 인적이 전혀 없었다.

1994년 2월 10일(목요일)

저녁을 먹고 나자 아홉 살인 큰애가 말했다.
"아빠, 오늘이 구정이에요."
"그래서?"
"오늘은 기도하러 가지 말고 우리하고 윷놀이도 하고 좀 같이 놀아주세요."
"……"
할 말이 없었다.
아이에게는 아무 말도 못하고 조용히 일어서서 밖으로 나왔다.
저녁이면 거의 매일 집에 없으니 오늘만이라도 아이들이 아빠와 놀고 싶은 모양이다. 그러나 교회들의 죽어가는 모습들을 생각할 때 "이대로 그냥 둘 수는 없다."라는 안타까운 생각에 눈 덮인 산으로 향해야 했다. 가면서도 아이의 목소리가 귓속에서 맴돌았다.
며칠동안 고양되었던 감정이 상당히 줄어들었다.

1994년 2월 11일(금요일)

낮에 처가에 다녀오면서 운전 중 지난 날들이 깊이 회상되었고, 깊은 묵상이 이루어졌다. 근래 들어 눈에 띄는 변화는 나의 생각 중에서 주님을 바라보려는 생각이 서서히 생겨난다는 것이다. 얼마 전에 읽은 브레이너드 목사의 일기가 생각났다.

1994년 2월 13일(일요일)

어제 오후부터 시작된 영적인 침체가 계속되어 설교를 도저히 할 수 있을 것 같지 않았다. 그런데 설교를 시작하면서 강한 감동이 주어져 힘 있게 설교할 수 있었다.

저녁 기도에서는 우리나라의 교회가 이 지경인 것이 곧 나의 책임으로 느껴졌다. 개혁의 대상이 밖에 있지 않고 내 안에 있었다.

1994년 2월 20일(일요일)

오후에는 아주 깊은 기도를 할 수 있었다.

절대침묵 가운데서 내 영이 주님의 영과 하나가 되는 것 같이 느껴지면서 온전히 기도에 집중이 되었고, 언어적인 표현이 필요 없이 어떤 느낌으로 주님과 직접 교통이 되었다. 아직까지는 이런 기도를 해 본 적이 없었다.

문득 얼마 전(2월 3일)의 꿈이 생각났다. 꿈속에서 하던 기도와 너무나 흡사했다.

그 꿈이란 이런 것이었다.

오랜만에 꾼 꿈이었는데 꿈에서 나는 한 뼘 정도의 열무를 한 무더기 길가에 쌓아놓고 혼자 앉아서 다듬고 있었다. 그 때 저쪽에서 두 사람이 내가 앉아있는 곳을 향해 걸어오고 있었는데, 얼핏 보니 그중의 한분은 주님이셨다. "아이쿠, 주님께서 오시는구나! 무얼 어떻게 해야 하나!" 하고 한순간 당황했다. 길가에 앉아서 열무를 다듬고 있는 초라한 모습을 보이기 싫어서 피하고 싶었으나 이미 주님의 시야에 들어있어 숨을 수도 없어서 그냥 하던 일을 계속하기로 했다. 주님께서 오셨는데 겨우 열무나 다듬고 앉아있자니 전혀 면목이 없었다. 얼굴을 들 수가 없어서 묵묵히 열무 다듬는 일을 계속했다. 내 곁으로 오신 주님은 지나가지 않으시고 옆에 서서 잠시 지켜보시다가 아무런 말씀도 없이 오시던 길로 다시 돌아가셨다. 주님께서는 어디론가 가시기 위하여 내 곁을 지나가신 것이 아니라 나를 보기 위하여 오셨던 셈이다. 저 멀리 주님께서 사라지자 그 자리에 무릎을 꿇고 앉아서 "주님, 나같은 자를 보려고 오셨는데, 얼무나 다듬고 있으면서 얼굴도 쳐들지 못하는 저를 불쌍히 여겨주시옵소서!"라고 탄식을 하며 기도를 하는데 그 순간 기도가 아주 깊게 되었다. 속으로 놀라워서 "전에는 아무리 애써도 이렇게 기도가 깊이 되지 않았었는데 어떻게 이런 몰입되는 기도가 될까?"하고 의아하게 생각하다가 잠에서 깼다.

> 흔히 말하는 관상(觀想)기도를 이날 처음으로 경험했다. 관상기도에 대한 평가와 기준들이 서로 달라서 혼란을 주고 있다. 흔히 묵상과 관상을 혼동하는 경우가 있다.
> 관상기도는 신비기도의 차원이다. 언어적인 표현이 사라진 채, 절대 침묵, 절대 집중의 상태에서 주님과 직접 교통하는 몰아의 상태이다. 언어가 필요 없는 기도, 주님에게 그냥 사로잡혀지며, 나 자신이 비워지면서 주님으로 채워지는 느낌의 기도, 주님에게 빨려 들어가는 등의 현상이 뚜렷하게 나타난다. 여기서 조금 더 나아가면 주님을 직접 뵈옵는 직관의 상태가 된다.
> 관상기도는 주님께서 당신의 면전으로 불러주실 때 가능해진다. 따라서 어떤 정신집중 훈련이나 기도수련으로 되는 것이 절대 아니다. 죄성의 정화가 깊게 이루어졌을 때에만 이 기도가 가능하다. 기도의 깊이는 정화의 정도와 반드시 비례한다. 죄성의 정화를 배제한 채 관상기도 훈련을 한다는 것은 어불성설이다.

1994년 2월 21일(월요일)

깊은 기도는 어제에 이어 계속 되어졌으며, 악마의 세력이 몸속에서 역사함이 느껴졌으나 기도하는 가운데 약화됨을 느낄 수 있었다. 그토록 날카롭게 덤벼들며 도시 수그러들 줄을 모르던 악마의 공격을 받으면서 그동안은 방어에만 급급하여 속수무책이었는데 이제는 악마의 세력이 서서히 제거되기 시작했고, 이제는 담대하게 악마를 향하여 정면으로 맞설 수 있었으며, 공격적인 기도를 할 수가 있었다.

1994년 2월 22일(화요일)

오전에는 참으로 깊은 기도가 어제에 이어 계속되었다. 그러나 컴퓨터 주문과 테니스를 하느라고 오후에는 좀 흐트러진 느낌이다.

1994년 2월 25일(금요일)

관상의 깊은 기도가 종일 계속되었다.

1994년 2월 26일(토요일)

오전에 테니스를 치고 있는데 같이 기도하러 다니는 목사님이 급히 일일찻집 준비를 위해 차를 이용하자고 왔다. 테니스를 치면서도 운전을 하면서도 깊은 몰아의 상태가 지속되었다. 마치 내가 주님께 빨려 들어가 있는 것 같았다. 무아지경에 빠져있는 내 모습이 좀 이상해 보였는지 옆에 있는 목사님은 어디가 아프거나 피곤해 보인다고 계속 염려했다.

저녁에 그 교회의 일일 찻집에 참석했다. 그곳에 앉아 있는 동안에도 몰아의 상태는 이어졌다.

1994년 3월 5일(토요일)

저녁 기도 가기 전에 피곤해서 잠시 누웠다가 일어나니 더 피곤했고 심령이 메말라 있었다. 잠든 사이에 나도 모르게 내 심령이 변해있었다. 기도할 마음이 전혀 없었다. 그러나 억지로 갔다. 기도하면서 나 자신의 가증한 입술과 표리가 부동한 사악한 죄악을 강하게 느꼈으며 간절히 회개하자 마음의 평안을 어느 정도 회복할 수 있었다.

1994년 3월 6일(일요일)

성령에 강하게 감동되어 설교할 수 있었다.

오후에도 깊은 묵상이 이루어졌다. 특히 주님의 못 자국 난 손과 발, 창 자국 난 가슴 등의 고난과 십자가의 참사랑에 대한 열망이 강하게 나타났다.

"오직 주님의 영광만을 나타내게 하소서!"

1994년 3월 7일(월요일)

오전에 교역자 회의와 실행부회의가 있었다. 예배와 성찬 중에 참으로 진지한 예배를 드렸다. 예배시간 내내 온전히 주님께 사로잡혀 있었다. 주님께 사로잡히지 않고서는 이런 예배는 불가능하다.

선교사로 가 있는 동기가 왔다는 연락을 받고 만나러 가면서 성령님께서 아주 뜨겁게 마음에 임함을 느꼈다. 몇 명의 동기들이 모여 환담을 하는 중에도 주님께서 내 안에 계심을 피부로 느낄 수 있었다.

얼마 전 서점에 갔다가 눈에 띄어 사온 「금욕주의」(Western Asceticism, LCC 시리즈 번역본)를 종일 읽었다. 그간 내가 겪은 일들이 사막의 수도사들이 겪던 영적인 일과 흡사했다. 그 동안 주변에서는 내가 겪는 영적인 문제에 도움 받을 만한 곳을 전혀 찾을 수가 없었는데 수도사들의 영성에 관심을 가져야겠다는 생각이 들었다.

1994년 3월 13일(일요일)

아침에 무척 피곤하여 일어나기조차 힘들었다. 어린이 예배를 드리면서 내 마음이 굳게 닫혀있음을 느낄 수 있었다. 기도의 필요성을 느끼고 11시 예배 전 간절히 기도하자 성령께서 임하심을 느꼈으며, 예배를 시작하면서부터는 마음이 활짝 열려서 나 자신이 스스로 놀랐다. 참으로 놀라운 일이다.

예배 후 「금욕주의」를 읽으면서 특히 겸손의 부분을 읽으면서 나 자신이 참 겸손과 얼마나 거리가 먼가를 발견했다. 예전과 지금을 비교해보니 단지 겉포장만 바뀌었을 뿐이다.

1994년 3월 14일(월요일)

오후에는 H목사님과 영성에 관심이 있으시다는 R교수님을 방문했다. H목사님의 얘기로는 그분이 고대 영성분야에 정통해 있다고 했다. 만나서 잠깐 이야기하는 중 나의 경험이 '영성신학'의 분야에 해당함을 알게 되었다. 신학교에 다니는 동안은 물론 목회현장에서도 아직 영성신학이라는 말을 들어본 것 같지가 않았다. 그분의 책장에 꽂혀있는 서적 중 영성신학에 관한 몇 권의 책이 눈에 띄었다. 그런데 하나같이 카톨릭 계통에서 출판된 것들이었고 가톨릭 서점에서만 취급을 했다. 그동안 개신교 서점을 수없이 뒤지면서도 이런 책들이 눈에 띄지 않았다.

오는 길에 카톨릭 서점에 들러 이 분야의 책을 몇 권 구입했다.

1994년 3월 17일(목요일)

Jordan Aumann이 쓴 「Spiritual Theology」를 어제부터 읽기 시작했다. 이 책을 읽으면서 그간 내가 경험한 영적인 문제들이 초대교회부터 내려온 영성운동과 맥을 같이함을 처음으로 확인하게 되었다.

그동안 내게 일어나는 일들이 무엇인지를 몰라서 많이 힘들었다. 개신교 계통의 책들은 아무리 뒤적거려도 이런 문제를 다루고 있지 않았다. 그런데 이제야 내가 무슨 일을 겪고 있는지를 알게 되었다. 이 책을 읽으면서 그토록 혼란스럽기만 하던 일들에 대하여 신학적으로 정리를 할 수가 있었다. 이로써 나의 할 일이 보다 명확해졌으며 나의 경험에 대한 이론적, 객관적인 근거를 얻게 되었다. 내게 영적으로 큰 힘이 될듯하다.

1994년 3월 18일(금요일)

Aumann의 책에서 「기도의 단계」를 읽으면서 현재 나의 기도의 단계가 Infused Contemplation(관상)의 단계에 있음을 확인했다.

1994년 3월 27일(일요일)

예배를 시작할 때는 전혀 마음이 열리지 않았으나 설교를 시작하면서 서서히 마음이 열려졌다. 가장 낮으셨던 예수님, 가장 천하시던 예수님, 가장 비참하시었던 예수님 등을 전하면서 이 말씀이 나를 사로잡아 설교는 준비한 것과는 딴판이 되었다. 교인들은 별로 반응이 없는 것 같았으나 나 자신은 낮아지시었던 예수님에게 사로잡혀지는 경험이었다.

1994년 4월 4일(월요일)

오후에 큰애를 데리고 병원에 가던 중 운전하면서 적그리스도의 영이 강하게 사로잡아오는 것을 느끼면서 소름이 끼쳐졌다. 오늘은 그 영의 성격이 1978년도에 처음으로 적그리스도의 영과 부딪혔을 때 느꼈던 것과 지극히 유사했다. 당시는 이것이 무엇인지를 모르고 전혀 무방비 상태로 속았음을 비로소 알게 되었다.

1994년 4월 5일(화요일)

오후에 아이들이 졸라대는 통에 점심을 먹고 전철을 타고 경복궁에 갔으나 마침 문을 닫아 국립박물관으로 들어갔다. 박물관을 처음 보는 관계로 유물들이 인상적으로 느껴졌으며, 특히 선사시대의 것이 그러했다. 생각보다는 무척 방대했다.

유물을 돌아보면서 혼자 깊은 몰아의 상태에 있었다. 근래에는 몰아의 상태가 잦다. 밥을 먹으면서도, 그냥 앉아 있으면서도, 몸이 피곤하여 기대고 누워서도, 운전을 하면서도 그런 경우가 많다. 눈을 감으면 주님이 느껴지면서 보이는 듯하고, 눈을 뜨면 세상의 속된 모습들이 보여 눈을 감고 있음이 편하여 나도 모르게 눈을 감고 있는 시간이 많아졌고, 또 말수가 적어진 것 같다.

몰아의 상태에 있을 때면 이런 내 모습을 보는 아내는 또 "떴다, 감았다."한다고 놀려댄다. 아마도 내가 딴 세상에 가있는 것처럼 느껴지는 모양이다. 일 년 전 오늘이 생각난다. 작년 이 날이 수난절 첫날이었고 나의 영적인 경험이 시작된 날이다.

1994년 4월 11일(월요일)

R교수님이 이끄시는 영성모임에 갔다. 영성신학이 어떤 것인지를 알고 싶어서였다. 소그룹모임이었다. 그분의 말씀을 들으면서 그분이 생각보다 영성신학에 정통해있음을 알 수 있었다. Drew대학에서 Tillich로 Ph. D.를 하신 분이 고대 수도사들의 영성에 지대한 관심을 가지신 것이 의외로 느껴졌다. 많은 부분에서 공감대를 형성했다. 이런 분이 가까이에 있다는 것이 퍽 다행으로 여겨졌고 앞으로 큰 도움이 될 것 같았다.

나에게 간증을 하라고 해서 나 자신을 객관적으로 점검해보려는 생각으로 수락했다. 나의 영적인 상태를 평가받아 보려고 이것저것 말하다 보니 너무 길어서 좀 지루했던 모양인데, 누군가가 고대 영성가인 십자가의 요한의 영성과 비슷하다고 했다.

나 자신이 방향에 있어서는 빗나가지 않은 것 같아서 적이 안심이 되었다.

1994년 4월 14일(목요일)

오후에 R 목사님과 운동과 저녁을 같이 할 기회가 있어서 얼마 전 간증에서는 말할 수 없었던 부분을 이야기한 후 점검을 받는 시간을 가졌다. 얘기가 끝날 즈음에는 악마의 날카로운 공격이 있었다. 저녁에 기도하러 갈 때에는 악마의 공격이 극에 달해 운전하기가 힘들었다. 그러나 기도를 마치고 나서는 안정이 되었다.

1994년 4월 15일(금요일)

오전 8시경부터는 영성이 온전히 회복되었으며, 마가복음을 읽으면서(바클레이 주석) 마음에 크게 와 닿았다. 지난 화요일부터 깊은 묵상 중에 공생애를 사시던 주님의 모습이 마치 현장에서 직접 보는 듯이 느껴졌다. 유대 땅을 다니시던 흰 옷 입으신 모습과 약간 허스키한 음성이 직접 와 닿았다.

1994년 4월 17일(일요일)

오후에는 주님과의 일치를 향해 혼신의 힘을 다해야할 필요성을 강하게 느꼈다. 얼마 전부터는 기도할 때면 나 자신의 죄성이 느껴지고 이것이 죽여져 주님과 하나 되기를 간구할 때 서서히 녹아짐을 느낄 수 있다.

1994년 4월 19일(화요일)

헛된 일로 쏘다니고 나니 마음이 메말라 있었다. 주님과는 까마득히 멀리 있는 것처럼 느껴진다.

이런 식으로 언제나 영적인 일의 완성을 이룰지 회의에 빠졌다. 수도사들처럼 어떤 극단적인 일을 해야 하지 않을까? 이런 생각은 전에도 수없이 해본 것인데 오늘따라 더 그렇다. 오늘 우리가 주님께 가까이 나아가는 길은 고대 수도사들의 방법과는 달리 일상적인 생활 가운데서 시도해야 한다는 생각에서 그렇게 시도하고 있었다. 그러면서도 간혹 과연 이런 방법으로 수도사들이 해냈던 일을 할 수 있을까라는 회의가 수없이 찾아들었다.

> 이 길을 가면서 몇 번의 어려운 고비가 있었다. 무슨 큰 능력이 임하는 줄로 알고 이를 추구하던 것이 첫 번째 고비였고, 상승의 절정에서 맛보는 희열감(엑스타시)과 반대로 하강의 나락에서 맛보는 깜깜한 절망감 등이 수시로 교차하면서 겪던 고통들이 도대체 무엇을 의미하는지 알 수가 없었던 답답함이 그 다음의 고비였다. 강남에 있는 대형 기독교 서점에 수차례 가서 뒤져보았지만 어디서도 대답을 찾을 수가 없었다. 그 다음에는 수도사들의 이야기인 「금욕주의」(Asceticism)를 읽고, 또 R박사님을 만나고 나서 내가 겪는 일들이 수도사들이 걸어갔던 영성화의 길이라는 것을 알고 나서는 고통과 갈등이 몇 배나 더 커졌다. "내가 무슨 재간으로 고대 수도사들이 갔던 길을 갈 수 있겠는가?"라는 회의감 때문이었다. 수도사들은 세상의 삶을 포기하고 금욕과 고행의 방법을 통하여 그 길을 갔는데 나는 세속의 한복판에 있는 목회자가 아닌가? 그런데 내가 그 길을 갈 수가 있겠는가? 아무리 생각 해 보아도 도저히 불가능하게 느껴졌다. 처음

부터 이런 길인 줄 알았더라면 절대로 나서지 않았을 것이다. 100% 불가능한 길이기 때문이다. 그런데 이런 것들을 알고 난 다음에는 이미 돌이킬 수도 없게 되어있었다. 상승의 상태에서는 평소에 맛보지 못하는 희열이 있어서 문제될 것이 없지만 수시로 찾아오는 하강의 상태에서는 극도의 절망감과 더불어 악마가 한 입에 집어 삼키려고 달려들기 때문에 수비와 방어를 하지 않을 재간이 없었다. 이는 마치 수영을 못하는 사람을 물에다 집어넣으면 살기 위해서 본능적으로 발버둥치는 것과 같았다. 돌이킬 수도 없고, 앞으로 가자니 도무지 갈 수 있는 길이 아니고. 몇 년 동안을 이런 깜깜한 밤의 절벽을 더듬으며 헤매야 했다.

누군가에 수없이 묻고 싶었다. "이 일이 과연 가능한 것인가? 언제나 이 깜깜한 밤이 끝이 나는가?" 물을 이도, 물어도 밝히 대답해 주는 이도 없으니 더 답답했다. 나는 수년 동안 내면의 광야에 그냥 내버려져 있었다. 지금에 와서야 이 길을 시작하기 전에 주님께서 "이 일을 위하여 네 목숨을 내놓을 수 있느냐?"라고 물으시던 말씀이 이런 고통을 염두에 두고 하신 말씀이었음을 알 수가 있다.

많은 갈등과 고민을 하면서 스스로 결정해야 했다. "우리는 우리의 방법으로 영성의 길을 가야한다. 지금 필요한 것은 수도사 영성의 답습이 아니라 재발견이어야 한다. 이 재발견을 위해서는 우리의 방법 역시 재발견되어야 한다. 금욕과 고행은 고대의 방법이었을 뿐이며, 오늘 우리의 방법일 수는 없다." 이런 막연한 생각에서 평소의 삶을 그대로 유지했다. 철야, 금식, 금욕 등의 방법은 모두 배제했다. 이렇게 결정을 하고 나서도 "과연 내가 가능한 일을 시도하고 있는 것인가?"라는 갈등은 여전했다.

고대는 말할 것도 없고 중세, 근대는 물론 현대의 '영성가'라고 말하는 머튼까지 예외 없이 영성의 길을 간 사람들은 수도사들이었기 때문이다. 개신교인 가운데서 이 길을 끝까지 걸어갔다는 사람을 찾아볼 수가 없는 길을 내가 도전하고 있으니 그 갈등이 오죽했겠는가? "어쩌다가 내가 이 모양이 되었는가?"라는 막막한 탄식으로 수 년을 살아야 했다.

이제 나는 오늘의 개신교인들을 비롯한 영성에 관심 있는 이들에게 이렇게 말할 수 있다.

"여기에 영성의 과정을 완주할 수 있는 길이 있습니다. 이 길로 오십시오. 내가 이 길로 여기까지 왔습니다."

1994년 4월 20일(수요일)

오늘도 캄캄한 어둔 밤이다. 그러나 예전과 다른 것은 악마의 날카로운 공격이 둔화되었다는 것이다. 내면에서 아우성치던 죄성의 소리도 작아졌다.

1994년 4월 21일(목요일)

오늘은 아주 깜깜한 밤이다. 영적인 힘과 소망이 다 사라지고 도대체 아무것도 할 수 없고 어찌해야 할지 막막하게만 느껴진다. 그러던 중 H목사의 연락으로 화제의 영화 「Schindler's List」를 보았다. 영화의 감동적인 부분들에 영향을 받아 영적인 힘을 조금이나마 회복할 수 있었다. 오는 길에 바오로 서점에서 아빌라의 테레사와 십자가 요한의 책을 몇 권 샀다.

1994년 4월 22일(금요일)

고통의 밤에서 서서히 벗어나고 있다. 이 밤을 통하여 나 자신의 모습을 그대로 보게 되니 오히려 어둔 밤이 유익하다는 생각을 처음으로 했다. 그토록 고통스럽게만 느껴지던 어둔 밤, 속히 벗어났으면 싶었던 밤, 그러나 그 밤이 이젠 친근하게 느껴진다. 그러나 어둔 밤이 고통스럽기는 여전하다.

나 자신의 부족함이 뼈저리게 느껴지며, 죄성이 느껴질 때마다 주님을 향한 응시가 가능해지고 동시에 죄성이 녹아지는 것을 느낄 수 있다. 마치 더운 방에서 눈이 녹아내리는 것 같다. 이런 일은 처음이다.

7. 부정의 기도

1994년 4월 24일(일요일)

새로운 각도에서 기도를 했다. 지금까지는 어둔 밤을 벗어나기 위한 몸부림이었으나 이제는 오히려 어둔 밤에 머무르며 철저히 나 자신을 죽이기를 구하게 된 것이다. 기도하면서도 한편으로는 이렇게 하는 것이 옳은 것인가 하는 염려가 되었다.

어쨌든 새로운 기도의 지평이 열렸다.

> 영성화의 길을 직선으로 놓고 본다면 여기까지가 정확하게 중간지점이다. 상승에서의 희열과 하강에서의 고통이 수없이 반복되는 동안 여기까지는 하강지점에서의 고통에서 벗어나서 상승의 희열로 가기 위해 안간힘을 다해왔었는데, 이제부터는 오히

> 려 반대로 하강지점에서의 고통을 추구하게 된다. 이런 자세의 변화는 무자격자 의식이 깊어지면서 일어났으며, 이 지점부터는 자기부정의 길이 된다. 어둔 밤의 고통은 어둔 밤을 벗어남으로써 없어지는 것이 아니라, 지금까지 애타게 구하던 상승에서의 희열을 자의로 포기하고 어둔 밤의 고통을 기쁨으로 받아들임으로써 극복이 된다. 자기긍정에서 자기부정으로의 변화, 이 변화가 영성의 길에서 만나는 가장 큰 변화이다.
> 이런 점에서 영성의 길은 부정의 길이다.

1994년 4월 26일(화요일)

어제보다 더 강하게 나 자신을 죽이려는 열망이 강하게 일어났다. 악마와 죄성의 공격은 그리 심하게 느껴지지 않는다. 며칠 전부터 어둔 밤에 머무르면서 나 자신을 죽이기를 구하던 이 기도가 잘못된 기도가 아니라 바른 방향을 잡았다는 생각이 든다. 교회에 대한 애착의 마음이 불같이 일어났다.

오후에는 테레사의 전기 「영성의 대가」를 읽으면서 큰 충격을 받았다. 일치나 합일이 무엇인지도 모르고 거기에 이르기를 구하고 있었다는 것을 발견했기 때문이다. 나와 일치는 너무나 먼 것이요 나는 일치에 갈 수 없는 자임을 모르고 있었다. 여기까지 이른 것만도 감당할 수 없는 은혜였다. 일치에 이르기를 구하던 것이 큰 죄를 지은 것처럼 느껴진다. '그러면 어찌해야 하는가? 더 나아가기를 구해야 하는가? 나아갈 수 없는 자이니 어찌해야 하나?' 큰 딜레마에 빠져버렸다.

주님, 오직 이 죄인을 용서하소서.

1994년 4월 27일(수요일)

오전에도 어제의 감정에 사로잡혀 있었다. 도무지 용서받을 수 없는 죄인, 한없는 죄인의 심정에.

아침부터 테레사의 「완덕의 길」을 읽었다. 이 책을 통하여 관상기도가 어떠한 것인지와 내가 지금 관상기도 가운데 있음을 확인했다. 그리고는 몸을 떨었다. 나는 여기까지 올 수 있는 자가 아니었기 때문이다. 내가 무엇이기에 여기까지 이른단 말인가?

1994년 4월 30일(토요일)

「영혼의 성」의 6궁방 3장을 읽으면서 작년 5월에 내게 들려왔던 말씀이 주님의 음성이 틀림없음을 발견했다. 주님의 말씀이 임할 때 나타나는 현상이 100%라고 할 만큼 동일했다. 또 탈혼(탈아,脫我)에 관한 것을 읽으면서 지난해 5월 10일 내게 있었던 경험이 탈아(脫我)였음을 비로소 알았다. 놀라운 일이다. 테레사의 영적인 깊이에 새삼 감탄했다. 500여 년 전에 스페인에 살았던 한 수녀의 영적인 체험과 지금 내가 겪고 있는 영적인 체험이 너무나 유사함에 놀랐다.

그러나 맡고 있는 교회의 현실에는 아무런 변화가 없으니 마음이 무겁다.

오직 주님께만 영광을 돌릴 수 있게 하옵소서.

1994년 5월 2일(월요일)

오후에 「영혼의 성」을 마저 읽으면서 다시 한 번 내게 임한 주님의 은혜를 확인했다. 놀랄 뿐이다. 내가 어떻게 여기까지 올수가 있었을까? 요즘들어서는 주님에게 합당치 못한 부분들이 발견될 때마다 마음으로 또는 행위로 고치려고 노력하면서 주님을 응시하면 놀랍게도 주님의 도우심이 바로 즉시 내 안에 주어짐을 느낄 수 있었다.

1994년 5월 3일(화요일)

새벽에 참으로 간절하게 주님을 의식하면서 한 시간 반 정도 기도할 수 있었다. 그러나 오전에는 악마의 시험을 강하게 받았고 요한의 「어둔 밤」을 읽는 동안 나 자신의 교만이 살아나는 것을 느꼈다. 오후에는 갈 길이 앞으로도 까마득히 멀게만 느껴져서 맥이 빠졌다. 저녁기도에는 힘을 모두 잃어 버렸다.

1994년 5월 4일(수요일)

아침에 눈을 뜨니 어제의 고통스런 생각들이 물러가 있었다. '갈 길이 멀더라도 갈 수 있게 하소서' 라는 심정으로 기도했다. 십자가의 요한의 「어둔 밤」이 영적인 대작임에 감탄했다.

저녁에는 마태복음 5장 후반부를 묵상하며 힘있게 기도했다.

8. 잠김의 기도

1994년 5월 5일(목요일)

아침에는 참으로 깊게 기도할 수 있었다. 나 자신의 미약함이 좀 더 새롭게 또 분명하게 느껴졌다. 주님의 형상, 능력, 일치 등의 용어에 담긴 의미가 생생해져서 이런 용어 하나하나를 마음대로 사용할 수가 없었다.

이사하는 교인이 있어서 가서 살펴보면서도 몰아의 상태에 있었다. 오후에 백화점에 가서도 마찬가지였다. 잠시 벗어난 듯하다가도 내 마음을 주님께로 향하면 다시 주님께 사로잡히면서 빨려들어 갔다.

1994년 5월 6일(금요일)

아침 기도가 어제처럼 깊어지지는 않았다. 낮에는 순간순간 관상이 이루어졌다. 지극히 조그만 일에도 영적으로 아주 예민해져 있었다.

1994년 5월 7일(토요일)

새벽기도 시간에 나 자신의 '죄성'이라고 느껴지는 어떤 것이 점점 녹아지면서 어느 순간 다 녹아버리고 무(無)의 상태가 되는 것 같았다. 지난달부터 시작된 이런 경험은 특히 요즘 며칠 동안 더 심화되고 있었는데 오늘 아침에는 더 심해지는 듯하면서 '나'라고 하는 것이 다 사라지고 텅 비어버리고 말았다. 아무런 생각이나 사고도 다 사라지고 마음은 백지와 같이 되어버렸다.

1994년 5월 11일(수요일)

교회들의 현실문제가 가슴이 쓰리도록 와 닿았고, 순수하게 주님의 십자가만을 따르려는 열의가 솟아올랐다.

1994년 5월 14일(토요일)

겸손에 대한 열망이 강하게 솟아나서 이것을 위하여 간절히 기도할 수 있었다.

1994년 5월 15일(일요일)

여전히 영적인 상태는 고양되어 있었다. 예배 내내 주님이 함께 하심을 분명히 느낄 수 있었다. 예전과는 달리 차분하면서도 분명하게 말할 수 있었다. 오후 내내도 이런 상태에 있었다. 지난 며칠 동안 느껴지던 내적인 죽음의 결과라고 느껴진다.

1994년 5월 30일(월요일)

오후에 J 목사와 테니스를 치고 대화를 하면서 한국교회의 구조적인 병폐와 현장목회자의 무기력을 볼 수 있었다. 오늘의 젊은 목회자치고서 이 구조적인 병폐의 희생물이 아닌 사람이 어디 있겠는가?

1994년 6월 5일(일요일)

낮에는 눈물을 쏟으면서 설교했다. 눈물, 또 눈물, 눈물이 아니고서는 말할 수가 없었다.

1994년 6월 22일(수요일)

정오쯤부터 성령님이 서서히 임하기 시작했다. 애통하는 마음이 솟아났고 마음이 뜨거워졌다. 새로운 힘으로 기도할 수 있었다.

1994년 6월 25일(토요일)

속회를 드리면서 마음이 뜨거워지기 시작했고 이런 마음은 지속되어 자다가도 잠결에 주님을 향한 응시가 가능해졌다. 주님을 향하는 순간 주님은 그곳에 계셨고 영적인 시선이 마주쳤다. 어느 순간이고 주님이 함께 하심이 확인되었다.

1994년 6월 26일(일요일)

아침에 눈을 떠서도 마음은 여전히 뜨거워져 있었다. 그러나 새벽기도 시간에 지극히 사소한 부분에서 나 자신이 살아나면서 이 상태가 상실되었다. 몹시 당황했으나 주님을 향하여 회개하며 응시하자 어느 정도 회복되었다.

1994년 6월 29일(수요일)

아침에 기도하면서 나 자신의 추악한 죄성이 발견되었다.

요즈음은 계속해서 마음이 뜨거워진 상태로 있었고, 어느 때고 주님을 향한 응시가 가능했다. 할 수 있는 기도란 다음과 같은 것이 전부다. 이런 심정으로 그냥 주님을 응시하고 있는 것이다.

"주님, 저를 불쌍히 여기시옵소서!"

"주님, 저에게 긍휼과 자비를 베푸시옵소서!"

"일을 통하여 주님을 섬기게 하옵소서!"

1994년 7월 4일(월요일)

저녁식사 시간에 악마의 시험을 강하게 받고 나서 영적인 무력감에 빠졌다. 도저히 저녁기도를 할 수 있을 것 같지 않았다. 식사 후 망연자실하고 있는데 한 순간 마음이 갑자기 뜨거워지면서 주님의 위로하심과 평화, 힘이 주어지면서 이길 수 있었다.

1994년 7월 6일(수요일)

오후 들어서는 침체에 빠져서 저녁예배를 인도할 것 같지가 않았다. 그러나 예배 전에 기도를 하는 순간 주님의 힘이 주어졌다.

1994년 7월 7일(목요일)

정오쯤 마음이 뜨거워지기 시작하면서 2-3시간 계속되었다.

전과 다른 점이 있다. 전에는 어둔 밤의 상태가 오랜 시간 동안 지속되었으나 지금은 그러다가도 어느 순간 아무런 예고없이 반전되곤 한다. 그리고는 뜨거움의 정도가 강하여 온 몸으로 느끼게 된다.

1994년 7월 22일(금요일)

며칠 전부터 누가복음을 읽었다. 한 구절구절이 기록되어진 말씀이 아니라 살아있는 말씀으로 와 닿았다. 주님께서 직접 내 영혼을 향하여 하시는 말씀처럼.

오늘은 누가복음에 기록된 예수님의 수난에 관한 부분을 읽었다. 읽은 것이 아니라 내가 수난의 현장 거기에 동참하고 있었다. 주님께서 십자가를 지고 가시는 부분에서는 나 역시 그 십자가를 지고 갔다. 주님께서 십자가에 못 박히실 때 나도 같이 못 박혔고, 주님께서 고통의 신음을 내뱉으실 때 나도 신음을 했고, 주님께서 십자가에서 돌아가실 때 나 역시 죽는 것처럼 느껴졌다. 주님의 십자가 사건은 2천 년 전 내 밖에서 일어난 사건이 아니라 지금 내 안에서 일어나는 사건이었다.

주님께 나아온 지가 몇 년이나 되었나? 77년부터였으니 17년이다. 그동안 십자가를 안다고 생각했다. 십자가를 묵상하며 많은 눈물을 흘렸었다. '십자가'를 제목으로 많은 설교를 했었다. 그러나 아직 나는 십자가를 안 것이 아니었다. 지금까지 십자가는 내 밖에서 일어난 주님의 사건이었지, 내 안에서 일어나는 내가 죽는 사건은 아니었다. 그동안 내가 안다고 생각했던 것들은 아무것도 아니었다.

1994년 7월 24일(일요일)

갈라디아서 6:14절을 근거로 '주님의 십자가'를 설교하면서 주님의 사랑에 도취되고 사로잡혀 한 시간을 눈물로 십자가를 말했다. 그러나 어찌 이를 말로 증거 하겠는가! 기대할 수 없는 일이리라. 그러면 어찌해야 할꼬. 무엇으로 십자가의 사랑을 드러내야 할꼬.

저녁에도 같은 구절로 묵상했다.

1994년 7월 27일(수요일)

저녁 예배에도 갈라디아서 6:14절로 주님의 십자가에 나타난 참사랑을 말하고자 했다.

십자가를 통하여 나타나는 하나님의 사랑에 사로잡히는 여기가 영성체험의 마지막이 아닐까 싶다.

십자가! 십자가! 생각할수록 가슴이 저릴 뿐이다.

주님, 오직 주님이 가시던 십자가의 길을 뒤따르게 하소서.

1994년 8월 5일(금요일)

오늘은 산으로 가지 않고 저녁에 교회에서 혼자 기도했다. 주님의 생애가 깊이 와 닿았다. 그러나 얼마가 지나자 악마가 옆에서 달려드는 듯하더니 감정 속으로 파고 들어와 공격을 해오는 통에 한참을 씨름해야 했다.

1994년 8월 24일(수요일)

운전을 하던 중 문득 "나는 섬김을 받으러 온 것이 아니라 섬기러 왔노라."라는 말씀이 깊이 묵상이 되었다. 하나님께서 하나님이시기를 포기하시고 인간을 섬기기 위하여 죄인의 모습으로 오심에 몸 둘 바를 몰랐다.

1994년 9월 6일(화요일)

새벽 2시경 깨었다. 주님의 영이 마음에 와 닿고 있었다. 겸손과 섬김의 영에 온전히 사로잡혀져서 잠을 이루지 못했다.

9. 비움의 기도

1994년 10월 29일(토요일)

　얼마 전부터 기도시간에 '나'라고 하는 존재가 서서히 정화되어지는 것을 느낄 수 있었다. 오늘 아침에도 기도 시간에 이것을 명확히 느낄 수 있었다. 깊은 관상의 사로잡힘 가운데서 '나'가 서서히 정화되고 있었다. 이는 마치 손에 놓인 얼음덩어리가 체온에 서서히 녹으면서 작아지는 듯한 그런 느낌과 유사했다. 그러다가 어느 순간 내 존재 자체가 다 녹아서 마지막으로 한 방울이 어디론가 '툭' 하고 떨어지는 듯, 사라지는 듯하면서 무어라 표현할 수 없는 어떤 상태에 도달했다. 그 순간, 기도가 멈추어 버렸다. 기도가 정지되어 버리는 것이다. 기도뿐만 아니라 모든 의식 활동이 동시에 멎었다. 그 후에는 그냥 아무것도 없는 '無'라고 느껴졌고, '무'의 의식에 젖은 상태로 머물러 있었다.

　그러나 이 경험이 무엇인지를 알 수가 없었다. "이것을 수용해야 하나 말아야 하나?" 하고 잠시 고민했으나 정확히 알 수가 없었다. 그래서 이것이 무엇인지를 명확히 알기까지 수용 여부를 보류하기로 하고 이 상태에서 빠져나왔다. 악마의 속임수가 워낙 간교하고 또 교묘했기 때문에 어느 것 하나도 마음 놓고 받아들일 수 있는 것이 아니었기 때문이다.

> 　이 상태에 들어가 있는 동안 '無'라는 단어가 명확하게 와 닿았다. 그러나 이 단어가 생소하여 수용하기가 망설여졌다. 그동안 알고 있던 신학 용어에서 '無'라는 단어는 들어보지 못했기 때문이다. 이 상태에 젖어있기를 거부하고 나온 이유는 이 단어가 불교에서 사용하는 것으로 생각되었기 때문이다.

여기가 영성이 도달할 수 있는 최고의 상태이며 완성의 상태이다. 이를 가리켜 합일, 일치, 완전이라고 했다. 그러나 나는 이 상태에 도달하면서도 이것이 무엇인지를 모르고 있었다. 그동안 설명으로 듣던 것과는 너무나 달랐기 때문이다.

"~ 상태에서 빠져나온다."는 표현은 신비적인 기도인 관상의 상태, 주님을 향한 직관, 또 여기서 지적하는 '무'의 상태에 잠겨 있다가도 내가 의지적으로 이 상태에서 벗어나고자 하면 언제나 그렇게 된다. 물론 탈아(脫我)의 상태와 같이 특별한 예외가 있기는 하지만 그런 경우는 극히 드물다. 하나님과의 관계는 인격적인 관계이기 때문에 우리의 의지적인 결정이 대단히 크게 작용한다. 그러나 악마와의 관계에서는 전혀 다르다. 악마의 영에 사로잡혀 있을 때에는 내가 벗어나려고 해도 결코 놓아주려고 하지 않는다. "악마에게 씌운다."라는 표현이 참으로 적절한 것 같다.

다시 지적하지만 악마에 대하여 결코 긴장을 늦추어서는 안된다. 악마의 주특기는 '속임수'이므로 악마의 영의 지배를 받으면서 대부분 이를 전혀 알아차리지 못할 뿐만 아니라 하나님의 영에 충만해있다는 착각에 빠지게 한다. 참으로 무서운 일이다. 악마를 이기는 유일한 길은 스스로를 낮추는 일이다. 하나님의 영은 물과 같아서 언제나 낮은 곳에 머물고, 악마의 영은 더운 공기와 같아서 낮은 곳에는 머물지를 못하고 위로 올라간다.

1994년 10월 30일(일요일)

며칠동안 내 의식을 지배하고 있던 구절인 "I am Nothing."이라는 제목으로 설교했다.

언젠가부터 관상의 상태에서 나는 아무 것도 아니라는 강한 느낌이

들면서 이런 의식 가운데 젖어 있었다. 요즈음의 주요 주제가 영어단어로 Nothing으로 귀착되었다. 이 단어를 생각하면서 깊이 사로잡히곤 했다. 요즘의 기도는 오직 "I am nothing." 이 한 마디다. 그리고 이 한 마디에 온 마음과 몸이 다 녹아들어가는 것 같이 깊이 젖어든다.

1994년 11월 2일(수요일)

저녁 기도시간에 며칠 전 경험한 사건을 중점적으로 묵상해보았다. 그 경험이 어떤 것이었을까 하고. 악마의 일은 아닌 것 같은데 아직 잘 알 수가 없었다. 그리고 돌아오는 길에 퍼뜩 NADA(無라는 뜻의 스페인어)라는 단어가 생각이 나면서 "아하, 내가 경험한 것이 이것이었구나!"하는 생각이 퍼뜩 들었다. 전에 읽었던 영성가인 요한의 글에서 NADA를 말하고 있었기 때문이다.

그러나 내가 도달한 것이 정말 거기일까? 내가 거기에 이르렀다는 것이 전혀 믿기지 않았다.

1994년 11월 3일(목요일)

기도를 하면서 다시 확인해보니 영적인 흐름이 몰아의 상태에서 내 존재까지 부정하고자 하는 열망이 일어나면서 며칠 전 경험한 無의 상태로 접어들고 있음을 알 수 있었다. 수차 거듭 확인을 해도 내 영의 상태는 나의 모든 것을 다 부정하고 무에 근접해 갔다. 여기가 틀림없었다. 가장 당황했던 것이 기도가 정지되는 경험이었는데, 이 경험에서 존재가 부정되어짐은 자기가 온전히 부정되어 비워짐을 의미했다. 다 비워지니 기도가 정지되고 비워진 상태로 있는 것이다. 내가 완전히 비워지니 비워진 자리에 주님으로 채워지고 있음을 느낄 수 있었다. 죄성이 죽어지고 나라고 하는 자기존재가 비워지고 또 비워지기를 거듭하다보니 다 비워지는 경험이 일어난 것이다.

이 상태가 왜 無라고 느껴졌을까? 나는 흙에서 만들어졌으며 흙은 또한 무에서 만들어졌으니 나는 본래 무인 셈이다. 따라서 무(無)의 체험은 본래적인 나의 체험인 셈이다. 또 존재 자체이신 주님 앞에 서 보니 내 존재는 존재라고 느껴질 수가 없기 때문이다. 현실에 실존하기는 하되 참 존재에 부딪히니 없는 것과 같았다. 나는 존재 아닌 존재였다. 비존재인 존재 이것이 곧 인간이다. 진정한 존재이신 주님이 계심으로만 존재하는 의존적 존재이니 주님은 내 존재의 근거이시다.

주님께로 가는 길을 직선으로 표현한다면 여기가 진행의 마지막 지점이다. 이제는 비워진 자리에 채워지는 주님을 모시는 일이 남아 있을 뿐이다. 내가 비워지매 주님이 채워지시니 내가 비워지지 아니하고는 주님이 채워지실 수 없다. 간단한 이치이다. 그런데 이렇게 되기까지가 그토록 멀고도 험하였는가! 아 자기부정의 길이여.

흔히 '합일' '일치' 또는 '완전'이라고 하는 그곳은 어디인가? 어떤 상태인가? 어떻게 가야하는가? 갈 수 있는가? 영성의 길에 들어선 사람에게는 가장 관심이 있는 부분일 것이다. 나 역시 그러했다. 웨슬리를 전공한 사람에게는 언제나 물어보았다. "완전이 어떤 상태인가?"라고. 대답은 항상 구름 잡는 소리였다.

합일, 일치, 완전을 변화의 입장에서 접근하는 경우가 흔하다. 문자 그대로 하나님과 하나 되는 상태, 완전한 모습, 천상의 존재로의 변화 등등으로.

그러나 인간이 변화될 수 있는가? 천만에. 하나님께로 가까이 가면 갈수록 도저히 변화될 수 없는 나를 발견한다. 인간은 그냥 인간이다. 육체를 가지고 있는 한 인간에서 벗어날 수가 없다. 합일과 완전에 이르렀다고 하여 인간이라는 그 자체가 어떻게 달라지는 것이 아니다.

그렇다면 완전에 이르렀을 때에 인간이 어떻게 되는 것인가? 비워지는 것이다. 다 비워진다. 다 비워졌을 때 '무' 라는 의식에 도달한다. '변화' 라는 단어를 사용할 수밖에 없지만, 그 변화란 '비워지는 변화'를 말한다. 인간 자체가 변화되는 것이 아니라 비워지는 것이다.

이치는 너무나 단순하다. 이미 세상에서 경험할 수 있는 상식의 수준에서 영적인 오묘한 일들의 많은 부분의 설명이 가능하다. 너무 현학적으로, 알아들을 수 없는 상징어나 시어로 말할 필요가 없다.

인간이 살아서 도달할 수 있는 영적인 최고의 상태를 평범한 말로는 설명이 안 되는 무슨 특별한 무엇으로 만들어 놓을 필요가 전혀 없다. 마찬가지로 그곳에 이르는 길도 범인은 도저히 갈 수 없는 좁은 길도 아니다. 괜스레 인간 스스로가 금욕, 고행, 은둔, 무슨 경지 등의 장애물을 설치해 놓아 감히 엄두를 내지 못하게 만들어 놓았을 뿐이다. 구원의 문이, 완전에 이르는 길이 좁은 문이기는 하지만 특별한 사람만이 아닌 누구나 마음만 먹으면 갈 수 있는 길이다. 수도사와 같은 특별한 삶으로서가 아니라 세상 한복판의 평범한 삶으로 갈 수 있는 길이다.

인간이 하나님과 합일이 되는 이치는 아주 단순하다. 내가 비워질 때 내 안에 하나님으로 채워지는 것이다. 내가 비워진 만큼 하나님으로 채워지는데 내가 다 비워지면 하나님으로 다 채워진다.

그러면 내가 어떻게 해야 비워지는가? 인간으로서는 도저히 자신을 비울 수가 없다. 이를 위해 주신 하나님의 방식이 있다. 그것이 성령님의 임재와 내주하심이다. 성령님의 도우심으로 비워질 수가 있다. 내 스스로 비우는 것이 아니라 비워지는 것이다.

1994년 11월 6일(일요일)

요한복음 9:1-7을 본문으로 설교했다. 영성훈련이 시작된 이후로 주님께 사로잡힌 듯한 설교를 여러 번 했으나 오늘처럼 온전히 사로잡혀 설교한 경험이 아직 없었다.

1994년 11월 9일(수요일)

며칠동안 '無의 경험'을 주로 생각하면서 지냈다. 오후에 R박사님을 만나 無에 이른 문제를 상의했다. R박사님을 통해서 무에 이르는 경험이 마지막임을 확인할 수 있었다. 마지막 지점에 왔다는 어떤 안도감과 희열감이 느껴졌다.

1994년 11월 10일(목요일)

온전히 주님 안에 잠겨 지냈다. 주님으로 채워지고 있음을 느끼면서.
오후에 아내가 운전면허시험을 보기에 시험장에서 기다리는 동안 피곤을 느껴 차에서 약 1시간정도 잠이 들었다가 깼다. 마음은 여전히 뜨거워져 있었다. 그런데 일순간 깜짝 놀랐다. 내 안에 악마가 숨어들어와 있었기 때문이다. 잠든 사이에 전혀 의식하지 못하게 악마의 영이 내 안에 들어와 있었다.
또 다시 힘겨운 싸움이 시작되었다.

1994년 11월 11일(금요일)

하루종일 악마와 싸웠다. 소망이신 주님을 바라며 신실하신 주님의 사랑에 의지하며 이겨내려고 했다.

1994년 11월 12일(토요일)

어제부터 이번에 악마의 공격을 받은 이유가 어디에 있는가를 곰곰이 살펴보았다. 악마의 공격은 어딘가 빌미가 있을 때만 가능해지기 때문이다. 어렵지 않게 발견했다. 무에 이르렀다는 생각이 내 안에 있었기 때문이다. 아하, 그렇구나! 내가 자기부정의 마지막 지점에 왔다는 이 생각까지 버려야 하는구나! 악마는 이처럼 아주 조그만 허점만 있어도 공격의 기회로 삼는다. 그런데 이번의 일로 하나 더 얻은 것이 있다. 무에 이르렀다는 생각까지도 버려야 함이다. 자기부정의 경험 자체를 의식에서 지워야 했다.

이런 생각을 하면서 이 문제에 기도의 초점을 맞추었다. 잠시 후 서서히 내 마음속에서 무에 이르렀다는 생각들이 지워지기 시작했다. 내 생각과 의식 속에서 이런 것들이 지워진다는 것이 참으로 신비스럽고 놀라웠다.

> 무에 이르는 것이 종점인줄로 알았다. 그래서 "이제 종점에 왔구나!"라고 생각했다. 그동안 읽은 영성의 대가들의 책들도 하나같이 종점까지를 말하고 있어서 당연히 그런 줄 알았다. 그런데 그게 아니었다. 그러면 여기에 이른 다음에는 무엇이 있는가? 또 어디로 가야하는가? 그냥 정지해 있는가?
> 이것 역시 아주 쉽게 설명이 된다. 영성의 길을 흔히 영봉(靈峰)을 향해 가는 등반으로 비유한다. 아주 적절한 비유다. 이 등반을 시작한 사람들은 하나같이 영봉까지 가는 것을 목표로 삼는다. 가는 길이 험하여 영봉에 이른다는 것이 너무나 어렵다고 생각하기 때문이다. 이런 이유로 영성의 안내서들은 영봉까지 가는 길을 설명한다. 그런데 등반의 진짜 목표는 정상에 가는 것에 있는 것이 아니라 갔다가 안전하게 집에 돌아오는 데에 있다. 산의 정상에 가서 계속 그곳에 머무르고 있을 사람은 아무도 없기 때문이다. 참된 안내서라면 가는 길만이 아니라 오는 길도 안내를 해야 한

다. 험한 산일수록 오르기도 힘들지만 내려오는 길도 그 못지않게 어렵다.

영성의 안내서들이 가는 길만 말하는 이유는 그 글을 쓴 사람들이 가다가 죽었기 때문이다. 그런 글을 쓴 사람들은 하나같이 가다가 도중에 죽었거나 또는 정상에 이르러 죽었다. 그래서 정상까지는 말하고 있다. 정상까지 갔다가 집에까지 무사히 돌아 온 사람이 썼더라면 내려오는 길을 빼놓았을 리가 없다.

이들의 공통점은 '수도사'들이다. 수도원에서 능동적인 수도를 통하여 이 길을 간 사람들이다. 은둔적인 수도를 통하여 영봉에 이르려 한다면 한 평생 전부를 쏟아 부어도 갈 수 없는 길이다. 자기 평생에 수도로 그곳에 갈 수 있는 사람은 초인적인 정신력을 타고난 사람들이다. 이것이 수도원 영성의 한계다.

그러면 어떻게 가야하는가? 영성가들이 수도사 말고는 없는가? 수도사만이 모델인가? 아니다. 수도사들보다 훨씬 더 뛰어났던 영성가들이 있었다. 구약의 예언자들, 신약의 사도들이 그들이다. 예수님의 영성은 수도사적 영성이 아니라 예언자의 영성을 완성시킨 것이다. 가장 깊은 영성은 예언자들처럼 일인칭화법으로 하나님의 말씀을 선포하는 영성이다. 케노시스 영성은 능동적인 수도로 가는 길이 아니라 성령님께 사로잡혀 수동적으로 정화의 길을 가는 영성이다. 정화의 기간은 개인에 따라 다르지만 수도사들처럼 한 평생 걸리는 길이 아니다. 대부분 수년 동안에 집중적인 수련이 수동적으로 이루어진다. 예언자들과 사도들은 이런 과정을 거친 사람들이다.

오늘 우리의 영성방향은 수도원 영성이 아닌 케노시스 영성이

> 어야 한다. 능동적인 수련에 중점을 두는 것이 수도원 영성이라면, 수동적인 정화에 초점을 맞추는 것이 케노시스 영성이다. 여기서 말하는 수동적인 수련이란 능동적인 노력이 배제되는 것이 아니라, 성령님의 도우심으로 초인적 능동적인 노력을 하는 것을 말한다. 죄성을 정화시키는 일은 내 힘으로 되는 것이 아니라 전적으로 성령님의 도우심으로만 가능하다.

1994년 12월 21일(수요일)

요즈음은 기도 시간에는 무의 의식에 머물러 있는 시간이 많다. 평시에는 내적인 잔잔함과 고요함속에 머무르면서 지금까지 지나온 과정에 대한 회상에 깊이 젖어 든다.

10. 돌아오는 길-귀환

1995년 1월 15일(일요일)

H목사님의 집에서 필리핀 사람과 같이 영어회화공부를 겸해서 영어 성경공부가 있었다. 요한복음을 읽으면서 이야기를 나누었는데, 요한복음20:21의 "아버지께서 나를 보내신 것 같이 나도 너희를 보내노라."는 주님의 말씀이 들려졌다. "주님께서 자기부정의 길로 보내심을 받으신 것처럼 나를 자기부정의 길로 보내노라." 라는 의미로 명확하게 닿았다. 나를 향한 파송의 말씀인 셈이다.

1993년도 4월 5일에 복음서를 읽으면서 마음이 뜨거워지기 시작한 이래 줄곧 복음서를 읽어왔다. 특히 바클레이 영문주석을 통해서 복음서를 마태복음부터 순서대로 읽었는데 한 구절 한 구절을 깊이 묵상하며 읽은 것이 오늘로서 요한복음까지 다 읽었다. 영성훈련의 기간 동안 복음서 전체를 묵상한 셈이다. 이 묵상을 통하여 주님의 생애와 십자가가 자기부정의 모습으로 체험되었다.

복음서의 말씀을 읽으면서 시작된 영성훈련은 요한복음 마지막 부분에서 파송의 말씀을 들으면서 일단락되었다. 결국 문자로 기록되어진 복음서의 주님의 생애와 말씀들이 살아있는 말씀으로 경험되는 기간이었다. 놀라울 뿐이다.

1995년 2월 10일(금요일)

요즘은 기도에 집중하고 있으면 계속 지나온 과정에 대한 깊은 회상이 되어지면서 지금까지 겪은 일들이 서서히 정리가 되는 느낌이다.

지난 일들을 돌이켜 보면서 큰 흐름과 용어들을 정리하기 시작했다.

> '회상'은 영봉에서 내려오는 길에서 나타나는 주요 특징이다. 관상의 상태에서 깊이 영봉을 올라가면서 겪었던 일들을 회상하게 되고 그것들이 무엇이었는지를 이해하게 되고 또 정리가 된다.

1995년 6월 19일(월요일)

요즈음은 마음에 큰 요동이나 갈등이 거의 없이 지낸다. 잔잔함과 고요함이 있을 뿐이다.

며칠 전에는 나 자신의 영성일지를 정리하면서 나 스스로를 정리해 볼 수 있는 시간을 가졌다. 1977년도에 교회에 다니기 시작하면서 저녁마다 교회에서 기도하다가 잠을 자고 새벽기도까지 하던 몇 년의 시간들을 돌이켜 보았다. 특히 그 기간 동안 있었던 악마와의 싸움은 그 당시는 전혀 이해할 수 없는 일이었으나 이제는 명료하게 이해가 된다. 1978년도 말에 있었던 적그리스도와의 부딪힘은 수동적인 정화의 길목이었었다. 그 당시 누군가가 이런 것들을 설명해주는 사람이 있었더라면 그때부터 정화의 수련이 시작되었을 텐데. 참으로 아쉬운 일이다. 많은 시행착오를 겪다가 15년 뒤에 다시 그 지점부터 시작해야 했다. 1993년 4월부터 다시 수동적인 정화의 수련이 본격적으로 시작되어 1995년 초에 정화의 과정이 마무리되는 무아의 상태에 이르렀다. 돌이켜보니 참으로 험한 길을 왔다. 수동적인 정화의 고통, 도저히 말로는 설명이 되지 않는다.

1993년부터 기록한 일지들을 읽다보니 보다 상세하게 적어놓지 못하여 크게 아쉬웠다. 누군가가 일지를 상세하게 기록하라고 한마디만 해주었더라면 하는 아쉬움이 남는다.

1995년 6월 21일(수요일)

요즘 저녁예배 때에는 마태복음을 공부하고 있는데 산상수훈이 새롭게 와 닿았다. 예전에 신학교 시절 기독교 윤리 시간에 이 부분을 다루면서 P교수님은 산상수훈 윤리를 몇몇 신학자들의 이론을 근거로 '불가능한 가능성'(impossible possibility)이라고 했었다. 실천할 수 없는 이상이라는 것이다. 나 역시 공감했고 지금까지 그렇게 생각했다.

그런데 지금은 주님의 말씀이 단지 이상에 그치는 불가능한 가능성이 아니라 '가능한 가능성'(possible possibility)으로 느껴진 것이다. 산상수훈뿐만 아니라 주님의 말씀들은 지금 여기서 실천해야할 우리의 책임과 의무이고 하나님의 요청인 것이다. 죄성을 정화시켜 나 자신을 온전히 비울 때 하나님의 영으로 채워지고 그 후에 이 윤리가 실천되어진다. 우리 안에 계시는 성령님은 주님의 마음을 주시며 그 마음으로 주님의 삶을 재현하게 하신다.

1995년 6월 23일(금요일)

오전에는 자기부정의 길에서 용어문제를 다듬느라 골몰했다. 생각할수록 어렵게 느껴진다.

오후에 아이들과 에버랜드에 갔다. 나로서는 전혀 생각 없는 일이었으나 아내와 애들이 졸라대서 갔다. 가있는 동안에 온 몸이 강하게 뜨거워지는 경험을 했다. 그간 온 몸이 이토록 지속적으로 뜨거워지는 경험도 별로 없었다. 에버랜드를 아이들과 돌아보면서도 마음을 무화(無化)시키는데 집중할 수 있었다.

1995년 8월 24일(목요일)

지난 21일부터는 주님을 향한 응시와 뵈옴(직관)의 상태에 있었다. 항시 그런 상태가 되었다.

1995년 9월 3일(일요일)

며칠 전부터 욥기를 새로운 각도에서 보게 되었다. 욥기의 내용이 수동적인 정화의 구조와 유사했다. 악마의 등장과 시험이 그러했고, 시련의 단계가 재물에 이어 건강으로 이어지는 것이 그러하며, 결국 하나님을 뵈옵는 관상에 이르는 단계(42장 5절)가 그러했다. 욥기는 고차원적인 영성수련의 내용을 담고 있는 책이다.

1995년 9월 7일(목요일)

오전에 H목사와 같이 R박사님을 찾아뵙고 영성에 관하여 얘기를 나눴다. 그분은 일지를 정리해서 책으로 내보라고 말씀하셨다. 그러나 저녁때 곰곰이 생각해보니 나 자신을 드러내는 것 같아서 마음이 내키지 않았다.

1995년 11월 2일(목요일)

지난 월요일부터 있었던 영성모임에서 그동안 내게 있었던 정화의 과정을 불규칙한 나선형으로 정리하여 말하는 기회가 있었다.

불규칙한 나선형의 원리로 일반적인 영성화의 원리가 정리되었다. 직선적인 진행이 아닌 불규칙한 나선형의 진행이 바로 기존의 영성이론을 재해석하는 놀라운 원리였다. 「Mysticism」을 읽다가 '달팽이'(snail)이라는 단어를 대하면서 나선형을 생각하게 되었는데, 이것이 단서가 되어 불규칙한 나선형을 정리하게 되었다.

1995년 11월 16일(목요일)

「Mysticism」(by Evelyn Underhill)을 지난 13일부터 읽기 시작했다. 저자는 영국의 여자였다. 과거의 영성가들을 분석하여 정리한 책인데 나의 영성을 정리하는데 크게 도움이 되었다. 영어권에서는 이 책이 영성의 교과서처럼 쓰이고 있어서 12판이나 찍혔는데 아직 우리에게는 소개되고 있지 않아서 아쉬웠다.

1995년 11월 25일(토요일)

지난 밤에 꿈을 꾸었다. 관상의 상태에 있었는데 아주 강력하게 주님께 빨려 들어가고 있었다. 거의 탈아(脫我)에 가까울 정도로 강렬했다. 이렇게 강하게 느껴지는 경우는 거의 없었던 것 같다. 그 순간 나 자신을 부정하는 무화(無化)의 마음을 가지려고 애썼으며, 또 어느 정도 그렇게 되고 있었다. 이후 주님께 마음을 집중하면 다시 그 비슷한 상태가 되곤 했다. 그러나 간간히 분심이 생기기도 했다. 몇 차례 이런 상태를 반복한 후에는 영적인 어떤 눈이 띄어져서 타인의 마음상태 등이 책을 보듯이 명확히 보이곤 했다.

1995년 12월 9일(토요일)

요즘은 기도하는 시간이면 얼마 전(25일)의 꿈에서처럼 어떤 강렬한 상태가 느껴진다. 아직까지는 거의 느껴보지 못하던 것인데, 강렬한 초고압전류와 같이 느껴지는데 초자연적인 어떤 힘과 접속이 되는 것 같아서 망설여져서 이 상태가 느껴지면 여기에 더 이상 집중을 하지 않았다. 그러면 먼 거리에서 난로를 쬐는 것처럼 그 힘이 느껴졌다.

1995년 12월 10일(일요일)

어느 교회의 이전예배가 있었다. 예배시간 내내 어제의 느낌은 이어졌고, 예배를 드리면서 내 영혼이 주님께로 상승하는 것 같았고, 초자연의 일들이 지극히 자연스러운 일들로 느껴졌다. 그럴수록 내 스스로는 가장 낮은 곳, 무(無)의 자리를 찾으려고 애썼다.

1995년 12월 13일(수요일)

지난 주일 저녁부터는 초자연적인 어떤 강렬한 상태가 피부에 와 닿듯이 느껴졌다.

며칠 동안 이 상태가 어떤 것인가를 곰곰이 생각해 보았다. 여러 차례 점검해 보았지만 악마의 영이 아닌 것은 분명해 보였다. 아마도 예언자들에 주어지던 어떤 초자연적인 상태가 주어지려는 것이 틀림없어 보였다. 엘리사가 그의 독특한 사역을 행할 때는 이런 영적인 상태에서 했던 것 같다.

그러나 내가 그런 상태가 된다는 것이 도무지 망설여지기만 한다. 한 발만 더 내디디면 그 상태에 들어갈 것 같은데, 도저히 들어갈 엄두가 나질 않아서 입구에서 번번이 되돌아 나왔다. 그 힘이 너무나 강렬하여 어떤 힘의 용광로 속으로 들어가는 것처럼 느껴져서 한편 두려운 마음도 들었다.

1995년 12월 27일(수요일)

「Mysticism」을 다 읽었다. 크게 도움이 되었다. 마지막 'Unitive Life' 부분을 읽으면서 사역의 문제에 대한 어떤 설명이 있을까하고 기대감을 가져보았으나 이에 대한 언급은 없었다. 그러나 일치의 상태가 어떠한지에 대한 이해는 도움이 되었다. 주님의 임재나 조명, 또는 내적인 평안 등에 대한 어떤 기대나 기원이 없어져야 한다는 점이 그것이다.

얼마 전부터는 그동안 그토록 끈질기게 따라다니던 악마적인 내면의 소리가 거의 없어지는 것 같다. 그러자 기도의 시간이 다르게 느껴졌다. 그동안에는 악마의 소리 때문에 방어적인 노력이 기도시간에도 상당부분을 차지하여 늘 긴장하고 있어야 했는데 이것이 없어지니 산만해지기 쉬웠다. 어쩌면 이제부터가 진정한 기도의 시점인 것 같기도 하다.

마음의 상태는 그냥 고요하기만 하다.

11. 귀환

1996년 1월 15일(월요일)

얼마 전부터 "이제 제자리로 돌아왔다."라는 느낌이 강하게 들었다. 마치 오랫동안 계속되던 험난한 여행을 무사히 마치고 집에 돌아온 느낌과 너무나 흡사했다. 기나긴 내면의 여행이었다. 얼마나 걸렸던가? 거의 만 3년이 꼬박 걸리는 여행이었다. 영봉(靈峰)이라는 산행을 한 것이다. 올라가는데 2년, 내려오는데 1년이 걸린 셈이다.

몇 년 만에 다시 집(원점)으로 돌아오니 모든 것이 새롭게 보였다. 예전의 그 집, 그 세상 그대로였다. 내 밖은 달라진 것이 아무것도 없다. 내 안이 달라졌을 뿐이며, 보는 눈이 바뀌었을 뿐이다.

1996년 1월 24일(수요일)

며칠 동안 무슨 옷을 입을까하고 몹시 고심했다. 제일 먼저 고려한 것은 수도사의 옷이었다. 이 옷을 입고 있으면 맘이 제일 편할 것 같았다. 그러나 그 옷은 이미 지나간 구시대의 옷이어서 지금 입을 수 있는 옷이 아니었다. 그동안 산행(山行)을 가는 도중에도 수도사의 옷을 입어야 하지 않을까하는 문제로 많이 고심했었다. 그러나 그것은 구시대의 방식이라는 생각으로 버렸었다.

결론은 어렵지 않게 나왔다. "이 옷을 그냥 입자. 산행을 한 흔적을 겉으로는 그 어느 곳에서도 드러내지 말자. 뿐만 아니라 내 의식 속에서도 영봉을 다녀왔다는 의식 자체를 지우자."

기도시간에는 그 간의 모든 산행에 대한 생각과 의식들을 지우는데 집중했다.

12. 영원한 출발, 영원한 초보

1996년 2월 10일(토요일)

그간의 일들이 다시 정리되었다. 이제 원점으로 돌아왔으니 무엇을 해야 하는가? 원점이니 초보이다. '초보의식'이 가져야 할 자세였다.

기도시간에 그려지는 불규칙한 나선형은 출발과 종점의 양극을 축으로 서서히 그려지고 있다. 내 마음의 상태는 영원히 첫 출발점에 머무르도록 집중했다. 내 마음이 첫 출발점에, 가장 낮은 하강점을 향할 때 서서히 종점과 상승점을 향하여 올라갔다. 그러나 내 마음은 그 자리를 비우고 다시 원점으로 내려갔다. 불규칙한 나선형이 사라지고 부정으로 긍정에 이르는 큰 규칙적인 순환이 일어나고 있다.

이런 현상은 매 기도시간마다 확인할 수 있었다.

1996년 5월 1일(수요일)

요즈음은 감정과 의지를 제어하는 일들에 관심을 가지게 되었다. 육체적인 욕구를 비롯하여 마음을 상하게 하는 감정적인 변화들에서 벗어나려고 마음을 집중하면서 무화(無化)를 시도하다보면 그런 것에서 벗어나지는 나 자신을 경험하게 되었다. 마치 내가 이런 것들로부터 이완되어지는 것같이 느껴졌다.

또 그간의 일들을 돌이켜 보면서 정리가 잘 안되거나 교리적인 부분과 관계가 문제가 될 때 그 문제에 집중해서 기도하면 서서히 그 문제가 정리되는 것들을 느낀다. 지성적인 조명이 바로 이런 것이었음을 다시금 발견하게 된다.

1996년 6월 18일(화요일)

양치질을 하는 동안 일인칭 화법의 말씀이 와 닿았다. 교계 지도자들에 대해서 분노를 느끼던 것들에 대하여 일인칭 화법으로 책망과 저주를 선포하게 되어서 많이 놀랐다. 구약의 예언자들이나 하던 일이 왜 나에게 일어나나 싶어서 많이 당황했다. 수용하지 않으려 했지만 이런 현상은 계속되었다. 내 생각인지 주어지는 말씀인지 혼란스럽다.

> 일인칭 화법으로 말씀이 주어질 때는 말로는 설명하기 어려운 영적으로 고양된 어떤 상태가 된다. 이런 현상은 이후 지금도 이따금씩 계속되고 있다. 내가 일인칭 화법으로 말하는 것이 아니라

> 그런 말씀이 주어진다.
> 　나는 이 문제 때문에 수년 동안을 고심했다. 구약의 예언자들에게 나타났던 현상이 나에게 재현된다는 것 때문에 처음에는 대단히 당혹해 했다. 다음으로는 주어지는 말씀이 교계의 중진 목회자들을 비롯하여 신학교 당국자 및 교수 등 교계에 책임적인 위치에 있는 사람들을 향한 강한 심판과 책망은 물론이고 처참한 저주라는 데에 놀랐다. 반면에 약하고 힘없는 소외된 계층에게는 한없는 사랑과 위로의 말씀이 주어져서 눈물로 말을 해야만 하는 상태가 된다.

1996년 8월 31일(토요일)

요즈음 몇 주 동안은 '가난한 자' 라는 개념으로 그 동안의 영성이 정리되었다. 지난 몇 주 동안은 줄곧 이 주제로 설교를 했고, 가난한 사람에 대하여 말할 때는 물론 생각만 해도 가난한 자들에 대한 애환이 마음에 사무치도록 와 닿아서 눈물을 피할 수가 없었다.

'가난한 자'를 발견하는 데에는 요아킴 예레미야스의 신약신학이 큰 도움이 되었다. 이 개념을 통하여 구약과 신약의 핵심에 접근해갈 수 있었다. 구약에서는 '하비루의 하나님', 신약에서는 '가난한 자의 하나님' 이 그 중점이다.

그동안 큰 의문으로 남아있던 표적의 문제도 명확하게 정리가 되었다. 가난한 자를 위한 하나님의 은혜와 사랑이 표적으로 나타났었다. 가난한 자의 하나님께서 가난한 자에게 표적으로 말씀하신 것이다. 서기관-바리새인들에게 죄인으로 낙인된 사람들에게 죄인이 아니라 하나님의 자녀들이라는 확인을 주는 것이 표적이었다. 주님은 가난한 자로 오셔서 가난한 자 가운데 계시면서 자신을 가난한 자와 일치시키시었다. 이에 관한 복음서의 여러 말씀들이 이제야 분명해졌다. 아직 나는 복음의 핵심에 소경이었다.

어제는 문득 민중신학이 비슷한 시각을 가진 것이 아닌가 싶어 서남동 교수의 「민중신학」을 다시 읽었다. 민중신학의 관점이 영성과는 거리가 멀었으나 그들의 관심이 민중, 즉 가난한 사람들이었기에, 성서가 기록되던 당시에 대한 사회학적인 자료들을 제공해줄 것 같아서 서점에 들러 그 비슷한 종류의 책을 몇 권 사왔다. 이런 문제들을 곰곰이 생각하면서, 이제는 영성훈련의 단계를 지나서 정리의 과정에 있음을 확인할 수 있었다.

1996년 9월 8일(일요일)

서인석 신부의 「성서의 가난한 사람들」을 읽었다. 전에 신학교 학부 2학년 때 읽었던 것인데 지금 다시 읽으니 새롭게 와 닿았다.

신약과 구약의 맥이 연결되어 와 닿았다. 몇 주 전부터 신·구약을 '출애굽'이라는 관점에서 연결시키던 것이 좀더 분명해진 것이다. 구약의 중심은 출애굽이라는 산 경험으로써 애굽의 종살이로부터의 해방이라면, 신약은 또 하나의 출애굽으로써 예수님으로 말미암아 악마와 죄와 지옥의 권세와 압제로부터의 해방이다. 누가복음 4:18은 바로 새로운 출애굽의 선포였다.

저녁시간에 혼자 기도하면서 이런 것들이 다시 정리되었고, 특히 출애굽에 대한 새로운 시야를 가지게 되었다. 1993년 초에 출애굽기를 읽으면서 마치 그 현장에 가 있는 것처럼 느껴졌던 일과, '십계'를 보면서 있었던 놀라운 체험들이 다른 각도에서 이해되고 정리되었다.

1996년 9월 14일(토요일)

요즘은 황성규 교수의 「예수 운동과 갈릴리」를 읽었다. 구약에는 출애굽을 모체로 하는 모세전승과 정치적인 왕정전승이 양립하는 것으로 보는 입장이었다. 출애굽을 통해서 경험한 자유와 평등을 강조하는 모세전승의 맥이 갈릴리로 이어졌다고 보며, 이런 시각에서 갈릴리가 복음운동의 중심지였던 이유를 추적하고 있다. 갈릴리에 대한 사회학적인 추적이 비교적 폭넓고 깊이 있게 다루어져 있어서 내게는 상당한 도움이 되었다.

이 시기부터는 기도와 사색, 서적들을 통하여 영성에 대한 전반적인 정리를 하는 데에 시간을 보냈다. 1993년 봄부터 정화의 과정을 거치는 데에 만 3년이 걸렸다. 이 기간 동안은 수동적인 상태에 있었기 때문에 정신적인 활동의 모든 것들이 여기에 초점이 맞추어졌고 모든 에너지를 여기에 쏟아 부었다. 3년의 경험을 기도와 묵상, 사색, 서적 등을 통하여 소화시키고 정리하는데 4년 가까운 시간이 흘렀다. 이 책 「비움의 길」은 이런 과정을 거치면서 만들어졌다. 이 기간에는 교회의 문제들을 비롯하여 현실의 문제를 가지고 고민하면서 부딪히는 일이 겸해서 있었다. 교회의 구조적인 병폐를 보다 못해 고쳐보자고 나서서 돌아다니느라고 2년여의 시간을 보내기도 했다. 그러나 영성의 정리는 언제나 가장 큰 관심사로 자리 잡고 있었다.

영성에 대한 정리가 되어가면서부터는 영성수련에 대한 관심이 생기기 시작했는데, 이 문제에 대한 새로운 시야는 자연스럽게 다가왔다. 2001년 5월부터 같은 지역에 있는 목회자 몇 명과 '영성'이라는 관점에서 이스라엘 역사와 교회사를 공부하는 기회가 있었는데, 이것을 진행하면서 내 자신이 놀랐다. 이스라엘 역사와 교회사가 전혀 새로운 각도에서 보이기 시작했기 때문이다. 그동안 내 개인이 경험했던 내면의 경험에 들어있는 원리와 구조로 구약과 신약의 신앙 공동체의 4천 년의 신앙 경험을 해석하는 하나의 관점이 생기게 되었다. 개인의 신앙경험이나 공동체의 신앙경험은 그 원리와 구조가 같기 때문에 가능한 일이었다.

이때부터 이 문제에 집중적으로 매달려서 이스라엘 2천 년 역사는 「하비루의 길」로, 신약의 2천 년 역사는 「죄인의 길」로, 영성의 과정은 「비움의 길」로 정리를 하게 되었다.

이 일이 대충 마무리 될 무렵인 2003년 봄 어느 교회에서 수난 주간 동안 영성집회를 하자고 해서 「하비루의 길」과 「죄인의 길」을 PowerPoint라는 프로그램을 이용하여 적용을 해보았다. 집회를 진행하면서 나 자신이 다시 놀랐다. 성서와 신구약 4천 년 역사를 해석해나가면서 영성수련으로 이끌어갈 수 있는 강한 메시지를 발견할 수 있었기 때문이다.

교인은 물론이고 목회자들을 성경의 말씀과 신앙인들의 지난 역사의 현장으로 이끌고 가서 병든 부분을 진단하고 치료할 수 있는 좋은 메시지임을 확인하게 되었다. 영성에 대한 정리를 하면서 "'사역'은 언제 어디서 어떻게 시작이 되려나?"하고 늘 궁금했었는데, 이렇게 출발했다.

어지럽게 널려있는 교회들을 볼 때마다, 교회가 죽어가는 중환자처럼 여겨지는 강박관념에 시달리다 못해 교회가 보이지 않는 먼 섬으로 도피를 시도하기도 했고, 죽어가는 교회를 더 이상 두고만 볼 수가 없어 교회사에 등장했던 '경건주의'을 모델로 처방전을 만들어 보겠다고 생각하다가 무슨 일을 겪는 것인지도 모르면서 시작된 10여년의 수련은 돌이켜보니 나도 모르는 사이에 '처방전'이 만들어지는 기간이었다. '배움'은 사람에게서만 있는 것이 아니라 '하나님으로부터'의 배움도 있다.

하나님께서 어떤 일을 하실 때는 당신께서 하시려는 일에 관심을 가진 사람을 먼저 찾으시고, 그 사람으로 하여금 그 일을 위하여 기도하게 하시고, 그 기도에 응답하신다. 그 응답은 그 사람을 하나님의 사람으로 만드는 영성수련으로 시작된다. 수련이 끝나면 그 다음에는 하나님의 말씀(메시지)과 필요한 영적인 능력들을 부어주셔서 그 일을 하게 하신다. 하나님께서 사람을 통해서 일하시는 방식이다.

1993년 수난주간에 시작된 영성의 길은 2003년 수난주간에 대충 마무리를 지었다. 수난주간에 시작하여 수난주간에 끝난 10년의 긴 여행이었다.

나는 이렇게 말하지 않을 수 없다.

이것은 내가 만들어낸 처방전이 아니라
주님으로부터 주어진 처방전이다.

부록 2

예언자, 어떻게 만들어지는가?

> 이 글은 「하비루의 길」에서 예언자와 관련된 부분에 실렸던 글이다. 영성가들을 예언자로 보면서 이들이 어떻게 예언자가 될 수 있었는가에 관심이 생겨서 그 핵심을 정리한 것이다.

'통해서' 일하시는 하나님께서는 '통해서' 일할 사람을 부르시고 그 일을 할 사람으로 만드신다. 만들어 가시는 하나님에 대해서는 앞에서 살펴보았다. 예언자들 또한 마찬가지다. 어느 날 홀연히 하나님의 영이 임하여 예언자 활동을 하는 것이 아니다. 사람을 통하여 중요한 일을 하실 때 하나님께서는 준비된 사람을 부르시어 당신의 사람으로 만드시는 과정을 반드시 거치신다. 그러나 악마는 이런 과정을 생략한다. 이용해 먹을 만한 조건이 갖추어진 사람들에게 갑자기 악마의 영을 씌우듯이 부어가지고 부려먹는다. 멀쩡하던 사람에게 어느 날 갑자기 귀신이 임하여 내림굿을 하고는 무당이 되는 것이 그런 사례다. 사탄의 방식이다. 그러나 인격적인 하나님께서는 그런 식으로 일하시지 않는다. 당신과의 인격적인 관계가 맺어지는 과정을 거치게 하신다.

예언자, 즉 하나님의 사람을 만드실 때 다음과 같은 과정과 절차를 밟으신다.

1. 관심을 가지고 있는 사람을 찾으신다.

하나님께서 '어떤 일'을 하실 때에는 그 일에 대하여 자발적으로 관심을 갖고 있는 사람을 찾으신다. 구속사의 정점에 설 한 사람이 필요하실 때 참 하나님을 찾고 있던 아브라함이 눈에 띈 것과 같은 이치다. 이집트에서 종살이하는 이스라엘 사람들을 해방시키실 때도 마찬가지다. 종살이하는 이스라엘 사람에 대하여 안타깝게 여기며 지대한 관심을 가지고 있던 한 사람을 찾으셨고 그 사람이 모세였다. 북이스라엘의 아합왕 때 왕비 이세벨의 득세에 힘입어 바알종교가 여호와 하나님에 대한 신앙을 질식시키고 있을 때, 이 일을 가슴 아파하며 분노하던 사람이 있었다. 하나님께서는 이 사람을 통하여 그 문제를 해결하셨다. 그가 바로 엘리야이다. 이스라엘 경제사정이 좋아져서 신흥부자들이 등장했다. 그들은 여름별장, 겨울별장을 짓고, 상아침대를 수입하여 사용하고, 최고급 포도주를 대접으로 퍼마셨다. 부가 소수에게 집중되자 다수는 절대빈곤층으로 전락하여 제 몸을 저당 잡혀 종노릇하는 신세가 되고 말았다. 노예 한 사람의 값이 부자의 최고급 신발 한 켤레 값과 맞먹었다. 이런 빈부의 양극화 현상을 예리하게 통찰하면서 가난한 자들의 아픔을 온 몸으로 느끼며, 소수의 가진 자들에 대하여 분통을 터뜨리던 한 시골 농사꾼이 있었다. 하나님께서는 이 사람을 통해서 심판의 말씀을 선포하셨고, 50년 후에 그 말씀대로 이루어져서 이스라엘이 망하고 말았다. 아모스가 그 사람이다.

하나님께서는 전능하시지만 인격을 가지신 분이시기에 아무런 관심과 마음이 없는 사람을 통해서는 아무 일도 하실 수가 없다. 하나님의 사람이 되려면 그 시대가 가지고 있는 가장 큰 문제에 관심을 가져야 한다. 자신의 문제에만 파묻혀 있는 사람은 하나님의 사람이 될 수가 없다. '나'가 아닌 '너'의 문제, '우리'의 문제, '그 시대의 문제'에 관심을 가지는 사람을 하나님께서는 지금도 찾고 계신다. 하나님께서는 사람을 통해서 일하시기 때문이다.

2. 그 일을 위해 기도하게 하신다.

관심만 가지고서는 아직 부족하다. 그 문제에 대한 관심이 깊어져서 그 일이 자신에게 가장 중요한 문제가 되어야 한다. 그리고 관심만 있을 뿐, 자기 힘으로서는 그 문제를 해결할 아무런 힘도, 방법도 없다는 현실에 부딪혀 고민하다가 절망감을 맛보아야 한다. 예언자들이 고민하던 문제는 그 시대가 안고 있는 시대적인 문제들이다. 쉽게 해결 될 수 있는 그런 일이 아니다. 그 다음은 어떻게 되어야 하나? 현실의 벽에 부딪혀 절망감을 맛보면서도 그 문제를 포기할 수가 없어서, 포기가 되지 않아서 하나님께 탄식하며 기도해야 한다. 기도하는 데까지 가야한다. 관심에만 머물러도 안되며 절망감에 빠져 포기해서도 안된다. 그 문제를 위해 기도하는 사람이 되어야 한다. 일시적인 기도가 아니라 죽는 날까지 그 문제가 포기되지 않아서 탄식하고 통곡하면서 기도하지 않을 수 없어야 한다.

3. 기도에 응답하신다.

한없는 탄식과 눈물의 기도, 분개와 절망감의 교차, 이런 시간들이 쌓이고 또 쌓여야 한다. 쌓일 만큼 쌓이면 그 다음에는 기도 응답의 순간이 온다. 그 응답은 하나님의 부르심과 사명을 경험하는 것이다. 모세는 떨기나무 불꽃 가운데서 이 순간을 맞았고, 이사야는 성전에서 기도하다가 소명을 받았고, 하박국은 성루에서 이런 경험을 했다. 각자에 따라 응답의 형태는 다를 수 있다. 그러나 공통적인 것은 하나님을 직접 뵈옵고, 사명과 말씀을 받는 과정이 들어있다.

단순한 개인적인 문제들에 대한 기도응답이 아닌 사명기도의 응답은 하나님의 면전에 서는 경험으로 이어진다. 자신이 오랫동안 마음 아파하며 기도하던 그 문제에 대하여 하나님께서도 같은 관심을 가지고 마음 아파하셨음을 발견하게 된다.

4. 하나님의 사람으로 수련을 시키신다.

수련은 하나님의 말씀을 직접화법으로 선택할 만한 사람을 만드시는 과정이다. 하나님의 말씀이 직접화법으로 선포되면 하나님께서 그 책임을 지셔야하기 때문에 아무에게나 그 말씀을 주지 않으시며, 말씀을 주시는 사람의 경우도 철저하게 그 일을 해낼 만한 사람으로 먼저 만드신다. 당연한 수순이다. 예언들에 관한 기록에서 "~에게 하나님의 영이 임하니라.", 또는 "~에게 하나님의 말씀이 임하니라.", 혹은 "~에게 말씀하여 가라사대"라는 구절은 이런 만들어지는 과정을 함축하고 있다.

예언서에 들어있는 이런 구절들은 그 예언자의 평생과 관련이 있다. 이 수련의 기간은 짧게는 수년에서 수십 년이 걸린다. 이 과정을 통하여 예언자는 자신이 해야 하는 일이 무엇인지를 명확하게 이해하게 된다.

이 수련의 구체적인 과정은 앞에서 다룬 기도의 과정과 단계들에서 설명한 바와 같다.

5. 말씀을 주시어 사역하게 하신다.

예언자들의 주된 활동과 사역은 '말씀선포'다. "코흐 아마르 야웨" (כֹּה אָמַר יְהוָה ; "여호와께서 가라사대")라는 독특한 방식으로 말씀을 선포하는 사역이 만들어지고 난 다음에 시작된다. 하나님의 말씀이 일인칭화법으로 주어지는 이치는 다음과 같다.

"네가 관심을 가지고 마음 아파하며 기도하는 그 문제에 대하여 나도 네 생각과 같다. 그러니 이제 네가 가서 네 생각을 내 이름으로 말해라. 내가 그 일에 대하여 책임지겠다." 라고 하나님께서 말씀하신다. 이는 단지 말씀으로만 하시는 것이 아니라 하나님의 말씀을 예언자들이 일인칭화법으로 말할 수 있는 영을 부어주신다. "~에게 말씀이 임하나라."라는 구절이 이것을 말하는데, 이 영이 임하여 어떤 독특한 상태가 되면 일인칭화법으로 하나님의 말씀을 선포하게 된다. 예언자라고 해도 아무 때나 일인칭화법으로 말씀을 선포하는 것이 아니다. 그 상태가 되었을 때만 그렇다. 평소에는 자신의 생각으로 가지고 있다가 일인칭화법의 상태가 되면 그렇게 말한다. 이 상태를 가능하게 하는 하나님의 영은 '하나님의 심정'이다. 예언자들이 관심을 가지고 있는 문제들에 대한 하나님의 심정(마음)이 주어지고, 그 심정으로 채워진 예언자는 자신의 용어와 표현양식을 통하여 그 말씀을 선포한다. 특별한 경우에는 명시적으로 '단어'와 '문장'이 주어지기도 하지만 그런 경우는 극히 적고 대부분 예언자의 지식수준과 어투 등 표현방식으로 말씀이 만들어진다. 아모스는 투박하고 거친 어투를 사용하고, 이사야는 세련된 표현을 하는 이유는 여기에 있다.

영성수련의 과정에서는 각자의 사역에 필요한 영적인 일들을 겪게 된다. 개인의 성향과 사역의 성격에 따라 신비체험의 내용이 다르다. 그러나 죄성의 정화과정과 신비기도(관상기도), 합일(일치)이라고 말하는 단계들은 공통적으로 경험된다. 이런 과정을 기본적으로 거치지 않고서는 직접화법의 말씀이 주어지지 않기 때문이다. 이 수련은 수동적 능동의 상태로 진행이 되는데, 경우에 따라서는 내면에서 극단적인 고통과 혼란을 겪는다.

이 과정을 거치고 나서는 자신이 겪은 일이 무엇인지, 자신에게 주어진 사명이 어떤 것인지에 대한 명확한 정리와 이해의 시간을 갖게 된다. 하나님의 사람은 이렇게 만들어진다. 사람을 통해서 일하시는 하나님께서는 당신께서 하셔야할 역사의 가장 중요한 문제에 대하여 지대한 관심을 가지고 고민하며 기도하는 사람을 지켜보시다가 그를 부르시어 사명을 주시고, 수련을 시키신다. 수련이 마쳐지면 그 다음으로 사역이 시작된다. 예언자들은 소명 받기 이전에 그 시대의 돌아가는 죄악상을 지켜보면서 분노하면서 대책을 강구하던 사람들이었다. 하나님께서는 이런 사람을 부르시어 당신의 사람으로 만드셨다. 문제의식을 느끼지 못하는 사람에게는 하나님도 대책이 없으시다. 문제의식을 갖고 기도하는 사람에게만 하나님께서는 대책이 되신다.

〈끝〉

케노시스 영성원 안내

새로운 패러다임을 요구하는 2천 년대의 시대적 요청을 직시하면서 케노시스 영성원은 다음과 같은 목표를 추구합니다.

1. 영성의 경험과 이론의 겸비
2. 성경과 역사에 대한 재해석
3. 고대영성에 대한 재해석
4. 실천가능한 수련 및 적용

▶ 소재지 : 경기도 군포시 둔대동 434
▶ 전 화 : 031-437-0592
▶ Homepage : www.kenosis.or.kr
▶ Email : kenosis@hanmail.net

케노시스 세미나 안내

- 1 · 2 · 3부 세미나
- 창세기 세미나
- 역사서 세미나
- 예언서 세미나
- 복음서 세미나
- 사도행전(서신) 세미나

케노시스 영성원의 도서/DVD안내

자기비움의 길

- 3부 비움의 길 : 기독교 영성에 대한 재해석

- 1부 하비루의 길
  : 구약성경과
    이스라엘 역사 재해석

- 2부 죄인의 길
  : 신약성경과 교회사 재해석

DVD

- 자기비움의 길: 1, 2, 3부 세미나 녹화, 녹음파일
- 복음서 재해석: 복음서해석 녹화, 녹음파일
- 창세기 해석 : 녹화, 녹음파일

구입방법

- 홈페이지 구입안내 : www.kenosis.or.kr
- 전화 : 0502-111-1937   010-3311-1937
- 계좌 : 농협 211044-51-040266 케노시스영성원